国外实用金融统计丛书

仿真与蒙特卡罗方法及其在金融与MCMC中的应用

[英] J. S. 道格普那 (J. S. Dagpunar) 著

方 红 张小旺 译

机 械 工 业 出 版 社

本书主要针对攻读数学、统计学、金融数学、运筹学和计算机科学等专业学位的学生，以及那些希望了解最新的仿真理论和实践的相关专业人士。书中介绍了蒙特卡罗方法在金融中的应用，并且将仿真用作呈现金融工程中模型和思想的工具。本书的特色在于深度解析了仿真的理论，包括方差减少方法中的重要研究及其在金融数学中的应用案例、马尔可夫链蒙特卡罗方法和离散事件仿真。

本书的每章都包含了精选的问题，并在书后的附录部分给出问题的解答。附录包含了仿真程序的 Maple 工作表。该工作表也可以从与本书配套的网站上下载。这样做的目的是鼓励读者在仿真实验的有效设计中亲自动手实践。

本书源自作者在爱丁堡大学过去几年里的教学实践，它同样也会受到从事金融业、统计学与运筹学研究的人员的青睐。

图书在版编目（CIP）数据

仿真与蒙特卡罗方法及其在金融与 MCMC 中的应用/(英) J. S. 道格普那 (J. S. Dagpunar) 著；方红，张小旺译. —北京：机械工业出版社，2016.11

(国外实用金融统计丛书)

书名原文：Simulation and Monte Carlo：With applications in finance and MCMC

ISBN 978-7-111-54882-9

Ⅰ.①仿… Ⅱ.①J… ②方… ③张… Ⅲ.①蒙特卡罗法-应用-金融学 Ⅳ.①F830

中国版本图书馆 CIP 数据核字（2016）第 222733 号

机械工业出版社（北京市百万庄大街 22 号 邮政编码 100037）

策划编辑：汤 嘉 责任编辑：汤 嘉 陈崇昱

责任校对：杜雨霏 封面设计：路恩中 责任印制：李 洋

保定市中画美凯印刷有限公司印刷

2017 年 1 月第 1 版第 1 次印刷

169mm×239mm · 19.75 印张 · 1 插页 · 397 千字

标准书号：ISBN 978-7-111-54882-9

定价：69.00元

凡购本书，如有缺页、倒页、脱页，由本社发行部调换

电话服务	网络服务
服务咨询热线：010-88361066	机 工 官 网：www.cmpbook.com
读者购书热线：010-68326294	机 工 官 博：weibo.com/cmp1952
010-88379203	金 书 网：www.golden-book.com
封面无防伪标均为盗版	教育服务网：www.cmpedu.com

译者序

蒙特卡罗方法由于其计算的复杂度不依赖于数据维度，从而在金融工程学、宏观经济学、生物医学和计算物理学等领域得到了广泛的应用。本书主要介绍了仿真与蒙特卡罗方法的基本理论及实践方法，书中包含了大量的实践案例，除对案例进行详细分析与解读之外，还附上了具体算法的 Maple 程序，对那些希望了解目前最新的仿真理论和实践的学生及研究人员来说是一本不可多得的学习指导书。

2014 年 10 月，本人接下了本书的翻译工作，拿到厚厚的原著书籍，心里十分忐忑，非常担心不能很好地表述作者的想法及书中诸多算法的精妙之处，但是随着翻译工作的展开，这种担心慢慢减少了，因为 J. S. Dagpunar 教授的写作语言非常简洁、精练和易懂，有些难懂的专业术语都进行了详细的解释，这为我的翻译工作带来了很大的便利，也促使这本书能够在 1 年的时间内翻译完成。当然，不管在翻译的过程中我是如何的“锱铢必较”，但由于本人水平有限，难免会出现翻译不准确甚至翻译错误的现象，请广大的读者批评指正。

本书在翻译过程中得到了本人所在学部的很多老师的帮助和指导，在此对他们表示感谢；同时，也要感谢机械工业出版社的编辑们，正是他们细致入微的工作才保证了本书翻译工作的顺利完成；最后要感谢我的家人，尤其是我的先生，在此书的翻译过程中他承担了我应该承担的家庭责任，让我有更多的时间投入到翻译工作中来。

方　红

序言

本书介绍了蒙特卡罗与仿真方法的理论及实践。它来源于同时给两个年级的学生开设的一门20个学时的课程。一个是爱丁堡大学数学学院本科最后一年的优等生们，另一个则是赫瑞瓦特大学和爱丁堡大学攻读金融数学专业理学硕士学位的学生。

本书的目的是要成为一本能鼓励读者去写且去实践实际仿真模型的实用书。选择 Maple 作为编程环境，可能看起来奇怪，甚至不合常理，而实际上选择 Maple 的原因是在爱丁堡大学，从本科一年级开始所有数学系的学生都熟悉它。我相信这对许多其他数学系的学生来说也是如此。Maple 软件数值处理慢的缺点被它在概率、统计与作图中的广泛应用及列表处理函数应用等方面所抵消。书中罗列了互联网上（www. wiley. com/go/dagpunar_simulation）所共享的大量专门的 Maple 程序，这些程序也列在了本书的附录中。

本书的内容大体分为两个部分，从第 1 ~ 5 章主要覆盖理论和概率方面，从第 6 ~ 8 章覆盖三个应用领域。第 1 章简要概括了仿真的应用范围。章节最后的问题部分包含了 Maple 程序的编写，完整的解答在附录 1 中给出。第 2 章着重伪随机数的生成和评估。第 3 章讨论了三种重要的从分布采样生成随机数的方法，它们是：分布函数的逆变换（也称逆变换采样法）、包围取舍法和均匀比值法。尽管我们都知道很多其他的方法也可用，但是这三种方法使用的频率最高，同时它们还具有算法编程实现简单的优点。对其他方法感兴趣的读者可以参考 Devroye（1986）的优秀著作或者本人早期的著作（Dagpunar，1988a）。附录 3 中的两个简短的 Maple程序可以让读者快速明确取舍类算法的效率。第 4 章解决了标准分布的采样问题。重点在于提出简短且实现简单的算法。这样的算法比 Maple 统计包中相应算法的运行速度更快。具体的算法列在附录 4 中。结合第 3 章和第 4 章的内容，我希望能帮助读者理解在各种程序包中可用的发生器是如何运行的，以及如何编写程序包中未包含的分布的采样算法或者改写程序包中运行速度慢的算法。第 5 章介绍了方差减少方法。没有这些方法，很多仿真在合理的处理时间内都不能给出精确估计。此外，本章的重点是介绍一种经验的方法，读者可以利用附录 5 中的程序去说明不同方法的效率，包括重要采样法和分层采样法。

第 6 章和第 8 章是分别关于金融数学和马尔可夫链蒙特卡罗方法的介绍，这些内容在 10 年前是无法写出的。这些内容包含了高维积分在“奇异型”衍生品的定价和贝叶斯估计中所发现的结果，它们突然引起了仿真领域的复兴。在第 6 章，我受到了 Glasserman（2004）工作的影响，特别是他结合了重要采样和分层采样的有关工作。在第 6.4.2 节和第 6.5 节中，我希望给出更加直接且容易理解的，并能将这些方差减少方法导出且应用到亚式期权和一篮子期权中的方法。另一个高维积分的例子出现在随机波动率中，第 6.6 节揭示了对该问题研究的冰山一角。尽管严谨的金融工程师是不会采用 Maple 来进行仿真的，然而在第 6 章中的数值例子显然能说明：在仿真中采用高效的方差减少设计，即使采用 Maple，也能在合理的时间内得到精确的结果。我也希望可以将 Maple 看作是在使用 C ++ 或 Java 编写最终的有效程序之前，对各种模型进行实验的一种有效方式。从这个方面来说，用 Maple 来辅助 C ++ 或 FORTRAN 生成代码是有用的。

第 7 章介绍了离散事件的仿真，对运筹学研究人员来说这是最为熟知的。本章从仿真各种马尔可夫过程的方法开始，同时考虑离散时间和连续时间类型。讨论了自相关仿真结果分析的再生法。运筹学研究人员、金融工程师和贝叶斯统计学家的仿真需求在一定程度上是有重叠的，但是可以这么说，没有哪一种单一的计算环境对所有应用领域来说都是理想的。运筹学研究人员可通过第 7 章的学习发展至会使用诸如 Simscript II.5 或 Witness 这样强大且专门的离散事件仿真语言。如果确实如此，我希望这本书可为他们在仿真的原理方面打下好的基础。

第 8 章介绍了仿真迅速发展的其他领域，也就是马尔可夫链蒙特卡罗方法及其在贝叶斯统计中的应用。这里，我受到了 Robert 和 Casella（2004）以及 Gilks 等（1996）工作的影响。由于对系统修理和维护领域感兴趣，所以在本章我也引入了可靠性领域的一些实例。Maple 软件用于处理本章中所讨论的实例绰绰有余。对于更大的分级系统，可以利用 BUGS 这样的专用程序包来解决。

在本书每一章的结尾都提出了一些问题，并有选择地给出了相应的解答。少数的难题均明确标出。在本书的论述及问题部分，数值解答往往倾向于更有意义的图形而不是作为依据的数据。这样做可以使得其他形式的独立计算能与本书中的相应计算进行对比。

对爱丁堡大学数学学院院长 Alastair Gillespie 教授同意我有一个学期学术公休表示感激。同时对在仿真课程中给予我支持的很多学生表示感谢，是他们给了我完成此书的动力。最后，感谢 Angie 对我的鼓励和支持，以及她对我不在身边的容忍。

术语表

beta (α, β)[1]	beta 分布随机变量，概率密度函数为 $f(x) = \frac{\Gamma(\alpha+\beta)x^{\alpha-1}(1-x)^{\beta-1}}{[\Gamma(\alpha)\Gamma(\beta)]}$，$1 \geqslant x \geqslant 0$，其中 $\alpha > 0$，$\beta > 0$。
binomial (n, p)	二项分布随机变量。
$\{B(t), t: 0\}$	标准布朗运动。
c. d. f	累积分布函数。
$\boldsymbol{C}^{\mathrm{T}}$	矩阵 $\boldsymbol{C}$ 的转置。
$\mathrm{Cov}_f(X, Y)$	随机变量 X 与 Y 的协方差，其中 $f(x, y)$ 表示 X 与 Y 的联合概率密度函数或概率质量函数（下标经常省略不写）。
e. s. e.	估计标准误差。
$\mathrm{Exp}(\lambda)$	参数为 λ 的指数分布随机变量，概率密度函数为 $f(x) = \lambda \mathrm{e}^{-\lambda x}$，$x \geqslant 0$，其中 $\lambda > 0$。
$E_f(X)$	随机变量 X 的期望，X 的概率密度函数或概率质量函数为 f（下标经常省略不写）。
$f_X(x)$	随机变量 X 的概率密度函数或概率质量函数（下标经常省略不写）。
$F_X(x)$	随机变量 X 的累积分布函数。
$\overline{F_X}(x)$	互补累计分布函数 $[=1-F_X(x)]$。
$\mathrm{gamma}(\alpha, \lambda)$	gamma 分布随机变量，概率密度函数为 $f(x) = \lambda^{\alpha} x^{\alpha-1} \mathrm{e}^{-\lambda x} \Gamma(\alpha)$，$x \geqslant 0$，其中 $\alpha > 0$，$\lambda > 0$。
$\mathrm{gig}(\lambda, \psi, \chi)$	广义逆高斯分布随机变量，概率密度函数为 $f(x) \propto x^{\lambda-1} \exp\left[-\frac{1}{2}\left(\psi x + \frac{\chi}{x}\right)\right]$，$x \geqslant 0$。
i. i. d.	独立同分布。
$\mathrm{negbinom}(k, p)$	负二项分布随机变量，概率密度函数为 $f(x) \propto p^x (1-p)^k$，$x = 0, 1, 2, \cdots$，其中 $0 < p < 1$。
$N(\mu, \sigma^2)$	期望为 μ，方差为 σ^2 的正态分布随机变量或概率密度本身。
$N(\boldsymbol{\mu}, \boldsymbol{\Sigma})$	均值为 $\boldsymbol{\mu}$，协方差矩阵为 $\boldsymbol{\Sigma}$ 的多元正态分布随机向量 $\boldsymbol{X}$。

[1] 这个式子也可表示分布，这一点对本列表中所有对应的随机变量名称也都适用。

p. d. f.	概率密度函数。
p. m. f.	概率质量函数。
Poisson(μ)	泊松分布随机变量，概率质量函数 $f(x)=\mu^x e^{-\mu x}/x!$，$x=0$，1，…，其中 $\mu>0$。
$P(X<x)$	随机变量 X 小于 x 的概率。
$P(X=x)$	（离散型）随机变量 X 等于 x 的概率。
r. v.	随机变量。
s. e.	标准误差。
support(f)	支撑集 $\{x: x\in\mathbf{R}, f(x)\neq 0\}$。
$U(0, 1)$	区间（0，1）上均匀分布的连续随机变量。
$\mathrm{Var}_f(X)$	随机变量 X 的方差，概率密度函数或概率质量函数为 f（下标经常省略不写）。
v. r. r.	方差减少比。
Weibull(α, λ)	韦布尔分布随机变量，概率密度函数为 $f(x)=\alpha\lambda^{\alpha}x^{\alpha-1}e^{-(\lambda x)^{\alpha}}/\Gamma(\alpha)$，$x\geqslant 0$，其中 $\alpha>0$，$\lambda>0$。
x^+	$\max(x, 0)$。
$\sigma_f(X)$	随机变量 X 的标准差，概率密度函数或概率质量函数为 f（下标经常省略不写）。
$\phi(z)$	标准正态分布的密度函数。
$\Phi(z)$	标准正态分布的分布函数。
χ_n^2	自由度为 n 的卡方分布随机变量（$n=1, 2, \cdots$），从而 $\chi_n^2=$ gamma（$n/2$，$1/2$）。
1_P	当 P 为真时，$1_P=1$；否则，$1_P=0$。
~	“服从……分布”，例如，$X\sim$ Poisson(μ) 表示 X 服从参数为 μ 的泊松分布；
$:=y$	在 Maple 或伪代码中该表达式表示“令……等于……”，表达式左边表示被指派的变量，右边表示对变量的赋值。

目录

第1章 仿真与蒙特卡罗方法简介

仿真，简单地说，就是利用**随机数**在计算机上完成的试验。随机数流是服从区间［0，1］上均匀分布的独立随机变量序列。已被证明有效的仿真实例包括：

（ⅰ）某个医院就诊病患流量的建模问题；

（ⅱ）某种流行病在时间和空间上演变过程的建模问题；

（ⅲ）某个统计假设的检验问题；

（ⅳ）金融资产中期权（衍生品）的定价问题。

上述四个例子的一个共同点在于它们都很难用纯解析的方法来求解，要么建立实际情况的模型（例（ⅰ）和例（ⅱ）），要么去解决潜在的数学问题（例（ⅲ）和例（ⅳ））。例（ⅰ）和例（ⅱ）中的仿真系统是随机的，而随机性往往会使得系统资源与系统构成的某些部分之间的交互变得复杂，进而使得“最优”策略难以获得。在例（ⅲ）中，尽管某些统计量的值可以利用统计观察数据计算得出，但是在原假设条件下推断检验统计量的分布难得超乎想象。例（ⅳ）的求解最终往往归结为多重积分的计算问题，该问题不能通过解析或传统的数值计算方法来解决，然而这些积分可以通过蒙特卡罗方法进行估计。实际上，自20世纪40年代，**蒙特卡罗**方法就已应用于数学物理学中用于解决多重定积分的估算问题，当前它更广泛地应用于金融工程和统计推断。

总之，仿真主要用于解决难以用解析的方法来求解的问题。它在计算机上利用随机数进行**抽样试验**来模拟出系统的随机过程，通过计算抽样试验中相关**统计量**的特征值（比如样本均值、抽样比例）来**估计**待解决问题中的未知参数。

由于仿真是通过对未知参数的**估计**来求解问题的，而估计又总会有误差，因此对估计精度的**量化**是衡量一个仿真好坏与否的重要标准，同时也是抽样试验在设计与分析过程中首要考虑的问题。

1.1 定积分的求解

假定要计算的定积分为

$$I_\alpha = \int_0^{+\infty} x^{\alpha-1}\mathrm{e}^{-x}\mathrm{d}x \tag{1.1}$$

其中 α 为一个常数且 $\alpha>0$。假设随机变量 X，其概率密度函数（p. d. f.）$f(x)$ 形如：

$$f(x)=\mathrm{e}^{-x} \quad (x\geqslant 0)。$$

由随机变量函数的期望的定义，式（1.1）的定积分可写为

$$I_\alpha = E_f(X^{\alpha-1}),$$

根据样本均值为总体均值无偏估计这一结论，上式中 I_α 的（统计）估计可以通过如下的抽样试验获得：抽取概率密度函数为 f 的一组随机样本 X_1，X_2，…，X_n，构建统计量：

$$\hat{I}_\alpha = \frac{1}{n}\sum_{i=1}^{n} X_i^{\alpha-1} \tag{1.2}$$

若 X_1，X_2，…，X_n 相互独立，则 $\hat{I}_\alpha$ 即为 I_α 的一个无偏估计，且估计的方差为

$$\mathrm{Var}_f(\hat{I}_\alpha) = \frac{\mathrm{Var}_f(X^{\alpha-1})}{n},$$

则统计量 $\hat{I}_\alpha$ 的抽样分布的标准差为

$$\sigma_f(\hat{I}_\alpha) = \frac{\sigma_f(X^{\alpha-1})}{\sqrt{n}},$$

上式也可以看成 $\hat{I}_\alpha$ 估计的**标准误差**，它与 $1/\sqrt{n}$ 成比例，也就是说估计标准误差每降低 K 分之一，采样大小要增加 K^2，由此可见估计精度的提高与所付出的代价是不成比例的。

估计如下定积分的值来作为一个数值例子，即

$$I_{1.9} = \int_0^{+\infty} x^{0.9}\mathrm{e}^{-x}\mathrm{d}x。$$

首先，我们需要知道如何产生概率密度函数为 $f(x)=\mathrm{e}^{-x}$ 的随机数，在第 3 章中详细给出了随机数产生的步骤，简单来说只需要先产生（0，1）区间上的**均匀随机数流** $\{R_i: i=0, 1, \cdots\}$，其中 $R_i \sim U(0, 1)$，令

$$X_i = -\ln R_i \tag{1.3}$$

则 X_i 即为所求随机数。假设通过一个内置计算函数（built-in calculator function）得到下列 4 个随机数：

$$R_1=0.0078,\ R_2=0.9352,\ R_3=0.1080,\ R_4=0.0063。$$

由式（1.3）和式（1.2）可知，$\hat{I}_{1.9}=2.649$。实际上，通过查询 gamma 分布表可知 $I_{1.9}=\Gamma(1.9)=0.96177$，可见本次估计的精度非常低。然而，得到这样的结果并不惊讶，因为本次估计只采样了 4 个值。到底需要多大的样本量才能保证标准误差达到 0.001 呢？为了回答这个问题，我们需要知道当 $n=4$ 时 $\hat{I}_{1.9}$ 的标准误差，

可是由于 $\sigma_f(X^{0.9})$ 未知，$\hat{I}_{1.9}$ 的标准误差无法求出，但是在统计学中总体的标准差可以通过样本的标准差来估计，由 4 个样本值计算 $X^{0.9}$ 的样本标准差 s：

$$s=\sqrt{\frac{1}{4-1}\left(\sum_{i=1}^{4}[x_i^{0.9}]^2-\{\sum_{i=1}^{4}x_i^{0.9}\}^2/4\right)}=1.992 \tag{1.4}$$

其中 $\{x_i: i=1, \cdots, 4\}$ 表示与样本对应的样本值，则估计标准误差（e.s.e）计算为 $s/\sqrt{4}=0.9959$，它接近给定标准误差的约 996 倍，为了达到标准误差 0.001，需采样约 $4\times996^2\approx3.97\times10^6$ 个样本。通过这个例子我们可以看出，在一个仿真试验中，若不加以严格的设计和分析将会带来巨大的计算时间耗费。

那么能否更高效地设计抽样试验呢？答案是肯定的。首先，将待计算的积分改写为

$$I_{1.9}=\int_0^{+\infty}x\mathrm{e}^{-x}\left(\frac{1}{x^{0.1}}\right)\mathrm{d}x \tag{1.5}$$

然后分别产生两组（0，1）区间上均匀分布的随机数 R_1，R_2，即 R_1，$R_2\sim U(0,1)$。令随机变量 $X=-\ln R_1R_2$，则 X 在区间 $[0, +\infty)$ 上具有的概率密度函数形如：

$$g(x)=x\mathrm{e}^{-x} \tag{1.6}$$

则式（1.5）可视为随机变量 $\frac{1}{X^{0.1}}$ 的期望，即

$$I_{1.9}=E_g\left(\frac{1}{X^{0.1}}\right),$$

仍然采用之前给定的 4 个样本值，代入式（1.6）可得到两个新的样本值 $x_1=-\ln R_1R_2=4.9206$，$x_2=-\ln R_3R_4=7.2928$，将 x_1 和 x_2 的结果代入式（1.2）计算 $\hat{I}_{1.9}$ 的值为：

$$\hat{I}_{1.9}=\frac{1}{2}(4.9206^{-0.1}+7.2928^{-0.1})=0.8363 \tag{1.7}$$

与之前的估计相比，本次估计在精度上有了较大的改进。理论结果表明：由于 $\sigma_g\left(\frac{1}{X^{0.1}}\right)\ll\sigma_f(X^{0.9})$，则 $\sigma_g(\hat{I}_{1.9}(X_1,X_2,\cdots,X_n))$ 要远比 $\sigma_f(\hat{I}_{1.9}(X_1,X_2,\cdots,X_n))$ 小得多。

若利用相同的随机数，用前面所提到的两种方法分别估计 $I_{1.99}$，可以发现采用平均 $1/X^{0.01}$ 通过 g 采样得到估计值为 $\hat{I}_{1.99}=0.98226$，该值已经非常接近它的真实值 $I_{1.99}=0.99581$，而采用平均 $X^{0.99}$ 通过 f 采样的估计则不然。

在上例中，通过采样方式的改变来提高估计的精度实际上是**方差减少**方法的一种，即**重要采样法**，具体内容会在第 5 章中展开。

1.2 蒙特卡罗方法是积分估计

蒙特卡罗方法是如何从积分估计的特定应用演变到用于理解复杂随机系统行为

的辅助建模手段？让我们考虑下面某一类型的排队模型，该模型常用于某个生产过程中。我们感兴趣的是在给定某个初始状态 S_0 的条件下，如何计算前 n 个顾客的总等待时间的期望值，即

$$E_f\{(W_1+\cdots+W_n)\mid S_0\}$$

其中，f 表示在给定 S_0 的条件下，W_1，…，W_n 的多元概率密度函数。在多数实际的系统中，我们很难甚至不可能给出 f 的确定表达形式，因此我们没办法直接产生 $\{W_1, \cdots, W_n\}$ 的 m 个仿真实现 $\{\{W_1^{(i)}, \cdots, W_n^{(i)}\}, i=1, \cdots, m\}$。但是第一位顾客的等待时间 W_1 的仿真实现并不难产生。在已知 W_1 的基础上，若第一位顾客离开之前所有时间内的系统状态已知，则可以获得 W_2 的仿真实现。同时，由于 W_2 的仿真可通过将第一位顾客离开到第二位顾客离开之间的系统过程分解成更简单的多个阶段上完成，使得已知 W_1 和第一位顾客离开前系统状态的条件下产生 W_2 比给定 W_1 的条件下计算 W_2 的条件**分布**要简单得多。根据上述方法可依次获得 W_1，…，W_n 的实现值。

利用蒙特卡罗方法进行定积分近似计算的优点在于它可以估计任何定积分的值，而估计的误差与积分的维数以及积分区域的复杂程度无关。例如，在上例中，利用蒙特卡罗方法估计 $E_f\{\mathrm{Max}(W_1, \cdots, W_n)\mid S_0\}$ 与估计 $E_f\{(W_1, \cdots, W_n)\mid S_0\}$ 一样容易。再考虑另一个例子，假设我们要估计在时间 $[0, T]$ 内平均排队长度的期望值，则需要利用蒙特卡罗方法估计 $E_f\{(1/T)\int_0^T Q(t)\,\mathrm{d}t\}$ 的值，其中 $\{Q(t), t\geqslant 0\}$ 表示不同时刻排队长度的随机过程，而 f 则表示 $\{Q(t), T\geqslant t\geqslant 0\}$ 的概率密度函数。由于 $Q(t)$ 在时间间隔 $[0, T]$ 内具有多种不同的状态，因此 $E_f\{(1/T)\int_0^T Q(t)\,\mathrm{d}t\}$ 的估计可以通过将区间 $[0, T]$ 划分成大量小的子区间来完成。最后一个例子：假定一个有向非循环图，图中节点之间的距离表示相互统计相关的随机成本，我们要求出历经整个图的最短路径长度（成本）不超过 x 的概率，即

$$P(X<x)=\int_{-\infty}^{+\infty} f(t)(1-1_{x>t})\,\mathrm{d}t,$$

其中，f 表示最短路径长度的概率密度函数，当 $x>t$ 时，$1_{x>t}=1$；否则，$1_{x>t}=0$。该例中将 $P(X<x)$ 表示成了积分的形式，同时根据有向图的结构，可以将 $1_{x>t}$的仿真实现分解到各个子路径上完成，因此可以用蒙特卡罗方法来解决。事实上，如果将“最小化”替换成“最大化”，在项目规划时会遇到相似的问题。也就是在单个活动时间随机且可能相互统计依赖时，计算项目时间不超过某个指定值的概率。注意到上述所有例子的共同点在于都需要进行多重积分的计算，而且这些积分的计算即使在积分区域确定的情况下都无法用传统的数值计算方法来解决。

在本书中，“蒙特卡罗”和“仿真”这两个词将会交替出现。**仿真**是指利用统计独立的 $U(0, 1)$ 分布均匀随机数，在计算机上进行可控的模拟实验。**蒙特卡罗**方法指的是利用仿真所获得的数据去估计积分（或求和）的方法，它主要是利用

积分（或求和）与一个或多个随机变量函数期望的关系。

1.3 例子

我们看看蒙特卡罗方法是如何解决下面的问题。假设某公司有 K 个容器待租，第 n 天（$n=1, 2, \cdots$）有 Y_n 个人来到公司，这些人中的每一个都希望能单独租赁一个容器，其中随机变量 Y_1，Y_2，…相互独立且服从均值为 λ 的泊松分布。假设一个容器处于闲置状态随时可以租赁。每位容器的租赁者都会持续租赁一段时间。容器当天出租后第二天就被租赁者归还的概率记为 p，同时规定容器都应在一天开始的时候归还，以保证不影响该容器下一次的租赁。令 $X_n(K)$ 表示第 n 天结束时已出租的容器的总个数，$H_n(K)$ 表示第 n 天当天可租赁的容器个数。为了简化标记，暂时将 $H_n(K)$ 中的 K 略去。

解决这个问题的关键是找到最优 K 值，使得每天的平均收益达到最大。已知每个新闲置的容器收益由每个容器的固定收益 c_{f} 和每个容器每天或半天的可变收益 c_{v} 构成。在租赁开始前必须先购买 K 个容器且不考虑一天的租赁个数。每天每个容器的租赁成本相同，记为 c_0。

首先，考虑随机过程 $\{X_n: n=0, 1, \cdots\}$，假设当天出租的每个容器都是在当天开始之前就已归还的，则

$$Y_n = \text{Poisson}(\lambda)\ (n=1,2,\cdots),$$

$$X_{n+1} = \min\{K, \text{binomial}(X_n, 1-p) + Y_{n+1}\} \qquad (n=0,\ 1,\ 2,\ \cdots),$$

$$H_{n+1} = X_{n+1} - \text{binomial}(X_n, 1-p) \qquad (n=0,\ 1,\ 2,\ \cdots)。$$

由于 X_{n+1} 只依赖于 X_n 和 Y_{n+1}，且 Y_{n+1} 与 X_{n-1}，X_{n-2}，…之间相互独立，所以随机过程 $\{X_n: n=0, 1, \cdots\}$ 表示一个时间和状态均离散的、齐次马尔可夫链。转移概率矩阵 $\boldsymbol{P}=\{p_{ij}: i, j=0, \cdots, K\}$，其中，对所有的 n 有 $p_{ij}=P(X_{n+1}=j \mid X_n=i)$。假定在第 n 天结束时已出租容器的个数为 i，则在第 $n+1$ 天开始时这些容器仍处于出租状态的个数服从参数为 p 的二项分布，当个数为 r 时的概率为 $\binom{i}{r}(1-p)^r p^{i-r}$。当天前往公司要求租赁容器的顾客数为 $j-r$ 的概率为 $\lambda^{j-r}\mathrm{e}^{-\lambda}/(j-r)!$。因此，当 $0 \leqslant i \leqslant K$ 且 $0 \leqslant j \leqslant K-1$ 时，

$$p_{ij} = \sum_{r=0}^{\min\{i,j\}} \binom{i}{r}(1-p)^r p^{i-r} \lambda^{j-r} \mathrm{e}^{-\lambda}/(j-r)! \tag{1.8}$$

当 $j=K$ 时，有

$$p_{ij} = 1 - \sum_{j=0}^{K-1} p_{ij} \tag{1.9}$$

因为对所有的 i，j，都有 $p_{ij}>0$，所以该马尔可夫链是遍历的。因此当 $n \to \infty$ 时，$P(X_n=j) \to P(X=j)=\pi_j$，类似地，当 $n \to \infty$ 时，$P(H_n=j) \to P(H=j)$。令 $\boldsymbol{\pi}$ 表示

行向量 $(\pi_0, \cdots, \pi_K)$，则 $\boldsymbol{\pi}$ 即为马尔可夫链 $\{X_n: n=0, 1, \cdots\}$ 的**平稳分布**。假设我们的目的是要最大化长时期内每天的平均利润，那么即寻找最优的 K 使得 $Z(K)$ 达到最大值，其中

$$Z(K)=c_{\mathrm{f}}E(H[K])+c_{\mathrm{v}}E(X[K])-c_0K \tag{1.10}$$

在上式中再次引入对 K 的依赖。此时有

$$\begin{aligned}E(H[K])&=\lim_{n\to\infty}\{E(H_n[K])\}\\&=\lim_{n\to\infty}\{E(X_n[K])-E(\mathrm{binomial}(X_{n-1}[K],1-p))\}\\&=E(X[K])-E(X[K])(1-p)\\&=pE(X[K])\end{aligned}$$

最后一个等式表明了从长远来看,每天新出租容器的平均数必须要等于每天归还的平均数。将上式代入式(1.10)中得到

$$Z(K)=E(X[K])(pc_{\mathrm{f}}+c_{\mathrm{v}})-c_0K,$$

对 $K=0, 1, \cdots$求得 $Z(K)$ 的一阶差分为

$$\begin{aligned}D(K)&=Z(K+1)-Z(K)\\&=\{E(X[K+1])-E(X[K])\}[pc_{\mathrm{f}}+c_{\mathrm{v}}]-c_0\end{aligned}$$

考虑到实际情况中 K 的增加会导致已租容器的期望数也随之增加，因此不妨假设 $E(X[K+1])-E(X[K])$ 随 K 递减，从而保证 $Z(K)$ 存在唯一的极大值。

一种方法是，确定最优 K 值需分别计算 K 取连续整数 0，1，…时的 $E(X[K])$。首先，需要根据式（1.8）和式（1.9）计算转移概率矩阵，然后通过求 $(K+1)\times(K+1)$ 阶矩阵的逆找到每个 K 的平稳分布 $\boldsymbol{\pi}$，最后对每个 K 计算 $E(X[K])$。由此可见当 K 值很大时计算量是相当大的。

另一种方法是，通过下面的伪代码给出 $X_1[K], \cdots, X_n[K]$ 的仿真：

```
Input K, X0[K], λ, p, n
  x: = X0[K]
For  i = 1, …, n
  y: = Poisson(λ)
  r: = binomial(x, 1 - p)
  x: = min(r + y, K)
  Output x
Next i
```

由 $E(X[K])=\sum_{x=0}^{K}x\pi_x$ 可知，若 $\{X_1(K), \cdots, X_n(K)\}$ 为来自平稳分布 $\boldsymbol{\pi}$ 的样本，则 $E(X[K])$ 的一个无偏估计即为 $\left(\frac{1}{n}\right)\sum_{i=1}^{n}X_i(K)$。为保证估计的无偏性，$X_0(K)$应随机地选择于平稳分布 $\boldsymbol{\pi}$，否则不能保证 $\{X_1(K), \cdots, X_n(K)\}$ 为 $\boldsymbol{\pi}$ 的精确样本，从而导致估计的轻微**有偏性**。然而，这个问题可以通过选择“测试”

样本来解决，即将前 b 个不稳定的样本当作测试样本不纳入计算，而是采用随后的 $n-b$ 个样本，即采用 $[1/(n-b)]\sum_{i=b+1}^{n}X_i(K)$ 来估计 $E(X[K])$。

上述两种方法从编程的角度来比较，显然蒙特卡罗方法要简单得多，但是需要注意的是第一种方法要通过求矩阵的逆给出**精确值**，而蒙特卡罗方法给出的则是**估计值**，难以避免常见的数值舍入误差。同时，由于 $\{X_i(K): i=0, 1, 2, \cdots\}$ 之间的**非独立性**（它们是自相关的），为了保证一定的估计精度必须要仿真相当长一段时间的随机过程。

寻找最优 K 值需要以某个精度来确定 $E(X[K+1])-E(X[K])$。在估计中可以通过诱导 $E(X[K])$ 与 $E(X[K+1])$ 估计值之间的正相关性来减少估计中的采样差异。因此可以考虑使得 $Y_n[K]=Y_n[K+1]$ 成立且二项分布（$X_n[K]$, $1-p$）与（$X_n[K+1]$, $1-p$）正相关，这些结果都需要通过周全的试验设计来完成。这么做的目的就是为了减少方差（具体见 1.1 节）。

1.4 基于 Maple 软件的仿真

本节以 1.3 节中的问题为例，详细介绍了 Maple 工作表“skipexample. mws”，该工作表在本书配套的网站上可以下载。

下面主要讨论如何利用 Maple 软件将容器租赁问题的仿真过程编写为一个 Maple **程序**。在编程之前通过输入“restart”启动一个新的工作表，然后输入“with (stats)”加载统计函数库。这两行输入加上 Maple 的响应，“[anova, …, transform]”形成一个**可执行块**。在可下载的文件中，可执行块由一个拉长的左括号描述，这里就不再显示了。

```
>restart;
 with (stats);
```

[*anova*, *describe*, *fit*, *important*, *random*, *statevalf*, *statplots*, *transform*]

简单地看一个 Maple 程序就是由编程者创建的一个函数。在容器租赁问题中，函数名为“skip”，函数的变量分别为 λ, p, K, $x0$ 以及仿真的总天数 n。对函数“skip”中的参数依次进行赋值则产生一个序列 $hire[1]$, …, $hire[n]$，其中 $hire[i]=[i, x]$。在 Maple 中 $[i, x]$ 定义了两个元素的**有序表**：i 表示天数，x 表示当天结束时已租赁的容器的总个数。Maple 中的有序表用方括号围住，而序列则没有。

每个 Maple 程序都从提示符“>”开始，所有的代码都写在一个可执行块中。每一行命令都必须由一个分号“;”作为结束标志，并提示系统在计算结束时显示计算结果，“#”表示注释符号，“#”后面的所有内容 Maple 均不执行，编程者可以在此符号后对程序进行注解。按组合键 <Shift + Enter> 可在程序中另起新的一行。程序最后以分号“;”结束，若程序输入成功则会得到对应的蓝色字体的复制代码。复制该代码的结构通过适当的自动缩进来突出。

```
> skip: =proc (lambda, p, K, x0, n) local x, i, y, r, hire;
  randomize (5691443); # An arbitrary integer sets the 'seed'
  for the U(0, 1) random number generator.
  x: =x0; # x is the total number on hire, initially set to x0
  for i from 1 to n do;
    y: =stats[random, poisson[lambda]] (1, 'default',
    'inverse'); # Generates a random
  Poisson variate; 1 is the number of variates generated,
  'default' is MAPLE's default uniform generator, 'inverse'
  means that the variate is generated by inverting the
  cumulative distribution function [see Chapter 3]
    if x =0 then r: =0 else
  r: =stats[random, binomiald[x,1 -p]] (1, 'default',
    'inverse') end if; # Generates a random binomial variate
    x: =min (r +y, K); # Updates the total number on hire
    hire[i]: =[i, x];
  end do;
  seq(hire[i], i=1.. n); #Assigns the sequence hire[1],... ,
  hire[n] to procedure 'SKIP';
  end proc;
```

```
skip: = proc(λ,p,K,x0,n)
local x,i,y,r,hire
    randomize(5691143)
x: = x0;
for i to n do
    y: = stats[random,poisson[λ]](1,'default','inverse');
    if x = 0 then r: = 0
    else r: = stats[random,binomiald[x,1 - p]](1,'default','inverse')
    end if;
    x: = min(r + y,K);
    hire[i]: = [i,x]
end do;
    seq (hire[i],i = 1.. n)
end proc
```

下面来检查得到的复制代码。在上述程序中，声明 x，i，y，r，*hire* 为**局部**变量，这些变量只在当前程序的内部使用。“randomize” 语句将任意选择的整数设置为 Maple 中内嵌 $U(0, 1)$ 随机数发生器的**种子**（初始值），发生器的详细内容将在第 2 章中介绍。首先，将当前天（第 0 天）总的已出租容器个数赋值给变量 x，随后通过 “for i to…do…end do” 执行循环命令，循环中语句对 $i=1$，…，n 依次执行。加载 Maple 中的统计函数库 “stats”，“random” 是它的一个子函数库。注意该子函数库中 “poisson” 函数的使用并将所产生的泊松样本赋值到变量 y。接下来就是一个 “if…then…else…endif” 的条件判断语句，其语义为：若前一天已出租的容器总数为 0，则当天已出租的容器总数（r）也应该为 0；否则，r 为服从参数为（x，$1-p$）的二项分布的随机变量，根据 r 与 x 的关系式更新 x 的值并得到有序表 $[i, x]$，并将其赋值给变量 $hire[i]$。最后执行的命令形成序列 $hire[1]$，…，$hire[n]$。Maple 程序采用的惯例是将最后可执行语句的运行结果作为整个程序的输出。因此当程序 “skip” 被调用时将得到该序列的一组随机实现值。

分别取参数 $\lambda=5$，$p=0.2$，$K=30$，$x_0=0$，$n=100$，调用程序 “skip”，将运行结果赋值到变量 res，得到序列 res：

```
>res:=skip(5,0.2,30,0,100)
```

res：=[1,6],[2,6],[3,13],[4,17],[5,16],[6,19],[7,25],[8,25],[9,24],[10,27],[11,29],[12,30],[13,30],[14,28],[15,25],[16,30],[17,26],[18,30],[19,26],[20,23],[21,25],[22,25],[23,28][24,30],[25,24],[26,24],[27,28],[28,24],[29,21],[30,22],[31,21],[32,20],[33,22],[34,25][35,23,[36,29],[37,29],[38,29],[39,26],[40,25],[41,27],[42,27,[43,30],[44,30],[45,27],[46,30],[47,25],[48,23],[49,21],[50,16],[51,20],[52,20],[53,18],[54,22],[55,23],[56,26][57,25],[58,29],[59,27],[60,26],[61,30],[62,27],[63,29],[64,27],[65,25],[66,26],[67,30][68,30],[69,27],[70,28],[71,23],[72,25],[73,21],[74,24],[75,22],[76,23],[77,22],[78,25][79,22],[80,22],[81,25],[82,25],[83,23],[84,19],[85,19],[86,19],[87,21],[88,23],[89,25][90,24],[91,26],[92,24],[93,27],[94,24],[95,27],[98,29],[99,30],[100,30]

利用下面的 Maple 程序给出天数 i 与已出租容器的总个数 x 之间的曲线图：

```
>PLOT (CURVES ([res], TITLE ("Plot of total number of skips on hire against day"), AXESLABELS("i=day","x=skips"), AXESSTYLE(BOX));
```

上述程序中变量 CURVES 表示由 100 个点构成的有序表，每个点由两个元素构成。从下述图表可以看出，由于初始状态 x_0 是从平稳分布中随机选出的，因此它本质上不能代表真实的状态值，但是大约从第 10 天开始，序列 $\{x_n\}$ 开始表现出近似稳定的特征，因此我们可以只利用第 11 天开始的数据 x_{11}，x_{12}，…，x_{100} 来估计 $E(X)$，程序如下：

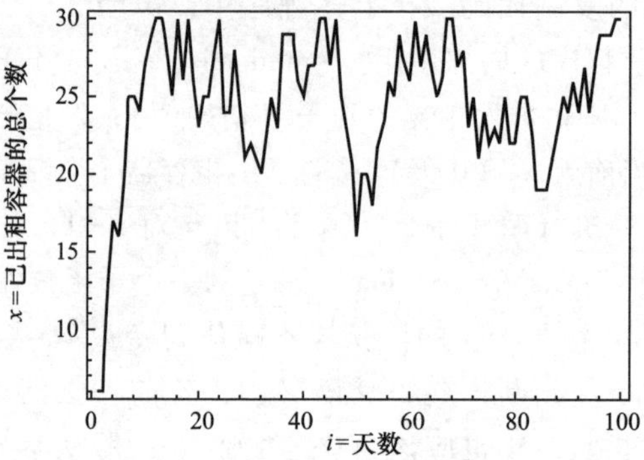

图 1.1　天数与已出租容器总个数之间的曲线图

```
>data:=seq(op(2,res[i]),i=11,…,100);
```

data:=29,30,30,28,25,30,26,30,26,23,25,25,28,0,24,24,28,24,21,22,21,20,22,25,23,29,29,29,26,25,27,27,30,30,27,30,25,23,21,16,20,20,18,22,23,26,25,29,27,26,30,27,29,27,25,26,30,30,27,28,23,25,21,24,22,23,22,25,22,22,25,25,23,19,19,19,21,23,25,24,26,24,27,24,27,29,29,29,30,30

注意命令“op”是如何从 res[i] 中提取出第二个分量的，并且从 i=11 开始一直重复至 100 结束，将提取值赋值到变量 data 中。然后利用 Maple 统计函数库中的函数“describe”计算有序表 [data] 的均值：

```
>describe[mean]([data]);
```

$$\frac{455}{18}$$

均值的计算结果以分数形式表示，可以利用函数“evalf”将其转化成小数形式：

```
>evalf(%);
```

$$25.27777778$$

其中% 表示最后计算值 ($\frac{455}{18}$)。

接下来将待出租的容器个数 K 从 30 改变为 28，利用 Maple 程序计算新的均值。注意到在下面的可执行块中，前两行命令都是以冒号“:”结束，只有第三行程序以分号结束，因此程序运行时只显示均值计算的结果而不显示 res1 和 data1 的结果。

```
>res1:=skip(5,0.2,28,0.100):
data1:=seq(op(2,res1[i]),i=11,…,100):
evalf(describe[mean]([data1]));
```

$$24.34444444$$

假设待出租的容器个数 K 进一步从 28 减少到 26，则

```
>res2:=skip(5,0.2,26,0.100):
```

```
data2: =seq(op(2,res1[i]),i=11,…,100):
evalf(describe[mean]([data2]));
```

23.4 4444444

从上述计算结果可以看出，当容器出租个数达到近似稳定的状态时，已出租容器期望个数的**估计值**随着容器个数 K 从 30 减少至 28 再减少至 26，这种情况对**真实的**（相对估计而言）期望值来说一定存在。例如，如果在上述的三次试验中，分别采用不同的整数作为随机数发生器的种子数，那么期望估计值的单调递减性则很难保证。因此，在下面大量重复的试验中，我们都采用相同的种子数以尽量减少任意两个估计值之间差分计算的偏差。

下面对不同 K 值进行大量重复的试验，在给定成本参数的情况下寻求最优值 K。每一次试验中模拟的总天数为 500 天，“测试”天数为 10 天。运行下面的程序“skipprofit”，得到序列 $[K,\ pf\ [K]]$，$K=20$，…，30 的值，其中 $pf[K]$ 表示待租容器个数为 K 时每天期望利润的估计值。

```
>skipprofit: =proc(c0,cf,cv,p) local K, res, datab, avprofit;
for K from 20 to 30 do
  res: =skip(5,0.2,K,0,500);
datab: =seq(op(2,res[i]), i=10‥500):
  avprofit[K]: =[K,(p* cf +cv)* evalf(describe[mean]([datab])) -c0* K]:
end do
seq(avprofit[K],K=20‥30);
end proc;
```

skipprofit: = **proc**(*c*0, *cf*, *cv*, *p*)
local *K*, *res*, *datab*, *avprofit*;
　　for *K* **from** 20 **to** 30 **do**
　　res: = *skip*(5,0.2,*K*,0,500);
　　datab: = seq(op(2,*res*[*i*]),*i* = 10…500);
　　avprofit[*K*]: = [*K*,(*p** *cf* + *cv*) * evalf(describe[*mean*]([datab])) - *c*0 * *K*]
　　end do
　　seq(*avprofit*[*K*],*K* = 20…30)
end proc

假设每天每个容器的固定成本（C_0）为 40，每一次租赁的固定租金（cf）为 100，每天每个容器的可变租金（cv）为 50，每天已租出的容器被归还的概率（p）为 0.2。将参数值赋值到函数“*skipprofit*”中，计算结果如下：

```
>profit: =skipprofit:(40,100,50,0.2);
```

profit: = [20, 513.746454], [21, 523.217922], [22, 531.975560], [23, 536.741344], [24, 542.647658], [25, 548.696538], [26, 545.193483], [27,

535.417516],[28,525.926680],[29,513.869654],[30,499.246436]

利用下面的 Maple 程序给出待出租容器个数与平均每天的利润的曲线图：

```
>PLOT(CURVES([profit]),TITLE("Plot of Average
  profit per day against number of skips"), AXESLABELS
  ("skips","profit per day"), AXESSTYLE(BOX));
```

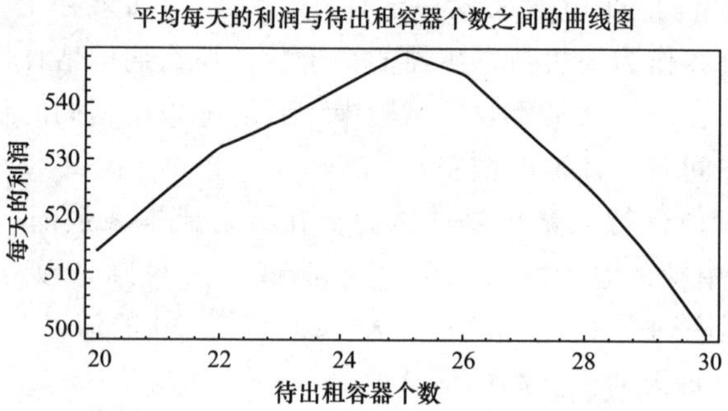

从上述计算结果可以看出，估计的最优策略是选择 K 为 25，平均每天所能达到的最大利润估计值约为 549。这个结果的可信程度到底有多大呢？下面我们来分析选择不同种子数的计算结果。下表中列举出了 5 个不同种子数的最优 K 值以及平均每天的最大利润值。在表中，发现其中 3 种情况的最优 K 值为 25，2 种情况的最优 K 值为 24。因此 K 值的最佳选择策略（借助于单个随机数）为以 0.6 的概率选择 25 和以 0.4 的概率选择 24。我们不应该太过关注下表中不同试验下最优利润之间存在着的相当大的差异。而在类似上述例子的决策问题中，偏离最优策略所带来的期望利润的改变才是重要的。根据利润与 K 的变化图形（见上图）可知，由于 K 在最优取值附近的改变导致利润的减少较少，因此即使错误地选择了 $K+1$ 或 $K-1$ 而非最优值 K，所付出的代价也较小。

种子	最优 K 值	利润
5691443	25	548.7000
5691444	25	549.9800
21349109	24	536.6600
27111351	25	526.4600
3691254	24	503.8700

1.5 问题

1. 通过命令“with (stats)”加载 Maple 统计函数库“stats”，调用函数“stats [random, normald] (1)”可以产生一个随机的标准正态分布离差。假定已产生 1000 个随机的标准正态分布离差，利用蒙特卡罗方法给出估计积分 $\int_{-\infty}^{+\infty}\exp(-x^2)\,|\cos x|$

dx 的置信度为 95% 的置信区间。

2. 利用蒙特卡罗方法给出估计积分：

$$\int_{-\infty}^{+\infty}\int_{-\infty}^{+\infty}\exp\left\{-\frac{1}{2}\left[x^2+(y-1)^2-\frac{x(y-1)}{10}\right]\right\}\mathrm{d}x\mathrm{d}y$$

的置信度为 95% 的置信区间。

3. 某个机床从现在开始算起的 4 年后将面临报废，它的某个部件刚刚更换。假设该部件的寿命分布具有概率密度函数 $f(x)=x\mathrm{e}^{-x}$，其中 $x\in(0, +\infty)$。考虑到使用成本的问题，管理员需要在以下两种使用策略中选择一种：

（1）在待报废的 4 年期内，只要部件发生故障，就立即更换直到其报废；

（2）在待报废期的 4 年内，前两年对部件进行故障性更换，后两年进行预防性更换。对部件进行预防性更换后，该部件在 4 年中的后两年内若发生故障再进行更换。

假设每次部件更换都可以瞬时完成，且每次故障性更换的成本为 c_{f}，预防性更换成本为 c_{p}。请对每种策略进行 5000 次的 4 年仿真，并给出选择第（2）种策略时 $c_{\mathrm{p}}/c_{\mathrm{f}}$ 应满足的条件。

4. 在单位正方形区域 $[0, 1]^2$ 中随机选择两点 A 和 B，令 D 表示这两点之间的距离。采用蒙特卡罗方法：

（a）估计 $E(D)$ 和 $\mathrm{Var}(D)$ 的值；

（b）画出 D 的经验分布函数图；

（c）给出一种高效的估计 $P(D>1.4)$ 的方法，需要注意这个概率值非常小。

5. 一只甲壳虫在一个单位圆形（$x^2+y^2<1$）的卡片上爬行，其中（x, y）平面是水平的，并且卡片悬放在一个敞口的蜜糖罐上方。假设甲壳虫在时间间隔 $[t, t+\delta t)$ 内，分别沿着 x 轴方向移动了 $\delta x=Z_1\sigma_1\sqrt{\delta t}$，$y$ 轴方向移动了 $\delta y=Z_2\sigma_2\sqrt{\delta t}$，其中 Z_1 和 Z_2 表示相互独立且均服从标准正态分布的随机变量，且 σ_1 和 σ_2 为给定的正常数。我们的目的是研究甲壳虫从点（x_0, y_0）出发到达蜜糖罐口所花费时间的分布情况。

（a）写出仿真 n 次甲壳虫独立地从点（x_0, y_0）出发到到达罐口的程序。函数“stats [random, normald] (1)”用于生成仿真所需要的标准正态分布的离差；

（b）画出 $\sigma_1=\sigma_2=1$，$\delta t=0.01$ 且 $x_0=y_0=0$ 时甲壳虫 200 次到达蜜糖罐口所花费时间的直方图。可以先通过“with(statplots)”命令加载“statplots”函数库，然后再调用该函数库中的“histogram(a)”函数来创建直方图，其中 a 表示 200 次所花费时间的有序表。

6. 下列二项式模型常被用于模拟股票价格的波动情况。令 s_i 表示时刻 ih 时的价格，其中，$i=0, 1, 2, \cdots$；$h>0$，表示时间增量。令 μ 和 σ 分别表示股票价格的增长率和波动率。令

$$u=\frac{1}{2}[e^{-\mu h}+e^{(\mu+\sigma^2)h}]+\frac{1}{2}\sqrt{[e^{-\mu h}+e^{(\mu+\sigma^2)h}]^2-4},$$

$$v=u^{-1},$$

$$p=\frac{e^{\mu h}-v}{u-v},$$

则

$$S_i=X_iS_{i-1},$$

其中，$X_i(i=0, 1, \cdots)$ 表示相互独立且均服从伯努利分布的随机变量，即对所有的 i，有 $P(X_i=u)=p$，$P(X_i=v)=1-p$。

（a）在 $s_0=100$ 便士，$\mu=0.2$ 每年，$\sigma=0.3$ 每年，$h=1/52$ 年的条件下，给出下一年每个星期结束时该股票的价格仿真；

（b）假设某一年有 252 个交易日，则取 $h=1/252$ 年。令 $S_{\max}=\max\{S_j, j=0, 1, \cdots, 756\}$，$Loss=S_{\max}-S_{756}$，则 $Loss$ 表示股票在接下来 3 年内的最高价格与第 3 年最后交易日的价格差。仿真 200 个 $Loss$ 的观察值，并根据这些值拟合它的经验分布函数。在拟合经验分布函数时需要将 200 个观察值从小到大进行排列以求出次序统计量，可以调用概率统计函数库“stats”中的“transform [statsort] (x)”函数来实现，其中 x 表示待排序的有序表。注意到，假设 loss 的次序统计量记为 $x_{(1)}, \cdots, x_{(n)}$，则概率 $P(X<x_{(i)})$ 的无偏估计即为 $i/(n+1)$。

7. 考虑一个单服务台排队模型。令 a_i 表示第 $i-1$ 位顾客与第 i 位顾客到达的时间间隔，s_i 表示第 i 位顾客接受服务的时间，w_i 表示第 i 位顾客排队等待的时间（即顾客开始接受服务的时间与其到达的时间差）。

（a）证明：$w_i=\max\{0, w_{i-1}-a_i+s_{i-1}\}$ 成立；

（b）考虑 M/M/1 排队模型，若假设顾客到达强度为 λ 的泊松流，服务窗的服务率为 μ，服务时间服从指数分布，请在参数 w_0、λ 和 μ 给定的条件下，写出 $w_1, \cdots, w_n$ 的仿真程序；

（c）在服务强度 λ/μ 不同的条件下完成以下试验。利用 w_i 随 i 变化的曲线来分别显示排队系统：（ⅰ）快速达到平稳状态的过程；（ⅱ）缓慢达到平稳状态的过程；（ⅲ）从不达到平稳状态的过程。并在第（ⅰ）种情况和第（ⅱ）种情况下给出稳定状态下 w_i 期望的估计值。

第2章 均匀随机数

所有仿真都是建立在**随机数**这一“原材料”之上的。若对所有的 i，有 $R_i \sim U(0,1)$，且对所有的 $i \neq j$，有 R_i 和 R_j 相互独立，则称 R_1，R_2，…为一组随机数序列。有些作者将“随机数”描述成一组来自任意指定概率分布的随机样本，然而本书中的“随机数”仅表示来自均匀分布的随机样本。

如何生成这种随机数序列呢？一种是利用物理性的随机化装置，例如英国的一种彩票选号机，由一个旋转轮盘或一个生成“随机噪声”的电路元件来生成随机数。这种方法有两个缺陷。第一，生成的速度很慢且不能由计算机直接调用；第二，无法满足**重复**生成随机数流的需求，而这样的需求是存在的。比如，我们希望通过控制输入来验证某个程序代码的正确性，或者希望在同一个模型上去比较两种不同策略的效果。通过对每一个试验采用相同的随机数流，我们希望减少在任何两种策略之间响应差异的估计量的方差。

一种生成可重复随机数流的做法是将随机数保存在一个外置设备上，在需要时读取。这种外置设备可以是计算机的硬盘也可是光盘或书籍。事实上，兰德（RAND）公司在 1955 年出版的书籍《百万乱数表》（A million random digits with 100 000 random normal deviates）就是一种随机数列表，也许它并不是当年的畅销书。但是为了获得随机数，从外置设备上成千上万次地读取会使仿真过程变慢，因此我们更倾向于利用确定的整数递归方程来生成**伪随机数**，这种方法可以很快地生成随机数且不需要考虑存储问题，更重要的是它能重复生成随机数序列。当然，我们在选择递归方程时也要格外慎重，以确保生成的数列确实能表现出一定的随机性。

2.1 线性同余发生器

利用如下递推公式：

$$X_i = (aX_{i-1} + c) \bmod m \quad (i = 1, 2, \cdots)$$

生成一组非负整数序列 $\{X_i: i = 1, 2, \cdots\}$，式中的 4 个整数参数分别为**乘子** $a(>0)$、**种子**（也称为初值）$X_0(\geq 0)$，**增量** $c(\geq 0)$ 和**模数** $m(>0)$，其中 a、

X_0 和 c 的取值范围均在区间［0，$m-1$］内。模 m 运算表示返回 $aX_{i-1}+c$ 除以 m 的余数，因此对所有的 i，有 $X_i\in[0,\ m-1]$。伪随机数 R_i 的计算公式为 $R_i=X_i/m$，因此有 $R_i\in[0,\ 1)$。该伪随机数发生器的思想在于如果 m 足够大，离散序列 $\frac{0}{m}$，$\frac{1}{m}$，$\frac{2}{m}$，…，$\frac{m-1}{m}$的取值就非常均匀，从而可以将 R_i 看成一个连续分布的随机变量。在实际中，为了避免出现除数为零和取零的对数等诸如此类的情况，一般不选取 $X_i=0(R_i=0)$。考虑一个线性同余发生器的例子：

$$X_i=(9X_{i-1}+3)\bmod 2^4\qquad(i=1,2,\cdots)\tag{2.1}$$

令 X_0 的范围为［0，15］之间，取 $X_0=3$，则 $X_1=30\bmod 2^4=14$，$X_2=129\bmod 2^4=1$，…，由此得到伪随机数序列 $\{R_i\}$：

$$\frac{3}{16},\frac{14}{16},\frac{1}{16},\frac{12}{16},\frac{15}{16},\frac{10}{16},\frac{13}{16},\frac{8}{16},\frac{11}{16},\frac{6}{16},\frac{9}{16},\frac{4}{16},\frac{7}{16},\frac{2}{16},\frac{5}{16},\frac{0}{16},\frac{3}{16},\cdots\tag{2.2}$$

发生器的**周期**（period）是指 $X_\lambda=X_0$ 成立的最小整数 λ。上式中，从第 17 个数值开始重复出现前面的 R_0，因此其周期为 $\lambda=16$。为了得到大量不重复的随机数，发生器的周期当然是越大越好。由于周期的大小不超过模数 m，通常选取计算机上所能存储的最大整数作为发生器的模数。

下面的数论结果（Hull 和 Dobell，1962）有助于对参数 a、c、m 的选择。线性同余发生器生成一个**满周期**随机数序列当且仅当：

c 和 m **互素（最大公约数为 1）** (2.3)

$a-1$ 可被所有 m 的素因子 q 整除 (2.4)

如果 m 是 4 的整数倍，$a-1$ 也是 4 的整数倍 (2.5)

根据 c 的取值不同，线性同余发生器可分为**混合线性同余发生器**（$c>0$）和**乘性同余发生器**（$c=0$）。

2.1.1 混合线性同余发生器

$c>0$ 时的情况，称为混合同余发生器。最好的做法是取 $m=2^b$，其中 b 表示计算机中存放一个正整数的最大位数（bit）。例如，很多计算机利用 32 位字来表示整数，其中 1 位用于决定符号，这样 $b=31$，它可以存储的整数范围为［-2^{31}，$2^{31}-1$］。在选取 $m=2^b$ 后，选取 c 为奇数则满足条件（2.3）；由于 2 是 m 的唯一素因子，显然 4 也是 m 的因子，因此选取 $a-1$ 为 4 的倍数，则满足条件（2.4）和条件（2.5）。容易验证，式（2.1）中的发生器为周期 $\lambda=16$ 的满周期混合线性同余发生器。

由于 Maple 软件可以检测“溢出”情况，当计算中整数大小超过计算机存储的最大整数 N 时就会提示报错，因此当 $aX_{i-1}+c$ 超过 N 时不会带来危害。Maple 程序中“r1”发生器的参数分别为 $m=2^{31}$，$a=906185749$，$c=1$。程序中假设“seed”为全局变量，以保证它能在程序中反复调用。“r1”发生器的周期为

$m=2147483648$，这个数值对于大多数的仿真来说已经足够大。同时该发生器还具有一些好的统计性质（Borosh 和 Niederreiter，1983），具体内容见 2.2 节和 2.4 节。

```
>r1：=proc( ) global seed;
  seed：=(906185749*seed+1) mod 2^31;
  evalf(seed/2^31);
  end proc:
```

取种子 seed = 3456，并运行上述程序 5 次：

```
>seed：=3456;
  for j from 1 to 5 do;
  r1( );
  end do;
```

计算结果如下：

seed：= 3456

.3477510815

.2143113120

.7410933147

.4770359378

.6231261701

在处理器型号为 Pentium M730 的计算机上运行“r1”，它生成随机数的速度为每随机数 12μs。在下面的程序“r2”（L’Ecuyer，1999）中，发生器的参数分别为 $m=2^{64}$，$a=2\ 862\ 933\ 555\ 777\ 941\ 757$，$c=1$，它的周期更为惊人，达到了 18 446 744 073 709 551 616，而它生成随机数的速度为每随机数 16μs，仅稍微慢于“r1”发生器。

```
>r2：=proc( ) global seed;
  seed：=(2862933555777941757*seed+1)  mod 2^64;
  evalf(seed/2^64);
  end proc:
```

在大多数程序语言中（例如，FORTRAN90，C++），有限值 N 的大小很重要。例如，一个 32 位的计算机 N 可能为 $2^{31}-1$，当 $aX_{i-1}+c$ 的值超出范围 $[-2^{31}, 2^{31}-1]$ 时就会产生“溢出”现象，从而导致致命的错误。然而，在有些运算中，当整数值超过 N 时，将 $N+1$ 存储为 $-(N+1)$，$N+2$ 存储为 $-N$，依次类推，从而避免“溢出”现象的发生。那样的话，就只需要取后 31 位。在此类情况下，取模 m 的过程实现起来就特别简单。如果这个特征并不存在，那么采用**双精度**替代单精度存储方式来扩大计算机表示的数字范围也可以避免“溢出”现象。例如，单精度 32 位字长用双精度 64 位字长表示，但是与单精度相比，双精度表示法会使得随机数发生器生成随机数的速度降低。

Schrage（1979）提出了另一种利用整型运算来避免“溢出”现象的方法。令

$$u=\left\lfloor\frac{m}{a}\right\rfloor, w=m \bmod a,$$

则将模数 m 表示为

$$m=ua+w,$$

这样 X_i 可以写成

$$X_i=\left\lfloor\frac{X_i}{u}\right\rfloor u+X_i \bmod u$$

因此

$$\begin{aligned}aX_i+c&=\left\lfloor\frac{X_i}{u}\right\rfloor au+a(X_i \bmod u)+c\\&=\left\lfloor\frac{X_i}{u}\right\rfloor(m-w)+a(X_i \bmod u)+c,\end{aligned}$$

则发生器所要执行的计算为

$$(aX_i+c) \bmod m=\left\{-\left\lfloor\frac{X_i}{u}\right\rfloor w+a(X_i \bmod u)+c\right\} \bmod m \tag{2.6}$$

假设 a 的选取满足

$$w\leqslant u \tag{2.7}$$

则

$$0\leqslant\left\lfloor\frac{X_i}{u}\right\rfloor w\leqslant\frac{X_i w}{u}\leqslant X_i\leqslant m-1。$$

同理，假设 a 和 c 的选取满足

$$m-a\geqslant w\geqslant c+1-a \tag{2.8}$$

则

$$\begin{aligned}&c\leqslant a(X_i \bmod u)+c\leqslant a(u-1)c=m-w-a+c\\&\leqslant m-1,\end{aligned}$$

因此，若同时满足条件式（2.7）和式（2.8），则

$$-m+1+c\leqslant-\left\lfloor\frac{X_i}{u}\right\rfloor w+a(X_i \bmod u)+c\leqslant m-1$$

从而保证发生器的每个中间运算结果都介于 $-m+1+c$ 和 $m-1$ 之间，进而使得 $(aX_i+c) \bmod m$ 运算不会溢出。

令 $Z_{i+1}=-\left\lfloor\frac{X_i}{u}\right\rfloor w+[a(X_i \bmod u)]+c$，则发生器所要执行的模 m 的求余运算可表示为

$$X_i=\begin{cases}Z_{i+1}, & Z_i\geqslant 0,\\ Z_{i+1}+m, & Z_i<0。\end{cases}$$

在下面的 Maple 程序“schrage”中，实现了一个参数分别为 $m=2^{32}$，$a=69069$，$c=1$ 的满周期发生器。关于这个程序正确性的验证，以及前面式（2.7）和式（2.8）的验证留作练习（见问题 2.3）。事实上，Schrage 算法在任何程序语言中都不难实现。在实际中，当可接受的最大正整数值为 2^{32} 时它的效果最好，因而它不太适合在 Maple 环境中运行。事实上，采用上述参数且没有经过 Schrage 改进的发生器本身是一个著名的发生器，它是随机数套件“SUPER-DUPER”（Marsaglia，1972；Marsaglia 等，1972）的一部分。该发生器具有非常优良的统计性质，Anderson（1990）和 Marsaglia 与 Zaman（1993）也曾给出过相关结论的证明。

```
>schrage:=proc() local s,r; global seed;
  s:=seed mod 62183; r:=(seed-s)/62183;
  seed:=-49669*r+69069*s+1;
  if seed<0 then seed:=seed+2^32 end if;
  evalf(seed/2^32);
  end proc:
```

许多随机数发生器是由计算机中的某种低级语言通过编码实现的，在这种语言中数值计算可通过单独的位操作来完成。在这种情况下，如果将模数 m 选取为2^b则会给后续计算带来便利。此时，因为X_i的值实际上就是 $aX_{i-1}+c$ 二进制表示式中后 b 位的数值，所以 $(aX_{i-1}+c)\bmod 2^b$ 的计算更高效。例如，在式（2.1）中

$$X_7=(9\times 13+3)(\bmod 16),$$

二进制运算表示为 $X_7=[(1001.)\times(1101.)+(11.)]\bmod 10000$，其中 $(1001.)\times(1101.)+(11.)=$

$$\begin{array}{ll} 01101000. & \\ 00001101. & + \\ \underline{00000011.} & \end{array} \tag{2.9}$$

$$\underline{01111000.} \tag{2.10}$$

注意到式（2.9）中将 1001. 分拆成 1000. 和 0001.，其中第一行给出了（1000.）×（1101.）的计算结果，第二行给出了（0001.）×（1101.）的结果，第三行表示将前两行计算结果与 11. 相加，最后除以 10000 的结果由式（2.10）给出，此时有 X_7 为式（2.10）中后 4 位二进制数值 1000.，其十进制数为 $X_7=8$。事实上（由于每次计算最终只选取最后 4 位二进制数）超过 4 位以后二进制数的运算可省略。例如 $X_8=\{(1001.)\times(1000.)+(11.)\}\bmod(10000.)$ 的计算可以表示为

$$\begin{array}{ll} 0000. & \\ 1000. & + \\ 0011. & \\ 1011. & \end{array}$$

即 $X_8=1011.$（二进制），或 $X_8=11$（十进制），再除以 16 得到 R_8。二进制中

(1001.)×(1000.)+(11.) 除以10000. 的运算只需在二进制数中将小数点向左移4位得到（0.1011）或者 $2^{-1}+2^{-3}+2^{-4}=11/16$。由于在利用位操作进行运算时(只保留了后 b 位数值，此时由 aX_{i-1} 的存储所带来的)“溢出”问题并未出现，而且计算过程中通过移位减少了除法运算从而进一步提高了随机数发生器的速度。特别是当需要生成的随机数个数达到数百万个时会更有效果（低级语言编写程序时运算速度相对于高级语言会更快)。

2.1.2 乘性同余发生器

$c=0$ 时的情况，表示为

$$X_i=(aX_{i-1})\bmod m$$

在上式中，不允许 X_i 取到0，否则由此生成的数列在若干步后会退化成…，0，0，…形式的序列，因此乘性同余发生器的最大周期不能超过 $m-1$。同理，$a=1$ 的情况也应该被排除。乘性同余发生器达到最大周期 $m-1$ 的充要条件如下：

$$m\text{ 是素数} \tag{2.11}$$

$$a\text{ 是 }m\text{ 的素元} \tag{2.12}$$

满足上述条件的乘性同余发生器称为最大周期素数模乘性同余发生器，其中 a 是 m 的素元是指 a 和 m 满足：

$$m\nmid a\text{ 且对 }m\text{ 的任意一个素因子 }q\text{ 均有 }m\nmid a^{(m-1)/q}-1 \tag{2.13}$$

由于 $a\in[0,m-1]$，即 $a<m$，因此上式中 $m\nmid a$ 总能满足。下面的程序“r3”中给出了一个性能非常好的最大周期素数模乘性同余发生器（性质证明见2.2节)，其中乘子 $a=630360016$。运行结果表明在处理器型号为Pentium M730的计算机上该发生器平均每11μs生成一个随机数：

```
>r3:=poc() global seed;
seed:=(seed*630360016)mod(2^31 -1);
evalf(seed/(2^31 -1));
end proc:
```

下面我们来介绍Maple软件中的内置随机数发生器（Karian 和 Goyal，1994）“rand（)”，其参数分别为 $m=10^{12}-11$，$a=427419669081$(Entacher，2000)。该发生器的“seed”值是通过命令“randomize（integer)”初始化的，它是最大周期的素数模乘性同余发生器的一种。为了获得［0，1）区间上的随机数序列，尽管简单的直接除以 10^{12} 看似合理，但在这里我们除以 $10^{12}-11$。运行结果表明“rand()”的运行速度为每随机数17μs，稍慢于“r1”的12μs和“r2”的16μs。Maple软件提供另一种（0，1）区间上均匀随机数发生器“stats[random,uniform](1)”，该发生器是在“rand（)”的基础上改进的，令人惊讶的是它的运行速度非常快，约为“rand（）/10^12 -11”的1/17，在这里不建议使用该发生器。

在任何素数模乘性同余发生器中，由于 $m\neq 2^b$，因此不能简单地通过保留

aX_{i-1}的二进制表示式的后 b 位数值来作为计算结果。为解决这个问题，如下算法（Fishman，1978，pp. 357－358）中也采用了类似 $m=2^b$ 时所采用的移位思想：假定 $m=2^b-\gamma$，其中 γ 表示在 b 给定的条件下，使得 m 成为素数的最小整数值，定义发生器

$$X_{i+1}=(aX_i)\bmod(2^b-\gamma),$$

令

$$Y_{i+1}=(aX_i)\bmod 2^b,\ K_{i+1}=\lfloor aX_i/2^b\rfloor \tag{2.14}$$

则

$$aX_i=K_{i+1}2^b+Y_{i+1},$$

则

$$\begin{aligned}X_{i+1}&=(K_{i+1}2^b+Y_{i+1})\bmod(2^b-\gamma)\\&=[K_{i+1}(2^b-\gamma)+Y_{i+1}+\gamma K_{i+1}]\bmod(2^b-\gamma)\\&=(Y_{i+1}+\gamma K_{i+1})\bmod(2^b-\gamma)\end{aligned}$$

由式（2.14）可知，$0\leqslant Y_{i+1}\leqslant 2^b-1$ 且$0\leqslant K_{i+1}\leqslant\left\lfloor\dfrac{a\ (2^b-\gamma-1)}{2^b}\right\rfloor\leqslant a-1$。

则
$$0\leqslant Y_{i+1}+\gamma K_{i+1}\leqslant 2^b-1+a\gamma-\gamma。$$

这里，我们希望$Y_{i+1}+\gamma K_{i+1}$能小于等于$2^b-\gamma$，这样X_{i+1}可直接取$Y_{i+1}+\gamma K_{i+1}$从而避免运算 $\mathrm{mod}(2^b-\gamma)$。如果做不到这一点，那么也可以将条件放宽为

$$Y_{i+1}+\gamma K_{i+1}\leqslant 2(2^b-\gamma)$$

使得$X_{i+1}=(Y_{i+1}+\gamma K_{i+1})(2^b-\gamma)$ 成立，也同样可避免求模。结合上述分析，由$2^b-1+a\gamma-\gamma\leqslant 2(2^b-\gamma)$ 可以得到

$$a\leqslant\frac{2^b}{\gamma}-1 \tag{2.15}$$

成立。

令$Z_{i+1}=Y_{i+1}+\gamma K_{i+1}$，则

$$X_{i+1}=\begin{cases}Z_{i+1}, & Z_{i+1}\leqslant(2^b-\gamma),\\ Z_{i+1}-(2^b-\gamma), & Z_i\geqslant(2^b-\gamma),\end{cases}$$

上式中，当 $\gamma=1$ 时，具有重要的现实意义，此时式（2.15）简化为 $a\leqslant 2^b-1$。因为$m=2^b-\gamma=2^b-1$，由 $a\leqslant m-1$ 可知 a 最可能选取的值为2^b-2，而2^b-2 必然小于等于2^b-1，换句话说，式（2.15）一定成立。形如2^k-1 的素数被称为是**梅森**（Mersenne）**素数**，其中 k 的取值可以为：2，3，5，7，13，17，19，31，61，89，107 等。

下面我们讨论如何找出一个素数 m 的素元的方法。若已知 a 为 m 的一个素元，则 m 的其他所有的素元可以表示为

$$\{a^j\bmod m:\text{其中 } j<m-1 \text{ 且满足 } j \text{ 与 } m-1 \text{ 互素}\} \tag{2.16}$$

以最大周期素数模乘性同余发生器$X_{i+1}=(a X_i)\bmod(7)$为例，给出求解素元的方法。此时$m=7$，根据条件（2.13），分别考虑$m-1=6$的素因子2和3。若$a=2$，则由$7=m|a^{6/2}-1=2^{6/2}-1=7$可知，2不是7的素元。因此，$a=3$为7的素元。同时，找到满足比6小且与6互素的整数仅有5，因此由式（2.16）可知7的另一个素元$a=3^5 \bmod m=9\times9\times3 \bmod 7=2\times2\times3 \bmod 7=5$。分别令$a=3$和5计算随机数如下：

$$a=3: \cdots,\frac{1}{7},\frac{3}{7},\frac{2}{7},\frac{6}{7},\frac{4}{7},\frac{5}{7},\frac{1}{7},\cdots$$

$$a=5: \cdots,\frac{1}{7},\frac{5}{7},\frac{4}{7},\frac{6}{7},\frac{2}{7},\frac{3}{7},\frac{1}{7},\cdots$$

可见在两种情况下计算出的随机数顺序正好相反。

当模数m较大的时候手工计算素元就很难行得通。然而，这对Maple来说则很简单。例如，一个模数$m=2^{31}-1$的最大周期素数模乘性同余发生器，希望计算出大小接近$m/2=1073741824.5$的素元a。利用下面的Maple程序容易给出大小相差在10以内的所有素元：

```
> with(numtheory);
  a: = 1073741814;
  do;
  a: = primroot(a,2^31 - 1);
  if a > 1073741834 then break end if;
  end do;
  a: = 1073741814
  a: = 1073741815
  a: = 1073741816
  a: = 1073741817
  a: = 1073741827
  a: = 1073741829
  a: = 1073741839
```

我们主要介绍了最大周期素数模乘性同余发生器及其理想的周期的特性。接下来，简单介绍另一种形式的乘性同余发生器，其模数$m=2^b$，这里b表示计算机的可用字长。若该发生器同时选取乘子$a=3\bmod 8$或$a=5\bmod 8$，且X_0为奇数，则发生器可以达到的最大周期$\lambda=m/4$，同时计算出的每个数列$\{X_i\}$均由$m/4$个奇数构成，随着X_0的不同，得到的奇数序列值也会完全不同。例如，$X_i=(3X_{i-1})\bmod 2^4$,分别取种子$X_0=1$和5,随机数的计算结果如下：

$$X_0=1: \cdots,\frac{1}{15},\frac{3}{15},\frac{9}{15},\frac{11}{15},\frac{1}{15},\cdots$$

$$X_0=5:\cdots,\frac{5}{15},\frac{15}{15},\frac{13}{15},\frac{7}{15},\frac{5}{15},\cdots$$

在本书中，所有的 Maple 程序均采用随机数发生器 “rand( )” 生成随机数，本节中提到的其他发生器将在附录 2 中给出详细介绍。

2.2 随机数的理论检验

大多数的线性同余发生器可归为下列三种类型之一（这里 λ 表示周期）。

类型 A：满周期混合同余发生器，其中 $m=2^b$，$a=1\bmod 4$，c 是奇数，$\lambda=m$；

类型 B：最大周期素数模乘性同余发生器，其中 m 为素数，a 为 m 的素元，$c=0$，$\lambda=m-1$；

类型 C：最大周期乘性同余发生器，其中 $m=2^b$，$a=5\bmod 8$，$\lambda=m/4$。

事实上，混合同余发生器（除了它需要减去一个确定常数外）与最大周期乘性同余发生器完全相同。见下面定理。

定理 2.1 假设 $m=2^b$，$a=5\bmod 8$，X_0 为奇数，$X_{i+1}=(aX_i)\bmod m$，$R_i=\frac{X_i}{m}$，则 $R_i=R_i^*+(X_0\bmod 4)/m$，其中 $R_i^*=\frac{X_i^*}{m/4}$，且

$$X_{i+1}^*=\left\{aX_i^*+(X_0\bmod 4)\left[\frac{(a-1)}{4}\right]\right\}\bmod(m/4)。$$

证明：首先，证明 $X_i-X_0\bmod 4$ 为 4 的倍数。显然，在 $i=0$ 时，$X_i-X_0\bmod 4=0$ 成立。假设当 $i=k$ 时该结论成立，则

$$X_{k+1}-X_0\bmod 4=[a(X_k-X_0\bmod 4)+(a-1)(X_0\bmod 4)]\bmod m。$$

由 $4\mid a-1$ 知，$4\mid X_{k+1}-X_0\bmod 4$ 成立。由数学归纳法，对任意 $i>0$，有 $4\mid X_i-X_0\bmod 4$ 成立。取 $X_i^*=(X_i-X_0\bmod 4)/4$，则 $X_i=4X_i^*+X_0\bmod 4$，且 $X_{i+1}=4X_{i+1}^*+X_0\bmod 4$。由 $R_i=\frac{X_i}{m}$，则 $R_i=\frac{4X_i^*+X_0\bmod 4}{m}=R_i^*+(X_0\bmod 4)/m$，其中 $X_{i+1}-aX_i=4(X_{i+1}^*-aX_i^*)-(X_0\bmod 4)(a-1)=0\bmod m$。因此由 $4\mid m$ 知

$$X_{i+1}^*-aX_i^*-(X_0\bmod 4)\left[\frac{(a-1)}{4}\right]=0\bmod(m/4),$$

命题得证。

（由定理 2.1 可知最大周期乘性同余发生器可以看成满周期混合同余发生器的一个特例）由此在理论检验中我们仅需讨论类型 A 和类型 B 发生器的各项性能。理论检验的本质是通过分析参数 a、c、m 的值来评估发生器在整个周期中的性能。容易看出（见本节的问题 5），类型 A 和类型 B 发生器，在周期充分大的条件下，所生成的随机数序列 $\{R_i:\ i=0,1,\cdots,\lambda-1\}$ 其均值和方差分别逼近于 1/2 和 1/12，而这两个数正是 $U(0,1)$ 的均值和方差。

下面通过发生器的**格子结构**（lattice）（Ripley，1983a）来进一步研究发生器的性能。假设 $\{R_i: i=0, 1, \cdots, \lambda-1\}$ 表示发生器所生成的一个整周期随机数序列，理论上该序列可生成连续**交叠序对**（R_0，R_1），（R_1，R_2），…，（$R_{\lambda-1}$，R_0）。如果 $\{R_i: i=0, 1, \cdots, \lambda-1\}$ 是均匀随机数序列，那么 R_0 独立于 R_1，R_1 独立于 R_2 等成立。因此（R_i，R_{i+1}）（$i=0, 1, \cdots, \lambda-1$）则可以看成 $[0, 1)^2$ 区域上的均匀随机分布序对。图 2.1 和图 2.2 分别画出了由满周期发生器 $X_{i+1}=(5X_i+3) \bmod 256$ 和 $X_{i+1}=(13X_i+3) \bmod 256$ 所生成的 256 个点的分布图形。观察图形可以发现：首先，这两幅图的共同特征是 256 个点均可由若干条平行线完全覆盖，由此可见序对的均匀性与 $[0, 1)^2$ 区域上的均匀随机数还是有所差别的。同时这个差别（对所有线性同余发生器）是不可避免的；其次，（从两个图中点的分布）可以看出图 2.2 中点的均匀性较好，图 2.2 中覆盖所有的点至少需要的直线数为 13 条，而图 2.1 则只需要 5 条，同时图 2.1 中平行线之间的间隔也要宽于图 2.2。最后，两个图中的格子都可以由其最小格子单元的基向量 $\boldsymbol{e}_1$ 和 $\boldsymbol{e}_2$ 表示，图 2.1 中的格子单元细而长，图 2.2 中格子单元的长和宽则比较接近。令 $l_1=|\boldsymbol{e}_1|$，$l_2=|\boldsymbol{e}_2|$分别表示格子单元中短边和长边的长度，记 $r_2=l_2/l_1$，则 r_2 越大发生器生成序对的均匀性越差，发生器的性能越差。

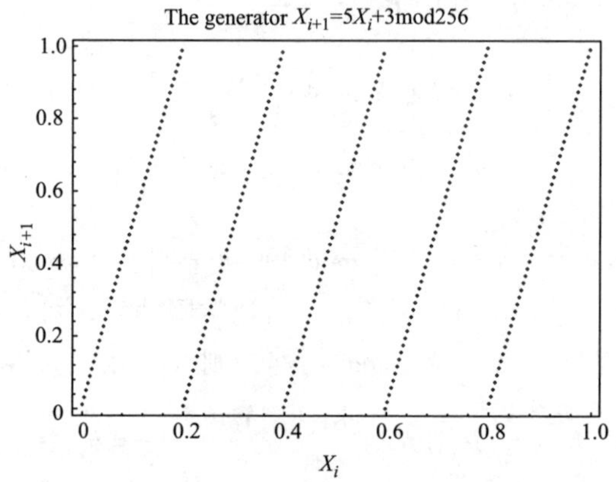

图 2.1 $X_{i+1}=(5X_i+3) \bmod 256$ 的序对 $\{(X_i, X_{i+1}): i=0,1\cdots,255\}$ 的图形

利用格子结构来判断发生器好坏的想法可以推广到高维情形，也就是讨论 k 元组构成的集合$\{(R_i,\cdots,R_{i+k-1 \bmod m}): i=0,1,\cdots,\lambda-1\}$在超立方体 $[0, 1)^k$ 上的均匀程度。令 l_1，…，l_k 分别表示最小格子单元的 k 个缩减基向量的长度，换句话说，假设 $l_1 \leqslant \cdots \leqslant l_k$，记 $r_k=l_k/l_1$，那么当一个发生器的 r_k 值大的时候，尤其是在 k 不是很大的情况下，我们可以认为这个发生器的性能不好。在参数 a、c、m 给定的条件下，Ripley（1983a）给出了计算 r_k 的精确值或上界的算法。而对于类型 A 发生器，如果仅改变 c 的值，那么新发生器生成的格子结构可以通过原来的格子结

构平移得到，而格子中点的相对位置没有任何改变。由此可见 c 值对发生器的性能影响并不大，而 a 的选取才是关键因素。

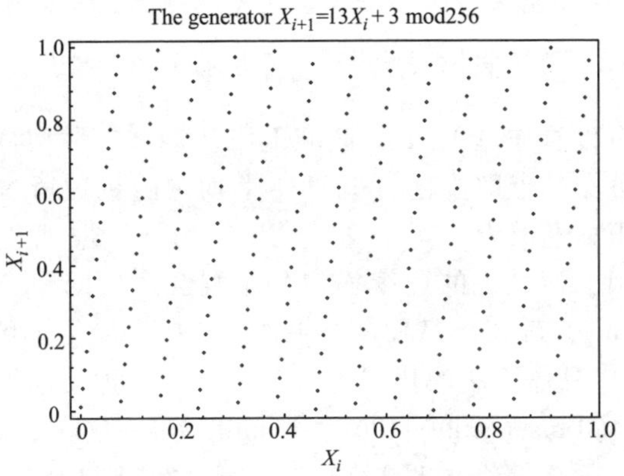

图 2.2 $X_{i+1} = (13X_i + 3) \bmod 256$ 的序对 $\{(X_i, X_{i+1}) : i = 0, 1, \cdots, 255\}$ 的图形

表 2.1 给出了若干经过检验后认定为性能较好的随机数发生器。前 4 个发生器由 Ripley（1983b）给出，它们在低维情形下具有较好的格子结构。后 5 个发生器（Fishman 和 Moore，1986）是在搜索了所有的模数为 $2^{31}-1$ 的素数乘性同余发生器后给出的。更多的有关给定参数值的随机数发生器及其理论检验的结果可参见 Entacher（2000）。

表 2.1 若干推荐的线性同余发生器（数据来自 Ripley，1983b 及 Fishman 和 Moore，1986）

m	a	c	r_2	r_3	r_4
2^{59}	13^{13}	0	1.23	1.57	1.93
2^{32}	69 069	奇数	1.06	1.29	1.30
$2^{31}-1$	630 360 016	0	1.29	2.92	1.64
2^{16}	293	奇数	1.20	1.07	1.45
$2^{31}-1$	950 706 376	0			
$2^{31}-1$	742 938 285	0			
$2^{31}-1$	1 226 874 159	0			
$2^{31}-1$	62 089 911	0			
$2^{31}-1$	1 343 714 438	0			

2.2.1 由维数增加带来的问题

考虑一个模数 $m \approx 2^b$ 且周期为 $m-1$ 的最大周期乘性同余发生器，生成一个整周期的随机数序列并记为 $1/m, \cdots, m-1/m$。该序列中相邻两个数之差为固定常数$1/m$。当 m 充分大时，$1/m$ 足够小到可忽略该序列的“颗粒状”，因此可以将这个离散型随机数序列近似地看成来自连续分布 $U(0,1)$ 的样本。为了生成 $[0,1)^2$ 区域上的一个均匀随机数，需要每次选取两个连贯的随机数构成一个二元组，

$m-1$ 个随机数可以生成 $m-1$ 个这样的二元组或二维点。然而，每个二元组距离其最近邻二元组的平均距离近似为$\frac{1}{\sqrt{m}}$（假设发生器 r_2 接近于1），当维数为 k 时这个距离近似为$\frac{1}{\sqrt[k]{m}}=2^{-b/k}$（假设发生器 r_k 接近于1）。例如，当 $b=32$ 时，一个 8 重积分的近似值就可以看作 $[0,1)^8$ 区域上服从某个离散型分布的随机变量函数的期望，该离散型分布的点即为由 $[0,1)$ 上均匀随机数所构成的 k 元组，而这些 k 元组的最近邻距离近似为 $2^{-b/k}=2^{-32/8}=2^{-4}=1/16$。此时若将这些离散点的分布近似看作 $[0,1)^8$区域上的连续均匀分布则会产生问题。一种降低这种影响的方式是**混合**（shuffle）输出，从而使得可能生成的 k 元组个数远大于非混合序列中可用的个数 $m-1$。具体方法的描述见 2.3 节。另一种使周期更大的方式是采用 Tauseworthe 发生器（Tauseworthe，1965；Toothill 等，1971；Lewis 和 Payne，1973；Toothill 等，1973）。还有一种方式是组合发生器。2.5 节中将会给出具体实例。上述方法的共同优点是都能给出周期非常大的随机数序列，而缺点在于很难能像讨论线性同余发生器那样来讨论它们的理论性质。这一点也正好解释了为什么后者能如此普遍使用的原因。

2.3 混合发生器

一种打破格子结构的方法是将线性同余发生器的输出重新排序或混合。**混合发生器**（shuffled generator）的工作原理如下：假定一个线性同余发生器生成的 $U(0,1)$ 分布随机数序列记为 $\{U_1, U_2, \cdots\}$，将该随机数序列中前 $k+1$ 个数 $U_1, U_2, \cdots, U_{k+1}$分别存储到数组 $T(0),T(1),\cdots,T(k)$ 中。利用 $T(k)$ 的值来获得区间 $[0, k-1]$ 中的一个整数 N，将 $T(k)$ 作为下一个混合随机数序值，用 $T(N)$ 替换 $T(k)$，用均匀随机数 U_{k+2}替换数组中的 $T(N)$，必要时重复上述步骤，得到新的随机数序列。具体算法如下：

$$N := \lfloor kT(k) \rfloor$$

输出 $T(k)$（$T(k)$即为下一个混合随机数序列值）

$$T(k) := T(N)$$

输入 U（下一个初始均匀随机数序列值）

$$T(N) := U$$

算法中符号$\lfloor x \rfloor$表示对 x 向下取整，由于 x 非负，就表示取 x 的整数部分。混合发生器的优点在于它增大了初始线性同余发生器的周期。

2.4 经验检验

经验检验通过取出一段输出且使它满足统计检验的条件以决定所生成的随机数

序列是否存在确定的随机性偏离。

2.4.1 频数检验

这里要检验的假设为 $R_i(i=1,2,\cdots)$ 服从区间(0,1)上的均匀分布。该检验假定 $R_i(i=1,2,\cdots)$ **独立**分布。从发生器中取 n 个连续的随机数 $R_1,R_2,\cdots,R_n$。将区间(0,1)分割成 k 个子区间 $(0,h),[h,2h),\cdots,[(k-1)h,kh)$，其中 $kh=1$。用 f_i 来定义落在第 i 个子区间内观察值的观察频数。待检验的零假设为样本来自 $U(0,1)$ 分布，而备择假设为样本并不是来自 $U(0,1)$ 分布。令 $e_i=n/k$，表示在假定零假设为真时的期望频数。

在零假设的条件下，检验统计量：

$$\chi^2=\sum_{i=1}^{k}\frac{(f_i-e_i)^2}{e_i}=\sum_{i=1}^{k}\frac{f_i^2}{e_i}-n,$$

渐近服从自由度为 $k-1$ 的卡方分布。卡方统计量值较大表明随机数分布具有不均匀性。因此，在给定显著性水平 α 的条件下，当 $\chi^2>\chi^2_{k-1,\alpha}$ 成立时，拒绝零假设，其中 $\alpha=P(\chi^2_{k-1}>\chi^2_{k-1,\alpha})$。

下面来看一个例子，利用 Maple 中内置随机数发生器“rand( )”生成 1000 个均匀随机数，取分割的子区间个数 $k=10$，每个区间长度 $h=0.1$。表 2.2 分别给出了每个区间内的观察频数和期望频数，由此计算统计量的值为

$$\chi^2=\frac{100676}{100}-1000=6.76。$$

在显著性水平 $\alpha=0.05$ 的条件下，查卡方分布表可得 $\chi^2_{9,0.05}=16.92$。由于 $\chi^2<\chi^2_{9,0.05}$，因此没有充分的理由拒绝零假设，即在随机数相互独立的条件下可以认为该组随机数均匀地分布在（0，1）区间上。

表 2.2 观察频数与期望频数

区间	$[0,h)$	$[h,2h)$	$[2h,3h)$	$[3h,4h)$	$[4h,5h)$	$[5h,6h)$	$[6h,7h)$	$[7h,8h)$	$[8h,9h)$	$[9h,1)$
f_i	99	94	95	108	108	88	111	92	111	94
e_i	100	100	100	100	100	100	100	100	100	100

在零假设条件下，统计量服从卡方分布是一个近似结果，因此该检验只能用于 n 充分大的情况。在实际操作中，要求每个区间上 $e_i\gtrsim$ ㊀ 5。随着随机数个数 n 的增加，子区间的个数 k 也必然随之增加。当 k 大到一定程度时，则超出了卡方分布表的查表范围，此时可以利用卡方分布的渐近正态性，即当 $m\to\infty$ 时，有 $\sqrt{2\chi^2_m}\to N(\sqrt{2m-1},1)$。

卡方检验的缺点在于，首先，它必须检验随机变量的独立性；其次，通过区域

㊀ 近似大于。——译者注

的划分使得本质上检验的仍然是一个离散而非连续的均匀分布。然而卡方检验作为随机数均匀性（好坏）的一个粗略判断来说是完全足够的。如果在实际应用中需要更强大的检验方法，那么读者可参见科尔莫戈罗夫-斯米尔诺夫（Kolmogorov-Smirnov）检验。

2.4.2 序列检验

考虑一组随机数序列 R_1，R_2，…。在均匀性和独立性的假设下，非重叠序对（R_1，R_2），（R_3，R_4），…应独立地服从区域 $(0, 1)^2$ 上的均匀分布。如果两个连续的随机数之间存在序列依赖性，那么这些点会表现为聚集在一起从而丢失均匀性。因此，为了研究序列依赖性的可能性，零假设为序对（R_{2i-1}，R_{2i}），$i=1, 2, \cdots$服从单位正方形区域 $(0, 1)^2$ 上的均匀分布，而备择假设为它们不服从该分布。这里可采用卡方检验，且将单位正方形分成 k^2 个等面积的小正方形，每个面积大小为$1/k^2$，序对之间的非重叠性满足了卡方检验所要求的独立性。令 f_i 表示落在第 i 个小正方形中序对的观察频数，其中 $i=1, 2, \cdots, k^2$，且 $\sum_{i=1}^{k^2} f_i = n$，即表示样本中共有 $2n$ 个随机数。在零假设成立的条件下 $e_i = n/k^2$ 且此时统计量近似服从 $\chi^2_{k^2-1}$ 分布。

这里，样本中 n 个点之间独立性的假设与频数检验中随机数的独立性假设一样都是棘手的问题。然而，通过随机间隔抽取随机数（点）的方式来替代连续抽样对这两种情况都会有帮助。显然，这里的序列检验是格子检验的一种，它可以推广到三维、四维或更高维的情况。但是为了保证每个单元中的期望频数至少为 5，其采样的随机数大小不得不随着维数的增加而指数倍增加。

2.4.3 其他经验检验方法

无论是数量上还是类型上对经验检验方法都没有限制。关于相关性的某个方面，人们总是能够构建出一种能产生具有统计意义结果的检验方法。除了其他原因之外，由于随机数流是由确定的递推式生成的，因此这一点是一定可以做到。问题的关键在于，非随机性的“总”的表达形式不存在。也许我们会问“总”的非随机性是由什么构成的呢？它可能被定义为对某个特定的蒙特卡罗应用不利的相关性（或非均匀性）的形式。例如，在估计一个 k 维定积分时，k 元组（R_i，R_{i+1}，…，R_{i+k-1}），$i=0, k, 2k, \cdots$的均匀性对估计的精度来说非常重要。然而，作为这些随机数的使用者，人们很少会有时间或者意愿去检验这些方面，通常会采用那些文献中已经详尽研究过并通过一系列理论或经验检验过的随机数发生器。经验检验法还包括空隙检验、扑克检验、优惠券搜集检验、碰撞检验、游程检验和线性相关性检验等。这些方法的具体内容可参见 Knuth(1998) 和 Dagpunar(1988a)。萨尔茨堡大学数学系研发的 Plab 服务器主要致力于随机数生成的相关研究。有关随机数生成的方法及检验可通过网站 http：//random. mat. sbg. ac. at/查阅。

2.5　组合发生器

将线性同余发生器进行组合是一个改进发生器性能的不错选择，一方面可以增大发生器的周期，另一方面可以改进输出的随机性。而在高维的情况下，这两个方面又是相关的。组合发生器的思想是通过求和来组合两个或多个发生器。例如，Wichman(1982) 和 Hill(1984) 将如下三个线性同余发生器

$$X_{i+1} = (171X_i) \bmod 30269,$$
$$Y_{i+1} = (172Y_i) \bmod 30307,$$
$$Z_{i+1} = (170Z_i) \bmod 30323$$

进行组合，并将每个发生器的输出除以各自的模数后求和，利用

$$R_{i+1} = \left(\frac{X_{i+1}}{30269} + \frac{Y_{i+1}}{30307} + \frac{Z_{i+1}}{30323}\right) \bmod 1 \tag{2.17}$$

计算随机数，其中 $y \bmod 1$ 表示正实数 y 的小数部分。显然，由式（2.17）定义的 R_{i+1} 相当于三个随机数发生器所产的随机数的小数部分之和，不难证明 $R_{i+1} \sim U(0, 1)$（见本节的问题 10）。

上述三个发生器均是最大周期素数模乘性同余发生器，其周期分别为 30268、30306 和 30322。组合发生器的周期则是这三个发生器周期的最小公倍数，由于三个周期的最大公因数为 2，所以它们的最小公倍数应为 $30268 \times 30306 \times 30324/4 \approx 6.95 \times 10^{12}$。由此可以看出，虽然组合发生器的速度可能比较慢，但其可靠性还是不错的。例如，该发生器曾用于微软的 Excel 2003 中（http：//support. microsoft. com）。

2.6　随机数发生器的种子

随机数发生器通过种子 X_0 的设置使得发生器生成的随机数序列具有可复制性，这种可复制性在对比不同的试验策略或者调试程序时都很重要，同时也避免了大量随机数的存储和读取，随机数的存储和读取过程都会降低运行速度且会占用大量内存。

在大多数情况下都需要进行独立的仿真运行（复制、实现），因此需要使用随机数序列中的非重叠部分。最方便的做法是将上次仿真中所使用的最后一个随机数设置为当前仿真的种子。如果在仿真运行中输出的观察值并不独立，则表明仅通过种子的设置还不够，还需要在随后的仿真运行开始前“消耗”掉缓冲区内的随机数。实际上，在很多随机数发生器的周期长度给定的条件下，替代上述方法的简单做法是随机地选择种子（例如采用计算机的内部时钟），并希冀于序列中分离的部分不会重叠。在这种情况下所生成的随机数序列不再具有可复制性。

2.7 问题

1. 手工生成下列线性递推式（a）~（f）的整周期序列数。写出观察周期并验证其与理论结果的一致性。

（a）$X_{i+1}=(5X_i+3)\bmod 16$，$X_0=5$；

（b）$X_{i+1}=(5X_i+3)\bmod 16$，$X_0=7$；

（c）$X_{i+1}=(7X_i+3)\bmod 16$，$X_0=5$；

（d）$X_{i+1}=(5X_i+4)\bmod 16$，$X_0=5$；

（e）$X_{i+1}=(5X_i)\bmod 64$，$X_0=3$；

（f）$X_{i+1}=(5X_i)\bmod 64$，$X_0=4$。

2. 修改 2.1.1 节中的程序“r1”，分别利用：

（a）$X_{i+1}=(7X_i)\bmod 61$，$X_0=1$；

（b）$X_{i+1}=(49X_i)\bmod 61$，$X_0=1$。

生成区间［0，1）上的均匀随机数。观察每种情况下的周期并给出理论证明。

3. 验证 2.1.1 节中所给程序“schrage”的正确性。

4. 考虑最大周期素数模乘性同余发生器：

$$X_{i+1}=1000101\ X_i \bmod (10^{12}-11)$$

且种子 $X_0=53547507752$。手工计算 $1000101X_0 \bmod (10^{12})$ 及 $\lfloor 1000101\ X_0/10^{12}\rfloor$ 的值，并由此计算出 X_1 的值。

5.（a）考虑素数模乘性同余发生器：

$$X_{i+1}=(aX_i)\bmod m$$

其中 a 为 m 的素元。证明：由上述发生器所生成的随机数序列 $\{X_i\}$，有

$$E(X_i)=\frac{m}{2},$$

$$\mathrm{Var}(X_i)=\frac{m(m-2)}{12}$$

成立。[提示：利用结论 $\sum_{i=1}^{k} i=k(k+1)/2$，$\sum_{i=1}^{k} i^2=k(k+1)(2k+1)/6$]。令 $R_i=X_i/m$，证明：对任意的 m 有 $E(R_i)=1/2$，当 $m\to\infty$时，有 $\mathrm{Var}(R_i)\to 1/12$ 成立。

（b）令 R 表示服从均匀分布 $U(0,1)$ 的随机变量，$f(r)$ 表示其概率密度函数，即当$0\leqslant r\leqslant 1$ 时$f(r)=1$，否则$f(r)=0$。令μ 和 σ 分别表示随机变量 R 的均值和标准差，证明：

$$\mu=\int_0^1 f(r)\,\mathrm{d}r=\frac{1}{2},$$

$$\sigma^2=\int_0^1 (r-\mu)^2 f(r)\,\mathrm{d}r=\frac{1}{12}$$

成立。

6. 证明：2 是 13 的素元，并由此给出模数为 13 且周期为 12 的所有乘性同余发生器。

7. 考虑如下乘性同余发生器：

$$X_{i+1} = (aX_i) \bmod 2^b,$$

其中，$a = 5 \bmod 8$。该发生器的周期为 $m/4 = 2^{b-2}$，生成的均匀随机数 $R_i = X_i/2^b$。同时考虑如下混合式满周期发生器：

$$X_{i+1}^* = (aX_i^* + c) \bmod 2^{b-2},$$

其中，$c = (X_0 \bmod 4)[(a-1)/4]$，生成的均匀随机数 $R_i^* = X_i^*/2^{b-2}$。在定理 2.1 中已证明结论：

$$R_i = R_i^* + \frac{X_0 \bmod 4}{2^b}$$

成立。请在 $b = 5$，$a = 13$，$X_0 = 3$ 时利用这两个发生器所生成的均匀随机数序列 $\{R_i\}$ 和 $\{R_i^*\}$ 给出上述结论的验证结果。

8. 线性同余发生器都是根据 X_i 来递推 X_{i+1}的，而斐波那契（Fibonacci）发生器则是根据 X_i 和 X_{i-1}来递推 X_{i+1}的，其计算形式如下：

$$X_{i+1} = (X_i + X_{i-1}) \bmod m$$

其中 X_0 和 X_1 的值给定。

（a）在不写出完整序列的条件下，给出该发生器的一个好的周期上界并由 m 表示。

（b）假设 $m = 5$，此时该发生器仅存在两种可能的循环，找出这两种循环及其各自的周期，并将周期大小与（a）中的上界进行比较。[注意到斐波那契发生器的一个优点是，它不需要进行乘法运算而只需要以 m 为模数进行加法运算。然而，由于所有的三元组（X_{i-1}，X_i，X_{i+1}）都只可能出现在 $X_{i+1} = X_i + X_{i-1}$ 或 $X_{i+1} = X_i + X_{i-1} - m$ 这两个平面上，因此这种发生器的输出是不太随机的。通过混合这种发生器的输出则可以在很大程度上改进它的特性。]

9.（a）写出发生器 $X_{i+1} = (7X_i) \bmod 13$ 和 $Y_{i+1} = (Y_i + 5) \bmod 16$ 所生成的随机数序列。请根据适当的图形来对比由这两个发生器分别生成的交叠数列 $\{(X_i, X_{i+1})\}$ 与 $\{(Y_i, Y_{i+1})\}$（$i = 1, 2, \cdots$）的均匀性。这两个发生器的周期是多少？

（b）由（a）中的两个发生器构建一个组合的 $U(0, 1)$ 发生器。该发生器的周期应该大于构成它的两个发生器。当 $X_0 = 1$，$Y_0 = 0$ 时，利用该发生器计算接下来的两个 $U(0, 1)$ 随机数。

10.（a）假设随机变量 U 和 V 相互独立且均服从区间 $[0, 1)$ 上的均匀分布，试证明 $(U + V) \bmod 1$ 仍服从 $U[0, 1)$ 分布。由此进一步证明式（2.17）中的结论，即 $R_{i+1} \sim U(0, 1)$。

（b）区间［0，1）上均匀随机数发生器的设计如下：

$$R_n = \left(\frac{X_n}{8} + \frac{Y_n}{7}\right) \bmod 1$$

其中，$X_0 = 0$，$Y_0 = 1$，$X_{n+1} = (9X_n + 3) \bmod 8$，$Y_{n+1} = (3Y_n) \bmod 7$，$n = 0$，1，…。计算 R_0，R_1，…，R_5 的值。求该发生器 $\{R_n\}$ 的周期是多少？

11. 下表给出了一组 $U(0,1)$ 分布的均匀随机数序列 $\{U_n: n = 0, 1, \cdots\}$：

0.69	0.79	0.10	0.02	0.43	0.61	0.76	0.66	0.58	…

下面一段伪代码给出一种混合上述序列中随机数的顺序的方法，该方法首先将随机数序列的前 5 个值存储在数组 $\{T(j): j = 0, 1, \cdots, 4\}$ 中，具体算法如下：

将 $T(4)$ 输出到混合序列中

$N := \lfloor 4T(4) \rfloor$

$T(4) := T(N)$

从未混合序列中输入下一个 U

$T(N) := U$

请写出混合后序列中的前 6 个数。

12. 考虑发生器 $X_{n+1} = (5X_n + 3) \bmod 16$。写出从 $X_0 = 1$ 开始的满周期序列。利用 2.3 节中所给的方法取 $k = 6$ 混合该发生器的输出，计算混合后序列中的前 20 个整数。

13. 对 10000 个 $U(0,1)$ 分布的随机数进行频数检验时获得如下频数表：

区间	[0,0.1)	[0.1,0.2)	[0.2,0.3)	[0.3,0.4)	[0.4,0.5)	[0.5,0.6)
频数	1023	1104	994	993	1072	930
区间	[0.6,0.7)	[0.7,0.8)	[0.8,0.9)	[0.9,1.0)		
频数	1104	969	961	850		

试问你得到的结论是什么？

第3章

生成非均匀随机数的一般方法

本章介绍了从任意单变量的连续型和离散型分布进行采样的一般原理。具体来说，就是生成随机变量 X 的独立实现（随机数）序列 x_1，x_2，…。若 X 是连续的，那么它有概率密度函数（probability density function，p. d. f.）f_X 或简记为 f。如果 X 是离散的，那么 X 有概率质量函数（probability mass function，p. m. f）（即分布律）p_x。这两种情况下的累积分布函数记为 F_X 或简记为 F。

3.1 累积分布函数的逆变换

如果 X 为一个具有累积分布函数 F 的连续型随机变量且 $R\sim U(0,1)$，那么随机变量 $F^{-1}(R)$ 的累积分布函数为 F。为证明此结论，令 x 表示任意一个属于 f 支撑集的实数。由于 F 在支撑集上严格单调递增，从而有

$$P(F^{-1}(R)\leqslant x)=P(0\leqslant R\leqslant F(x))$$

由于 $R\sim U(0,1)$，则

$$P(0\leqslant R\leqslant F(x))=F(x),$$

得证。

例 3.1 采用逆变换法在支撑集 $[0,+\infty)$ 上对密度函数为

$$f(x)=\lambda\,\mathrm{e}^{-\lambda x}$$

的分布进行采样。

解： 该分布的分布函数为：当 $x\geqslant 0$ 时，

$$F(x)=\int_0^x\lambda\mathrm{e}^{-\lambda u}\mathrm{d}u=1-\mathrm{e}^{-\lambda x}。$$

所以

$$1-\mathrm{e}^{-\lambda X}=R$$

从而

$$X=F^{-1}(R)=-\frac{1}{\lambda}\ln(1-R) \tag{3.1}$$

式（3.1）说明了如何将均匀分布的随机数转变为负指数分布随机变量。由于 R 和

$1-R$ 具有相同的分布，所以同样可采用：

$$X = -\frac{1}{\lambda}\ln(R) \tag{3.2}$$

上式的结果会经常用到。例如，为了从参数 $\lambda=1/3$ 的负指数分布采样随机数 $x\sim \mathrm{Exp}(\lambda)$，取：

$$x = -3\ln R$$

所以，如果下一个随机数为 $R=0.1367$，那么指数随机数为

$$x = -3\ln(0.1367) = 5.970。$$

逆变换法的某些局限性在于很多标准分布没有封闭形式的 F^{-1}。对标准正态密度应用逆变换法时得到：

$$\int_{-\infty}^{X} \frac{1}{\sqrt{2\pi}} e^{-u^2/2} du = R。$$

对上式是无法解析求逆的。事实上 X 可以数值求解。然而，即便如此也要尽可能地避免使用这种方法。与下面将要介绍的其他方法相比，它的计算速度可能要慢得多。而计算速度对于仿真中可能需要数百万这样的随机数的情况来说尤其重要。表 3.1 中列出了几种常用的具有封闭形式 F^{-1} 的标准连续型分布。

表 3.1　连续型分布

分布名称	密度函数	参数	支撑集
韦布尔分布	$\alpha\lambda^{\alpha}x^{\alpha-1}e^{-(\lambda x)^{\alpha}}$	$\alpha>0,\lambda>0$	$[0,+\infty)$
对数分布	$\frac{\lambda e^{-\lambda x}}{(1+e^{-\lambda x})^2}$	$\lambda>0$	$(-\infty,+\infty)$
柯西分布	$\frac{1}{(1+x)^2\pi}$		$(-\infty,+\infty)$

接下来考虑离散型分布，假定 X 为离散型随机变量其支撑集为 $\{0, 1, \cdots\}$，累积分布函数为 F。令 $R\sim U(0,1)$ 且 $W=\min\{x: R<F(x), x=0,1,\cdots\}$。那么 W 具有累积分布函数 F。证明如下：注意到当且仅当 $F(x-1)\leqslant R<F(x)$ 时，有 $W=x(x=0,1,\cdots)$。该事件发生的概率为 $F(x)-F(x-1)=p_x$，得证。

例 3.2　假定 $p_x=\theta^{x-1}(1-\theta)$，$x=1, 2, \cdots$，其中 $0<\theta<1$。试给出由此（几何）分布生成随机数的方法。

解：因为

$$F(x) = \sum_{i=1}^{x} p_i = 1-\theta^x,$$

所以

$$X = \min\{x: R<1-\theta^x, x=1,2,\cdots\},$$

或

$$X = \min\left\{x: x>\frac{\ln(1-R)}{\ln\theta}, x=1,2,\cdots\right\},$$

将上式中的 $1-R$ 替换成 R，得到

$$X=\left\lfloor\frac{\ln R}{\ln\theta}+1\right\rfloor$$

其中，$\lfloor\ \rfloor$表示下取整函数。

能和上例中一样可以解析求逆的离散型分布非常少。一般地，对经验分布来说，对累积概率数组 $\{F(0), F(1), \cdots\}$ 的搜索是必要的。下面所给的 Maple 程序可对具有有限支撑集 $\{0, \cdots, k\}$ 的任意离散型分布做到这一点。需要注意在程序中是如何将参数“cdf”指定为**有序表（list）**类型。

```
>discinvert: =proc(cdf::list)local R,x;
  R: =evalf(rand()/10^12);
  X: =1;
  do;
  if R <cdf[x] then return x -1 else x: =x +1 end if;
  end do;
  end proc;
```

参数“cdf”为用于存储累积概率的有序表。例如，若 $F(0)=0.1$，$F(1)=0.3$，$\cdots$，$F(7)=1$，调用以上程序可生成如下所示的随机数 2：

```
>discinvert([.1,.3,.5,.55,.8,.95,.99,1.0])
2
```

注意到在上面的程序中，由于分布的支撑集为 $\{0, \cdots, 7\}$，而 Maple 中任意有序表的最小索引值为 1，因此有序表所返回的是 $x-1$（而非 x 的值）。

3.2 包围取舍采样法

从概率密度 f 成比例于某个非负函数 $h(x)$ 的分布进行采样，即

$$f(x)=\frac{h(x)}{\int_{-\infty}^{+\infty}h(x)\,\mathrm{d}x},$$

且假定该分布不存在封闭形式的逆函数 F^{-1}。选取另一个容易采样的（建议）密度为

$$\frac{g(y)}{\int_{y\in \mathrm{support}(g)}g(y)\,\mathrm{d}y}$$

此外，选择 g 使得对任意的 $x\in \mathrm{support}(g)$，有 $\mathrm{support}(h)\subseteq \mathrm{support}(g)$ 且 $g(x)\geqslant h(x)$。首先，从建议密度 g 生成一个候选样本，也就是 y。然后以 $h(y)/g(y)$ 的概率接受 y。如果该样本没有被接受，则应被拒绝，并且在此情况下重复上述过程，直至有一个候选样本被接受为止。包围取舍采样法的思想是通过概率的取舍步

骤，改变 y 值的相对频率分布，并以这样的方式使得接受的样本严格服从所要求的分布 f。应注意函数 g 是如何优化 h 的。此外，如果这两个函数在一个或多个点上的值相等，那么 g 的图形包围了 h。下面给出从密度成比例于 h 的分布进行采样的算法。

算法 3.1 1. 采样独立样本 $y \sim \dfrac{g(y)}{\int_{y\in \text{support}(g)} g(y)\mathrm{d}y}$ 且有 $R \sim U(0,1)$。若 $R < \dfrac{h(y)}{g(y)}$，则接受 y，否则，返回 1。

证明：为了验证算法的有效性，令 Y 的概率密度成比例于 g，则

$$P(y < Y \leqslant y + \mathrm{d}y \mid \text{接受}Y)$$

$$\propto P(\text{接受 } Y \mid y < Y \leqslant y + \mathrm{d}y)\frac{g(y)}{\int_{y\in \text{support}(g)} g(y)\mathrm{d}y} \tag{3.3}$$

$$\propto P\left(R < \frac{h(y)}{g(y)}\right)g(y)\mathrm{d}y \tag{3.4}$$

这里$\dfrac{h(y)}{g(y)} \leqslant 1$，因此 $P\left(R < \dfrac{h(y)}{g(y)}\right)$即为$\dfrac{h(y)}{g(y)}$。代入式（3.4）中，得到

$$P(y < Y \leqslant y + \mathrm{d}y \mid \text{接受 } Y) \propto h(y)\mathrm{d}y。$$

由此得到接受的样本 y 具有概率密度 f，得证。

只要将以上算法中的积分替换成求和就可以同样适用于离散型分布。如果总的接受 y 值的概率很大，那么可以显著提高算法的效率，而这一点可通过选择与 h 规模相似的 g 来达到。由于

$$P(\text{接受 } Y \mid y < Y \leqslant y + \mathrm{d}y) = \frac{h(y)}{g(y)},$$

所以总的接受概率为

$$\int_{y\in \text{support}(g)} \frac{h(y)}{g(y)} \frac{g(y)\mathrm{d}y}{\int_{u\in \text{support}(g)} g(u)\mathrm{d}u} = \frac{\int_{y\in \text{support}(h)} h(y)\mathrm{d}y}{\int_{y\in \text{support}(g)} g(y)\mathrm{d}y} \tag{3.5}$$

上述算法的优点之一在于，密度 f 仅取决于任意一个乘常数因子。在第 8 章中我们将看到这个优点在应对贝叶斯统计时尤其有用。

例 3.3 采样非负指数包围取舍法生成标准正态分布的随机数。

解：首先，从半标准正态分布进行采样，其概率密度为

$$f(x) = \sqrt{\frac{2}{\pi}}\mathrm{e}^{-\frac{x^2}{2}},$$

支撑集为［0，+∞），再将得到的随机数以 0.5 的概率乘以 −1 就得到标准正态分布的随机数。由上面的记法，令

$$hx = \mathrm{e}^{-\frac{x^2}{2}},$$

支撑集为［0，+∞）。考虑一个包围函数

$$gx = Ke^{-\lambda x},$$

支撑集为 $[0, +\infty)$，其中 $K>0$ 且 $\lambda>0$。由于 g 应该优化 h，因此在 λ 给定的条件下，对任意的 $x\in[0, +\infty)$，必须有

$$Ke^{-\lambda x} \geqslant e^{-\frac{x^2}{2}},$$

通过选择如下的 K 可使得效率达到最大化

$$\begin{aligned} K &= \min\{k: ke^{-\lambda x} \geqslant e^{-\frac{x^2}{2}}, \text{对任意的 } x\geqslant 0\} \\ &= \min\{k: k\geqslant e^{-\frac{(x-\lambda)^2}{2}} e^{\frac{\lambda^2}{2}}, \text{对任意的 } x\geqslant 0\} \\ &= e^{\frac{\lambda^2}{2}} \end{aligned}$$

由式（3.5）求得总的接受概率为

$$\frac{\int_{y\in \text{support}(h)} h(y)\,dy}{\int_{y\in \text{support}(g)} g(y)\,dy} = \frac{\int_0^{+\infty} e^{-\frac{y^2}{2}} dy}{\int_0^{+\infty} e^{\frac{\lambda^2}{2}} e^{-\lambda y} dy} = \frac{\sqrt{\pi/2}}{e^{\frac{\lambda^2}{2}} \lambda^{-1}} \tag{3.6}$$

当 $\lambda=1$ 时上式取到最大值，从而表明最优指数包围函数为

$$g(y) = e^{\frac{1}{2}} e^{-y},$$

图 3.1 显示了 g 是如何包围 h 的。

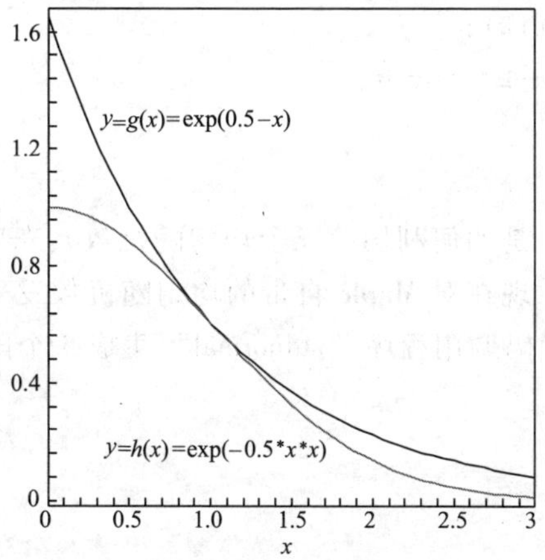

图 3.1 用于采样半标准正态密度的指数包围

接下来需要从成比例于 $g(y)$ 的建议密度进行采样，即

$$\frac{g(y)}{\int_{y\in \text{support}(g)} g(y)\,dy} = \frac{e^{\frac{1}{2}} e^{-y}}{\int_0^{+\infty} e^{\frac{1}{2}} e^{-y} dy} = e^{-y}。$$

给定一个均匀随机数 $R_1 \sim U(0, 1)$，取

$$y = -\ln(R_1),$$

给定第二个均匀随机数R_2，则候选样本的接受条件为

$$R_2 < \frac{h(y)}{g(y)} = \frac{e^{-\frac{y^2}{2}}}{e^{\frac{1}{2}}e^{-y}} = e^{-\frac{(y-1)^2}{2}},$$

两边取对数，得到

$$-\ln(R_2) > \frac{1}{2}(y-1)^2,$$

这里 $-\ln(R_2)$与 y 相互独立且均为分布 Exp(1) 的随机数（即期望为 1 的负指数分布）。分别将它们记为E_2和E_1，则当且仅当$E_2 > \frac{1}{2}(E_1-1)^2$成立时接受$E_1$。下面的 Maple 程序实现了上述算法。

```
>stdnormal:=proc() local r1,r2,r3,E1,E2;
  do;
    r1:=evalf(rand()/10^12);
    r2:=evalf(rand()/10^12);
    E1:= -ln(r1);
    E2:= -ln(r2);
    if E2>0.5*( E1 -1)^2 then break end if;
  end do;
  r3:=evalf(rand()/10^12);
  if r3>0.5 then E1:= -E1 end if;
  E1;
  end proc;
```

注意到在上述程序中是如何利用第三个均匀随机数 r_3 来决定是否对所得到的半正态随机数取相反数的。现在对 Maple 自带的均匀随机数发生器 “rand” 指定一个种子。应用如下 Maple 代码调用程序 “stdnormal” 生成 5 个随机数。

```
>randomize(4765);
  for j from 1 to 5 do;
  stdnormal();
  end do;
  4765
  .4235427382
  .1856983287
  .6611634273
  -.6739401269
  -.9897380691
```

从概率的角度来看，这是个好算法。那么该算法到底如何呢？只要均匀随机数

发生器在概率上能满足要求，那么接受样本就将服从所需的标准正态分布。然而，经典的仿真中经常需要大量的随机数，因此同样需要关注这些随机数的生成速度。影响算法速度的因素有很多。诸如对数和指数计算这样“代价高的”运算都是耗费时间的，而乘除运算则耗时较少。同时，用于生成一个随机数所需均匀随机数的数量越大则算法执行的时间也就越长。最后，如果需要对参数分布进行相关的初步计算，那么我们更希望这里的“设置”时间尽可能少，或者至少应该生成大量的随机数以说明其合理性。对标准正态分布来说不存在设置时间。由式（3.6），总的接受概率为

$$\left.\frac{\sqrt{\pi/2}}{e^{\frac{\lambda^2}{2}}\lambda^{-1}}\right|_{\lambda=1}=\sqrt{\frac{\pi}{2e}}=0.760。$$

每生成一个候选样本需要两个随机数和两次对数运算。因此，每接受一个样本所需对数运算的期望次数为 $2/0.760=2.63$。由于转化半标准正态分布样本时还需要一个均匀随机数，因此所需均匀随机数的期望个数为 $2.63+1=3.63$。由此看出该算法的效率相当低，例如，与生成指数随机数的逆变换采样法相比。在后者的采样中，每生成一个样本仅需要一个随机数和一次对数运算。我们将在第 4 章中介绍更高效的生成标准正态随机数的方法。

附录 3.1 中的程序“envelopeaccep”可在目标密度［即采样的密度，与 $h(x)$ 成比例］及包围函数［与 $r(x)$ 成比例］给定时计算总的接受概率。

3.3 均匀比值采样法

假定存在两个相互独立且服从均匀分布的随机变量 $U\sim U(0,1)$ 和 $V\sim U(-a,a)$，其中 $a>0$ 为已知常数。可通过这两个均匀分布的随机变量产生一个新的随机变量 $X=\frac{V}{U}$。X 的分布是什么呢？U 和 V 的联合概率密度为

$$f_{U,V}(u,v)=\frac{1}{2a},$$

支撑集为 $0<u<1$ 和 $-a<v<a$。这里 $v=xu$，其中 x 表示随机变量 X 的一个实现值。因此 U 和 X 的联合概率密度为

$$\begin{aligned}f_{U,X}(u,x)&=f_{X|U=u}(x,u)f_U(u)\\&=\left|\frac{\partial v}{\partial x}\right|f_{V|U=u}(xu,u)f_U(u)\\&=u\,f_{U,V}(u,xu)\\&=\frac{u}{2a},\end{aligned}$$

支撑集为 $-a<xu<a$ 和 $0<u<1$。对该密度中的变量 u 进行积分，则 X 的边缘概率

密度为

$$f_X(x) = \int_0^{\min\{\frac{1}{|x|},1\}} \frac{u}{2a}\mathrm{d}u = \begin{cases} \frac{1}{4a}, & |x| < a, \\ \frac{a}{4x^2}, & |x| \geqslant a。\end{cases}$$

该密度函数的图形是钟形，只是钟的顶部被平行于 x 轴的直线切掉。

均匀比值采样法能从任意选定的分布进行采样吗？在上例中所选的点（U, V）服从矩形区域（0，1）×（$-a$, a）上的均匀分布。在下面的定理中，Kinderman 和 Monahan（1977）对此进行了修改，他们所选择的点（U, V）服从某个矩形区域子集上的均匀分布。

定理 3.1 设 h 为任意非负函数且满足 $\int_{x\in \mathrm{support}(h)} h(x)\mathrm{d}x < +\infty$。令 $C = \left\{(u,v):0<u\leqslant\sqrt{h\left(\frac{v}{w}\right)},v/u\in \mathrm{support}(h)\right\}$。

令（U, V）服从区域 C 上的均匀分布且 $X=V/U$，则 X 的概率密度函数为 $\frac{h(x)}{\int_{-\infty}^{+\infty}h(x)\mathrm{d}x}$。

证明： U 和 V 的联合概率密度为

$$f_{U,V}(u,v) = A^{-1},$$

支撑集为 C，其中 $A = \iint_C \mathrm{d}u\mathrm{d}v$。现在令 $X=V/U$，则 U 和 X 的联合概率密度为

$$f_{U,X}(u,x) = u\,A^{-1},$$

支撑集为 $\{(u,x):0<u\leqslant\sqrt{h(x)},x\in \mathrm{support}(h)\}$。由此可知 X 的边缘概率密度为

$$f_X(x) = \int_0^{\sqrt{h(x)}} \frac{u}{A}\mathrm{d}u = \frac{h(x)}{2A}。$$

由于 f 为一个概率密度函数，则

$$\int_{-\infty}^{+\infty} f_X(x)\mathrm{d}x = \frac{\int_{-\infty}^{+\infty} h(x)\mathrm{d}x}{2A} = 1 \tag{3.7}$$

且

$$f_X(x) = \frac{h(x)}{\int_{-\infty}^{+\infty} h(x)\mathrm{d}x},$$

得证。

定理 3.1 直接给出了从概率密度成比例于 h 的分布进行采样的方法。该方法唯一的技术问题在于如何生成区域 C 上均匀分布的点。通常的做法是找出边平行于 u 轴和 v 轴且包围区域 C 的矩形区域 D。生成 D 内均匀分布的点是简单的。如果这样

的点也落在区域 C 内，那么接受该点并且接受 V/U（均匀随机数的比值），否则拒绝。

例 3.4 给出从概率密度成比例于 $h(x)=\mathrm{e}^{-x}$ 且支撑集为 $[0,\ +\infty)$ 的分布进行采样的均匀比值采样算法。

解： 令

$$
\begin{aligned}
C &= \left\{(u,v):0<u\leqslant\sqrt{\exp,\left(-\frac{v}{u}\right)}v/u,\in \text{support}(h)\right\}\\
&= \left\{(u,v):0<u\leqslant\exp\left(-\frac{v}{2u}\right),v/u\in \text{support}(h)\right\}\\
&= \{(u,v):0<u\leqslant 1,0\leqslant v\leqslant -2u\ln u\} \qquad (3.8)
\end{aligned}
$$

注意到 C 是由曲线 $v=0$，$v=-2u\ln u$ 所围成的封闭有界区域。包围该区域的最小矩形为 $D=(0,u^+]\times(0,v^+]$，其中 $u^+=1$，且 $v^+=\max_{0<u\leqslant 1}(-2u\ln u)=2/\mathrm{e}$。从而得到下面的算法：

1. 生成均匀随机数 R_1，$R_2\sim U(0,1)$，

$U:=R_1$，$V:=\dfrac{2}{\mathrm{e}}R_2$，$X:=\dfrac{V}{U}$，

如果 $-2\ln U\geqslant X$，则接受 X，否则返回步骤1。

上述算法可生成区域 D 上均匀分布的点 (U,V)。仅当该点也落入 C，即当 $0\leqslant U\leqslant\exp\left(-\dfrac{V}{2U}\right)$ 成立时接受该点。接受概率为

$$
\frac{\iint_C \mathrm{d}u\mathrm{d}v}{\iint_D \mathrm{d}u\mathrm{d}v}=\frac{A}{v^+u^+}。
$$

由式（3.7），上式的值为

$$
\frac{\frac{1}{2}\int_{-\infty}^{+\infty}h(x)\mathrm{d}x}{v^+u^+}=\frac{\frac{1}{2}\int_0^{+\infty}\mathrm{e}^{-x}\mathrm{d}x}{v^+u^+}=\frac{1/2}{2/\mathrm{e}}=\frac{\mathrm{e}}{4}。
$$

下面的定理将给出对于任意给定的非负函数 h 如何找到最小包围矩形区域的方法。

定理 3.2 定义 C 如定理3.1中所述，令

$$
\begin{aligned}
u^+ &= \max_x\sqrt{h(x)},\\
v^+ &= \max_{x>0}\left(x\sqrt{h(x)}\right),\\
v^- &= \min_{x\leqslant 0}\left(x\sqrt{h(x)}\right),
\end{aligned}
$$

令 $D=[0,u^+]\times[v^-,v^+]$，则 $C\subseteq D$。

证明： 假定 $(u,\ v)\in C$。令 $x=\dfrac{v}{u}$，那么 $0<u\leqslant\sqrt{h(x)}\leqslant u^+$。这里假定 $v>0$，那

么 $x>0$。对关于 u 的不等式，两边同时乘以$\frac{v}{u}$，得到 $v\leqslant x\sqrt{h(x)}\leqslant v^+$。同理，如果 $v\leqslant 0$，那么 $x\leqslant 0$ 且 $v\geqslant x\sqrt{h(x)}\geqslant v^-$。这样$(u, v)\in D$，即 $C\subseteq D$ 得证。

例 3.5 给出从标准正态分布进行采样的均匀比值采样算法。

解 由于$f(x)\propto\exp\left(-\frac{1}{2}x^2\right)$，可取 $h(x)=\exp\left(-\frac{1}{2}x^2\right)$。所以

$$u^+=\max_x\sqrt{h(x)}=\max_x\sqrt{\exp\left(-\frac{1}{2}x^2\right)}=1,$$

$$v^+=\max_{x>0}(x\sqrt{h(x)})==\max_{x>0}\left(x\sqrt{\exp\left(-\frac{1}{2}x^2\right)}\right)=\sqrt{\frac{2}{e}},$$

$$v^-=\min_{x\leqslant 0}\left(x\sqrt{\exp\left(-\frac{1}{2}x^2\right)}\right)=-\sqrt{\frac{2}{e}},$$

因此所求算法为

1. 生成均匀随机数R_1，$R_2\sim U$（0，1），

$U:=R_1, V:=\sqrt{\frac{2}{e}}(2R_2-1), X:=\frac{V}{U}$，

如果 $-\ln U\geqslant X^2/4$，则接受 X，否则重回步骤 1。

接受概率为

$$\frac{\frac{1}{2}\int_{-\infty}^{+\infty}\exp\left(-\frac{1}{2}x^2\right)dx}{2\sqrt{2/e}}=\frac{\sqrt{2\pi}}{4\sqrt{2/e}}=\frac{\sqrt{e\pi}}{4}=0.731,$$

图 3.2 给出了这种情况下的区域 C。

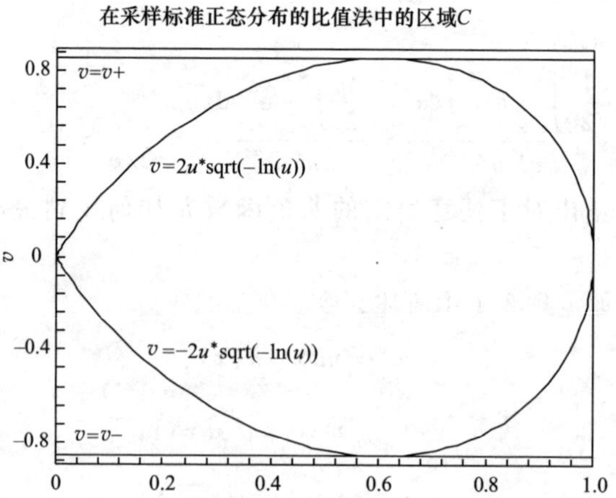

图 3.2 均匀比值采样：标准正态分布密度

注意到与包围取舍采样法一样，任何比值算法都仅要求采样密度取决于一个乘性常数因子。然而，为了求出接受概率该常数因子必须事先已知。附录 3.2 中的程

序“ratioaccep”可对任意的概率密度函数计算总的接受概率。

3.4 自适应取舍采样法

有些仿真的特点是每次只需要一个随机样本，而每个样本又都来自**不同的**分布。在包围取舍采样法中，为了从密度成比例于 h 的分布进行采样，必须找到一个包围函数 g，使得对任意的 $x \in \text{support}(h)$，有 $g(x) \geqslant h(x)$。找到这样一个包围函数（通常包含某个函数的数值最大化）所花费的时间（固定时间）要比成功生成一个接受的候选样本多得多。从某种意义上来说，与生成样本的可变成本相比其“固定成本”是高的，因此仅当生成的样本足够多时程序才是合算的。自适应取舍采样法的目的就是要降低固定成本，这对每次只从所考虑问题中的分布生成一个样本的仿真来说是非常有好处的。自适应取舍采样法是由 Gilks 和 Wild（1992）提出的，其思想源自 Gibbs 采样法（见第 8 章），在该方法中要对大量不同的非标准分布中的每一个分布分别生成一个单独样本。

自适应取舍采样法的基本思想是采用分段指数包围函数 $g(x) = \exp[u_k(x)]$，这里$u_k(x)$ 表示依赖于 h 定义域中 k 个坐标的分段函数线性函数。这里**自适应**(adaptive)指通过 $k(k:=k+1)$ 的设置来将包围函数分成为若干段以更好地适应函数 h。该算法的一般形式仅适用于概率密度为**对数-凹**（log-concave）的情况。幸运的是很多概率密度都满足这个条件。

令 $f(x)$ 为一个待采样分布的单变量概率密度函数。令 $h(x) \propto f(x)$，$D_h \equiv \text{support}(h)$，其中$D_h$为连通的。若令 $r(x) = \ln[h(x)]$，其中 $r(x)$ 为凹函数，即对任意的 $x \in D_h$，有 $r''(x) < 0$ 成立，则称 $h(x)$ 是对数-凹的函数。令 x_1，x_2，…，$x_k \in D_h$为使得 $x_1 < x_2 < \cdots < x_k$成立的 k 个坐标集合。

接下来根据下面的方法构建 $y = e^{r(x)}$ 的上界包围。首先，获得函数 $y = r(x)$ 的一个上界包围 $y = u_k(x)$。$r(x)$ 在点 x_j和 x_{j+1}（$j=1, 2, \cdots, k-1$）处的切线方程分别为

$$y = r(x_j) + (x - x_j)r'(x_j) \tag{3.9}$$

及

$$y = r(x_{j+1}) + (x - x_{j+1})r'(x_{j+1}) \tag{3.10}$$

令这些切线在 $x = z_j$处相交。那么对给定的 $j \in \{1, 2, \cdots, k\}$，对任意的 $x \in (z_{j-1}, z_j]$，方程（3.9）为 $y = r(x)$ 的上界包围，其中 $x_0 \equiv z_0 \equiv \inf\{x: x \in D_h\}$ 且 $x_{k+1} \equiv z_k \equiv \sup\{x: x \in D_h\}$。因此 $y = r(x)$ 的上界包围为 $y = u_k(x)$，其中

$$u_k(x) = r(x_j) + (x - x_j)r'(x_j), x \in (z_{j-1}, z_j],$$

其中 $j=1, 2, \cdots, k$。由式（3.9）和式（3.10），得

$$z_j = \frac{r(x_j) - r(x_{j+1}) - x_j r'(x_j) + x_{j+1} r'(x_{j+1})}{r'(x_{j+1}) - r'(x_j)} \quad (j=1,2,\cdots,k-1)。$$

图 3.3 给出了 $y=u_2(x)$ 和 $y=r(x)$ 的典型图形。

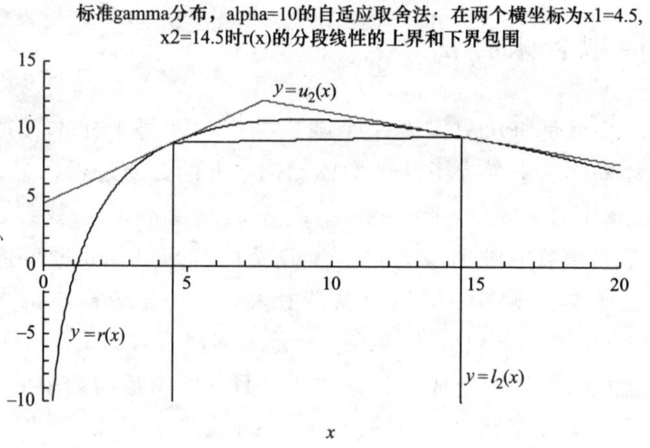

图 3.3 具有两个坐标的自适应取舍法：$r(x)$ 的上界和下界包围

根据上述构造，对任意 $x\in D_h$，有 $u_k(x)\geqslant r(x)$，则由此可知对任意的 $x\in D_h$ 有 $\mathrm{e}^{r(x)}\leqslant\mathrm{e}^{u_k(x)}$ 成立。这里 $u_k(x)$ 是关于 x 分段线性的函数，从而 $y=\mathrm{e}^{u_k(x)}$ 为函数 $y=h(x)=\mathrm{e}^{r(x)}$ 的一个分段指数上界包围（见图 3.4）。

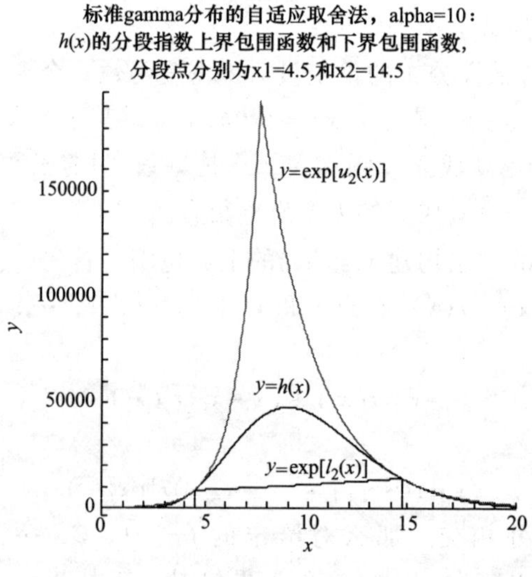

图 3.4 两个坐标的自适应取舍法：$\mathrm{e}^{r(x)}$ 的上界和下界包围

从密度为 $\mathrm{e}^{u_k(y)}/\int_{x_0}^{x_{k+1}}\mathrm{e}^{u_k(x)}\,\mathrm{d}x$ 采样获得候选样本 Y，其接受概率为

$$\mathrm{e}^{r(Y)}/\mathrm{e}^{u_k(Y)}\ (\leqslant 1)。$$

因此根据取舍采样法，有

$$P(y \leqslant Y \leqslant y+\mathrm{d}y \text{ 且接受}Y) = \frac{\mathrm{e}^{r(y)}}{\mathrm{e}^{u_k(y)}} \frac{\mathrm{e}^{u_k(y)}\mathrm{d}y}{\int_{x_0}^{x_{k+1}} \mathrm{e}^{u_k(x)}\mathrm{d}x} = \frac{\mathrm{e}^{r(y)}\mathrm{d}y}{\int_{x_0}^{x_{k+1}} \mathrm{e}^{u_k(x)}\mathrm{d}x},$$

这表明候选样本的概率密度满足要求且成比例于 $\mathrm{e}^{r(y)}$，其总的接受概率为

$$\frac{\int_{x_0}^{x_{k+1}} \mathrm{e}^{r(y)}\mathrm{d}y}{\int_{x_0}^{x_{k+1}} \mathrm{e}^{u_k(x)}\mathrm{d}x} = \frac{\int_{x_0}^{x_{k+1}} h(y)\mathrm{d}y}{\int_{x_0}^{x_{k+1}} \mathrm{e}^{u_k(x)}\mathrm{d}x} \tag{3.11}$$

下面举例来说明这个方法。取变量 $X \sim \text{gamma}(\alpha,1)$，其概率密度成比例于

$$h(x) = x^{\alpha-1}\mathrm{e}^{-x}$$

支撑集为（0，$+\infty$）。容易验证当 $\alpha>1$ 时，$h(x)$ 为对数-凹的。这里

$$r(x) = \ln[h(x)] = (\alpha-1)\ln x - x,$$

假定 $\alpha=10$。在众数（$x=9$）的左、右两边各取一个坐标点，即 $x_1=4.5$，$x_2=14.5$。所构建的上界包围 $y=u_2(x)$ 如图 3.3 所示。

图 3.4 给出了分段指数包围函数的图形。注意到总的接受概率如何由曲线 $\exp[u_2(x)]$ 和 $h(x)$ 之下的面积之比得到［见式（3.11）］。假定候选样本为 $y=11$ 且该样本被接受，则程序停止。或者，如果 $y=11$ 被拒绝，那么需要再选择第三个坐标点，从而有 $x_1=4.5$，$x_2=11$，$x_3=14.5$。为了构造新的包围函数，即 $y=u_3(x)$，需要计算 $r(x_2)=r(11)$ 的值，但是应该注意到这个值在决定拒绝 $y=11$ 时已经计算过了。

图 3.5 和图 3.6 给出了三个坐标情况所对应的分段函数图形。注意到图 3.6 的接受概率要高于图 3.4。使用自适应取舍采样算法的经验表明，通常接受一个候选样本所选取的坐标个数小于或等于四个，且此时的上界包围函数已经非常接近函数 $h(x)$。

这里候选样本的接受条件是

$$R < \frac{\exp[r(y)]}{\exp[u_k(y)]},$$

其中 $R \sim U(0,1)$。该条件可化简为

$$E > u_k(y) - r(y) \tag{3.12}$$

其中 $E \sim \text{Exp}(1)$。

一个更精练的方法是构造一个分段线性**下界**（lower）包围函数 $y=l_k(x)$，该函数本身被 $y=r(x)$ 包围。一个简单的做法是连接$(x_j, r(x_j))$至$(x_{j+1}, r(x_{j+1}))$$(j=1,2,\cdots,k-1)$ 的弦形成 $y=l_k(x)$ 且当 $x<x_1$或 $x>x_k$时，令$l_k(x)=-\infty$。如果

$$E > u_k(y) - l_k(y) \tag{3.13}$$

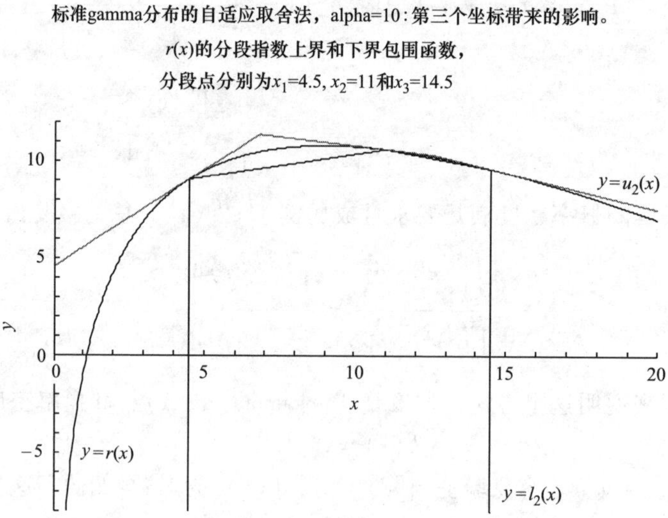

图 3.5 三个坐标的自适应取舍法：$r(x)$ 的上界和下界包围函数

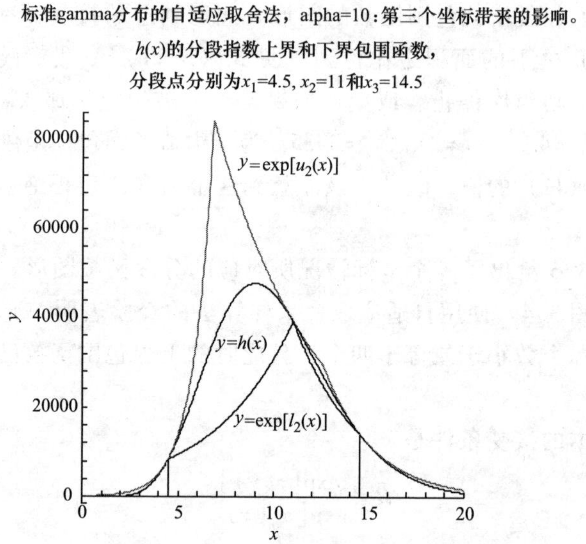

图 3.6 三个坐标的自适应取舍法：$\exp[r(x)]$的上界和下界包围函数

则有 $E>u_k(y)-r(y)$ 成立［因为 r 包围$l_k(x)$］，因此接受该候选样本。由于$l_k(y)$的计算代价通常低于$r(y)$，因此从利于计算的角度来说，选择式（3.13）替代式（3.12）作为判断是否接受候选样本的条件更加有利。仅当式（3.13）的**预检**（pre-test）没有通过的条件下才会执行式（3.12）的完全检验。

3.5　问题

1. 利用逆变换法给出从如下概率密度函数进行采样的方法：

	$f(x)$	支撑集	名称
(a)	$1/20$	$[5,25]$	均匀分布
(b)	$\frac{x-2}{8}$	$(2,6]$	
(c)	$\frac{1}{5}e^{-x/5}$	$[0,+\infty)$	指数分布(均值为5)
(d)	$\frac{1}{2}e^{-\|x\|}$	$(-\infty,+\infty)$	双指数分布
(e)	$\frac{5}{2}\exp\left[-\frac{5}{2}(x-2)\right]$	$[2,+\infty)$	移位负指数分布
(f)	$4x(1-x^2)$	$(0,1)$	
(g)	$\begin{cases}2x/a, 0<x\leqslant a,\\ \frac{2(1-x)}{1-a}, a<x<1\end{cases}$	$(0,1)$	三角分布
(h)	$\frac{\exp(-x)}{[1+\exp(-x)]^2}$	$(-\infty,+\infty)$	逻辑斯谛(Logistic)分布
(i)	$\frac{1}{\pi(1+x^2)}$	$(-\infty,+\infty)$	柯西分布
(j)	$\alpha(\lambda x)^{\alpha-1}\lambda\exp[-(\lambda x)^{\alpha}]$	$(0,+\infty)$	韦布尔分布($\lambda>0,\alpha>0$)
(k)	$x\exp\left[-\frac{1}{2}(x^2-\theta^2)\right]$	$(\theta,+\infty)$	$\theta>0$

2. 利用逆变换法给出下列离散分布的采样方法：

(a) 在支撑集 $\{0, 1, \cdots, n\}$ 上$p_x=\frac{1}{n+1}$，其中 n 为给定的正整数；

(b)

p_x	0.1	0.2	0.4	0.2	0.1
x	1	2	3	4	5

(c) 二项分布 binomial(3, 0.9)。

3. 给出从概率密度成比例于 $h(x)$ 的分布进行采样的包围取舍采样法的程序，其中，

$$h(x)=\frac{\exp(-x^2/2)}{1+|x|},$$

支撑集为 $(-\infty, +\infty)$。这里假定标准正态分布的独立样本可得。在给定 $\int_{-\infty}^{+\infty}h(x)\mathrm{d}x=1.5413$ 的条件下，对所给的方法的效率进行评价。

4. 给出从概率密度成比例于下列 $h(x)$ 的分布进行采样的包围取舍采样算法。在每种情况中对曲线 $y=h(x)$ 采用包围 $y=g(x)$。

(a) $h(x)=x(1-x)$，支撑集为 (0, 1)，采用 $g(x)=$ 常数；

(b) $h(x)=\exp\left(-\frac{1}{2}x^2\right)$，支撑集为 $(-\infty, +\infty)$，采用 $g(x)\propto(1+x^2)^{-1}$；

(c) $h(x)=\exp\left(-\frac{1}{2}x^2\right)/(1+x^2)$，支撑集为 $(-\infty, +\infty)$，采用 $g(x)\propto e^{-0.5x^2}$；

(d) $h(x)=\exp\left(-\frac{1}{2}x^2\right)$，支撑集 $[\theta, +\infty)$，其中 $\theta>0$，采用

$$g(x)\propto\exp\left[-\frac{1}{2}(x^2-\theta^2)\right]$$

即问题 1 中的第 (k) 种情况。

5. 离散型随机变量 X 有概率质量函数

$$P(X=x)=\frac{1/x}{\sum_{j=1}^{n}1/j},$$

支撑集为 $\{1, 2, \cdots, n\}$，其中 n 为已知整数且 $\geqslant 2$。

(a) 证明：$X=[Y]$，其中 Y 表示在支撑集 $[1, n+1)$ 上概率密度成比例于 $h(y)$ 的连续型随机变量，且

$$h(y)=\frac{1}{y}。$$

(b) 采用 g 作为 h 的包围，其中

$$g(y)=\begin{cases}1, 1\leqslant y<2,\\ \dfrac{1}{y-1}, 2\leqslant y<n+1,\end{cases}$$

利用如下 Maple 程序生成离散型随机变量 X 的采样值以检验其有效性。

```
>harmonic: =proc(n) local r1,r2,x,ix;
  do;
    r1: =evalf(rand()/10^12);
    if r1 <1/(1 +ln(n*1.0))
        then return 1
    else
        x: =1 +(n*exp(1.0))^r1/exp(1.0);
        r2: =evalf(rand()/10^12);
        ix: =floor(x);
        if r2 <(x -1)/ix then return ix end if;
  end if;
```

```
end do;
end proc;
```

（c）证明：总的接受概率的一个下界为

$$\frac{1+\ln[(n+1)/2]}{1+\ln(n)}。$$

6. 给出从概率密度成比例于 $h(x)$ 的分布进行采样的包围取舍法的程序，其中 $h(x)=\cos^2(x)\exp(-\lambda x)$，支撑集为 $[0,+\infty)$ 且 $\lambda>0$。

（a）证明：最优指数包围为 $g(x)=\exp(\lambda x)$ 且接受候选样本的总的接受概率为$\frac{\lambda^2+2}{\lambda^2+4}$。

（b）写出对任意指定 λ 值的情况进行采样的 Maple 程序。

（c）若采用逆变换法，证明：给定 $R\sim U(0,1)$，必须求解等式

$$R=\frac{[\lambda^2\cos(2x)-2\lambda\sin(2x)+\lambda^2+4]\mathrm{e}^{-\lambda x}}{2(\lambda^2+2)}。$$

方法（b）和方法（c）你更倾向于哪个方法？为什么？

7. 包围取舍法也可以用于离散型分布。给出一种采样概率质量函数成比例于 $(1+x)\left(\frac{1}{2}\right)^x$ 的包围取舍法，要求采用成比例于$\left(\frac{2}{3}\right)^x$ 的包围函数，两者的支撑集均为 $\{0,1,2,\cdots\}$。此时接受概率为多少？

8. 给出从概率密度成比例于如下 h 的分布进行采样的均匀比值算法，并计算每种情况下的总的接受概率。

（a）$h(x)=x^2(1-x)$，支撑集为 $(0,1)$。能否给出一种改进接受概率的方法？

（b）$h(x)=\sqrt{x}\exp(-x)$，支撑集为 $(0,+\infty)$。

（c）$h(x)=\left(1+\frac{x^2}{3}\right)^{-2}$，支撑集为 $(-\infty,+\infty)$。

9. （a）给出一种从概率密度成比例于 $h(x)=(1+x^2)^{-1}$ 的分布进行采样的均匀比值法。

（b）假设U_1、U_2相互独立且均服从 $U(-1,1)$ 分布。根据（a）中方法的原理证明：U_2/U_1在满足$U_1^2+U_2^2<1$ 的条件下服从柯西分布，其概率密度为

$$\frac{1}{\pi(1+x^2)},$$

支撑集为 $(-\infty,+\infty)$。

（c）假设 X 和 Y 被定义为独立同分布的随机变量，服从 $N(0,1)$ 分布，根据（a）中方法的原理证明：Y/X 服从（b）中的柯西分布。

10. （这是一个更难的问题）令 X 的概率密度成比例于 $h(x)$ 且令

$$C=\left\{(u,v):0<u\leqslant\sqrt{h\left(\frac{v}{u}\right)},\frac{v}{u}\in\mathrm{support}(h)\right\}。$$

定义一个线性映射：

$$T:\begin{pmatrix}u\\v\end{pmatrix}\mapsto \boldsymbol{A}\begin{pmatrix}u\\v\end{pmatrix},\text{其中 } \boldsymbol{A}=\begin{pmatrix}1 & 0\\-\tan\theta & 1\end{pmatrix},$$

且定义：

$$C_\theta=\left\{(r,s):\begin{pmatrix}r\\s\end{pmatrix}=\boldsymbol{A}\begin{pmatrix}u\\v\end{pmatrix},(u,v)\in C\right\}。$$

（a）证明：若（R，S）服从C_θ上的均匀分布，则 S/R 的概率密度成比例于 $h(s/r+\tan\theta)$。由此，通过取 $x=\tan\theta+s/r$ 可获得样本 x。

（b）证明：将区域 C 以顺时针方向旋转角度 θ 后对其进行指定变形可得到C_θ。

（c）令 $m=\mathrm{mode}(X)$ 且 $\max\sqrt{h(x)}=u^+$，证明：直线$u=u^+$在点（u^+，u^+m）处与 C 的边界相切。

（d）为什么在C_θ上使用比值法可能比在 C 上更好？

（e）如果 X 的分布对称，那么可推测 $\theta=\arctan m$ 使总的接受概率达到最大化。然而，对非对称分布该结论一般不成立。

如果在支撑集（0，1）上 $h(x)=x^4(1-x)^{14}$，那么利用 Maple 对比如下三种方法的接受概率：

（ⅰ）标准比值法；

（ⅱ）重新定位法，其中 $Y=X-m=X-\dfrac{2}{9}$；

（ⅲ）数值逼近 θ 的最优选择。

11. 考虑如下方法从对称 beta 分布进行采样，其密度函数为

$$f_X(x)=\frac{\Gamma(2\alpha)}{\Gamma^2(\alpha)}x^{\alpha-1}(1-x)^{\alpha-1}(0\leqslant x\leqslant 1,\alpha>1)。$$

令 $Y=X-1/2$。Y 的概率密度成比例于 $h(y)$，其中

$$h(y)=\left(\frac{1}{4}-y^2\right)^{\alpha-1}\quad\left(-\frac{1}{2}\leqslant y\leqslant\frac{1}{2},\alpha>1\right)。$$

试证明如下算法可以获得概率密度$f_X(x)$的采样$\{x\}$。R_1和R_2为两个独立的服从 U（0，1）分布的随机变量。

1. $U=\left(\dfrac{1}{2}\right)^{\alpha-1}R_1$

$$V=\frac{(1-\alpha^{-1})^{\frac{\alpha-1}{2}}\left(R_2-\frac{1}{2}\right)}{2^{\alpha-1}\sqrt{\alpha}}$$

$$Y=\frac{V}{U}$$

如果 $U<\left(\frac{1}{4}-Y^2\right)^{\frac{\alpha-1}{2}}$，取 $Y+1/2$，否则返回步骤 1。

利用 Maple 以减少数学上的运算，证明接受概率为

$$\frac{\Gamma(\alpha)}{4\Gamma(\alpha+1/2)}\sqrt{\pi}(\alpha-1)^{(1-\alpha)/2}\alpha^{\alpha/2},$$

将接受概率看作 α 的函数，画出该函数的图形并对该算法的效率进行评价。证明：对大的 α 值，接受概率可以近似为

$$\frac{\sqrt{\pi e}}{4}=0.731。$$

12. 自适应取舍采样方法适应于密度函数为对数-凹的情况。检查如下密度函数是否为对数-凹的：

(a) 正态分布；

(b) $f(x)\propto x^{\alpha-1}e^{-x}$，支撑集为 $(0,+\infty)$，$\alpha>0$；

(c) 韦布尔分布：$f(x)\propto\lambda^{\alpha}\alpha x^{\alpha-1}\exp\left[-(\lambda x)^{\alpha}\right]$，支撑集为 $(0,+\infty)$，$\lambda>0$，$\alpha>0$；

(d) 对数正态分布：$f(x)\propto 1/(\sigma x)\exp\left[-1/2\left(\frac{\ln x-\mu}{\sigma}\right)^2\right]$，支撑集为 $(0,+\infty)$，$\sigma>0$，$\mu\in\mathbf{R}$。

13. 利用自适应采样法采样概率密度 $f\propto h$ 时，$r(x)=\ln[h(x)]$ 必须是凹的。给定 k 个有序坐标 x_0，x_1，…，$x_k\in\text{support}(h)$，$y=r(x)$ 在点 $x=x_j$ 和 $x=x_{j+1}$ 处的切线在点 $x=z_j$ 处相交（$j=1,2,\cdots,k-1$）。令 $x_0\equiv z_0\equiv\inf[x:x\in\text{suport}(h)]$，且 $x_{k+1}\equiv z_k\equiv\sup[x:x\in\text{support}(h)]$。令 $u_k(y)$，$x_0<y<x_{k+1}$ 表示由这些切线所构成的分段线性闭包，则 u_k 为 r 的一个上界包围。候选样本从概率密度

$$\phi(y)=\frac{\exp[u_k(y)]}{\int_{x_0}^{x_{k+1}}\exp[u_k(y)]\mathrm{d}y}$$

进行采样。

(a) 证明：

$$\phi(y)=\sum_{j=1}^{k}p_j\phi_j(y),$$

其中，对 $j=1,2,\cdots,k$，有

$$\phi_j(y)=\begin{cases}\dfrac{\exp[u_k(y)]}{\int_{z_{j-1}}^{z_j}\exp[u_k(y)]\mathrm{d}y}, & y\in(z_{j-1},z_j],\\ 0, & y\notin(z_{j-1},z_j],\end{cases}$$

且

$$p_j = \frac{\int_{z_{j-1}}^{z_j} \exp[u_k(y)]\mathrm{d}y}{\int_{x_0}^{x_{k+1}} \exp[u_k(y)]\mathrm{d}y}。$$

(b) 在 (a) 中，密度 ϕ 被表示为概率混合的形式，这就意味着为了获得 ϕ 的采样必须先分别以概率$p_j(j=1, 2, \cdots, k)$ 获得密度ϕ_j的采样。证明：可以通过设置

$$Y = z_{j-1} + \frac{1}{r'(x)}\ln[1 - R + R\mathrm{e}^{(z_j - z_{j-1})r'(x_j)}]$$

来获得ϕ_j的一个采样 Y，其中 $R \sim U(0, 1)$。

(c) 试描述如何在 (b) 中随机的选择 j 的值从而从ϕ_j中获得一个采样，请以伪代码的形式给出该算法。

14. 在一个单服务器排队模型中顾客按泊松流到达，到达速率为 $\lambda(<\mu)$，服务时间相互独立且服从均值为μ^{-1}的负指数分布，可以证明当排队系统达到稳态时，队列中顾客的等待时间 W 的分布由

$$P(W \geqslant w) = \frac{\lambda}{\mu}\mathrm{e}^{-(\mu-\lambda)w}$$

给出，这里 $w>0$。写出从此分布进行采样的 Maple 程序（该分布是离散型和连续型混合的分布）。

第4章 标准分布随机数的生成

4.1 标准正态分布

标准正态分布使用如此频繁，以至于它有自己的记号。若随机变量 Z 具有概率密度为 ϕ，其中，

$$\phi(z)=\frac{1}{\sqrt{2\pi}}\mathrm{e}^{-\frac{z^2}{2}},$$

支撑集为（$-\infty$，$+\infty$），则称它服从标准正态分布。其累积分布函数为 $\Phi(z)=\int_{-\infty}^{z}\phi(u)\mathrm{d}u$。容易得知 Z 的期望和方差分别为 0 和 1。

假定对任意的 $\mu\in\mathbf{R}$ 且 $\sigma\geqslant 0$，有 $X=\mu+\sigma Z$，则称 X 服从均值为 μ、方差为 σ^2 的正态分布，X 的概率密度为

$$f_X(x)=\frac{1}{\sqrt{2\pi}\sigma}\mathrm{e}^{-\frac{\left(\frac{x-\mu}{\sigma}\right)^2}{2}}\quad(-\infty<x<+\infty),$$

简记为 $X\sim N(\mu,\sigma^2)$。

下面只给出两种产生标准正态分布随机数的简短算法。这两种算法在实现简便与执行速度之间达到了合理平衡。如果读者对其他一些可能在速度上更快或设计上更成熟的方法有兴趣可以参见 Devroye（1986）或 Dagpunar（1988a）。

4.1.1 Box-Müller 方法

Box-Müller 方法易于实现且执行速度较快。首先，考虑两个独立的标准正态随机变量 X_1 和 X_2，它们的联合概率密度为

$$f_{X_1,X_2}(x_1,x_2)=\frac{1}{2\pi}\mathrm{e}^{-\frac{(x_1^2+x_2^2)}{2}},$$

支撑集为 $\mathbf{R}^2$。通过令 $X_1=R\cos\theta$，$X_2=R\sin\theta$ 分别对 X_1 和 X_2 进行极坐标变换，则 R 与 θ 的联合概率密度由

$$f_{R,\theta}(r,\theta)=\frac{1}{2\pi}\mathrm{e}^{-\frac{r^2}{2}}\begin{vmatrix}\frac{\partial x_1}{\partial r} & \frac{\partial x_1}{\partial\theta}\\ \frac{\partial x_2}{\partial r} & \frac{\partial x_2}{\partial\theta}\end{vmatrix}\mathrm{d}r\mathrm{d}\theta$$

$$= \frac{1}{2\pi} e^{-\frac{r^2}{2}} r dr d\theta$$

支撑集为 $r \in (0, +\infty)$ 且 $\theta \in [0, 2\pi]$ 得出。由此可知 R 与 θ 相互独立且 $\frac{1}{2}R^2 \sim \text{Exp}(1)$ 和 $\theta \sim U[0, 2\pi]$。故给定两个均匀随机数 R_1 和 R_2，由逆变换采样法得知 $\frac{1}{2}R^2 = -\ln R_1$ 或 $R = \sqrt{-2\ln R_1}$ 且 $\theta = 2\pi R_2$。经过回代至原来的笛卡儿坐标得出：

$$X_1 = \sqrt{-2\ln R_1} \cos(2\pi R_2),$$

$$X_2 = \sqrt{-2\ln R_1} \sin(2\pi R_2)。$$

该方法的输出是“一举两得”的。尽管它在理论上是正确的，但是它所产生的正态分布的尾部样本却少于期望的数量（见 Neave，1973 及本章的问题 1），因此一般情况下并不用此方法进行采样。例如，采用正弦形式，除非随机数 R_1 接近于 0 且 R_2 不接近于 0，否则 X_2 都不可能达到极端的尾部值。然而，采用乘子小（small）的乘性线性同余发生器可确保当 R_1 的值足够小时随后产生的随机数 R_2 也同样如此。当然，也可通过混合均匀随机数发生器的输出来避免该问题的发生。

通常采用一种称为“极坐标”Box-Müller 的方法可避免考虑尾部样本的问题。该方法描述如下：由上文 $X_1 = R\cos\theta$，$X_2 = R\sin\theta$，其中 $\frac{1}{2}R^2 \sim \text{Exp}(1)$ 和 $\theta \sim U[0, 2\pi]$。考虑在单位圆 $C = \{(u, v): u^2 + v^2 \leqslant 1\}$ 上均匀分布的点 (U, V)。显然，$\arctan(V/U) \sim U[0, 2\pi]$ 成立，且不难验证 $U^2 + V^2 \sim U(0, 1)$。而且直观上来看这两个随机变量是相互独立的［见本章问题 2 中基于雅可比（Jacobian）变换的推导］。所以，由逆变换采样法可知 $\arctan\left(\frac{V}{U}\right) = 2\pi R_2$ 和 $U^2 + V^2 = R_1$，其中 R_1 和 R_2 为均匀随机数。由此可知（U，V）服从正方形区域 $D = \{(u, v): -1 \leqslant u \leqslant 1, -1 \leqslant v \leqslant 1\}$ 上的均匀分布。在满足 $U^2 + V^2 \leqslant 1$ 的条件下，代入极坐标变换分别得到两个独立的标准正态分布样本：

$$X_1 = \sqrt{-2\ln(U^2 + V^2)} \frac{U}{\sqrt{U^2 + V^2}},$$

$$X_2 = \sqrt{-2\ln(U^2 + V^2)} \frac{V}{\sqrt{U^2 + V^2}}。$$

对应的 Maple 程序“STDNORM”见附录 4.1。

4.1.2 改进的包围取舍采样法

例 3.3 中给出了半标准正态分布的取舍采样法。下面讨论该方法的接受概率能否进一步改进。根据包围取舍采样法的通常记法，令

$$h(x) = e^{-x^2/2},$$

支撑集为（$-\infty$，$+\infty$）且对合适的 $\lambda>0$ 和 $c>0$，采用优化函数：

$$g(x)=\begin{cases}1, & |x|\leqslant c,\\ e^{-\lambda(|x|-c)}, & |x|>c,\end{cases}$$

则

$$\frac{g(x)}{h(x)}=\begin{cases}e^{x^2/2}, & |x|\leqslant c,\\ e^{x^2/2-\lambda(|x|-c)}, & |x|>c。\end{cases}$$

要求用 g 去优化 h，因此 λ 与 c 的选取必须满足对任意的 $|x|>c$，有 $\frac{x^2}{2}-\lambda|x|+c\geqslant 0$ 成立，则接受概率为

$$\frac{\int_{-\infty}^{+\infty}h(x)\,\mathrm{d}x}{\int_{-\infty}^{+\infty}g(x)\,\mathrm{d}x}=\frac{\sqrt{2\pi}}{2(c+1/\lambda)}。$$

为了使接受概率达到最大，必须对任意的 $|x|>c$，在满足 $x^2/2-\lambda|x|+\lambda c\geqslant 0$ 的条件下最小化（$c+1/\lambda$）。若 c 给定，则对任意的 $|x|>c$，在满足 $x^2/2-\lambda|x|+\lambda c\geqslant 0$ 的条件下只需最大化 λ 的取值。如果 $\lambda^2>2\lambda c$，即 $\lambda>2c$，则存在某个 $|x|>c$，使得 $x^2/2-\lambda|x|+\lambda c<0$ 成立。因为当 $\lambda\leqslant 2c$ 时，对任意的 $|x|>c$，$x^2/2-\lambda|x|+\lambda c\geqslant 0$ 恒成立，所以在给定 c 的条件下，λ 的最大值可取到 $\lambda=2c$。这就意味着必须最小化 $\left(c+\frac{1}{2c}\right)$，即令 $c=\sqrt{2}/2$ 且 $\lambda=2c=\sqrt{2}$，则接受概率为

$$\frac{\sqrt{2\pi}}{2(c+1/\lambda)}=\frac{\sqrt{2\pi}}{2(1/\sqrt{2}+1/\sqrt{2})}=\frac{\sqrt{\pi}}{2}=0.88623。$$

注意到这个接受概率相对于 Butcher（1961）给出的取参数 $c=1$ 和 $\lambda=2$ 时的接受概率 $\frac{\sqrt{2\pi}}{3}=0.83553$，以及例 3.3 中计算出的 0.76 的接受概率均有适度提高。

候选样本由建议累积分布函数 $G(x)$ 的逆生成，其中：

$$G(x)=\begin{cases}\dfrac{\left(\frac{1}{\sqrt{2}}\right)e^{\sqrt{2}x+1}}{\frac{1}{\sqrt{2}}+2\left(\frac{1}{\sqrt{2}}\right)+\frac{1}{\sqrt{2}}}=\frac{1}{4}e^{\sqrt{2}x+1}, & x<-\frac{\sqrt{2}}{2},\\[2ex] \dfrac{\left(\frac{1}{\sqrt{2}}\right)+x+\left(\frac{1}{\sqrt{2}}\right)}{\frac{1}{\sqrt{2}}+2\left(\frac{1}{\sqrt{2}}\right)+\frac{1}{\sqrt{2}}}=\frac{\sqrt{2}x+2}{4}, & |x|\leqslant\frac{\sqrt{2}}{2},\\[2ex] \dfrac{\frac{4}{\sqrt{2}}-\left(\frac{1}{\sqrt{2}}\right)e^{-\sqrt{2}x+1}}{\frac{1}{\sqrt{2}}+2\left(\frac{1}{\sqrt{2}}\right)+\frac{1}{\sqrt{2}}}=1-\frac{1}{4}e^{-\sqrt{2}x+1}, & x>\frac{\sqrt{2}}{2}。\end{cases}$$

由逆变换采样法，给定一个均匀随机数R_1，计算得出：

$$x=\begin{cases}\dfrac{\sqrt{2}[\ln(4R_1)-1]}{2}, R_1\leqslant\dfrac{1}{4},\\ \sqrt{2}(2R_1-1), \dfrac{1}{4}<R_1\leqslant\dfrac{3}{4},\\ \dfrac{\sqrt{2}\{1-\ln[4(1-R_1)]\}}{2}, \dfrac{3}{4}<R_1。\end{cases}$$

再给定第二个均匀随机数R_2，当

$$R_2<\begin{cases}e^{-x^2/2}, |x|\leqslant c\\ e^{-(x^2/2-\lambda|x|+\lambda c)}, |x|>c\end{cases}$$

成立时，则接受候选样本 x，否则拒绝。

或者令$E=-\ln(R_2)$，取参数 $c=\dfrac{1}{\sqrt{2}}$，$\lambda=2c=\sqrt{2}$，当

$$E>\begin{cases}\dfrac{x^2}{2}, |x|\leqslant\dfrac{1}{\sqrt{2}},\\ \dfrac{x^2}{2}-\sqrt{2}|x|+1=\dfrac{(x-\sqrt{2})^2}{2}, |x|>\dfrac{1}{\sqrt{2}}\end{cases}\tag{4.1}$$

成立时，则接受候选样本 x，否则拒绝。

尽管由上述方法得到的接受概率大，但是每次在对候选样本进行决策时仍然至少需要进行一次（代价高的）对数运算［$E=-\ln(R_2)$］。而有些这类运算是可以避免的，比如通过 $-\ln R_2$的界：

$$\frac{1}{R_2}-1\geqslant-\ln R_2\geqslant1-R_2。$$

记式（4.1）中不等式的右边为 W。如果 $1-R_2>W$，则 $-\ln R_2>W$，从而接受候选样本；如果 $-\ln R_2>W$ 不成立，但$\dfrac{1}{R_2}-1\leqslant W$ 成立，则 $-\ln R_2\leqslant W$，从而拒绝候选样本；仅当上述两种（代价低的）预判均失败时，就得不出接受还是拒绝这样的结论。在那些极少数的情况下就需要直接判断 $-\ln R_2>W$。在 Marsaglia（1977）的术语集中，称该函数 $-\ln R_2$被**夹**（squeezed）在$\dfrac{1}{R_2}-1$与 $1-R_2$之间。

4.2 对数正态分布

在金融数学中对数正态分布是一种常用的分布。如果 $X\sim N(\mu, \sigma^2)$ 且 $Y=e^X$，则称 Y 服从对数正态分布。注意到 Y 总是正的。为了采样 Y 的值，只需采样 X 的值并令 $Y=e^X$。Y 的期望和标准差分别为

$$\mu_Y = e^{\mu + \sigma^2/2},$$

且

$$\sigma_Y = E(Y)\sqrt{e^{\sigma^2} - 1}。$$

显而易见

$$P(Y<y) = P(e^X < y) = P(X < \ln y)$$
$$= \Phi\left(\frac{\ln y - \mu}{\sigma}\right)$$

因此

$$f_Y(y) = \frac{1}{\sigma y}\phi\left(\frac{\ln y - \mu}{\sigma}\right)$$
$$= \frac{1}{\sqrt{2\pi}\sigma y} e^{-[(\ln y - \mu)/\sigma]^2}$$

支撑集为（0，+∞）。

4.3　二元正态分布

假设 $X \sim N(\mu_1, \sigma_1^2)$ 且 $Y \sim N(\mu_2, \sigma_2^2)$，在给定 $X = x$ 的条件下 Y 的条件概率分布为

$$N\left(\mu_2 + \rho\frac{\sigma_2}{\sigma_1}(x - \mu_1), \sigma_2^2(1-\rho^2)\right) \tag{4.2}$$

其中，$-1 \leqslant \rho \leqslant 1$。则 X 和 Y 之间的相关性为 ρ 且在给定 $Y = y$ 的条件下，X 的条件概率分布为

$$N\left(\mu_1 + \rho\frac{\sigma_1}{\sigma_2}(y - \mu_2), \sigma_1^2(1-\rho^2)\right),$$

则称向量（X，Y）服从二元正态分布。为了生成这样的向量，需要给定两个**独立**（independent）的标准正态分布样本 Z_1，$Z_2 \sim N$（0，1）。令

$$x = \mu_1 + \sigma_1 Z_1$$

且［由式（4.2］

$$y = \mu_2 + \rho\sigma_2 Z_1 + \sigma_2\sqrt{1-\rho^2}Z_2。$$

用矩阵形式表示为

$$\begin{pmatrix} x \\ y \end{pmatrix} = \begin{pmatrix} \mu_1 \\ \mu_2 \end{pmatrix} + \begin{matrix} \sigma_1 & 0 \\ \rho\sigma_2 & \sigma_2\sqrt{1-\rho^2} \end{matrix} \begin{pmatrix} Z_1 \\ Z_2 \end{pmatrix} \tag{4.3}$$

稍后可知式（4.3）右边的下三角矩阵结构也适用于生成 n 元正态向量的情况，其中 $n \geqslant 2$。

4.4 Gamma 分布

具有**形状参数** α 和**尺度参数** λ 的 gamma 分布具有概率密度：

$$f_Z(Z) = \frac{(\lambda Z)^{\alpha-1}\lambda e^{-\lambda Z}}{\Gamma(\alpha)} \quad (z>0) \tag{4.4}$$

其中 $\lambda>0$，$\alpha>0$，$\Gamma(\alpha)$ 为 gamma 函数，其定义为

$$\Gamma(\alpha) = \int_0^{+\infty} v^{\alpha-1}e^{-v}dv,$$

且满足性质：当 $\alpha>1$ 时，$\Gamma(\alpha)=(\alpha-1)\Gamma(\alpha-1)$；当 α 为整数时，$\Gamma(\alpha)=(\alpha-1)!$。记为 $Z\sim \text{gamma}(\alpha, \lambda)$。

通过令 $X=\lambda Z$ 可将概率密度，即式（4.4）重新参数化，故

$$f_X(x) = \frac{x^{\alpha-1}e^{-x}}{\Gamma(\alpha)} \tag{4.5}$$

且 $X\sim \text{gamma}(\alpha, 1)$。这样就只需考虑从式（4.5）的采样问题，然后令 $Z=\frac{X}{\lambda}$得到式（4.4）的采样。当 $\alpha\leqslant 1$ 时，式（4.5）的密度函数单调递减；当 $\alpha>1$ 时，它是一个单峰曲线并在 $x=\alpha-1$ 时达到峰值。特别地，当 $\alpha=1$ 时，它表示一个负指数分布。因此随着 α 取值的不同，式（4.5）的概率密度代表了一个分布族。当我们需要构建一个右偏且非负的随机变量时常常会采用该分布。

当参数 α 为整数时，该分布即为**特殊埃尔朗**（Special Erlang）分布，该分布与均值为 1 的负指数分布之间存在着重要的关联性：

$$X = E_1 + E_2 + \cdots + E_\alpha \tag{4.6}$$

其中，随机变量E_1，$E_2\cdots$，E_α相互独立且均服从负指数分布，且概率密度为$f_{E_i}(x)=e^{-x}$。已知负指数分布的均值和方差均为 1，由式（4.6），有

$$E(X) = \text{Var}(X) = \alpha,$$

由此得到初始的 gamma 变量 Z 的均值和方差分别为

$$E(Z) = \frac{\alpha}{\lambda},$$

$$\text{Var}(Z) = \text{Var}\left(\frac{X}{\lambda}\right) = \frac{\alpha}{\lambda^2}。$$

不难发现上述结论对非整数 α 同样成立。由式（4.6）可知，当参数 α 为整数时，X 的采样可以通过均值为 1 的负指数分布获得。由式（3.2）：

$$X = \sum_{i=1}^{\alpha}(-\ln R_i) = -\ln\left(\prod_{i=1}^{\alpha} R_i\right) \tag{4.7}$$

当 α 的值小时，式（4.7）的计算非常容易实现，但是当 α 的值大时该方法的效率不高。而且，在这种情况下还必须检验所产生的随机数没有出现下溢现象，也就是

说随机数的大小不能小于计算机所能表达的最小实数。当然，这对于 Maple 来说不是问题。

当 α 为非整数时就需要采用其他方法（这些方法同样适用于 α 为整数的情况）。

4.4.1 Cheng 的 log-logistic 方法

下面将构造一个算法，该算法可从密度函数成比例于 $h(x)$，其中 $h(x)=x^{\alpha-1}e^{-x}$，$x\geqslant 1$ 的分布进行采样。接下来将采用 Cheng（1977）提出的包围取舍采样法，该方法从概率密度成比例于 $g(x)$的分布采样候选样本，其中，

$$g(x)=\frac{Kx^{\lambda-1}}{(\mu+x^{\lambda})^2} \tag{4.8}$$

其中，$\mu=\alpha^{\lambda}$，当 $\alpha\geqslant 1$ 时，取 $\lambda=\sqrt{2\alpha-1}$；当 $\alpha<1$ 时，取 $\lambda=\alpha$。由于 g 必须包围 h，为得到最大的接受概率，K 的选取应满足

$$K=\max_{x\geqslant 0}\left\{x^{\alpha-1}e^{-x}\left[\frac{x^{\lambda-1}}{(\mu+x^{\lambda})^2}\right]^{-1}\right\} \tag{4.9}$$

容易验证等式（4.9）的右边在 $x=\alpha$ 处达到最大值。所以应选择 K 为

$$K=\alpha^{\alpha-1}e^{-\alpha}(\alpha^{\lambda}+\alpha^{\lambda})^2\alpha^{1-\lambda}=4\alpha^{\alpha+\lambda}e^{-\alpha},$$

根据式（3.5）计算出接受概率为

$$\frac{\int_0^{+\infty}h(y)\,dy}{\int_0^{+\infty}g(y)\,dy}=\frac{\Gamma(\alpha)}{K/(\lambda\mu)}=\frac{\lambda\mu\Gamma(\alpha)}{4\,\alpha^{\alpha+\lambda}e^{-\alpha}}=\frac{\lambda\Gamma(\alpha)e^{\alpha}}{4\,\alpha^{\alpha}}。$$

图 4.1 给出了以 α 为自变量的接受概率函数的曲线。从图中可以看出，当 $\alpha\to\infty$ 时该函数从 $\frac{1}{4}$（在 $\alpha=0^+$ 处）递增至 $\frac{2}{\sqrt{\pi}}=0.88623$（利用 Stirling 近似，$\Gamma(\alpha)e^{\alpha-1}\sim\sqrt{2\pi}(\alpha-1)^{\alpha-\frac{1}{2}}$）。注意到当 $\alpha>1$ 时效率一致地高。该方法区别于其他很多 gamma 发生器的一个优点在于，尽管当 $\alpha<1$ 时 gamma 分布的形状与 $\alpha\geqslant 1$ 的情况完全不同，但是它同样适用于 $\alpha<1$ 的情况（当 $x\to 0$ 时概率密度无界且关于 x 递减）。

接下来给出从建议分布采样的方法。由式（4.8），累积分布函数为

$$G(x)=\frac{1/\mu-1/(\mu+x^{\lambda})}{1/\mu}=\frac{x^{\lambda}}{\mu+x^{\lambda}},$$

因此给定（均匀）随机数R_1，通过求解 $G(x)=1-R_1$（一般会使算法比采用R_1时更简捷）得到候选样本。故

$$x=\alpha\left(\frac{1-R_1}{R_1}\right)^{1/\lambda} \tag{4.10}$$

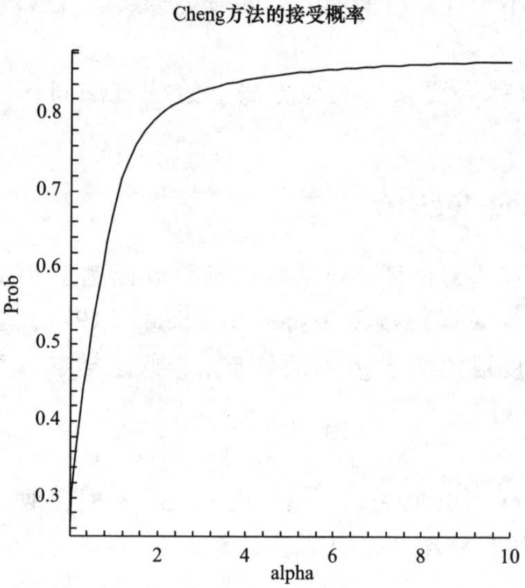

图 4.1 Gamma 密度：接受概率与形状参数值

给定均匀随机数R_2，则（候选样本）接受条件为

$$R_2 < \frac{h(x)}{g(x)} = \frac{x^{\alpha-\lambda}\mathrm{e}^{-x}(\alpha^\lambda + x^\lambda)^2}{\alpha^{\alpha-\lambda}\mathrm{e}^{-\alpha}(\alpha^\lambda + \alpha^\lambda)^2} = \left(\frac{x}{\alpha}\right)^{\alpha-\lambda}\mathrm{e}^{\alpha-x}\left[\frac{1+(x/\alpha)^\lambda}{2}\right]^2,$$

或者由式（4.10）可得

$$\ln(4R_1^2R_2) < (\alpha-\lambda)\ln\left(\frac{x}{\alpha}\right) + \alpha - x。$$

4.5 Beta 分布

一个连续型随机变量 X，若其概率密度函数为

$$f(x) = \frac{\Gamma(\alpha+\beta)x^{\alpha-1}(1-x)^{\beta-1}}{\Gamma(\alpha)\Gamma(\beta)} \quad (0 \leqslant x \leqslant 1),$$

则称 X 服从支撑集（0，1）上形状参数分别为 α（$\alpha>0$）和 β（$\beta>0$）的 beta 分布，简记为 $X \sim \text{beta}(\alpha, \beta)$。生成 beta 分布样本的产生方法简单易记且操作简便，只需令

$$x = \frac{w}{w+y},$$

其中 $w \sim \text{gamma}(\alpha, 1)$，$y \sim \text{gamma}(\beta, 1)$ 且 w 与 y 相互独立。证明如下：注意到 w 与 y 的联合概率密度成比例于

$$\mathrm{e}^{-(w+y)}w^{\alpha-1}y^{\beta-1},$$

则 W 与 X 的联合概率密度函数成比例于

$$e^{-w/x}w^{\alpha-1}\left[\frac{w(1-x)}{x}\right]^{\beta-1}\left|\frac{\partial y}{\partial x}\right| = e^{-\frac{w}{x}}w^{\alpha+\beta-2}(1-x)^{\beta-1}x^{1-\beta}\left|\frac{-w}{x^2}\right|,$$

对上式中变元 w 求积分，则 X 的边缘概率密度函数成比例于

$$\begin{aligned}&(1-x)^{\beta-1}x^{1-\beta-2}\int_0^{+\infty}e^{-\frac{w}{x}}w^{\alpha+\beta-1}\mathrm{d}w\\&=(1-x)^{\beta-1}x^{-\beta-1}\int_0^{+\infty}e^{-a}(ax)^{\alpha+\beta-1}x\mathrm{d}a\\&\propto(1-x)^{\beta-1}x^{\alpha-1},\end{aligned}$$

也就是 X 具有所要求的 beta 密度。若一个高效的 gamma 发生器可用（例如 4.4.1 节中所描述的），则上述方法也同样高效。

4.5.1 Beta log-logistic 方法

Cheng（1978）提出 beta 分布的 log-logistic 方法。令 $\rho=\alpha/\beta$ 及随机变量 Y 服从概率密度成比例于 $h(y)$ 的概率分布，其中

$$h(y)=y^{\alpha-1}(1+\rho y)^{-\alpha-\beta}\quad(y\geqslant0)\tag{4.11}$$

容易证明随机变量

$$X=\frac{\rho y}{1+\rho y}\tag{4.12}$$

服从所要求的 beta 分布。为了由式（4.11）进行采样，采用优化函数为 g 的取舍包围采样法，其中

$$g(y)=\frac{Ky^{\lambda-1}}{[\mu+(\rho y)^{\lambda}]^2}\quad(y\geqslant0),$$

其中 $\mu=\rho^{\lambda}$，若 $\min\{\alpha,\beta\}\leqslant1$，取 $\lambda=\min\{\alpha,\beta\}$；否则，取

$$\lambda=\sqrt{(2\alpha\beta-\alpha-\beta)/(\alpha+\beta-2)}。$$

对任意的 $y\in[0,+\infty)$，选择最小的 K 值，使得 $g(y)\geqslant h(y)$ 成立，则

$$K=\max_{y>0}\left\{\frac{y^{\alpha-1}(1+\rho y)^{-\alpha-\beta}}{y^{\lambda-1}/[\mu+(\rho y)^{\lambda}]^2}\right\}。$$

上式在 $y=1$ 时取得最大值㊀，因此给定均匀随机数 R_2 时，接受条件为

$$R_2<\frac{\dfrac{y^{\alpha-1}(1+\rho y)^{-\alpha-\beta}}{y^{\lambda-1}/(1+y^{\lambda})^2}}{\left.\dfrac{y^{\alpha-1}(1+\rho y)^{-\alpha-\beta}}{y^{\lambda-1}/(1+y^{\lambda})^2}\right|_{y=1}}=y^{\alpha-\lambda}\left(\frac{1+\rho y}{1+\rho}\right)^{-\alpha-\beta}\left(\frac{1+y^{\lambda}}{2}\right)^2,$$

为了从密度成比例于 g 的分布（log-logistic 分布）产生候选样本，首先要获得

㊀ 这里 μ 只是中间变量，为表示方便，所以在下面的结果中并未出现。——译者注

相关的累积分布函数：

$$G(y) = \frac{\int_0^y \frac{v^{\lambda-1}\mathrm{d}v}{[\mu + (\rho v)^{\lambda}]^2}}{\int_0^{+\infty} \frac{v^{\lambda-1}\mathrm{d}v}{[\mu + (\rho v)^{\lambda}]^2}} = \frac{-[\mu + (\rho v)^{\lambda}]^{-1}\Big|_0^y}{-[\mu + (\rho v)^{\lambda}]^{-1}\Big|_0^{+\infty}} = 1 - (1 + y^{\lambda})^{-1}。$$

令 $1 - R_1 = G(y)$ 得到

$$y = \left(\frac{1 - R_1}{R_1}\right)^{1/\lambda}。$$

因此接受条件为

$$4{R_1}^2 R_2 < y^{\alpha-\lambda}\left(\frac{1+\rho}{1+\rho y}\right)^{\alpha+\beta}。$$

该方法的不同之处在于，对所有 $\alpha > 0$ 和 $\beta > 0$ 的情况，接受概率的下界达到 1/4。当两个参数值均不小于 1 时，接受概率最小值为 e/4。附录 4.2 中给出了 Maple 程序“beta”。

4.6 χ^2分布

若随机变量χ_n^2具有的概率密度函数为

$$f_{\chi_n^2}(x) = \frac{\mathrm{e}^{-x/2}x^{n/2} - 1}{2^{\frac{n}{2}}\Gamma(n/2)} \quad (x > 0),$$

其中 n 为正整数，则称χ_n^2服从自由度为 n 的χ^2分布。显然，$\chi_n^2 \sim \mathrm{gamma}\left(\frac{n}{2}, \frac{1}{2}\right)$。众所周知，若随机变量$Z_1$，$Z_2$，…，$Z_n$独立同分布于 $N(0, 1)$，则

$$\chi_n^2 = \sum_{i=1}^n Z_i^2。$$

然而，除非 n 取值小且为奇数，否则该方法是不会高效的。在 n 取值小且为偶数时，可利用$\chi_n^2 = -2\ln(R_1, R_2, \cdots R_{n/2})$ 进行采样。对所有其他的情况都建议采用 gamma 随机数发生器来实现。

通过下面的方式可得到**非中心**（non-central）卡方随机变量。假设$X_i \sim N(\mu_i, 1)$，$i = 1$，…，n 且相互独立。令 $Y = \sum_{i=1}^n X_i^2$，则称 Y 服从自由度为 n 且非中心参数为 θ 的非中心卡方分布。通过获得 Y 的矩生成函数发现，其概率密度仅依赖于 n

及 $\theta = \sum_{i=1}^{n} \mu_i^2$。给定 θ，参数可设置为 $\mu_i = 0 (i = 1, 2, \cdots, n-1)$，$\mu_n = \sqrt{\theta}$，则 $Y = \sum_{i=1}^{n-1} Z_i^2 + X_n^2$。因此，一种简便的生成 $\chi^2_{n,\theta}$（自由度为 n 且非中心参数为 θ 的卡方分布随机变量）样本的方法是令

$$\chi^2_{n,\theta} = \chi^2_{n-1} + (Z + \sqrt{\theta})^2,$$

其中，χ^2_{n-1} 与 $Z \sim N$（0，1）相互独立。

4.7 学生 t 分布

该分布是一类连续且对称的分布。形态上，其密度函数曲线与标准正态分布相似，但是其尾部更加粗重。假设随机变量 $X \sim N(0, 1)$，$Y \sim \chi^2_n$，则 $T_n = Z/\sqrt{Y/n}$ 服从自由度为 n 的学生 t 分布，其概率密度函数与 $h_n(t)$ 成比例，其中 $h_n(t)$ 在支撑集（$-\infty$，$+\infty$）上形如：

$$h_n(t) = \left(1 + \frac{t^2}{n}\right)^{-(n+1)/2}。$$

利用 $T_n = Z/\sqrt{\chi_n^2/n}$ 可方便采样，但是可能相当慢。

接下来介绍一种快速生成样本的方法，该方法利用 t-样本和平移对称 beta 分布（例如，见 Devroye，1996）样本之间的联系。假设 X 的概率密度成比例于 $r(x)$，其中

$$r(x) = \left(\frac{1}{2} + x\right)^{\frac{n}{2}-1} \left(\frac{1}{2} - x\right)^{\frac{n}{2}-1},$$

支撑集为 $\left(-\frac{1}{2}, \frac{1}{2}\right)$ 且 $n = 1, 2, \cdots$。令

$$Y = \frac{\sqrt{n}X}{\sqrt{\frac{1}{4} - X^2}} \tag{4.13}$$

则 Y 关于 X 单调，因此 Y 的概率密度成比例于

$$\left|\frac{\mathrm{d}x}{\mathrm{d}y}\right| r(x[y])。$$

这里，$\left|\frac{\mathrm{d}x}{\mathrm{d}y}\right| = \left(\frac{n}{2}\right)(n + y^2)^{-\frac{3}{2}}$ 且 $r(x[y])$ 成比例于 $\left(1 + \frac{y^2}{n}\right)^{1-\frac{n}{2}}$。所以 Y 的概率密度成比例于 h_n（y），说明了 Y 与 T_n 具有相同分布。

接下来唯一需要解决的是从概率密度成比例于 $r(x)$ 的分布生成样本 x。它可以通过从 beta$\left(\frac{n}{2}, \frac{n}{2}\right)$ 样本中减去 $\frac{1}{2}$ 获得。通过 4.5.1 节中介绍的 Betalog-logistics 方

法可以给出一种高效的算法。另外，当 $n>1$ 时，给定两个均匀随机数R_1和R_2，利用 Ulrich（1984）中的结果，令

$$X=\frac{\sqrt{1-R_1^{2/(n-1)}}\cos(2\pi R_2)}{2} \tag{4.14}$$

由式（4.13），可得

$$T_n=\frac{\sqrt{n}\cos(2\pi R_2)}{\sqrt{[1-R_1^{2/(n-1)}]^{-1}-\cos^2(2\pi R_2)}} \tag{4.15}$$

在 $n=1$ 时，T_1服从柯西分布，因此可利用逆变换采样法进行采样。附录 4.3 中给出了利用式（4.15）及柯西分布进行采样的 Maple 程序“tdistn”。

自由度为 n 且非中心参数为 δ 的非中心学生 t 分布的定义如下：

$$T_{n,\delta}=\frac{X}{\sqrt{\chi_n^2/n}},$$

其中 $X\sim N$（δ，1）且$T_{n,\delta}$与χ_n^2独立。

自由度为 n 且非中心参数为 δ 和 θ 的**双**（doubly）非中心学生 t 分布的定义为

$$T_{n,\delta,\theta}=\frac{X}{\sqrt{\chi_{n,\theta}^2/n}}。$$

由于$\chi_{n,\theta}^2=\chi_{n+2j}^2$发生的概率为 $e^{-\theta/2}(\theta/2)^j/j!$ （例如，可参见 Johnson 等，1995，pp. 435-6），由此可知

$$\begin{aligned}T_{n,\delta,\theta}&=\frac{X}{\sqrt{\chi_{n+2j}^2/n}}\\&=\frac{X\sqrt{n/(n+2j)}}{\sqrt{\chi_{n+2j}^2/(n+2j)}}\end{aligned}$$

具有相同的概率，故

$$T_{n,\delta,\theta}=\sqrt{\frac{n}{n+2J}}T_{n+2J,\delta}$$

其中，$J\sim\text{Poisson}(\theta/2)$。

4.8 广义逆高斯分布

Atkinson（1982）认为**广义逆高斯分布**（Generalized Inverse Gaussian distribution）充实了 gamma 分布族。若随机变量 Y 的概率密度函数成比例于

$$y^{\lambda-1}\exp\left[-\frac{1}{2}\left(\psi y+\frac{\chi}{y}\right)\right]\quad(y\geqslant 0) \tag{4.16}$$

其中，如果 $\lambda<0$，则$\chi>0$，$\psi\geqslant 0$；如果 $\lambda=0$，则$\chi>0$，$\psi>0$；如果 $\lambda>0$，则$\chi\geqslant 0$，$\psi>0$，则称 $Y\sim\text{gig}(\lambda,\psi,\chi)$（这里 gig 表示广义逆高斯分布）。由于 gig($-\lambda$，ψ，

$\chi) = 1/\mathrm{gig}(\lambda, \chi, \psi)$ 成立，因此只需要考虑 $\lambda \geqslant 0$ 的情形。需要注意的特殊情况为

$$\mathrm{gig}(\lambda, \psi, 0) = \mathrm{gamma}\left(\lambda, \frac{\psi}{2}\right) \quad (\lambda > 0),$$

$$\mathrm{gig}\left(-\frac{1}{2}, \psi, \chi\right) = \mathrm{ig}(\psi, \chi),$$

其中，ig 表示逆高斯分布。如果 $W \sim N(\mu + \phi\sigma^2, \sigma^2)$，其中 $\sigma^2 \sim \mathrm{gig}(\lambda, \theta^2 - \phi^2, \chi)$ 且 $\theta > |\phi| \geqslant 0$，由此得到的混合分布 W 属于广义双曲线分布族（Barndorff-Nielson，1977）。经验证据表明，该混合分布比正态分布能更好地拟合资产的收益情况（见 6.5 节）（例如，见 Eberlein，2001）。

Atkinson（1982）与 Dagpunar（1989b）提出采样广义逆高斯分布的方法。然而，下面要介绍的方法极其容易实现并且保证参数值在很大范围内均能得到好的接受概率。这里不考虑 $\chi = 0$ 或 $\psi = 0$ 的情况，它们分别代表 gamma 样本和倒数 gamma 样本。重新参数化式（4.16），取 $\alpha = \sqrt{\psi/\chi}$，$\beta = \sqrt{\psi\chi}$，并定义 $X = \alpha Y$，则 X 的概率密度函数成比例于 $h(x)$，其中

$$h(x) = x^{\lambda-1}\exp\left[-\frac{\beta}{2}\left(x + \frac{1}{x}\right)\right] \quad (x \geqslant 0)。$$

选择包围函数 $g(x) \propto r(x)$，其中

$$r(x) = x^{\lambda-1}\exp\left(-\frac{\gamma x}{2}\right) \quad (x \geqslant 0),$$

且 $\gamma < \beta$。一种合适的包围函数的选择是的选择是取 $g(x) = Kr(x)$，其中

$$\begin{aligned} K &= \max_{x \geqslant 0}\left\{\frac{h(x)}{r(x)}\right\} \\ &= \max_{x \geqslant 0}\left\{\exp\left[-\frac{\beta}{2}\left(x + \frac{1}{x}\right) + \frac{\gamma x}{2}\right]\right\} \\ &= \exp\left[-\sqrt{\beta(\beta - \gamma)}\right]。\end{aligned}$$

由此得到的算法如下：

采样 $X \sim \mathrm{gamma}(\lambda, \frac{\gamma}{2})$，$R \sim U(0,1)$。

如果 $-\ln R > \frac{(\beta - \gamma)X}{2} + \frac{\beta}{2X} - \sqrt{\beta(\beta - \gamma)}$ 则保留 X，否则返回步骤 1。

由式（3.5）计算总的接受概率为

$$\begin{aligned} \frac{\int_0^{+\infty} h(x)\,\mathrm{d}x}{\int_0^{+\infty} g(x)\,\mathrm{d}x} &= \frac{\int_0^{+\infty} x^{\lambda-1}\exp[-(\beta/2)(x + 1/x)]\,\mathrm{d}x}{K\int_0^{+\infty} x^{\lambda-1}\exp(-\gamma x/2)\,\mathrm{d}x} \\ &= \frac{\int_0^{+\infty} x^{\lambda-1}\exp[-(\beta/2)(x + 1/x)]\,\mathrm{d}x}{\exp\left[-\sqrt{\beta(\beta - \gamma)}\right]\Gamma(\lambda)(2/\gamma)^{\lambda}} \end{aligned}$$

$$= \frac{\exp[\sqrt{\beta(\beta-\gamma)}](2/\gamma)^{\lambda}\int_0^{+\infty} x^{\lambda-1}\exp[-(\beta/2)(x+1/x)]\mathrm{d}x}{\Gamma(\lambda)}。$$

在满足 $\gamma<\beta$ 的条件下，当

$$\gamma = \frac{2\lambda^2\left(\sqrt{1+\frac{\beta^2}{\lambda^2}}\right)-1}{\beta}$$

时，总的接受概率达到最大值。

采用上述优化包围取舍法的 Maple 程序“geninvgaussian”见附录 4.4。采用该 γ 值，表 4.1 给出了几种 λ 和 β 在特殊取值下的接受概率大小。考虑到算法的简单性，除 λ 特别小或 β 特别大的情况外，表中所考虑的情况已经足够。所幸的是 Dagpunar（1989b）给出了补充方法，利用均匀比值法提出了解决 λ 特别小或 β 特别大的情况且计算并不密集的算法。

表 4.1　采样广义逆高斯分布的接受概率

λ \ β	0.2	0.4	1	5	10	20
0.1	0.319	0.25	0.173	0.083	0.060	0.042
0.5	0.835	0.722	0.537	0.264	0.189	0.135
1	0.965	0.909	0.754	0.400	0.287	0.205
5	0.9995	0.998	0.988	0.824	0.653	0.482
20	0.99997	0.9999	0.9993	0.984	0.943	0.837

4.9　泊松分布

如果随机变量 X 的概率密度函数形如：

$$f(x)=\frac{\mu^x e^{-\mu}}{x!}\quad (x=0,1,2,\cdots),$$

其中，$\mu>0$，则称 $X\sim$ Poisson（μ）。除了 μ 取值大以外的所有情况，**非存储逆变换**（unstored inversion）采样法的实现速度还是相当快的。这就意味着发生器每次响应时，对 $x=1$，2，…通过如下递推式：

$$f(x)=\frac{\mu f(x-1)}{x}$$

计算部分累积分布函数，其中 $f(0)=e^{-\mu}$。通过**砍伐式**（chop-down）搜索变量（由 Kemp（1981）提出）消除了用于存储累积概率变量的需要。这种方法的算法如下。

$W:=e^{-\mu}$

Sample $R\sim U$（0，1）

$X:=0$

While$R>W$ do

$R:=R-W$

$X:=X+1$

$W:=\dfrac{W\mu}{X}$

End do

Deliver$X$

Maple 程序“ipois1”见附录 4.5。对大的 μ 值，Atkinson（1979）提出对数包围函数的取舍法，而这一方法在由 Dagpunar（1989a）改进后算法速度更快了。μ 是一个确切的切换值，这个值能使得取舍采样法要快于逆变换采样法，它主要取决于计算环境。但是如果发生器在连续的响应之间 μ 值是固定的，则大约为 15/20，如果 μ 需要重新设定，则大约为 20/30。

4.10 二项分布

若随机变量 X 的概率质量函数形如：

$$f(x)=\binom{n}{x}p^x q^{n-x} \quad (x=0,1,2,\cdots,n),$$

其中 n 为正整数，$0\leqslant p\leqslant 1$ 且 $p+q=1$，则称 X 服从参数为（n，p）的二项分布。采用非存储逆变换采样法的算法如下：

If $p>0.5$ then $p:=1-p$

$W:=q^n$

Sample $R\sim U(0,1)$

$X:=0$

While $R>W$ do

$R:=R-W$

$X:=X+1$

$W:=\dfrac{W(n-X+1)p}{qX}$

End do

If $p\leqslant 0.5$ deliver X else deliver$n-X$

上述算法中每采样一个样本所需要比较的样本数量的期望值为 $E(X+1)=1+np$。这也解释了为什么当 $p>0.5$ 时算法返回 $n-\text{binomial}(n, q)$ 的原因。附录 4.6 中给出了 Maple 程序“ibinom”。此外，包括 Fisheman（1979）和 Ahrens 与 Dieter（1980）所提到的方法当 $n\min(p, q)\to\infty$ 时执行时间有界。然而，这些方法需要较多的设置时间，因此当发生器在连续的响应期间二项分布参数需要重新设置时，比如在 Gibbs 采样中（见第 8 章），这些方法就不再适用了。

4.11 负二项分布

若离散随机变量 X 的概率质量函数 f 形如：

$$f(x)=\frac{\Gamma(x+k)p^{x}q^{k}}{\Gamma(k)\Gamma(k+1)}(x=0,1,2,\cdots)$$

其中，$0<p<1$，$p+q=1$，且 $k>0$，则称 X 服从 negbinom(k, p) 分布。若 k 为整数，则 $X+k$ 表示第 k 次成功时伯努利试验的次数，其中 q 表示在任何一次试验中事件“成功”的概率。因此 X 为 k 个独立的几何随机变量的和，则可通过

$$X=\sum_{i=1}^{k}\left\lfloor\frac{\ln R_i}{\ln p}\right\rfloor$$

来生成 X 的采样，其中 $R_i \sim U(0,1)$。但是该方法除了在 k 取值小的情况下以外，在其他所有情况下的运行得都可能较慢。当 k 取实值时，非存储逆变换采样法的运行速度较快，除非 X 的期望值 $\frac{kp}{q}$ 值很大。附录 4.7 中给出了上述采样方法的 Maple 程序“neibinom”。若利用如下结果：

$$\text{negbinom}(k,p)=\text{Poisson}\left[\frac{p}{q}\text{gamma}(k,1)\right]$$

可以得到一种非常简便的采样方法，但是其运行速度未必快。该方法的特点在于目前现有的泊松发生器和 gamma 发生器的执行时间均有界，因此对所有的 k 和 p 值该方法都具有稳健性。

4.12 问题

1.（一个稍微难一点的问题）考虑仅采用正弦公式的 Box-Müller 发生器，即

$$x=\sqrt{-2\ln R_1}\sin(2\pi R_2)。$$

此外，假定 R_1 和 R_2 是由最大周期素数模发生器产生的两个均匀随机数，即：对任意的 $j\in[1,m-1]$，有

$$R_1=\frac{j}{m},$$

$$R_2=\frac{(aj)\bmod m}{m},$$

其中，$a=131$ 且 $m=2^{31}-1$。证明：在上述条件下可产生 X 的最大正值近似为 $\sqrt{2\ln 524}=3.54$，最大负值近似为 $-\sqrt{2\ln\left(\frac{4\times 131}{3}\right)}=-3.21$。若通过上述发生器

获得2^{30}个这样的采样（这个数量相当于发生器的一个正周期的大小），分别计算随机样本值：（ⅰ）超过3.54；（ⅱ）小于-3.21的期望频数。应注意在Box-Müller采样中若使用小的乘子的线性同余发生器进行如此大量采样时的不足。该不足可通过增加乘子的大小得以纠正。

2. 令(U, V)服从单位圆区域$C \equiv \{(u,v): u^2+v^2 \leq 1\}$上的均匀分布。令$Y=U^2+V^2$且$\Theta=\arctan(V/U)$。计算$Y$和$\Theta$的联合概率密度。证明这两个随机变量是独立的。它们的边缘概率密度是什么?

3. 写出4.1.2节中所给方法的Maple程序。

4. 在标准假设下，一支股票在t时刻的价格由下式给定:

$$X(t)=X(0)\exp\left[\left(\mu-\frac{1}{2}\sigma^2\right)t+\sigma\sqrt{t}Z\right],$$

这里$X(0)$已知，μ和σ分别为已知的增长率和波动率，且$Z \sim N(0, 1)$。

（a）利用对数分布随机变量均值和方差的结论证明$X(t)$的均值和标准差分别为

$$E[X(t)]=X(0)\mathrm{e}^{\mu t}$$

和

$$\sigma[X(t)]=X(0)\mathrm{e}^{\mu t}\sqrt{\exp(\sigma^2 t)-1}。$$

（b）在给定$X(0)=100$便士，且$\mu=0.1$，$\sigma=0.3$的条件下写出采样1000个$X(0.5)$样本值的Maple程序。假定在$t=0.5$时刻获得的收益为$\max[0, 110-X(0.5)]$，估计该股票的期望收益。

（c）假定两支股票的价格分别为

$$X_A(t)=100\exp\left[\left(0.1-\frac{1}{2}0.09\right)t+0.3\sqrt{t}Z_A\right]$$

和

$$X_B(t)=100\exp\left[\left(0.08-\frac{1}{2}0.09\right)t+0.3\sqrt{t}Z_B\right],$$

其中，Z_A、Z_B服从标准正态分布且相关性为0.8。假定在0.5时刻的收益为$\max[0, 320-X_A(0.5)-2X_B(0.5)]$，利用收益的随机采样值估计期望收益大小。

5. 写出采用负指数包围函数从gamma（α, 1）分布进行采样的包围取舍法的Maple程序。试问最优的指数包围函数是什么？该算法的效率是如何依赖于参数α的？该方法是否适用于α取值很大的情况？为什么该方法不能用于$\alpha<1$的情况。

6. 为了生成来自标准gamma分布的样本$\{x\}$，该分布的形状参数α小于1，令$W=X^\alpha$。证明：W的概率密度在支撑集$(0, +\infty)$上成比例于$\exp(-w^{1/\alpha})$。给出利用最小包围矩形产生样本$\{w\}$的Maple算法，并证明其接受概率为$[\mathrm{e}/(2\alpha)]^\alpha[\Gamma(\alpha+1)/2]$。考虑该方法是个好方法吗？它能否用于形状参数至少为1的情况？

7. 令$\alpha>0$，$\beta>0$。给定两个随机数R_1及R_2，证明：在$R_1^{1/\alpha}+R_2^{1/\beta} \leq 1$的条件

下，随机变量$R_1^{1/\alpha}/(R_1^{1/\alpha}+R_2^{1/\beta})$ 服从参数为 α 和 β 的 beta 分布。该方法由 Jöhnk (1964) 提出。

8. 假定 $0<\alpha<1$，$X=WY$，其中 W 和 Y 相互独立，且分别服从期望为 1 的负指数分布和形状参数为 α 和 $1-\alpha$ 的 beta 分布。证明：$X\sim \text{gamma}(\alpha,1)$。该方法由 Jöhnk（1964）提出。

9. 令 $\alpha>0$，$\beta>0$，$\rho=\dfrac{\alpha}{\beta}$，且随机变量 Y 的概率密度成比例于 $h(y)$，其中

$$h(y)=y^{\alpha-1}(1+\rho y)^{-\alpha-\beta},$$

支撑集为（0，+∞）。证明：式（4.12）的结论，即随机变量 $X=\dfrac{\rho y}{1+\rho y}$服从参数为 α 和 β 的 beta 分布。

10. （一个稍微难一点的问题）令 Θ 和 R 表示相互独立的随机变量，且 Θ 服从 $U(0,2\pi)$，R 在区间（0，+∞）上具有概率密度 f。令 $X=R\cos\Theta$ 且 $Y=R\sin\Theta$，求 X 与 Y 的联合概率密度，并由此证明 X 和 Y 的边缘概率密度分别为

$$\int_0^{+\infty}\frac{f(\sqrt{x^2+y^2})}{\pi\sqrt{x^2+y^2}}\mathrm{d}y \text{ 及} \int_0^{+\infty}\frac{f(\sqrt{y^2+x^2})}{\pi\sqrt{y^2+x^2}}\mathrm{d}x\text{ 。}$$

根据上述结论可以得到一种广义的 Box-Müller 方法（Devroye，1996）。

(a) 由此证明若在支撑集（0，+∞）上 $f(r)=r\exp(-r^2/2)$，则 X 和 Y 表示相互独立且均服从标准正态分布的随机变量。

(b) 证明：若在支撑集(0，1)上，$f(r)\propto r(1-r^2)^{c-1}$，则 X 与 Y 的边缘概率密度分别成比例于$(1-x^2)^{c-1/2}$及$(1-y^2)^{c-1/2}$。现在令 $c=(n-1)/2$，其中 n 为正整数，证明：随机变量$\sqrt{n}X/\sqrt{1-X^2}$及$\sqrt{n}Y/\sqrt{1-Y^2}$均服从自由度为 n 的学生 t 分布。试问这两个随机变量是否独立？给定两个随机数R_1及R_2证明式（4.15）的结论。

11. 参见第 3 章的问题 8（b）。给出一种与概率密度成比例于 $h(x)$ 采样的方法，其中

$$h(x)=\sqrt{x}\mathrm{e}^{-x},$$

支撑集为（0，+∞）。要求所用方法中不能包含取舍步骤。

第5章 方差减少

一个基本的事实是在任何采样试验中（包括蒙特卡罗方法）标准误差与 $1/\sqrt{n}$ 成比例，其中 n 表示采样大小。若定义采样**精度**为标准差的倒数，则所需的计算工作量与理想精度的平方成正比。因此在给定计算量的条件下，通过改变比例常数来提高精度的方法是值得探讨的。这些方法称为方差减少方法。本文将介绍一些常用的方差减少方法，其中包括**对偶变量**（antitheticvariates）、**重要采样**（importance sampling）、**分层采样**（stratified sampling）、**控制变量**（control variates）及**条件蒙特卡罗方法**（conditional Monte Carlo）。有些书中用了一整章或更多的篇幅来介绍方差减少方法，有兴趣的读者可阅读：Gentle（2003），Hammersley 和 Handscomb（1964），Law 和 Kelton（2000），Ross（2002），以及 Rubinstein（1981）。

5.1 对偶变量

假设 $\hat{\theta}_1$ 为某个参数 θ 的无偏估计，其中 $\hat{\theta}_1$ 为已知数量为 m 的均匀随机数 R_1，R_2，…，R_m 的一个函数。由于 $1-R_i$ 与 R_i 具有相同分布［均服从 U（0，1）］，因此，简单地将 $\hat{\theta}_1$ 中的 R_i 替换成 $1-R_i$ 便给出了 θ 的另一个无偏估计量 $\hat{\theta}_2$。分别称给出这些估计量的两个仿真为**原始**（primary）运行和**对偶**（antithetic）运行。接下来考虑非常特殊的情况即 $\hat{\theta}_1$ 为 R_1，R_2，…，R_m 的线性函数，则

$$\hat{\theta}_1 = a_0 + \sum_{i=1}^{m} a_i R_i \tag{5.1}$$

且

$$\hat{\theta}_2 = a_0 + \sum_{i=1}^{m} a_i(1 - R_i)。$$

现在考虑组合估计量 $\hat{\theta} = \dfrac{\hat{\theta}_1 + \hat{\theta}_2}{2}$，则

$$\hat{\theta} = a_0 + \frac{1}{2}\sum_{i=1}^{m} a_i \tag{5.2}$$

显然，上式即为 θ 且它并不依赖于 $\{R_i\}$。此估计量的方差已经减少至0！

当然，在实际操作中，估计量是不可能为线性的（如果它是线性函数，仿真也就没有必要了），但是上面的结果表明如果来自仿真的响应可以近似表示成随机数的线性关系式，则较好的方差减少结果是可以期待的。对任何函数（不仅是线性函数），组合估计量$\hat{\theta}$显然是无偏的且方差为

$$\begin{aligned}\mathrm{Var}(\hat{\theta}) &= \frac{1}{4}(\sigma^2+\sigma^2+2\rho\,\sigma^2)\\ &= \frac{1}{2}\sigma^2(1+\rho) \qquad (5.3)\end{aligned}$$

其中，σ^2表示$\hat{\theta}_1$和$\hat{\theta}_2$的共同方差，ρ 表示两者之间相关性。式（5.3）中取 $\rho=0$，则两个独立估计量平均值的方差为$\frac{1}{2}\sigma^2$。因此，采用“朴素的”蒙特卡罗方法和采用上述方差减少方法的方差之比为 1:（1+ρ），对应的商则称为**方差减少比**（variance reduction ratio，以下简记为 v. r. r.），即

$$\text{v. r. r.} = \frac{1}{1+\rho}。$$

我们希望能通过对偶变量的使用，诱导原始运行和对偶运行中的响应存在负相关性，从而导致方差减少比超过 1。而 −1 的相关性会得到无穷大的方差减少比，显然这就是如同式（5.1）所示的线性响应函数的情况。

作为一个例子，再考虑 1.1 节中所遇到的参数 θ 的蒙特卡罗方法估计，其中

$$\theta = \int_0^{+\infty} x^{0.9}\,\mathrm{e}^{-x}\mathrm{d}x\ ,$$

给定一个均匀随机数$R_i \sim U$（0，1），θ 的一个无偏估计量为

$$[-\ln(R_i)]^{0.9} \qquad (5.4)$$

对偶估计量为

$$[-\ln(1-R_i)]^{0.9} \qquad (5.5)$$

因此一个组合无偏估计量为

$$\frac{1}{2}\{[-\ln(R_i)]^{0.9}+[-\ln(1-R_i)]^{0.9}\} \qquad (5.6)$$

附录 5.1 中 Maple 程序“theta1_2”从式（5.4）采样 m 个独立值。将程序中的R_i替换成$1-R_i$且采用相同的种子进一步得到式（5.5）的 m 个独立采样。在一次仿真运行中执行这两个集合的采样，利用程序“theta_combined”给出式（5.6）的 m 个独立采样。每个程序都返回估计量的样本均值（也就是 θ 的估计）和估计标准误差（estimated standard error，以下简记为 e. s. e.）。当 $m=1000$ 时，采用相同的随机数流［注意“randomize（ ）”的使用］得到：

$$\hat{\theta}_1 = 0.9260,$$

$$\text{e. s. e.}(\hat{\theta}_1) = 0.0280,$$

$$\hat{\theta}_2 = 1.0092,$$

$$\text{e.s.e.}(\hat{\theta}_2)=0.0277,$$

$$\hat{\theta}=0.9676,$$

$$\text{e.s.e.}(\hat{\theta}_2)=0.0107。$$

通过积分求解得到θ的真实值为0.9618（Maple 工作表中的$e1$），因此对偶设计同时改进了原始运行和对偶运行的估计。根据原始运行和独立运行的样本值，由Maple 命令“describe [linearcorrelation]”计算得到样本的相关系数为$\hat{\rho}=-0.70353$，估计的方差减少比为$(1-0.70353)^{-1}=3.373$。另一种估计 v. r. r. 的方式可由式（5.3）得到

$$\widehat{\text{v.r.r.}}=\frac{\frac{1}{4}\{\widehat{\text{Var}(\hat{\theta}_1)}+\widehat{\text{Var}(\hat{\theta}_1)}\}}{\widehat{\text{Var}(\hat{\theta})}} \tag{5.7}$$

$$=3.373 \tag{5.8}$$

式（5.7）中的分子只是$\frac{\sigma^2}{2}$的一个无偏估计，其中$\frac{\sigma^2}{2}$为由朴素蒙特卡罗方法采用2000个样本的估计方差。最后，利用数值积分，工作表显示ρ的真实值为-0.71061，因此 v. r. r. 的真实值为3.4555。利用这个值可计算对偶变量法的效率为

$$\frac{\text{v.r.r.}\times t_1}{t_2}=\frac{1.047\times 3.4555}{0.625}=5.79,$$

其中，t_1表示采用朴素蒙特卡罗方法产生2000个样本的时间，t_2表示采用组合方法所需的时间。这就意味着，采用方差减少方法用近似朴素蒙特卡罗方法平均六分之一的时间给出了与其相似精度的估计结果。

那么在更复杂的仿真中对偶变量法的效果又会如何呢？为了回答这个问题，应注意一些因素，这些因素可导致诱导大的负相关失败。这些因素包括：

（ⅰ）多个采样活动。例如，在一个排队系统中存储两个随机数流是很重要的，一个用于存储到达间隔时间，另一个用于存储服务时间。如果没有这样做，那么在原始运行中用于采样到达间隔时间的特定随机数就有可能被用于对偶运行中的服务时间。这些样本可导致原始和对偶响应（例如等待时间）之间存在正相关性，从而带来方差的增加。

（ⅱ）采用取舍采样法而不是逆变换采样法。如果采用取舍采样法，那么随机数与样本之间一一的对应关系就会丢失，那么方差减少的可能性也会降低。

（ⅲ）原始运行和对偶运行均采用均匀随机数。这在取舍采样法中确实如此，对仿真运行结束由事先约定的时间量来标记的情况也是如此。（例如，估计下一个10h内所有到达顾客总的等待时间，而不是估计接下来的25名顾客总的等待时间。）

（ⅳ）越是复杂的系统其组成部分的交互越多，也越有可能产生非线性响应。

最后，需要指出的是从对称分布产生对偶变量总是简单的。例如，如果$X\sim N(\mu,\sigma^2)$，则对偶变量为$2\mu-X$。若对偶变量与原始变量在相同时间产生（参见程

序“theta_combined”），则可以节省计算时间。若对偶变量在分开的运行中产生，则均匀随机数与样本之间的一一对应关系得以保持，生成的样本为 $2\mu - X$。如果此时响应为对称分布随机变量的线性函数，那么对偶变量的采用将会得到一个零方差的估计量。当然，对响应期望可以写成随机变量期望的线性组合这样的情况，是不会采用仿真的。然而，如果响应函数为近似线性的，那么仍然可以得到好的方差减少结果。

5.2 重要采样

如果要计算多重积分

$$\theta = \int_{\mathbf{R}^n} h(\boldsymbol{x}) f(\boldsymbol{x}) \mathrm{d}\boldsymbol{x},$$

其中，$\boldsymbol{x}^{\mathrm{T}} = (x_1, x_2, \cdots, x_n)$ 为一个向量，$f(\boldsymbol{x})$ 为一个多元概率密度函数，$h(x)$ 为一个使得该积分存在的任意函数。则

$$\theta = E_f[h(\boldsymbol{X})] \tag{5.9}$$

令 $g(\boldsymbol{x})$ 为使得 support（hf）$\subseteq$support（g）成立的任意函数（函数的支撑集表示那些由函数值非零的点构成的集合）。则

$$\begin{aligned}\theta &= \int_{\boldsymbol{x} \in \mathrm{support}(g)} \frac{h(\boldsymbol{x}) f(\boldsymbol{x})}{g(\boldsymbol{x})} g(\boldsymbol{x}) \mathrm{d}\boldsymbol{x} \\ &= E_g\left[\frac{h(\boldsymbol{X}) f(\boldsymbol{X})}{g(\boldsymbol{X})}\right]\end{aligned} \tag{5.10}$$

由式（5.9）得出 θ 的一个无偏估计为

$$\hat{\theta} = \frac{1}{m} \sum_{i=1}^{m} h(\boldsymbol{X}_i),$$

其中，$\boldsymbol{X}_1, \boldsymbol{X}_2, \cdots, \boldsymbol{X}_m$ 独立同分布且密度为 f。由式（5.10）得出 θ 的另一个无偏估计量为

$$\hat{\theta} = \frac{1}{m} \sum_{i=1}^{m} \frac{h(\boldsymbol{X}_i) f(\boldsymbol{X}_i)}{g(\boldsymbol{X}_i)},$$

此时样本服从密度为 g 的分布。第二个估计量的方差为

$$\mathrm{Var}_g(\hat{\theta}) = \frac{1}{m} \mathrm{Var}_g\left[\frac{h(\boldsymbol{X}) f(\boldsymbol{X})}{g(\boldsymbol{X})}\right]。$$

显然，若对任意的 $\boldsymbol{x} \in$ support（hf），都有 $h(\boldsymbol{x}) > 0$ 成立，且取 $g(\boldsymbol{x}) \propto h(\boldsymbol{x}) f(\boldsymbol{x})$，则 $\frac{h(\boldsymbol{x})\ f(\boldsymbol{x})}{g(\boldsymbol{x})}$ 为常数，从而 $\mathrm{Var}_g(\hat{\theta}) = 0$。此时，

$$g(\boldsymbol{x}) = \frac{h(\boldsymbol{x}) f(\boldsymbol{x})}{\int_{\boldsymbol{u} \in \mathrm{support(hf)}} h(\boldsymbol{u}) f(\boldsymbol{u}) \mathrm{d}\boldsymbol{u}} \tag{5.11}$$

然而，式(5.11)中的分母就是 θ，也正是我们需要找到的值，因此这个想法在实际中无法获得。尽管如此，这个结果表明，**重要采样分布**中 $g(\boldsymbol{x})$ 的一个好的选择是那些与 $h(\boldsymbol{x})f(\boldsymbol{x})$ 形状相似的函数。一个好的做法是在采样过程中尽可能多地采样能使 $h(\boldsymbol{x})f(\boldsymbol{x})$ 函数值大的样本 $\boldsymbol{x}$，而少采样使 $h(\boldsymbol{x})f(\boldsymbol{x})$ 函数值小的样本——由此得名“重要采样”。

假定将 $g(\boldsymbol{x})$ 的选择限制在参数化 $\boldsymbol{\alpha}$ 的分布族 $\{g(\boldsymbol{x},\boldsymbol{\alpha})\}$ 中，这里 $\boldsymbol{\alpha}$ 的维数当然不必与 $\boldsymbol{x}$ 相同。那么关于 $\boldsymbol{\alpha}$ 最小化函数

$$\begin{aligned}\mathrm{Var}_g\left[\frac{h(\boldsymbol{x})f(\boldsymbol{x})}{g(\boldsymbol{x},\boldsymbol{\alpha})}\right] &= E_g\left\{\left[\frac{h(\boldsymbol{x})f(\boldsymbol{x})}{g(\boldsymbol{x},\boldsymbol{\alpha})}\right]^2\right\} - \theta^2 \\ &= \int_{x\in \mathrm{support}(g)} \frac{h^2(\boldsymbol{x})\,\mathrm{f}^2(\boldsymbol{x})}{g(\boldsymbol{x},\boldsymbol{\alpha})}\mathrm{d}\boldsymbol{x} - \theta^2\end{aligned} \tag{5.12}$$

注意到，若对任意的 $\boldsymbol{x}\in \mathrm{support}(hf)$，有 $h(\boldsymbol{x})>0$，则

$$\int_{x\in \mathrm{support}(g)} \frac{h^2(\boldsymbol{x})f^2(\boldsymbol{x})}{g(\boldsymbol{x},\boldsymbol{\alpha})}\mathrm{d}\boldsymbol{x} < \max_{x\in \mathrm{support}(g)}\left[\frac{h(\boldsymbol{x})f(\boldsymbol{x})}{g(\boldsymbol{x},\boldsymbol{\alpha})}\right]\int_{x\in \mathrm{support}(g)} h(\boldsymbol{x})f(\boldsymbol{x})\,\mathrm{d}\boldsymbol{x}\text{。}$$

因此估计方差的上界由下式给出：

$$\mathrm{Var}_g\left[\frac{h(\boldsymbol{x})f(\boldsymbol{x})}{g(\boldsymbol{x},\boldsymbol{\alpha})}\right] < \theta[M(\boldsymbol{\alpha}) - \theta] \tag{5.13}$$

其中，

$$M(\boldsymbol{\alpha}) = \max_{x\in \mathrm{support}(\boldsymbol{g})}\left\{\frac{h(\boldsymbol{x})f(\boldsymbol{x})}{g(\boldsymbol{x},\boldsymbol{\alpha})}\right\}\text{。}$$

当 $M(\boldsymbol{\alpha})$ 关于 $\boldsymbol{\alpha}$ 最小化时估计方差的上界也会最小化。由此得到的密度 g 就是包围取舍采样法从概率密度成比例于 $h(\boldsymbol{x})f(\boldsymbol{x})$ 进行采样时所选择的最优包围函数。尽管这个 g 不可能称为最好的重要采样密度（关于 $\boldsymbol{\alpha}$ 参数化），但是该结果确实表明 g 可以给出 hf 的一个好的拟合。

接下来，利用蒙特卡罗方法估计：

$$\theta = \int_a^{+\infty} x^{\alpha-1}\,\mathrm{e}^{-x}\mathrm{d}x\,,$$

其中，$\alpha>1$ 且 $a>0$。一个朴素的采样设计是在支撑集 $(0,+\infty)$ 上，取 $f(x)=g(x)=\mathrm{e}^{-x}$，$h(x)=x^{\alpha-1}1_{x>a}$，其中当 $x>a$ 时$1_{x>a}=1$，否则$1_{x>a}=0$。则

$$\begin{aligned}\theta &= E_g[h(X)] \\ &= E_g(X^{\alpha-1}1_{X>a}),\end{aligned}$$

相关的估计量为

$$\frac{1}{m}\sum_{i=1}^{m} X_i^{\alpha-1}\,1_{X_i>a}\,,$$

其中，$X_1, X_2, \cdots, X_m$采样自f。由于在支撑集 $(0,+\infty)$ 上密度 $g(x)=\mathrm{e}^{-x}$与函数 $h(x)f(x)=\mathrm{e}^{-x}x^{\alpha-1}1_{x>a}$在形状上相当不同，因此对大的 a 值，该方法是

非常低效的。

一个更好的做法是选择具有与 $h(x)f(x)$ 相同的支撑集 $[a, +\infty)$ 的重要采样分布。

比如：

$$g(x) = \lambda e^{-\lambda(x-a)} \tag{5.14}$$

支撑集为 $x \in [a, +\infty)$，其中 λ 待定。由于式（5.14）只是一个平移的指数密度，而随机变量 $X = a - \lambda^{-1}\ln R$，其中 $R \sim U(0, 1)$。基于 X 的单个实现的重要采样估计量为

$$\begin{aligned}\hat{\theta} &= \frac{h(X)f(X)}{g(X)}\\ &= \frac{X^{\alpha-1}e^{-X}}{\lambda e^{-\lambda(X-a)}}\end{aligned}$$

由式（5.12）

$$\mathrm{Var}_g(\hat{\theta}) = \int_a^{+\infty} \frac{x^{2\alpha-2}e^{-2x}}{\lambda e^{-\lambda(x-a)}}\mathrm{d}x - \theta^2$$

可知，上式关于 λ 的最小化需要估计一个积分，该积分的类型与我们正要估计的积分相似。然而，可以尝试最小化式（5.13）中的上界。在这种情况下必须找到

$$\min_{0<\lambda<1} \max_{x>a} \frac{x^{\alpha-1}e^{-x}}{\lambda e^{-\lambda(x-a)}} \tag{5.15}$$

[$\lambda < 1$，否则式（5.15）中的最大化将取到无穷大]。此时需要计算式（5.15）中的函数在 $(a, +\infty) \times (0, 1)$ 内的唯一鞍点。该点出现在 (x^*, λ^*)，其中，

$$\frac{\alpha-1}{x^*} - 1 + \lambda^* = 0,$$

$$-\frac{1}{\lambda^*} + x^* - a = 0,$$

即

$$\lambda^* = \frac{a - \alpha + \sqrt{(a-\alpha)^2 + 4a}}{2a},$$

$$x^* = a + \frac{1}{\lambda}。$$

例如，当 $\alpha = 3$，$a = 5$ 时，

$$\lambda^* = \frac{1+\sqrt{6}}{5} = 0.690,$$

$$x^* = 4 + \sqrt{6},$$

且

$$\mathrm{Var}_g(\hat{\theta}) < 0.0050159。$$

此 λ 值的真实方差（而非方差的上界）为 0.00028119。当 $\lambda = 0.72344$ 时，最小方差（而非方差上界的最小值）为 0.00015739。根据上面计算的 $\lambda^* = 0.690$，方差减少比为

$$\frac{\int_a^{+\infty} x^{2\alpha-2} e^{-x} dx - \theta^2}{0.00028119} = 37376$$

由此可见该方法是很高效的。

5.2.1 独立同分布随机变量和的超越概率

假设 X_i（$i=1, 2, \cdots, n$）为具有密度函数 $f(x)$ 且独立同分布的随机变量。我们希望能对使得 θ 小的 a 值估计超越概率

$$\theta = P(\sum_{i=1}^{n} X_i > a) \tag{5.16}$$

例如，X_i 可能代表某个部件在 i 星期内产生的损耗（非负随机变量）。假定该部件的累计损耗超出指定阈值 a 时，就会在第一个星期结束时被更换。令 T 代表更换的间隔时间。对任意的正整数 n，则

$$P(T \leqslant n) = P(\sum_{i=1}^{n} X_i > a) = \theta 。$$

对有些密度函数 $f(x)$ 来说，通过简单计算得到 $\sum_{i=1}^{n} X_i$ 的分布是无法实现的（正态分布、gamma 分布、二项分布和负二项分布除外），因此蒙特卡罗方法是一个选择。然而，当 θ 的值小时，由于基于样本大小为 m 的估计的变异系数为

$$\frac{\sqrt{\theta(1-\theta)m}}{\theta} \approx \frac{1}{\sqrt{m\theta}},$$

因此估计的精度低。这样便产生了采用重要采样分布，也就是更多地从取值大的 X_i 进行采样的设想。

在另一个与项目管理有关的例子中，假定一个项目由一系列 n 个相似的活动组成。令 Y_i 表示第 i 个活动的持续时间。进一步，假定 $\{Y_i\}$ 独立分布，且服从 4.5 节中所描述的形状参数为 α 和 β 的 beta 密度，但是支撑集为（A，B）而不是（0，1）。则 $Y_i = A + (B-A)X_i$，其中 X_i 为支撑集（0，1）上的 beta 分布。因此，求项目时间超出目标时间 d（$\leqslant nB$）的概率的问题可由式（5.16）给出，其中 $a = (d-nA)/(B-A) \leqslant n$。接下来定义

$$f(\boldsymbol{x}) = \prod_{i=1}^{n} f(x_i) ,$$

及采样 n 个样本的重要采样密度

$$g(\boldsymbol{x}) = \prod_{i=1}^{n} g(x_i) ,$$

其中，

$$g(x) = \gamma x^{\gamma - 1},$$

支撑集为（0，1）且 $\gamma \geqslant 1$，则

$$\theta = E_f(1_{\sum_{i=1}^{n} X_i > a})$$

其中，当 P 为真时 $1_P = 1$；否则 $1_P = 0$。由此得到

$$\theta = E_g\left[1_{\sum_{i=1}^{n} X_i > a} \prod_{i=1}^{n} \frac{\Gamma(\alpha+\beta) X_i^{\alpha-1} (1 - X_i)^{\beta-1}}{\Gamma(\alpha)\Gamma(\beta)\gamma X_i^{\gamma-1}}\right]。$$

利用式（5.13）中关于方差的上界，我们希望能通过最小化 M（γ）来找到一个好的 γ 值，其中

$$M(\gamma) = \max_{x \in (0,1)^n}\left[1_{\sum_{i=1}^{n} X_i > a} \prod_{i=1}^{n} \frac{\Gamma(\alpha+\beta) x_i^{\alpha-1} (1 - x_i)^{\beta-1}}{\Gamma(\alpha)\Gamma(\beta)\gamma x_i^{\gamma-1}}\right]$$

$$= \max_{x \in (0,1)^n, \sum_{i=1}^{n} X_i > a}\left[\prod_{i=1}^{n} \frac{\Gamma(\alpha+\beta) x_i^{\alpha-\gamma} (1 - x_i)^{\beta-1}}{\Gamma(\alpha)\Gamma(\beta)\gamma}\right]$$

为了确定 $M(\gamma)$，注意到当 $\alpha - \gamma < 0$ 且 $\beta - 1 \geqslant 0$ 时，$x_i^{\alpha-\gamma}(1 - x_i)^{\beta-1}$ 在（0，1）内递减。在这种情况下，约束 $\sum_{i=1}^{n} X_i > a$ 起作用，因此在点 $x_i = \frac{a}{n}$（$i = 1, 2, \cdots, n$）处取得最大值。所以

$$M(\gamma) = K\left[\frac{(a/n)^{\alpha-\gamma}}{\gamma}\right]^n,$$

其中，K 表示与 γ 独立的常数。当

$$\gamma = \frac{1}{\ln(n/a)}$$

时，M（γ）取最小值。若 $\beta \geqslant 1$，$\gamma > \alpha$，则方差的上界也取得最小值。由条件 $\gamma > \alpha$ 得到

$$n \geqslant a > n\exp\left(-\frac{1}{\alpha}\right)。$$

下面给出基于采样大小为 m 的估计 θ 的算法：

Input a，α，β，n，m

γ：$= \frac{1}{\ln(n/a)}$

If $a \leqslant n \exp\left(-\frac{1}{\alpha}\right)$ or $\beta < 1$ then stop

For $j = 1$，…，m do

s：$= 0$

p：$= 1$

For $i = 1$，…，n do

$X:=R^{1/\gamma}$ where $R \sim U(0, 1)$

$s:=s+X$

$p:=pX^{\alpha-\gamma}(1-X)^{\beta-1}$

end do

If $s>a$ then $\theta_j:=p\left[\frac{\Gamma(\alpha+\beta)}{\Gamma(\alpha)\ \Gamma(\beta)\ \gamma}\right]^n$ else $\theta_j:=0$ end if

end do

$$\hat{\theta}:=\frac{1}{m}\sum_{j=1}^{m}\theta_j$$

$$\text{e. s. e.}:=\sqrt{\frac{1}{m(m-1)}\sum_{j=1}^{m}(\theta_j-\hat{\theta})^2}$$

附录5.2中给出了程序“impbeta”。对给定的α、β、n及a，仿真采样$\{\theta_j: j=1, \cdots, 5000\}$。表5.1给出了$\hat{\theta}$及e. s. e. $(\hat{\theta})$的结果。朴素蒙特卡罗仿真的标准码差为$\sqrt{\theta(1-\theta)/5000}$且该值可以利用由“impbeta”获得的$\hat{\theta}$来进行估计。由此得到估计的方差减少比为

$$\widehat{\text{v. r. r.}}=\frac{\hat{\theta}(1-\hat{\theta})/5000}{[\text{e. s. e.}(\hat{\theta})]^2}。$$

一个有趣的现象是，在所有的情况中，将上述估计结果与采用中心极限定理逼近的正态近似结果相比较时，正态近似的结果没有任何一个落在蒙特卡罗估计的两个标准差之内。因此在估计小的尾概率时，需要谨慎使用正态近似。

表5.1 beta随机变量和的超越概率估计

参数值				impbeta			倾斜		
α	β	n	a	$\hat{\theta}$	e. s. e. $(\hat{\theta})$	$\widehat{\text{v. r. r.}}$	$\hat{\theta}$	e. s. e. $(\hat{\theta})$	$\widehat{\text{v. r. r.}}$
1.5	2.5	12	6.2	0.01382	0.00092	3	0.01399	0.00031	29
1.5	2.5	12	6.5	0.00474	0.00032	9	0.00498	0.00012	70
2.5	1.5	12	9	0.01937	0.00057	12	0.01872	0.00039	24
2.5	1.5	24	18	0.00176	0.00008	50	0.00156	0.00004	214
1.5	2.5	12	5.5	$a<n\exp(-1/\alpha)$		—	0.09503	0.00178	5

另一种估计方法是采用**倾斜**（tilted）重要采样分布。修改初始的beta密度f给出重要采样密度：

$$g(x)=\frac{e^{tx}f(x)}{M_f(t)},$$

其中，$M_f(t)$为密度f的矩生成函数。通过取t为正数，从而使函数值大的x中，g比f获得更多的采样。当然，这也正是估计超越概率所需要的。进而，通过最小化式（5.13）中的上界可以确定一个好的t值。图5.1显示了$\alpha=2.5$，$\beta=1.5$，$n=12$，$a=9$且$t=3.192$时的f和g。更多细节方面的讨论见本章结束部分的问题

4(b)。建议读者能执行该问题中的计算以验证由表5.1所推导的结论，也就是倾斜法提供了更好的方差减少结果。在表5.1中，基于朴素蒙特卡罗方法的两个估计标准误差集合可由在相应的方差减少试验中所获得的$\hat{\theta}$计算得到。

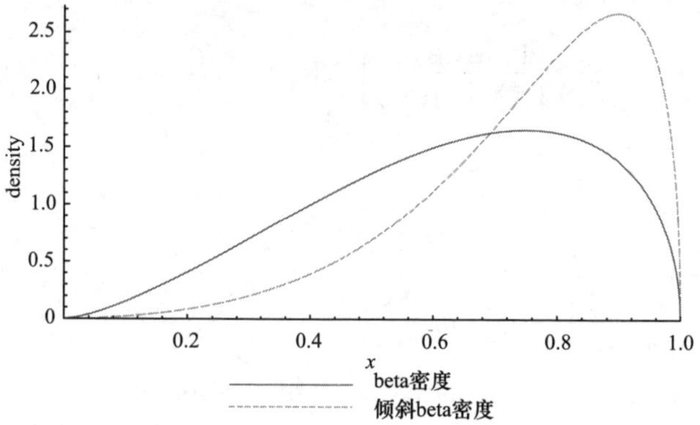

图5.1 Beta密度和倾斜beta密度

5.3 分层采样

分层采样的思想借鉴于抽样调查设计中的相关理论。假定利用蒙特卡罗方法估计一个标量参数θ。仿真得到一个标量统计量Y，这里已知$\theta=E(Y)$。Y为随机变量$\{W_j\}$的函数。通常$\{W_j\}$可能为均匀随机数$\{R_j\}$的集合。分层设计如下：选择一个**分层变量**（stratification variable）X，这是另一个在仿真过程中进行统计实现的变量，同时它也是驱动变量$\{W_j\}$的函数。一个好的分层变量需要满足：

（ⅰ）X与Y之间存在强相关性（不一定是线性的）；

（ⅱ）X的密度函数解析已知并且容易采样；

（ⅲ）在给定$X=x$的条件下，Y的条件分布容易采样。

首先，将X的范围划分为不相交的M层$\{S^{(i)}: i=1, 2, \cdots, M\}$。然后，提前固定满足$X\in S^{(i)}$，$(i=1, 2, \cdots, M)$的序对$(X, Y)$的个数$n_i$，并由此计算每一层所需的采样大小。一种可实现这一点的一种方法是采样$\{W_j\}$，计算X和Y，舍弃那些满足$X\notin S^{(i)}$的X。对所有的i，重复上述步骤。然而这个方法的效率极其低下。另一种更好的做法是从满足$X\in S^{(i)}$的X的密度中采样n_i个X的值，然后从给定这些X（即$=x$）的条件下$\{W_j\}$的条件分布进行采样。最后，给定$\{W_j\}$计算Y。

令θ_i和σ_i^2（$i=1, 2, \cdots, M$）分别表示Y在第i层的均值和方差，即对所有的$i=1, 2, \cdots, M$，

$$\theta_i=E(Y\mid X\in S^{(i)}),$$
$$\sigma_i^2=\mathrm{Var}(Y\mid X\in S^{(i)}),$$

令

$$p_i = P(X \in S^{(i)}),$$

$$\sigma^2 = \mathrm{Var}(Y),$$

且令（X_{ij}，Y_{ij}）表示第 i 层的第 j 个采样，其中 $j=1, 2, \cdots, n_i$。则 Y 在第 i 层的样本均值记为

$$\overline{Y}_i = \frac{1}{n_i}\sum_{j=1}^{n_i} Y_{ij},$$

自然地，得到 θ 的分层（stratum）估计量

$$\hat{\theta}_{\mathrm{ST}} = \sum_{i=1}^{M} p_i \overline{Y}_i 。$$

显然，该估计量是无偏的，且由于Y_{i1}，…，Y_{in_i}独立同分布，则有

$$\mathrm{Var}(\hat{\theta}_{\mathrm{ST}}) = \sum_{i=1}^{M} p_i^2 \frac{\sigma_i^2}{n_i} \tag{5.17}$$

当取$n_i = N p_i$且 N 为总的采样大小时，得到方案相同的**比例分层采样**（proportional sampling）。此时，式（5.17）变为

$$\mathrm{Var}(\hat{\theta}_{\mathrm{PS}}) = \frac{1}{N}\sum_{i=1}^{M} p_i \sigma_i^2 \tag{5.18}$$

此结果与朴素的估计量相比如何呢？朴素的估计量方差为

$$\mathrm{Var}(\hat{\theta}) = \frac{\sigma^2}{N} = \frac{E(Y^2) - \theta^2}{N} \tag{5.19}$$

$$= \frac{1}{N}\left[\sum_{i=1}^{M} p_i E(Y^2 \mid X \in S^{(i)}) - \theta^2\right] \tag{5.20}$$

$$= \frac{1}{N}\left[\sum_{i=1}^{M} p_i(\sigma_i^2 + \theta_i^2) - \theta^2\right]$$

$$= \frac{1}{N}\sum_{i=1}^{M} p_i \sigma_i^2 + \frac{1}{N}\sum_{i=1}^{M} p_i (\theta_i - \theta)^2 \tag{5.21}$$

比较式（5.18）和式（5.21）得到：

$$\mathrm{Var}(\hat{\theta}) - \mathrm{Var}(\hat{\theta}_{\mathrm{PS}}) = \frac{1}{N}\sum_{i=1}^{M} p_i (\theta_i - \theta)^2,$$

上式表示通过比例分层采样法所移除的方差大小。

理论上可以得到比这个更好的结果。如果式（5.17）可在 $\sum_{i=1}^{M} n_i = N$ 的条件下取得最小值，那么第 i 层的最优（optimum）采样个数为

$$n_i^* = \frac{N p_i \sigma_i}{\sum_{i=1}^{M} p_i \sigma_i},$$

此时方差为

$$\mathrm{Var}(\hat{\theta}_{\mathrm{OPT}}) = \frac{1}{N}\left(\sum_{i=1}^{M} p_i \sigma_i\right)^2 = \frac{\bar{\sigma}^2}{N} \tag{5.22}$$

然而

$$\sum_{i=1}^{M} p_i(\sigma_i - \bar{\sigma})^2 = \sum_{i=1}^{M} p_i \sigma_i^2 - \bar{\sigma}^2 \tag{5.23}$$

所以，由式（5.18）和式（5.22），得

$$\mathrm{Var}(\hat{\theta}_{\mathrm{PS}}) - \mathrm{Var}(\hat{\theta}_{\mathrm{OPT}}) = \frac{1}{N}\sum_{i=1}^{M} p_i (\sigma_i - \bar{\sigma})^2 \text{。}$$

此时朴素估计量方差的不同组成部分可以表示为

$$\mathrm{Var}(\hat{\theta}) = \frac{1}{N}\left[\sum_{i=1}^{M} p_i(\theta_i - \theta)^2 + \sum_{i=1}^{M} p_i(\sigma_i - \bar{\sigma})^2 + \bar{\sigma}^2\right] \tag{5.24}$$

式（5.24）的右边分别包括由于采用比例$\{n_i\}$而非朴素估计量所移除的方差大小、由于采用最优$\{n_i^*\}$而非比例$\{n_i\}$所移出的方差大小以及剩余方差。假定考虑采用的分层是理想的（即 $M\to\infty$），那么结果 $X\in S^{(i)}$可由样本 X 的真实值替换。故由式（5.21），有：

$$\mathrm{Var}(\hat{\theta}) = \frac{1}{N}\{\mathrm{Var}_X[E(Y\mid X)] + E_X[\sigma^2(Y\mid X)]\} \tag{5.25}$$

式（5.25）右边的第一项表示采用比例采样法从原始估计量中所移除的方差大小，第二项表示移除后的剩余方差。如果采用比例采样法（该方法比最优比例采样更方便，因为后者需要通过一些试运行去估计层方差$\{\sigma_i^2\}$），则更倾向于选取最小化剩余方差或最大化$\mathrm{Var}_X[E(Y\mid X)]$的分层变量。

式（5.25）表明一个足够好的比例分层可以移除 Y 中所有由 $E(Y\mid X)$ 的变差所带来的变差，仅留下剩余变差$E_X[\sigma^2(Y\mid X)]$。图 5.2 给出了序对 (X, Y) 的 500 次实现的散点图，图形表明 Y 的大部分变差可由好的分层移除。重要的是，注意到移除的不仅仅是 $E(Y\mid X)$ 中线性部分的变差，而是它的所有部分。

5.3.1 分层采样的例子

假设估计

$$\theta = E(W_1 + W_2)^{5/4},$$

其中，W_1与W_2为独立分布的韦布尔（Weibull）样本，密度函数为

$$f(x) = \frac{3}{2}x^{1/2}\exp(-x^{3/2}),$$

支撑集为（0，+∞）。给定两个均匀随机数R_1、R_2，则

$$W_1 = (-\ln R_1)^{2/3},$$
$$W_2 = (-\ln R_2)^{2/3},$$

因此 θ 的一个朴素蒙特卡罗估计为

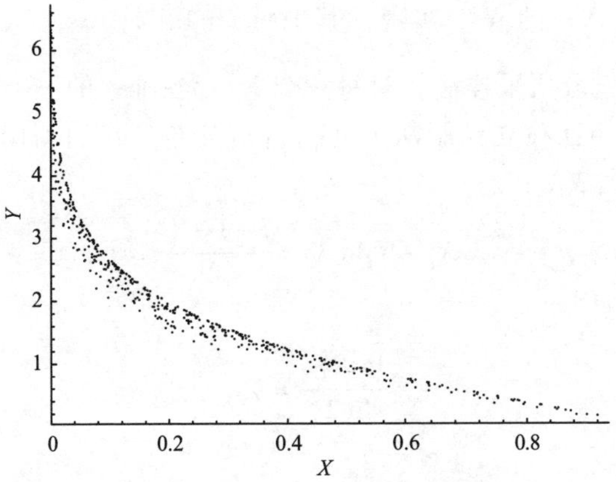

图 5.2 一个 X 是好的分层但不是好的控制变量的例子

$$Y=[(-\ln R_1)^{2/3}+(-\ln R_2)^{2/3}]^{5/4}。$$

附录 5.3.1 中的朴素仿真程序"weibullnostrat"可产生 Y 的 20.000 个独立实现（取种子为 639156），得到结果

$$\hat{\theta}=2.15843,$$

且

$$\text{e. s. e.}(\hat{\theta})=0.00913 \tag{5.26}$$

采用分层蒙特卡罗方法，注意到 Y 关于 R_1 和 R_2 均是单调的，因此可以选择一个合理的分层变量

$$X=R_1R_2。$$

由 (X, Y) 的 500 个随机序对的散点图（见图 5.2）可证实它的合理性。X 与 R_2 的联合概率密度函数为

$$f_{X,R_2}(x,r_2)=f_{R_1,R_2}\left(\frac{x}{r_2},r_2\right)\left|\frac{\partial\ r_1}{\partial\ x}\right|=\frac{1}{r_2},$$

支撑集为 $0<x<r_2<1$。故

$$f_X(x)=\int_x^1\frac{\mathrm{d}r_2}{r_2}=-\ln x,$$

且在 $(0, 1)$ 上，累积分布为

$$F_X(x)=x-\ln x \tag{5.27}$$

在给定 X 的条件下，在支撑集 $0<x<r_2<1$ 上，R_2 的条件概率密度为

$$f_{R_2|X}(r_2,x)=\frac{f_{X,R_2}(x,r_2)}{f_X(x)}=-\frac{1}{r_2\ln x},$$

且累积条件分布函数为

$$F_{R_2|X}(r_2,x)=\int_x^{r_2}\frac{\mathrm{d}u}{-u\ln x}=1-\frac{\ln r_2}{\ln x} \tag{5.28}$$

N 层采样产生（X，Y）的 N 个实现，其中对 $i=1$，2，…，N，有$p_i=\frac{1}{N}$。根据这样的设计及采用比例分层采样法，对每一个 i，存在唯一的一个序对（X，Y）满足$X\in S^{(i)}$。令U_i和V_i相互独立且服从 U（0，1）分布。我们利用式（5.27）通过下面的公式从第 i 层生成X_i：

$$X_i - X_i \ln X_i = \frac{i-1+U_i}{N} \tag{5.29}$$

由式（5.28）

$$\frac{\ln R_2^{(i)}}{\ln X_i} = V_i,$$

即

$$R_2^{(i)} = X_i^{V_i}。$$

所以

$$R_1^{(i)} = \frac{X_i}{R_2^{(i)}}。$$

注意式（5.29）需要进行数值求解才能得到X_i，但是一种比较高效的方法是通过观察$X_i\in$（X_{i-1}，1）来求解。第 i 个响应为

$$Y_i = [(-\ln R_1^{(i)})^{2/3} + (-\ln R_2^{(i)})^{2/3}]^{5/4},$$

且估计为

$$\hat{\theta}_{PS} = \sum_{i=1}^{N} p_i Y_i = \frac{1}{N}\sum_{i=1}^{N} Y_i 。$$

由于$\{Y_i\}$来自不同的层，因此同分布性不再成立，所以不能简单地用$\left(\frac{1}{N-1}\right)\frac{\sum_{i=1}^{N}(Y_i-\hat{\theta}_{PS})^2}{N}$去估计 Var（$\hat{\theta}_{PS}$）。下面的算法给出了一种仿真$\hat{\theta}$的 K 个独立实现的方法。

For $j=1$，…，K do

For $j=1$，…，N do

generate u，$v\sim U$（0，1）

solve：$x-\ln x=\frac{i-1+u}{N}$

$r_2:=x^v$

$r_1:=\frac{x}{r_2}$

$y_i:=[(-\ln r_1^{(i)})^{2/3}+(-\ln r_2^{(i)})^{2/3}]^{5/4}$

end do

$\bar{y}_j:=\frac{1}{N}\sum_{i=1}^{N} y_i$

end do

$\hat{\theta}_{\mathrm{PS}}:=\frac{1}{K}\sum_{j=1}^{K}\bar{y}_j$

$\widehat{\mathrm{Var}(\hat{\theta}_{\mathrm{PS}})}:=\frac{1}{K(K-1)}\sum_{j=1}^{K}(\bar{y}_j-\hat{\theta}_{\mathrm{PS}})^2$

运用附录 5.3.2 中的程序 “weibullstrat”，取 $N=100$，$K=200$（选取与朴素仿真中相同的种子），得到结果

$$\hat{\theta}_{\mathrm{PS}}=2.16644$$

和

$$\mathrm{e.s.e.}(\hat{\theta}_{\mathrm{PS}})=0.00132,$$

与式（5.26）中的结果相比，分层产生的估计方差减少比为

$$\widehat{\mathrm{v.r.r.}}=48 \tag{5.30}$$

算法的效率必须同时兼顾方差减少比和相对的计算处理时间。在这种情况下，分层采样花费 110s，而朴素采样花费 21s，因此

$$\text{效率}=\frac{21\times 48}{110}\approx 9。$$

在这个例子中有三点值得说明：

（ⅰ）如果没有数值求解式（5.29）所耗费的时间，分层方法的效率可能会更高。本章的问题 5 中就提到了这个问题。

（ⅱ）一个很显然的设想是采用两个分层变量 R_1 和 R_2。附录 5.3.3 中的程序 “grid” 在 $(0, 1)^2$ 内的 10×10 的格子上分 100 个等概率层，并在每个层内存在唯一的一个观察值。重复运行 $N=200$ 次（总的采样大小与之前相同 =20000）且利用与之前相同的随机数流，得到

$$\hat{\theta}=2.16710,$$
$$\mathrm{e.s.e.}(\hat{\theta}_{\mathrm{PS}})=0.00251,$$
$$\widehat{\mathrm{v.r.r.}}=13,$$

且

$$\text{效率}\approx 13。$$

与第（ⅰ）点中所建议的改进的分层方法相比，此方法是没有竞争力的。此外，由于该方法中的层数随着积分的维数指数增加，因此它是非常有限的。

（ⅲ）在上例中，分层变量 X 的分布和给定 X 的条件下 Y 的条件概率分布都容易采样是偶然的。实际上，这是非常少见的情况。然而，下面将要讨论的**后分层方法**（post stratification）则避免了这些问题。

5.3.2 后分层采样法

该方法设计为在朴素采样执行后再计算每一层的观察值个数。在这种情况下将

$\{n_i\}$替换成$\{N_i\}$以强调$\{N_i\}$才是当前的随机变量［其期望为$\{N p_i\}$］。一个朴素估计量为

$$\hat{\theta} = \sum_{i=1}^{M} \frac{N_i}{N} \bar{Y}_i ,$$

但是这里没有考虑到$\{p_i\}$中可使用的有用信息。后（之后）分层方法在没有空层的条件下采用

$$\hat{\theta}_{\mathrm{AS}} = \sum_{i=1}^{M} p_i \bar{Y}_i ,$$

后者在$\{N p_i\}$充分大时容易分配。朴素估计量给响应Y的每个实现都分配了等权重（$1/N$），而$\hat{\theta}_{\mathrm{AS}}$对欠采样（undersampled）（$N_i < N p_i$）层中的那些观察值分配更大的权重（$p_i/N_i$），而对过采样（oversampled）（$N_i > N p_i$）层中的观察值则分配较小的权重。Cochran（1977，p. 134）指出，如果对所有的i，有$E(N_i) > 20$，那么$\hat{\theta}_{\mathrm{AS}}$的方差与由固定$n_i = N p_i$的比例分层法得到的$\hat{\theta}_{\mathrm{PS}}$的方差相差无几。当然，后分层的优点在于它不需要从给定X的条件下Y的条件分布中采样，事实上，也不需要从X的边缘分布中采样。后采样法的执行仅要求X的累积概率分布是可计算的。假定存在M个等概率层，则需要计算$j = [M F_X(x) + 1]$，也就是序对(x, y)落入层的层数。

下面以估计

$$\theta = E(W_1 + W_2 + W_3 + W_4)^{3/2}$$

为例来说明上述方法，其中，W_1，W_2，…，W_4为支撑集$(0, +\infty)$上的，独立的韦布尔随机变量，且其累积分布函数分别为$1 - \exp(-x^2)$，$1 - \exp(-x^3)$，$1 - \exp(-x^4)$及$1 - \exp(-x^5)$。考虑到分层变量是其他随机变量的函数，它应该与响应$Y = (W_1 + W_2 + W_3 + W_4)^{3/2}$高度相关且它的累积概率分布容易计算，从而将其构造为标准正态分布随机变量的线性组合。由此得到

$$F_{W_i}(w_i) = \Phi(z_i) \qquad (i = 1, 2, \cdots, 4),$$

定义$\{z_i\}$，其中Φ为累积正态分布函数。则

$$\begin{aligned}
\theta &= \int_{(0, +\infty)^4} \left(\sum_{i=1}^{4} w_i\right)^{3/2} \prod_{i=1}^{4} f_{W_i}(w_i)\,\mathrm{d} w_i \\
&= \int_{(-\infty, +\infty)^4} \left\{\sum_{i=1}^{4} F_{W_i}^{-1}[\Phi(z_i)]\right\}^{3/2} \prod_{i=1}^{4} \phi(z_i)\,\mathrm{d} z_i \\
&= E_{Z \sim N(0, I)} \left\{\sum_{i=1}^{4} F_{W_i}^{-1}[\Phi(z_i)]\right\}^{3/2},
\end{aligned}$$

其中，Φ为标准正态分布的密度函数。注意到θ的一个无偏估计为

$$\left\{\sum_{i=1}^{4} F_{W_i}^{-1}[\Phi(z_i)]\right\}^{3/2}$$

其中，$\{Z_i\}$独立且服从 N（0，1），即向量 $\mathbf{Z} \sim N$（$\mathbf{0}$，$\boldsymbol{I}$），其中协方差矩阵为单位矩阵 $\boldsymbol{I}$。此时

$$\sum_{i=1}^{4} F_{W_i}^{-1}[\Phi(z_i)] = \sum_{i=1}^{4} \{-\ln[1-\Phi(z_i)]\}^{1/\alpha_i} \tag{5.31}$$

其中，$\alpha_1=2$，$\alpha_2=3$，$\alpha_3=4$，$\alpha_5=5$。使用 Maple 对式（5.31）在 $z=0$ 处进行泰勒级数展开得到它的一个线性逼近表达式

$$X' = a_0 + \sum_{i=1}^{4} a_i z_i,$$

其中，$a_0=3.5593$，$a_1=0.4792$，$a_2=0.3396$，$a_3=0.2626$ 及$a_4=0.2140$。令

$$X = \frac{X'-a_0}{\sqrt{\sum_{i=1}^{4} a_i^2}} \sim N(0,1)。$$

由于 X 关于 X'是单调的，因此关于 X 所得到的方差减少结果与 X'的相同。下面的算法进行了 K 次独立实现的仿真，每次实现中都包含 M 个等概率层上 $\left(\sum_{i=1}^{4} F_{W_i}^{-1}[\Phi(z_i)]\right)^{3/2}$ 的 N 次采样。

For $k=1$，…，K do

For $j=1$，…，M do s_j：$=0$ and n_j：$=0$ end do

For $n=1$，…，N

generate z_1，z_2，z_3，$z_4 \sim N$（0，1）

$$x: = \frac{\sum_{i=1}^{4} a_i z_i}{\sqrt{\sum_{i+1}^{4} a_i^2}}$$

$$y: = \left(\sum_{i=1}^{4} F_{W_i}^{-1}[\Phi(z_i)]\right)^{3/2}$$

j：$=\lfloor M\Phi(x)+1 \rfloor$

n_j：$=n_j+1$

s_j：$=s_j+y$

end do

$$\bar{y}_k: = \frac{1}{M}\sum_{i=1}^{M} \frac{s_j}{n_j}$$

end do

$$\hat{\theta}: = \frac{1}{K}\sum_{k=1}^{K} \bar{y}_k$$

$$\widehat{\mathrm{Var}(\hat{\theta})} := \frac{1}{K(K-1)} \sum_{k=1}^{K} (\bar{y}_k - \hat{\theta})^2$$

取 $K=50$，$N=400$，$M=20$（种子为 566309），得到

$$\hat{\theta}_{\mathrm{AS}} = 6.93055 \tag{5.32}$$

和

$$\mathrm{e.s.e.}(\hat{\theta}_{\mathrm{AS}}) = 0.00223。$$

利用朴素蒙特卡罗方法和相同的随机数流，得到

$$\mathrm{e.s.e.}(\hat{\theta}) = 0.01093,$$

因此估计的方差减少比为

$$\widehat{\mathrm{v.r.r.}} = 24 \tag{5.33}$$

图 5.3 中的 500 个随机序对（X，Y）的散点图说明了关于回归曲线 $E(Y \mid X)$ 的细微变化。这一点也解释了该方法的有效性。

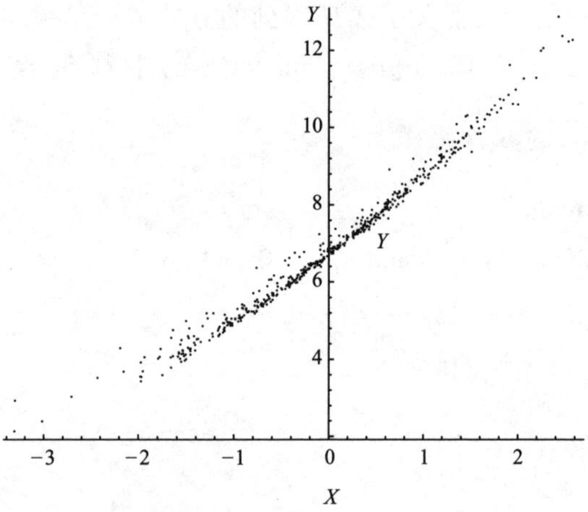

图 5.3 一个 X 既是好的分层变量也是好的控制变量的例子

5.4 控制变量

与分层采样法利用响应变量 Y 和分层变量 X 之间的依赖性不同，控制变量法利用了响应变量与一个或多个控制变量之间的相关性。正如之前所述，存在来自仿真的响应 Y，需要估计 $\theta = E(Y)$，其中 $\sigma^2 = \mathrm{Var}(Y)$。现假定在相同的仿真中收集到额外的统计量 $\boldsymbol{X}^{\mathrm{T}} = (X^{(1)}, X^{(2)}, \cdots, X^{(d)})$，它具有已知均值 $\boldsymbol{\mu}^{\mathrm{T}}_X = (\mu^{(1)}, \mu^{(2)}, \cdots, \mu^{(d)})$ 且 $(\boldsymbol{X}, Y)^{\mathrm{T}}$ 的协方差矩阵为

$$\begin{matrix} \Sigma_{XX} & \Sigma_{XY} \\ \Sigma_{XY}^{\mathrm{T}} & \sigma^2 \end{matrix},$$

变量$X^{(1)}$，$X^{(2)}$，…，$X^{(d)}$即为**控制变量**（control variables）。对任意的给定向量$\boldsymbol{b}^{\mathrm{T}}=(b_1, \cdots, b_d)$，考虑控制变量的估计量

$$\hat{\theta}_{\boldsymbol{b}}=Y-\boldsymbol{b}^{\mathrm{T}}(\boldsymbol{X}-\boldsymbol{\mu}_X)。$$

其中，$\hat{\theta}_{\boldsymbol{b}}$为无偏的，且

$$\mathrm{Var}(\hat{\theta}_{\boldsymbol{b}})=\sigma^2+\boldsymbol{b}^{\mathrm{T}}\sum\nolimits_{XX}\boldsymbol{b}-2\boldsymbol{b}^{\mathrm{T}}\sum\nolimits_{XY}。$$

当

$$\boldsymbol{b}=\boldsymbol{b}^*=\sum\nolimits_{XX}^{-1}\sum\nolimits_{XY} \tag{5.34}$$

时，方差取最小值为

$$\mathrm{Var}(\hat{\theta}_{\boldsymbol{b}*})=\sigma^2-\sum\nolimits_{XY}^{\mathrm{T}}\sum\nolimits_{XX}^{-1}\sum\nolimits_{XY}=(1-R^2)\sigma^2,$$

其中，R^2表示从朴素估计量$\hat{\theta}=Y$的方差中移除的比例。在实际中是无法获得可用于计算式（5.34）的信息的，从而需要根据下列方法进行估计。通常，存在一组$(\boldsymbol{X}_k, Y_k)$，$k=1, 2, \cdots, N$的独立实现的采样。则

$$Y=\overline{Y}=\frac{\sum_{k=1}^{N}Y_k}{N},$$

$$\boldsymbol{X}=\overline{\boldsymbol{X}}=\frac{\sum_{k=1}^{N}\boldsymbol{X}_k}{N}。$$

令X_{ik}表示列向量$\boldsymbol{X}_k$的第i个分量，则$\boldsymbol{b}^*$的一个无偏估计量为

$$\hat{\boldsymbol{b}}^*=\boldsymbol{S}_{XX}^{-1}\boldsymbol{S}_{XY},$$

其中，$\boldsymbol{S}_{XX}$的第ij个元素为

$$\frac{\sum_{k=1}^{N}(X_{ik}-\overline{X}_i)(X_{jk}-\overline{X}_j)}{N-1},$$

$\boldsymbol{S}_{XY}$的第i个元素为

$$\frac{\sum_{k=1}^{N}(X_{ik}-\overline{X}_i)(Y_k-\overline{Y}),}{N-1},$$

则控制变量的估计量为

$$\hat{\theta}_{\hat{\boldsymbol{b}}*}=\overline{Y}-\hat{\boldsymbol{b}}^{*\mathrm{T}}(\overline{\boldsymbol{X}}-\boldsymbol{\mu}_X) \tag{5.35}$$

由于$\hat{\boldsymbol{b}}^*$为数据的函数，$E(\hat{\boldsymbol{b}}^{*\mathrm{T}}(\overline{\boldsymbol{X}}-\boldsymbol{\mu}_X)]\neq 0$，因此式（5.35）的估计量是有偏的。幸运的是，偏差大小为$O(1/N)$。假定标准误差为$O(1/\sqrt{N})$，只要N充分大，偏差就可以忽略不计。如果这个方法不适用，另一个方法是从一个较短的试运行中获得$\hat{\boldsymbol{b}}^*$（该值与未知的$\boldsymbol{b}^*$稍微有点偏差并不重要），然后使用它从一个较长

的独立仿真运行中获得 $\hat{\theta}_{\hat{b}*}$。此估计对所有的 N 都是无偏的。值得注意的是，如果 $E(Y|\boldsymbol{X})$ 是线性的，那么即使对小的采样大小不进行独立的试运行，也不存在任何偏差问题。

控制变量法的一个好的特征在于它与线性回归之间的关联。取 Y 关于 $\boldsymbol{X}$ 的线性回归形式为

$$Y_k = \beta_0 + \boldsymbol{\beta}^{\mathrm{T}} \boldsymbol{X}_k + \varepsilon_k,$$

其中，$\{\varepsilon_k\}$ 表示独立同分布且均值为 0 的随机变量。Y 在 $\boldsymbol{X}^*$ 处的**估计值**（predicted value）（回归术语）即为 $E(Y|\boldsymbol{X}^*)$ 的（无偏）估计，由下式给出：

$$Y^* = \overline{Y} + \hat{\boldsymbol{\beta}}^{\mathrm{T}}(\boldsymbol{X}^* - \overline{\boldsymbol{X}}) \tag{5.36}$$

其中，

$$\hat{\boldsymbol{\beta}} = \boldsymbol{S}_{XX}^{-1}\boldsymbol{S}_{XY}。$$

然而，这个值即为 $\hat{\boldsymbol{b}}^*$。这就说明方差减少可以通过对标准回归程序包的多重控制来完成。给定 $(\boldsymbol{X}_k, Y_k)$ $(k=1, \cdots, N)$，将式（5.35）和式（5.36）相比较可得控制变量估计量。由此可知，$\hat{\theta}_{\hat{b}*}$ 即为 Y 在点 $\boldsymbol{X}^* = \boldsymbol{\mu}_X$ 处的估计值 Y^*。

接下来讨论如何将该理论应用到只有一个控制变量 X 的情形中 $(d=1)$。在这种情况下有

$$\hat{b}^* = \frac{\sum_{k=1}^{N}(X_k - \bar{x})(y_k - \bar{y})}{\sum_{k=1}^{N}(x_k - \bar{x})^2},$$

$\boldsymbol{X}^* = \boldsymbol{\mu}_X$，且

$$\hat{\theta}_{\hat{b}^*} = \overline{Y} + \hat{\boldsymbol{b}}^*(\boldsymbol{\mu}_X - \overline{\boldsymbol{X}})。$$

当 $d=1$ 时是一个简单的例子，此时将分层变量 X 用作控制变量。在 5.3.1 节所考虑的例子中一个响应定义为

$$Y = [(-\ln R_1)^{2/3} + (-\ln R_2)^{2/3}]^{5/4},$$

且分层变量定义为

$$X = R_1 R_2。$$

相应地，控制变量估计量为

$$\hat{\theta}_{\hat{b}^*} = \overline{Y} + \hat{\boldsymbol{b}}^*\left(\frac{1}{4} - \overline{X}\right)。$$

该估计的效率由R^2给出，即 X 与 Y 之间相关性的平方。由包含 500 个序对 $\{(X, Y)\}$ 的采样得到图 5.2 中的散点图且样本的相关性为 -0.8369。因此 $\hat{R}^2 = (-0.8369)^2 = 0.700$。所以，通过该控制变量的使用，所移除的方差比例近似 0.7，且方差减少比近似$(1-0.7)^{-1} = 3.3$。尽管这是一个有用的方差减少结果，但还是不能与式（5.30）中所给的由好的分层 X 得到的估计方差减少比相提并论，后者的方差减少比达到了 48。导致这一结果的原因在于图 5.2 中的散点图显示回

归 $E(Y|X)$ 是高度非线性的，而控制变量仅能移除 Y 中线性部分的变差。

相比之下，在 5.3.2 节所考虑的后分层的例子中，采用分层变量 X 作为控制变量将会产生接近 $(1-0.9872^2)^{-1}=40$ 的方差减少比，0.9872 为序对 (X, Y) 的 500 个采样的相关性。现在将此结果与式（5.33）中所给的采用分层所获得的大小为 24 的估计方差减少比相比较。控制变量法可在 Y 与 X 之间存在近似线性相关时表现良好（见图 5.3）。然而，鉴于好的分层 X 总是要好于将其作为控制变量，控制变量明显较好的表现似乎是反常的。其原因可能在于 $M=20$ 不等同于好的分层。另一个原因在于就所要估计的标准差来说，$K=50$ 是一个小的采样，从而带来大的关于方差减少比的估计标准误差。但是这一现象并不影响由这个例子所得到的主要观点。即如果 Y 与 X 之间存在强相关性，则优先采用控制变量，而不是分层，这种做法可能会避免效率低的情况发生。

5.5 条件蒙特卡罗方法

在进行实际采样之前，条件蒙特卡罗方法会通过解析法尽可能地完成多元积分的计算。假定需要估计 θ，其中

$$\theta = E_{g(\boldsymbol{x},\boldsymbol{y})}[f(\boldsymbol{x},\boldsymbol{y})],$$

其中，g 表示可以分成行向量 $(\boldsymbol{X}^{\mathrm{T}}, \boldsymbol{Y}^{\mathrm{T}})$ 的随机向量的多元概率密度函数。此外，假定通过解析法：

$$E_{r(\boldsymbol{x}|\boldsymbol{y})}[f(\boldsymbol{x},\boldsymbol{y})]$$

的值已知，其中 r 为给定 $\boldsymbol{Y}=\boldsymbol{y}$ 时，$\boldsymbol{X}$ 的条件密度。如果 $h(\boldsymbol{y})$ 为 $\boldsymbol{Y}$ 的边缘密度，则

$$\theta = E_{h(\boldsymbol{y})}\{E_{r(\boldsymbol{x}|\boldsymbol{y})}[f(\boldsymbol{x},\boldsymbol{y})]\}。$$

相应地，θ 的一个条件蒙特卡罗估计可通过从 h 采样的 n 个样本 $\boldsymbol{y}$ 给定，算法如下：

For $i=1, \cdots, n$ do

Sample $\boldsymbol{y}_i \sim h(\boldsymbol{y})$

$\theta_i := E_{r(\boldsymbol{x}|\boldsymbol{y}_i)}[f(\boldsymbol{x}, \boldsymbol{y}_i)]$

end do

$$\hat{\theta} := \frac{1}{n}\sum_{i=1}^{n}\theta_i$$

$$\text{e.s.e.}(\hat{\theta}) := \sqrt{\frac{\sum_{i=1}^{n}(\theta_i-\hat{\theta})^2}{n(n-1)}}$$

例如，假定一个建设项目的持续期为 X，其中，$X \sim N(\mu, \sigma^2)$，参数 μ 和 σ^2 相互独立，且分别服从 $N(100, 16)$ 和均值为 4 的指数分布。承担此项目的公司在项目持续期超过 K 天时必须每天支付 1000 英镑，不足一天的按比例计算。那么

延期的期望成本 C 是多少？利用如下算法进行一个朴素仿真［注意到$(X-K)^+=\max(0, X-K)$］：

For $i=1$，…，n do

Sample $R \sim U(0,1)$ and $Z \sim N(0,1)$

$\sigma := -4\ln(R)$

$\mu := 100+4Z_1$

Sample $X \sim N(\mu,\sigma^2)$

$C_i := 1000(X-K)^+$

end do

$\hat{C} := \frac{1}{n}\sum_{i=1}^{n} C_i$

$$\text{e. s. e. }(\hat{C}) := \sqrt{\frac{\sum_{i+1}^{n}(C_i-\hat{C})^2}{n(n-1)}}$$

另外，采用条件蒙特卡罗方法可得到

$$\theta = E_{\sigma \sim \text{Exp}(1/4),\mu \sim N(100,16)}\{E_{X \sim N(\mu,\sigma^2)}[1000(X-K)^+]\}。$$

令

$$\begin{aligned} C(\mu,\sigma^2) &= E_{X \sim N(\mu,\sigma^2)}[1000(X-K)^+] \\ &= 1000\int_K^{+\infty}(x-K)\frac{1}{\sqrt{2\pi}\sigma}\exp\left[-\frac{1}{2}\left(\frac{x-\mu}{\sigma}\right)^2\right]dx \\ &= 1000\int_{(K-\mu)/\sigma}^{+\infty}(\sigma v+\mu-K)\frac{1}{\sqrt{2\pi}\sigma}\exp\left(-\frac{1}{2}v^2\right)dv \\ &= 1000\left|\frac{-\sigma e^{-v^2/2}}{\sqrt{2\pi}}\right|_{(K-\mu)/\sigma}^{+\infty} + 1000(\mu-K)\Phi\left(\frac{\mu-K}{\sigma}\right) \\ &= 1000\left[\sigma\phi\left(\frac{K-\mu}{\sigma}\right)+(\mu-K)\Phi\left(\frac{\mu-K}{\sigma}\right)\right]。\end{aligned}$$

由此，得到条件蒙特卡罗方法的算法如下：

For $i=1$，…，n do

Sample $R \sim U(0,1)$ and $Z \sim N(0,1)$

$\sigma := -4\ln(R)$

$\mu := 100+4Z_1$

$C_i := 1000\sigma\left[\phi\left(\frac{K-\mu}{\sigma}\right)-(K-\mu)\Phi\left(\frac{\mu-K}{\sigma}\right)\right]$

end do

$\hat{C} := \frac{1}{n}\sum_{i=1}^{n} C_i$

$$\text{e. s. e.}\ (\hat{C}) := \sqrt{\frac{\sum_{i=1}^{n}(C_i - \hat{C})^2}{n(n-1)}}$$

该算法可以给出好的方差减少结果。读者可参见本章的问题8。

5.6 问题

1. 考虑如下单服务器排队系统。顾客到达时间间隔相互独立且服从 U（0，1）。顾客一旦到达，如果服务器空闲，则开始接受服务；否则，在队列中等待直到服务器空闲后再接受服务。服务时间相互独立且服从 U（0，1）。令A_i、S_i分别表示第 $i-1$ 个和第 i 个顾客的到达间隔时间及第 i 个顾客的服务时间。令W_i表示第 i 个顾客在队列中的等待时间（不含服务时间）。初始条件为系统中的第 1 个顾客在时刻零时正好到达，则对 $i=2$，…，5，有

$$W_i = \max(0, W_{i-1} + S_{i-1} - A_i),$$

其中$W_1=0$。写出仿真前五名顾客在队列中的总的等待时间的 5000 次实现及其 5000 次对偶实现的 Maple 程序。

（a）采用来自原始和对偶实现的组合估计量，估计前五名顾客的等待时间的期望值及估计标准差。估计此方法的方差减少比。

（b）当服务时间服从 U（0，2）时重复该试验。为什么这样得到的方差减少比比（a）中多得多?

2. 为了估计 $\theta = \int_b^{+\infty} x^{\alpha-1}\mathrm{e}^{-x}\mathrm{d}x$，其中 $\alpha \leqslant 1$ 且 $b>0$，采用重要采样密度 $g(x) = \mathrm{e}^{-(x-b)}\boldsymbol{I}_{x>b}$（5.2 节中考虑了 $\alpha>1$ 的情况）。给定 $R \sim U$（0，1），证明：$\hat{\theta} = X^{\alpha-1}\mathrm{e}^{-b}$为一个无偏估计量，其中 $X = b - \ln R$ 且 $\mathrm{Var}(\hat{\theta}) < \theta(b^{\alpha-1}\mathrm{e}^{-b} - \theta)$。

3.（这是一个稍微难一点的问题）若 $X \sim N$（μ，σ^2），则 $Y=\exp$（X）服从均值为 $\exp$（$\mu+\sigma^2/2$），方差为 $\exp$（$2\mu+\sigma^2$）［$\exp$（σ^2）-1］的对数正态分布。需要估计 n 个服从上述对数正态分布的独立随机变量和超过 a 的概率。在考虑亚式金融期权时（见第 6 章）将遇到与此类型相似的问题。将对数正态分布进行平移使得 $X \sim N$（Δ，σ^2），其中 $\Delta>\mu$，并将此分布作为重要采样密度（参考 5.2.1 节中所描述的独立同分布 beta 分布的情况）。

（a）证明：当 $a > n\exp$（μ）时，式（5.13）中所给关于方差的上界当 $\Delta=\ln$（a/n）时达到最小化。

（b）假定现在的问题是要估计：

$$\theta = E_f\left(\sum_{i=1}^{n}\mathrm{e}^{X_i} - a\right)^+,$$

其中，f 为多元正态密度 N（μ，$\sigma^2\boldsymbol{I}$）且$x^+=\max$（0，x）。证明：对应的 Δ（$\geqslant\mu$

$+\sigma^2\boldsymbol{I}$）的值满足

$$\Delta=\ln\left(\frac{a}{n}\right)-\ln\left[1-\frac{\sigma^2}{n(\Delta-\mu)}\right]。$$

采用上述Δ值（利用 Maple 数值求解）进行一些仿真试验。采用非最优的Δ值$\ln\left(\frac{a}{n}\right)$是否可以明显地减少方差减少比？

4.（这是一个稍微难一些的问题）若具有概率密度函数为$f(x)$的矩生成函数存在，则它可以由

$$M(t)=\int_{\mathrm{support}(f)}\mathrm{e}^{tx}f(x)\,\mathrm{d}x$$

给出。在这种情况下可构造一个**倾斜密度**（titled density）

$$g(x)=\frac{\mathrm{e}^{tx}f(x)}{M(t)},$$

当$t>0$时，可将g用作重要采样分布，而且会比f从取值大的X中获得更多的采样。

（a）考虑估计$\theta=P(\sum_{i=1}^{n}\exp(X_i)>a)$，其中$\{X_i\}$相互独立且服从$N(\mu,\sigma^2)$。证明：倾斜分布为$N(\mu+\sigma^2t,\sigma^2)$。证明：当$a>n\exp(\mu)$时，使式（5.13）中所给出的关于方差的上界最小化的t值为

$$t=\frac{\ln(a/n)-\mu}{\sigma^2},$$

从而得出该方法与本章问题3（a）中所描述的方法相同。

（b）考虑估计$\theta=P(\sum_{i=1}^{n}\exp(X_i)>a)$，其中$\{X_i\}$相互独立，且服从支撑集(0，1）上形状参数为$\alpha$（$>1$）和$\beta$（$>1$）的 beta 分布。证明：这里对应的$t$值为使得

$$\mathrm{e}^{-\frac{at}{n}}M(t)$$

达到最小化的t。

（ⅰ）利用 Maple 中的符号积分和差分运算找出当$n=12$，$a=6.2$，$\alpha=1.5$和$\beta=2.5$时的t值；

（ⅱ）写出对任意的$\alpha(>1)$，$\beta(>1)$，n和$a(>0)$估计θ的 Maple 程序。对5.2.1节中表5.1所给的参数值运行程序并验证所得到的方差减少与表中所给结果的数量级相同。

5. 在5.3.1节中，式（5.29）给出在x落在N个等概率层的第i层的条件下，如何从支撑集（0，1）上的累积分布函数$x-x\ln(x)$生成X的方法。该等式需要数值求解，从而解释了为什么分层方法所花费的时间比朴素蒙特卡罗方法多四倍。

试给出一种比该逆变换采样法更快速的高效包围取舍采样法。根据所给出的方法修改附录 5.3.2 中的程序“weibullstrat”。运行程序以确定效率的改进程度。

6. 写出 5.3.2 节中后分层算法的 Maple 程序。将你的估计结果与式（5.32）进行对比。

7. 给问题 1 中的排队仿真建议一个适当的分层变量。写出 Maple 程序并研究不同参数下所获得的方差减少结果。

8. 写出利用朴素和条件蒙特卡罗仿真去估计 5.5 节例子中要求的期望成本的程序，并说明方差减少的效果如何？

9. 再次回到本章的问题 4（b）。建议一种结合倾斜重要采样和后分层采样的方差减少方案并予以执行。

10. 利用蒙特卡罗方法估计 $\int \cdots \int_D \left[\sum_{j=1}^{m}(m-j+1)^2 x_j\right] \mathrm{d}\boldsymbol{x}$，其中 m 为一个正整数，且

$$D = \{x_j : j = 1, \cdots, m; 0 < x_1 < \cdots < x_m < 1\}。$$

对 $m=10$ 的情况，仿真 10000 个落入 D 内的点，并由此找出该积分的置信度为 95% 的置信区间。

第6章
仿真与金融

衍生品是一种可交易的资产，它的价格依赖于其他的标的变量。这些变量包括其他资产的价格。目前蒙特卡罗方法是用于金融衍生品定价的一种常规方法。其原因在于除了少量的“标准化”期权外，定价过程中的大多数运算都包含了高维定积分的估计。为了说明为什么蒙特卡罗方法可能要好于标准的数值方法，假定要估计

$$I = \int_{[0,1]} f(x)\,\mathrm{d}x\ ,$$

其中，$f(x)$ 是可积的。根据复合梯形法则，选择子区间长度 h，使得 $(m-1)h=1$，则 f 可由区间 $[0,\ 1]$ 内 m 个等距离的点进行估计。该方法的误差为 $O(h^2)=O(1/m^2)$。接下来将该方法与蒙特卡罗方法进行比较。在蒙特卡罗方法中是根据 X 的 m 个值来估计 f 的，其中，$X \sim U(0,\ 1)$。此时，标准误差是对估计精度的一个测量，因此如果 $\sigma^2 = \mathrm{Var}_{X\sim U(0,1)}\ [f(X)]$，那么 I 的估计误差为 $\sigma/\sqrt{m} = O\ (1/\sqrt{m})$。所以，对样本量大的情况，采用梯形法则估计更好。现在假设该积分的区域为 d 维空间上的单位立方体。梯形法则需要在规则的且能覆盖该立方体的栅格上进行 m 次函数估计。如果 h 仍表示沿着 d 个坐标轴中任何一个坐标轴上的子区间的长度，那么 $m\,h^d \simeq 1$，则该方法得到的估计误差为 $O(h^2)=O(1/m^{2/d})$。然而，若采用蒙特卡罗方法，其误差仍为 $O(1/\sqrt{m})$。因此，当 $d>4$ 且 m 充分大时，蒙特卡罗方法比梯形法则更好。当维数增加时，蒙特卡罗方法的优势也在成指数倍增加。下面将看到，在金融应用中 $d=100$ 的情况不在少数，因此蒙特卡罗方法是显而易见的选择。

本章介绍了蒙特卡罗方法在金融领域中的应用。关于金融方面的更多细节可参考的书籍很多，包括 Hull（2006）与 Wilmott（1998）。关于蒙特卡罗方法应用的最新介绍则推荐 Glasserman（2004）。

金融领域中所建立的基本数学模型均假定自一个基础的几何布朗（Brownian）运动。下面首先来介绍布朗运动（也称为维纳（Wiener）过程）的主要特征。

6.1 布朗运动

考虑一个连续状态、连续时间的随机过程 $\{B\ (t):\ t \geqslant 0\}$，其中

$$dB = B(dt) = B(t+dt) - B(t) \sim N(0,dt) = Z_{(t,t+dt)}\sqrt{dt} \tag{6.1}$$

对所有的 t 成立。这里 $Z_{(t,t+dt)} \sim N(0,\ 1)$。进一步假定该过程具有独立增量。这就意味着如果（$u$, v）和（t, s）为非重叠的区间，那么 $B(v)-B(u)$ 与 $B(t)-B(s)$ 为独立分布。此外，假定 $B(0)=0$。那么式（6.1）的解为

$$B(t) \sim N(0,t)$$

或

$$B(t) = \sqrt{t}W_t$$

其中，$W_t \sim N(0,\ 1)$。称过程 $\{B(t):\ t \geqslant 0,\ B(0)=0\}$ 为一个标准布朗运动。

由于上述过程具有独立增量，因此对任意的 $t \geqslant s \geqslant 0$，有

$$B(t) = \sqrt{s}W_1 + \sqrt{t-s}W_2 \tag{6.2}$$

其中，W_1 与 W_2 相互独立且同分布于 $N(0,\ 1)$。所以，可通过将区间 $[0,\ h]$ 分割成数量为 n 且每个区间的长度为 h 的大量子区间，使得 $T=nh$ 来仿真这个过程。由式（6.2）得到，对所有的 $j=1$, …, n，有

$$B(jh) = B([j-1]h) + Z_j\sqrt{h},$$

其中，Z_1, Z_2, …, Z_n 相互独立且同分布于 N（0，1）。由此得到一种可对连续时间过程进行离散近似的实现方法。在时间点 $j=0$, h, …, nh 上过程的值是确切的。如果对中间点的值选择插值的方法，那么就得到该过程的近似。通过选择足够大的 n 值就能保证所得到的误差任意地小。参见附录 6.1，该附录中包含一个基于 Box-Müller 的标准正态分布随机数发生器的程序“STDNORM”［该发生器由于运算速度稍快，从而优先于“STATS［random，normald］(1)”使用］，以及一个 Maple 程序“Brownian”。采用这两个程序可画出 $\{B(t):\ 100 \geqslant t \geqslant 0,\ B(0)=0\}$ 的三种离散近似（$n=10000$）。

现假定

$$dX(t) = \mu dt + \sigma dB(t) \tag{6.3}$$

其中，参数 μ 给出该布朗运动的**漂移**（drift）项，参数 $\sigma(>0)$ 用于对 $B(t)$ 的缩放。给定 $X(0)=x(0)$，可求得式（6.3）的解为

$$X(t) = x(0) + \mu t + \sigma B(t)。$$

则过程 $\{X(t):\ t \geqslant 0\}$ 称为漂移参数为 μ、方差参数为 σ^2 的布朗运动（或者维纳过程）。过程 $\{X(t):\ t \geqslant 0\}$ 同样具有独立增量。对任意的 $t \geqslant s$，有

$$X(t) - X(s) \sim N(\mu[t-s], \sigma^2[t-s]),$$

且在给定 $X(0)=x(0)$ 的条件下，$X(t)$（$t>0$）的概率密度函数形如

$$u(x,t) = \frac{1}{\sqrt{2\pi\sigma^2 t}}\exp\left\{-\frac{1}{2}\left[\frac{x-x(0)-\mu t}{\sigma\sqrt{t}}\right]^2\right\}$$

该函数为扩散方程

$$\frac{\partial u}{\partial t} = -\mu\frac{\partial u}{\partial x} + \frac{1}{2}\sigma^2\frac{\partial^2 u}{\partial x^2}$$

的解。

6.2 资产价格运动

假定希望对某种资产（例如股票、利率或期货）在一段时间内的价格运动进行建模。若 $X(t)$ 表示资产在时刻 t 的价格，在金融中最常用的模型为

$$\frac{\mathrm{d}X}{X}=\mu\mathrm{d}t+\sigma\mathrm{d}B \tag{6.4}$$

其中，$\sigma\geqslant 0$。注意到上式的左边表示价格在区间（t，$t+\mathrm{d}t$）内按比例变换。若 $\sigma=0$，则式（6.4）的解为对 $t\geqslant s$，有 $X(t)=x(s)\exp[\mu\ (t-s)]$，其中，$x(s)$ 为已知资产在时刻 s 的价格。在这种情况下称资产在（t，s）内的收益为 $\mu(t-s)$ 且收益增长率为 μ。

式（6.4）是下式所表示的**伊藤随机微分方程**（Ito stochastic differential equation）的一个例子：

$$\mathrm{d}X=a(X,t)\,\mathrm{d}t+b(X,t)\,\mathrm{d}B \tag{6.5}$$

当 $t\geqslant 0$ 时，

$$X(t)-X(0)=\int_0^t a(X(u),u)\,\mathrm{d}u+\int_0^t b(X(u),u)\,\mathrm{d}B(u) \tag{6.6}$$

其中，上式的第二个积分称为伊藤随机积分。关于该积分的更多细节可参见 Allen（2003，第8章）。现假定 $G[X(t),\ t]$ 为 $X(t)$ 和 t 的某个函数，其中 $\partial G/\partial X$，$\partial G/\partial t$ 以及 $\partial^2 G/\partial X^2$ 均存在，则由伊藤引理可知，G 在（t，$t+\mathrm{d}t$）内的改变量可由下式给出，即

$$\mathrm{d}G=\frac{\partial G}{\partial X}\mathrm{d}X+\frac{\partial G}{\partial t}\mathrm{d}t+\frac{1}{2}b^2\frac{\partial^2 G}{\partial X^2}\mathrm{d}t \tag{6.7}$$

记住上式的一种简单方法就是联想到 G 在点（$X(t)$，t）处的泰勒级数展开

$$\delta G=\frac{\partial G}{\partial X}\delta X+\frac{\partial G}{\partial t}\delta t+\frac{1}{2}\frac{\partial^2 G}{\partial X^2}(\delta X)^2+\frac{1}{2}\frac{\partial^2 G}{\partial t^2}(\delta t)^2+\frac{\partial^2 G}{\partial t\partial X}\delta t\delta X+\cdots \tag{6.8}$$

由式（6.5），有

$$\delta X\approx a\delta t+b\delta B\approx a\delta t+b\,Z_{(t,t+\delta t)}\sqrt{\delta t},$$

其中，$Z_{(t,t+\delta t)}\sim N(0,\ 1)$。因此，$E[(\delta X)^2]=b^2\delta tE[Z^2_{(t,t+\delta t)}]+o(\delta t)=b^2\delta t+o(\delta t)$，同理，有 $\mathrm{Var}[(\delta X)^2]=o(\delta t)$。因此，在极限情况下，$(\delta X)^2$ 非随机且等于 $b^2\mathrm{d}t$。同理，式(6.8)右边的最后两项均为 $o(\delta t)$，综上所述得到式(6.7)。

为了求解式(6.4)，将其改写成式(6.5)的形式，其中 $a(X,\ t)=\mu X$，$b(X,\ t)=\sigma X$。令 $G=\ln X$，则 $\partial G/\partial X=1/X$，$\partial^2 G/\partial X^2=-1/X^2$ 且 $\partial G/\partial t=0$。根据伊藤引理，有

$$\mathrm{d}G=\frac{\partial G}{\partial X}\mathrm{d}X+\frac{\partial G}{\partial t}\mathrm{d}t+\frac{1}{2}b^2\frac{\partial^2 G}{\partial X^2}\mathrm{d}t$$

$$= \frac{\mathrm{d}X}{X} - \frac{\sigma^2 X^2 \mathrm{d}t}{2X^2}$$
$$= \frac{\mu X \mathrm{d}t + \sigma X \mathrm{d}B}{X} - \frac{\sigma^2 \mathrm{d}t}{2}$$
$$= \left(\mu - \frac{\sigma^2}{2}\right)\mathrm{d}t + \sigma \mathrm{d}B。$$

将上式与式（6.3）进行对比可以看出，$\{G(t): t \geqslant 0\}$ 是一个漂移项为 $\mu - \frac{\sigma^2}{2}$，方差参数为σ^2的维纳过程。由于任何维纳过程均具有独立增量，所以对 $t \geqslant s$，有

$$\begin{aligned} G(t) - G(s) &= \ln X(t) - \ln X(s) \\ &= \ln\left[\frac{X(t)}{X(s)}\right] \\ &\sim N\left[\left(\mu - \frac{\sigma^2}{2}\right)(t-s), \sigma^2(t-s)\right] \end{aligned} \tag{6.9}$$

假定已知该资产在时刻 s 的价格为 $x(s)$。那么由式（6.9），资产在稍后的时刻 t 的价格为

$$X(t) = x(s)\mathrm{e}^Y \tag{6.10}$$

其中，$Y \sim N\left[\left(\mu - \frac{\sigma^2}{2}\right)(t-s),\ \sigma^2\ (t-s)\right]$，$Y$ 为该资产在（s，t）内的收益。因此给定 $X(s) = x(s)$，则 $X(t)$ 服从对数正态分布。根据对数正态分布随机变量期望的标准结论有

$$\begin{aligned} E[X(t) \mid X(s) = x(s)] &= x(s)E(\mathrm{e}^Y) \\ &= x(s)\exp\left[\left(\mu - \frac{\sigma^2}{2}\right)(t-s) + \frac{1}{2}\sigma^2(t-s)\right] \\ &= x(s)\mathrm{e}^{\mu(t-s)}。 \end{aligned}$$

因此，与在确定性模型中一样，可将 μ 解释为**期望增长率**（expected growth rate）。

式（6.4）中的模型可以解析求解是偶然的。随机差分方程通常都不能解析求解。在这种情况下，一种补救做法是对式（6.5）仿真一组路径 $\{\{X_i(t): T \geqslant t \geqslant 0\}, i = 1, 2, \cdots, n\}$ 样本，然后根据这组样本对 $X(t)$ 或 $\{X(t): T \geqslant t \geqslant 0\}$ 可能的其他泛函的分布进行推断。上述路径的离散近似可通过欧拉法获得。由此得到的差分方程为

$$\begin{aligned} X((j+1)h) &= X(jh) + ha(X(jh), jh) \\ &\quad + b(X(jh), jh)Z_{j+1}\sqrt{h} \quad (j = 0, \cdots, m-1) \end{aligned} \tag{6.11}$$

其中，$mh = T$，$\{Z_j\}$ 独立同分布于 $N(0, 1)$。除了欧拉法所带来的误差以外，由于这种做法仅给出了模型在离散时刻上路径的行为，而该模型是一个连续时间模型，因此在这种意义下这种补救做法也只能是一种近似做法。

对式（6.4）中的模型来说，欧拉近似并不是必要的。如果希望得到整条路径

[而不仅仅是终点值 X（T）]，那么可利用式（6.10）给出差分方程

$$X((j+1)h)=X(jh)\exp\left[\left(\mu-\frac{\sigma^2}{2}\right)h+\sigma\sqrt{h}Z_{j+1}\right]。$$

式（6.4）中的随机过程称为几何布朗运动。在附录 6.2 中，程序“GeometricBrownian”画出了 $\{X(t):10\geqslant t\geqslant 0\}$ 的三次独立实现的图形，其中 $m=2000$，$X(0)=100$，$\mu=0.1$，$\sigma=0.3$。每一次实现都显示了初始价格为 100 英镑的某种资产，在今后 10 年内的价格变化是如何遵循几何布朗运动的。该资产年期望增长率为 10%，波动率（也就是一年内收益的标准差）为 30%。附录 6.2 的第二部分画出了另一种相似资产在波动率分别为 2%、4% 和 8% 时的三次独立实现的图形。

6.3 简单衍生品和期权的定价

衍生品是一种合约，该合约以某种方式依赖于一种或多种标的资产的价格。例如，远期合约是指交易一方承诺另一方在某个指定的时间支付购买某些标的资产的一种衍生品。期权是指交易双方具有一定的行使权利，但是不强迫执行的一种衍生品。最简单的期权类型是欧式看涨期权和看跌期权。

欧式看涨期权赋予期权所有人在某一指定时间 T（到期日或行权日）以某一确定价格 K（行权价或成交价）购买某个资产的权利（但并不强制）。令 X 表示行权期满的资产价格。因此，欧式期权的收益为 $\max(0,X-K)$，记为 $(X-K)^+$。由此可知，若 $X>K$，则期权所有者值得以价格 K 行使权利购买该资产，并在市场上立即以价格 X 出售，可获得 $X-K$ 的利润。若 $X\leqslant K$，则行使权利会导致 $K-X$ 的损失。在这种情况下，看涨期权所有者则什么也不要做，获利为 0。看跌期权赋予所有者以行权价出售资产的权利，因此收益为 $(K-X)^+$。

令 $V(X(t),t)$ 表示某种衍生品（类型没有指定）在时刻 t 的价格，这里 $X(t)$ 表示标的资产的价格，其中 $\frac{\mathrm{d}X(t)}{X(t)}=\mu\mathrm{d}t+\sigma\mathrm{d}B$。$V(X(t),t)$ 可通过构建一种投资组合来得到，该投资组合的构成由其所有者随时间动态调整，调整的方式是使组合的收益等于无风险投资收益。考虑由一个衍生品和 $-\Delta$ 单位的资产（也就是资产“短缺”）所构成的这种投资组合。该投资组合的价值为 π，其中

$$\pi(X(t),t)=V(X(t),t)-\Delta X(t),$$

该组合的价值在 $(t,t+\mathrm{d}t)$ 内的改变量为

$$\mathrm{d}\pi=\mathrm{d}(V-\Delta X),$$

根据式（6.4）和式（6.7），有

$$\begin{aligned}\mathrm{d}\pi&=\frac{\partial(V-\Delta X)}{\partial X}\mathrm{d}X+\frac{\partial(V-\Delta X)}{\partial t}\mathrm{d}t+\frac{1}{2}\frac{\partial^2(V-\Delta X)}{\partial X^2}\sigma^2X^2\mathrm{d}t\\&=\left(\frac{\partial V}{\partial X}-\Delta\right)\mathrm{d}X+\frac{\partial V}{\partial t}\mathrm{d}t+\frac{1}{2}\frac{\partial^2 V}{\partial X^2}\sigma^2X^2\mathrm{d}t。\end{aligned}$$

通过令 $\Delta=\frac{\partial V}{\partial X}$，dπ 中的风险部分被去除掉了！在这种情况下

$$d\pi=\frac{\partial V}{\partial t}dt+\frac{1}{2}\frac{\partial^2 V}{\partial X^2}\sigma^2 X^2 dt \tag{6.12}$$

然而，dπ 必须等于无风险资产的利息，否则投资者就可以无风险获利（套利）。衍生品定价模型的一个关键假设就是套利不可能发生。研究证明：如果套利存在，那么市场价格会立即发生改变以消除套利的可能性。令 r 表示无风险增长率，则

$$d\pi=r\pi dt=r(V-\Delta X)dt \tag{6.13}$$

结合式（6.12）和式（6.13）得出 Black-Scholes 微分方程

$$\frac{\partial V}{\partial t}dt+\frac{1}{2}\frac{\partial^2 V}{\partial X^2}\sigma^2 X^2 dt=r(V-\frac{\partial V}{\partial X}) \tag{6.14}$$

说上述方程不包含资产的期望增长率 μ 是一个不错的特征，这是一种保守的说法。

事实上，由于 μ 未知，因此这一特征非常好。该理论由 Black、Merton 和 Scholes（Black 和 Scholes1973；Merton，1973）提出。1997 年 Merton 和 Scholes 凭此模型获得诺贝尔奖（Black 已于 1993 年去世）。式（6.14）的求解必须满足衍生品所具有的特定边界条件。注意到，由于衍生品的价格将会随着 t 而改变，从而也对应着资产价格的改变，因此**套期保值参数**（hedging parameter）Δ 将不得不持续更新，从而使资产组合达到平衡以产生无风险收益。

Black-Scholes 模型的主要假设有不存在套利、资产价格遵循几何布朗运动、不存在交易成本、资产组合可以持续不断地再平衡、在期权寿命期间内无风险利率已知，以及标的资产不产生诸如红利这样的收入（最后一个假设容易放宽）。

6.3.1 欧式看涨期权

假定正在处理的欧式看涨期权其行权时间为 T，行权价格为 K 且资产在时刻 t 的价格已知为 $x(t)$，则该期权的终端条件为 $V(X(T),T)=(X(T)-K)^+$。满足此边界条件的式（6.14）的解为

$$V(x(t),t)=e^{-r(T-t)}\int_{-\infty}^{+\infty}(x-K)^+ f_{X_r(T)|X(t)=x(t)}(x,x(t))dx \tag{6.15}$$

其中，$f_{X_r(T)|x(t)}$ 表示在给定当前资产价格为 $x(t)$，期望增长率（即无风险利率）为 r 的条件下，资产价格 X 在期权到期日 T 时的密度函数。此结果可通过将式（6.15）直接代入式（6.14）来验证。值得注意的是，$f_{X_r(T)|X(t)=x(T)}(x,x(T))=\delta(x-x(T))$ 为一个 δ 函数，因此由式（6.15），有 $V(X(T),T)=(X(T)-K)^+$ [在时刻 T，当且仅当 $X(T)>K$ 成立时行使期权，此时刻行权的收益为$(X(T)-K)^+$]。对 $t<T$ 的情况可知密度函数$f_{X_r(T)|x(t)}$ 为对数正态函数 [见式（6.10）结果]。同时也注意到，若假定资产的期望增长率为 r，则贴现因子

$e^{-r(T-t)}$使得式（6.15）的右端等于期权在到期日的期望收益的当前值，该值在风险中性世界里被称为收益期望值的当前值。

幸运的是，我们可以得到如下封闭形式的式（6.15）。由式（6.10），假定 $X(t)=x(t)$，

$$X(T)=x(t)\mathrm{e}^{(r-\frac{\sigma^2}{2})(T-t)+Z\sigma\sqrt{T-t}}。$$

因此有，

$$V(x(t),t)=\mathrm{e}^{-r(T-t)}E_{\phi}(x(t)\mathrm{e}^{(r-\frac{\sigma^2}{2})(T-t)+Z\sigma\sqrt{T-t}}-K)^{+} \tag{6.16}$$

其中，ϕ 为标准正态分布密度函数。令

$$z_0=\frac{\ln[K/x(t)]-(r-\sigma^2/2)(T-t)}{\sigma\sqrt{T-t}},$$

则

$$\begin{aligned}V(x(t),t) &= \mathrm{e}^{-r(T-t)}\int_{z_0}^{+\infty}[x(t)\ \mathrm{e}^{(r-\frac{\sigma^2}{2})(T-t)+Z\sigma\sqrt{T-t}}-K]\frac{\mathrm{e}^{-z^2/2}}{\sqrt{2\pi}}\mathrm{d}z\\ &=\int_{z_0}^{+\infty}\frac{x(t)\ \mathrm{e}^{-(z-\sigma\sqrt{T-t})^2/2}}{\sqrt{2\pi}}\mathrm{d}z-K\mathrm{e}^{-r(T-t)}\Phi(-z_0)\\ &=x(t)\Phi(\sigma\sqrt{T-t}+z_0)-K\mathrm{e}^{-r(T-t)}\Phi(-z_0)\\ &=x(t)\Phi(d)-K\mathrm{e}^{-r(T-t)}\Phi(d-\sigma\sqrt{T-t}),\end{aligned}$$

其中，

$$d=\frac{(r+\frac{\sigma^2}{2})(T-t)+\ln(x(t)/K)}{\sigma\sqrt{T-t}}。$$

$V(x(t),t)$［或简记为 $c(t)$］表示已知当前资产价格为 $x(t)$ 时，一个看涨期权在时刻 t 的价格。现在参见附录6.3。内置程序“blackscholes”（Maple 金融程序包的组成部分）计算了基于某支股票的欧式看涨期权的价格，该股票在当前时刻 $t=23/252$年（一年有 252 个交易日）时的价格为 100 英镑。期权的初始寿命为 6 个月，因此 $T=126/252$ 年。无风险利率为每年 5%，波动率为每年 20%，执行价格为 97 英镑。此时的解为

$$V\left(100,\frac{23}{252}\right)=7.84\text{英镑} \tag{6.17}$$

在具体的实践中，没人会用仿真来给像欧式看涨期权这样简单的（常见的）衍生品定价。然而，通过编写程序来对简单衍生品进行定价的做法是有益的，它可以作为仿真更加复杂的（奇异的）衍生品的前期准备，这些复杂的衍生品并不具有封闭的表达形式。显然，由式（6.16）可知

$$c_i=\mathrm{e}^{-r(T-t)}(x(t)\mathrm{e}^{(r-\sigma^2/2)(T-t)+Z_i\sigma\sqrt{T-t}}-K)^{+} \tag{6.18}$$

为看涨期权在时刻 t 的价格 $c(t)$ 的一个无偏估计。给定 $\{Z_i:i=1,2,$

$\cdots, m\}$ 独立同分布于 $N(0, 1)$，令$\hat{c}$和 s 分别表示 $\{c_i: i=1, 2, \cdots, m\}$ 的样本均值和样本标准差。当 m 充分大时，估计 $c(t)$ 的置信度为 95% 的置信区间为 $\left(\hat{c}-\frac{1.96s}{\sqrt{m}}, \hat{c}+\frac{1.96s}{\sqrt{m}}\right)$。在附录 6.4 中，程序“BS”给出了这样的一个区间估计 (7.75, 7.92)，该区间包含了式 (6.17) 所给的精确值。

需要注意程序“BS”是如何利用对偶变量来实现方差减少的。在这种情况下，将式 (6.18) 中的Z_i替换成$-Z_i$也可以得到 $c(t)$ 的一个无偏估计。在这里采用对偶变量的效果如何呢？如果$(x(t)\ \mathrm{e}^{(r-\sigma^2/2)(T-t)+Z_i\sigma\sqrt{T-t}}-K)^+$可由 Z 的一个线性函数很好地近似，那么对偶估计与原始估计的相关性较大且为负相关。如果它的值一直都为正 [当 $x(t)\mathrm{e}^{(r-\sigma^2/2)(T-t)+Z_i\sigma\sqrt{T-t}}-K$ 充分大时，确实如此。在这种情况下该期权称为**极度实值期权** (deep in the money)]，而且当 $[t, T]$ 内收益的标准差 $\sigma\sqrt{T-t}$小时的情况就是如此。附录 6.4 中给出了一个这样的例子。

6.3.2 欧式看跌期权

考虑一个欧式看跌期权，令 $p(t)$ 表示其在时刻 t 的价格。这里考虑一个在时刻 t 由一个看跌期权和一个单位的标的资产构成的投资组合。该投资组合在时刻 t 的价值为 $\max(X(T), K)$。此价值与另一个投资组合在时刻 T 的价值相同，该组合在时刻 t 由一个看涨期权 [价值为 $c(t)$] 加上金额为 $K\exp[-r(T-t)]$ 的现金构成。所以，这两个资产组合在时刻 t 的价值必须相等，否则就会产生套利机会。由此可知

$$c(t)+K\exp[-r(T-t)]=p(t)+X(t),$$

该结果称为买卖权平价关系。

6.3.3 持续收益

当标的资产以比率r_f获得持续的已知收益时，上述结果要如何进行修改呢？回想起动态套期保利资产组合由 $-\frac{\partial V}{\partial X}$单位的标的资产构成。所以在 $(t, t+\mathrm{d}t)$ 内获得的利息为 $-X\,r_f\frac{\partial V}{\partial X}\mathrm{d}t$。因此，式 (6.12) 变为

$$\begin{aligned} d\pi &= \frac{\partial V}{\partial t}\mathrm{d}t+\frac{1}{2}\frac{\partial^2 V}{\partial X^2}\sigma^2X^2\mathrm{d}t-\frac{\partial V}{\partial X}X\,r_f\mathrm{d}t \\ &= r\left(V-X\frac{\partial V}{\partial X}\right)\mathrm{d}t, \end{aligned}$$

对应的 Black-Scholes 方程为

$$\frac{\partial V}{\partial t}+\frac{1}{2}\frac{\partial^2 V}{\partial X^2}\sigma^2X^2=rV-(r-r_f)X\frac{\partial V}{\partial X}。$$

对欧式看涨期权，其边界条件是

$$c(T)=V(X(T),T)=[X(T)-K]^{+},$$

其解为

$$c(t)=\mathrm{e}^{-r(T-t)}\int_{-\infty}^{+\infty}(x-K)^{+}f_{X_{r-r_f}(T)\mid X(t)=x(t)}(x,x(t))\,\mathrm{d}x \tag{6.19}$$

$$=\mathrm{e}^{-r(T-t)}E_{\varphi}(x(t)\mathrm{e}^{(r-r_f-\frac{\sigma^2}{2})(T-t)+Z\sigma\sqrt{T-t}}-K)^{+} \tag{6.20}$$

$$=x(t)\mathrm{e}^{-r_f(T-t)}\Phi(d_{r_f})-K\mathrm{e}^{-r(T-t)}\Phi(d_{r_f}-\sigma\sqrt{T-t}) \tag{6.21}$$

其中，

$$d_{r_f}=\frac{(r-r_f+\frac{\sigma^2}{2})(T-t)+\ln(x(t)/K)}{\sigma\sqrt{T-t}} \tag{6.22}$$

根据买卖权平价关系得到看跌期权的价格为

$$c(t)+K\mathrm{e}^{-r(T-t)}=p(t)+x(t)\mathrm{e}^{-r_f(T-t)}$$

6.3.4 Delta 套期保值

假定一家英国银行在时刻 t 以价格 $x(t)$ 出售一种外汇看涨期权［例如，$x(t)$ 表示每1000欧元块的英镑价格］。K、r 和 σ 分别表示期权的行使价格、英镑的无风险利率和外汇块的波动率，而r_f表示由外汇所赚取的无风险利率。若以 R 的价格出售该看涨期权，则这家银行就面临着来自期权行使时刻未知价格 $X(T)$ 的风险。期权到期日的净头寸（折现到时刻 t）为 $R-\mathrm{e}^{-r(T-t)}[X(T)-K]^{+}$。它的期望净头寸为 $R-V(X(t),t)$，因此考虑到风险及交易成本，必定希望使得 R 大于 Black-Scholes 价格 $V(X(t),t)$。理论上，通过连续套期保值可以消除所有的风险，即通过持有不仅包含 -1 的看涨期权还包含 Δ 外汇块的投资组合。这里，

$$\begin{aligned}\Delta&=\frac{\partial V(x(t),t)}{\partial x(t)}=\frac{\partial c(t)}{\partial x(t)}\\&=\frac{\partial}{\partial x(t)}\left[\mathrm{e}^{-r(T-t)}\int_{-\infty}^{+\infty}(x-K)^{+}f_{X_{r-r_f}(T)\mid X(t)=x(t)}(x,x(t))\,\mathrm{d}x\right]\\&=\mathrm{e}^{-r(T-t)}\frac{\partial}{\partial x(t)}\int_{K}^{+\infty}(x-K)f_{X_{r-r_f}(T)\mid X(t)=x(t)}(x,x(t))\,\mathrm{d}x\\&=\mathrm{e}^{-r(T-t)}\frac{\partial}{\partial x(t)}\int_{-d_{r_f}+\sigma\sqrt{T-t}}^{+\infty}[x(t)\mathrm{e}^{(r-r_f-\frac{\sigma^2}{2})(T-t)+z\sigma\sqrt{T-t}}-K]\phi(z)\,\mathrm{d}z\\&=\mathrm{e}^{-r_f(T-t)}\Phi(d_{r_f})。\end{aligned}$$

6.3.5 离散套期保值

当然，在实践中连续套期保值是不可能完全实现的。在任何情况下，交易成本

与货币中头寸的相关改变阻止了过度频繁的套期保值。在长度为 h 的区间进行离散套期保值，有两件事情将会发生。首先，货币的真实价格满足如下随机微分方程：

$$\frac{\mathrm{d}X}{X}=\mu\mathrm{d}t+\sigma\mathrm{d}B,$$

除非货币的期望增长率 μ 等于 r，否则，由于离散套期保值策略不再是最优的，出售和套期保值期权的期望成本将会超过 $c(X(t),\ t)$，也就是 Black-Scholes 成本。其次，出售和套期保值期权的真实成本将不再是已知的［且等于 $c(X(t),\ t)$］，而是变成一个随机变量。真实成本的标准差越大，银行所面临的风险也越大。

接下来我们利用仿真来看一下离散时间套期保值所带来的上述影响。为了简便，令 $t=0$。在零时刻，银行必须借入 $\Delta(0)X$（0）英镑作为初始的套期保值来提供购买欧元的资金。令 $T=mh$。已出售的看涨期权将在时刻 $\{jh:\ j=0,\ 1,\ \cdots,\ m\}$ 进行套期保值。令 Δ_j、X_j和C_j分别表示在时刻 jh 的 delta、货币价格和累积借入资金量。令 μ 表示货币价格的期望增长率（假定为常量）。由于存在利息，借入资金量在［jh，$(j+1)h$）时间段内增加至$C_j\mathrm{e}^{rh}$英镑，而持有的货币量由其所赚得的利息有效地从Δ_j增加至$\Delta_j\mathrm{e}^{r_fh}$。因此，在时刻（$j+1$）$h$ 所需持有的货币必须改变 $\Delta_{j+1}-\Delta_j\mathrm{e}^{r_fh}$，改变的成本为$X_{j+1}(\Delta_{j+1}-\Delta_j\mathrm{e}^{r_fh})$。由此得到差分方程

$$C_{j+1}=C_j\mathrm{e}^{rh}+X_{j+1}(\Delta_{j+1}-\Delta_j\mathrm{e}^{r_fh}),$$
$$X_{j+1}=X_j\mathrm{e}^{\left(\mu-\frac{\sigma^2}{2}\right)h+\sigma B(h)} \tag{6.23}$$

其中，对 $j=0,\ 1,\ \cdots,\ m-1$，

$$\Delta_j=\mathrm{e}^{-r_f(m-j)h}\Phi\left(\frac{\left(r-r_f+\dfrac{\sigma^2}{2}\right)(m-j)h+\ln(X_j/K)}{\sigma\sqrt{(m-j)h}}\right),$$

且满足$C_0=\Delta_0X_0$。当然，根据$X_m>K$成立与否可知，Δ_m要么是 1，要么是 0。这点可由式（6.22）证实，在该式中d_{r_f}要么是 $+\infty$，要么是 $-\infty$。注意到在式（6.23）中出现的是期望增长率 μ 而不是 r。出售和套期保值期权的成本（折现到零时刻）为（$C_m-K1_{X_m>K}$）e^{-rt}且当 $h\to0$ 时，成本变成 $V(X(0),\ 0)$，与 μ 无关。

在附录 6.5 中 Maple 程序“hedge”针对期权被套期保值 $nn+1$ 次的单次实现计算了出售和套期保值期权的成本。该程序被另一个程序“effic”调用，在“effic”中采样了 10000 个这样的路径用于估计出售和套期保值期权成本的期望值及标准差。将样本均值（采样大小 =10000）与 Black-Scholes 价格［式（6.21）中的结果，由程序“bscurrency”计算］进行比较。表 6.1 的结果表明均值和标准差随着套期保值频率的减少而增加。在这种情况下，假定年无风险利率为 5%，欧元持续赚取的年利息为 3%，欧元的年期望增长率（在现实中是未知的）为 15%。由工作表可以验证，如果 μ 从 0.15 改变至 0.05，那么对所有的套期保值频率，期望成本回到 Black-Scholes 成本，即 13.34 英镑（在采样误差的限制下）。当然，在这种情况下真实的套期保值成本仍存在变化性，这一点也反映出非连续套期保值的风险所在。

表 6.1　出售和套期保值看涨期权的成本：$r=0.05$ 每年，$r_f=0.03$ 每年，$\mu=0.15$ 每年，$t=0$，$T=0.5$ 年，$\sigma=0.1$ 每年，$X(0)=680$ 英镑，$K=700$ 英镑

（单位：英镑）

套期保值次数	期望成本的估计值	e. s. e.	成本的样本标准差
∞	13.34	0	0
127	13.41	0.15	1.45
13	14.00	0.05	4.75
5	15.30	0.09	8.67
3	17.27	0.13	13.2
2	21.54	0.22	22.18

6.4　亚式期权

6.4.1　朴素仿真

式（6.15）的结果表明，一个欧式看涨期权的价格为其在风险中性世界中时刻 T 时的收益期望值的当前值。该结果也非常普遍地适用于其他期权，根据这一点可对众所周知的一类衍生品进行定价，这类衍生品被称为亚式期权。

亚式期权是一种收益依赖于期权寿命期间内标的资产的平均价格的期权。行使价格为 K 的**平均价格买入期权**（average price call）的收益为

$$(\overline{X}(T)-K)^{+} \tag{6.24}$$

其中，$\overline{X}(T)$ 为 $[0, T]$ 内的平均资产价格。

平均价格出售期权（average price put）的收益为

$$(K-\overline{X}(T))^{+} \tag{6.25}$$

平均执行价格看涨期权（average strike call）的收益为

$$(X(T)-\overline{X}(T))^{+}$$

平均执行价格看跌期权（average strike put）的收益为

$$(\overline{X}(T)-X(T))^{+}$$

在所有情况中，取平均是指在期权的寿命期间 $[0, T]$ 内取**算术平均**（arithmetic mean）。因此期权在时刻 t 的价格将依赖于当前资产价格 $X(t)$ 以及数量 $I(t)=\int_0^t X(u)\,\mathrm{d}u$ 的大小。为了简化问题，取 $t=0$，此时期权的价格仅依赖于 $X(0)$。（如果希望对期权在其寿命期间内的部分时间进行定价（即 $T>t>0$），则可以简单地将其转换成 $t=0$ 的情况。）在实践中，平均表示在时刻 h，$2h$，…，nh 取离散时间平均，这里有 $T=nh$。令 $X_j=X(jh)$。

接下来我们将重点讨论平均价格买入期权。用 c 表示该期权的价格（在 0 时刻）。假定在风险中性世界中，对 $j=1, 2, \cdots, n$，有

$$X_j = X_{j-1}\exp\left[\left(r - \frac{1}{2}\sigma^2\right)h + \sigma\sqrt{h}Z_j\right],$$

其中，$\{Z_j\}$ 为相互独立的 $N(0,1)$ 随机变量。因此

$$c = \mathrm{e}^{-rT}E_{\boldsymbol{Z}\sim N(0,\boldsymbol{I})}\left[\left(\frac{1}{n}\sum_{j=1}^{n}X_j\right) - K\right]^{+} \tag{6.26}$$

该期权是一种**路径依赖**（path-dependent）期权。由于这类期权价格的计算都包含一个多重定积分的估计（在这种情况下积分维数为 n），因此它们通常都没有封闭形式的解。然而，该问题容易通过编程仿真来解决。相关程序“asiannaive”见附录6.6.1。在该程序中仿真了 $npath$ 条路径，每一条路径都产生独立的收益。期权价格的估计量为

$$\hat{c} = \frac{\mathrm{e}^{-rT}}{npath}\sum_{i=1}^{npath}\left[\left(\frac{1}{n}\sum_{j=1}^{n}X_{ij}\right) - K\right]^{+},$$

其中，对 $i=1,2,\cdots,npath$；$j=1,2,\cdots,n$，有

$$X_{ij} = X_{i,j-1}\exp\left[\left(r - \frac{1}{2}\sigma^2\right)h + \sigma\sqrt{h}Z_{ij}\right],$$

且这里 $X_{i,0}=X(0)$，Z_{ij}为相互独立的 $N(0,1)$ 随机变量。如果 P_i表示第 i 条路径的贴现收益，且$\overline{P}$为$\{P_i\}$的平均值，那么

$$\widehat{\mathrm{Var}(\hat{c})} = \frac{1}{npath\ (npath-1)}\sum_{i=1}^{npath}(P_i - \overline{P})^2 \tag{6.27}$$

在工作表所考虑的范例中 $npath=25000$，因此可以将式（6.27）看作总体方差 $\mathrm{Var}(\hat{c})$ 且误差可忽略。这么做对在下一节中估计方差减少比的置信区间来说是有帮助的。而目前，鉴于如此大的样本量可以得到估计 c 的置信度为95%的置信区间为

$$\left(\hat{c} - 1.96\widehat{\mathrm{Var}(\hat{c})},\ \hat{c} + 1.96\widehat{\mathrm{Var}(\hat{c})}\right)。$$

6.4.2 基于重要采样和分层采样的仿真

本节试图通过引入重要采样和分层采样来改进上一节中所给程序的效率。所采用的方法受Glasserman等人在1999年发表的论文的启发而又与该论文中所提的方法存在一些差异。这些差异体现在：简化重要采样分布的导出；利用了算术平均和几何平均之间的联系；采用后分层采样法简化算法的实现。

由式（6.26），令贴现收益为 $P(\boldsymbol{Z})$，其中

$$P(\boldsymbol{Z}) = \mathrm{e}^{-rT}\left[\left(\frac{1}{n}\sum_{j=1}^{n}X_j\right) - K\right]^{+},$$

且这里 $\boldsymbol{Z}^{\mathrm{T}}=(Z_1,\cdots,Z_n)$，则

$$c = E_{\boldsymbol{Z}\sim N(0,\boldsymbol{I})}[P(\boldsymbol{Z})]。$$

假定重要采样分布为 $N(\boldsymbol{\beta},\boldsymbol{I})$，$\boldsymbol{\beta}^{\mathrm{T}}$ 为某个行向量，即 $\boldsymbol{\beta}^{\mathrm{T}}=(\beta_1,\cdots,\beta_n)$，则

$$\begin{aligned} c &= E_{\boldsymbol{Z} \sim N(\boldsymbol{\beta},\boldsymbol{I})}\left\{\frac{P(\boldsymbol{Z})\exp(\boldsymbol{Z}^{\mathrm{T}}\boldsymbol{Z}/2)}{\exp[-(\boldsymbol{Z}-\boldsymbol{\beta})^{\mathrm{T}}(\boldsymbol{Z}-\boldsymbol{\beta})/2]}\right\} \\ &= E_{\boldsymbol{Z} \sim N(\boldsymbol{\beta},\boldsymbol{I})}\left[P(\boldsymbol{Z})\exp\left(\frac{\boldsymbol{\beta}^{\mathrm{T}}\boldsymbol{\beta}}{2}-\boldsymbol{\beta}^{\mathrm{T}}\boldsymbol{Z}\right)\right] \end{aligned} \tag{6.28}$$

由式（5.13）的结果可知，利用取舍采样法生成概率密度成比例于 $P(\boldsymbol{Z})\exp(-\boldsymbol{Z}^{\mathrm{T}}\boldsymbol{Z}/2)$ 的样本时，选择最优包围函数可得到 $P(\boldsymbol{Z})\exp\left\{\frac{\boldsymbol{\beta}^{\mathrm{T}}\boldsymbol{\beta}}{2}-\boldsymbol{\beta}^{\mathrm{T}}\boldsymbol{Z}\right\}$ 的方差的一个上界。因此，这里希望找到一个好的 $\boldsymbol{\beta}$ 以寻求求解下式的 z^* 和 $\boldsymbol{\beta}^*$，即

$$\begin{aligned} P(z^*)\exp\left\{\frac{\boldsymbol{\beta}^{*\mathrm{T}}\boldsymbol{\beta}^*}{2}-\boldsymbol{\beta}^{*\mathrm{T}}z^*\right\} &= \min_{\boldsymbol{\beta}}\max_{P(z)>0}\left[P(z)\exp\left(\frac{\boldsymbol{\beta}^{\mathrm{T}}\boldsymbol{\beta}}{2}-\boldsymbol{\beta}^{\mathrm{T}}\boldsymbol{Z}\right)\right] \\ &= \min_{\boldsymbol{\beta}}\max_{P(z)>0}\left\{\exp\left[\ln P(z)+\frac{\boldsymbol{\beta}^{\mathrm{T}}\boldsymbol{\beta}}{2}-\boldsymbol{\beta}^{\mathrm{T}}\boldsymbol{Z}\right]\right\}, \end{aligned}$$

$\boldsymbol{\beta}=z$ 为等式右边函数的一个驻点且 $\boldsymbol{\beta}=\nabla P(z)/P(z)$。可推测该驻点是一个鞍点，因此有

$$\boldsymbol{\beta}^*=\frac{\nabla P(\boldsymbol{\beta}^*)}{P(\boldsymbol{\beta}^*)} \tag{6.29}$$

上式的数值求解是可能的（Glasserman 等，1999），但是经验证据表明对所有的 $P(z)>0$，通常情况下 $P(z)$ 都近似等于对时间取平均得到的平均值，这里的平均为几何平均而非算术平均，根据这一点可简化上式的求解。由此，找到一个满足 $\boldsymbol{\beta}^*=\frac{\nabla P_g(\boldsymbol{\beta}^*)}{P_g(\boldsymbol{\beta}^*)}$ 的 $\boldsymbol{\beta}^*$，其中，$P_g(z)$ 表示贴现的几何平均收益，可由下式给出

$$\begin{aligned} P_g(z) &= \mathrm{e}^{-rT}\left[\left(\prod_{j=1}^{n}X_0\exp\left[\left(r-\frac{1}{2}\sigma^2\right)jh+\sigma\sqrt{h}\sum_{i=1}^{j}z_i\right]\right)^{\frac{1}{n}}-K\right]^+ \\ &= \mathrm{e}^{-rT}\left[X_0\exp\left[\left(r-\frac{1}{2}\sigma^2\right)\left(\frac{n+1}{2}\right)h+\frac{\sigma\sqrt{h}}{n}\sum_{i=1}^{n}(n-i+1)z_i\right]-K\right]^+ \end{aligned} \tag{6.30}$$

其中，$X_0=X(0)$。对 $i=1, \cdots, n$，$\boldsymbol{\beta}^*=\frac{\nabla P_g(\boldsymbol{\beta}^*)}{P_g(\boldsymbol{\beta}^*)}$ 的一个解为

$$\beta_i^*=\left[\frac{P_g(\boldsymbol{\beta}^*)+K\mathrm{e}^{-rT}}{P_g(\boldsymbol{\beta}^*)}\right]\left(\frac{\sigma\sqrt{h}}{n}\right)(n-i+1) \tag{6.31}$$

所以对某个 $\lambda>0$，

$$\beta_i^*=\lambda(n-i+1) \tag{6.32}$$

将 β_i^* 代入式（6.30）中可以发现 $P_g(\boldsymbol{\beta}^*)$ 为 λ 的一个函数。当 $P_g(\boldsymbol{\beta}^*)>0$ 时，采用函数 $\mathrm{e}^{-rT}Q_g(\boldsymbol{\lambda})$，则

$$\boldsymbol{\lambda}=\frac{Q_g(\boldsymbol{\lambda})+K}{Q_g(\boldsymbol{\lambda})}\left(\frac{\sigma\sqrt{h}}{n}\right) \tag{6.33}$$

其中，

$$Q_g(\lambda)=X_0\exp\left[\left(r-\frac{1}{2}\sigma^2\right)\left(\frac{n+1}{2}\right)h+\frac{\lambda\sigma\sqrt{h}}{n}\sum_{i=1}^{n}(n-i+1)^2\right]-K$$

$$=X_0\exp\left[\left(r-\frac{1}{2}\sigma^2\right)\left(\frac{n+1}{2}\right)h+\frac{1}{6}\lambda\sigma\sqrt{h}(n+1)(2n)\right]-K。$$

由于搜索只对使得 $Q_g(\lambda)>0$ 成立的那些 λ 进行，因此搜索被限制在

$$\lambda>\frac{\ln\left(\frac{K}{X_0}\right)-\left(r-\frac{\sigma^2}{2}\right)\left(\frac{n+1}{2}\right)h^{+}}{\sigma\sqrt{h}(n+1)(2n+1)/6} \tag{6.34}$$

由于 $Q_g(\lambda)$ 关于 λ 递增，由式（6.33）可知，所求方程恰好存在一个根。总的来说就是采样 $N(\lambda(n-i+1),1)$ 而不是采样 $Z_i\sim N(0,1)$，这里 λ 可以通过一维搜索获得。

接下来我们给出一个好的分层策略。一个几何平均价格亚式买入期权的价格为 c_g，该价格可由下式给出，即

$$c_g=E_{\boldsymbol{Z}\sim N(\boldsymbol{\beta}^*,\boldsymbol{I})}\left\{\exp\left[\ln P_g(\boldsymbol{Z})+\frac{\boldsymbol{\beta}^{*\mathrm{T}}\boldsymbol{\beta}^*}{2}-\boldsymbol{\beta}^{*\mathrm{T}}\boldsymbol{Z}\right]\right\},$$

其中，$Q_g(\boldsymbol{Z})$ 为贴现收益。观察式（6.30）和式（6.32）可知，$P_g(\boldsymbol{Z})$ 仅为 $\boldsymbol{\beta}^{*\mathrm{T}}\boldsymbol{Z}$ 的函数。因此，c_g 的估计量

$$\exp\left[\ln P_g(\boldsymbol{Z})+\frac{\boldsymbol{\beta}^{*\mathrm{T}}\boldsymbol{\beta}^*}{2}-\boldsymbol{\beta}^{*\mathrm{T}}\boldsymbol{Z}\right]$$

也仅是 $\boldsymbol{\beta}^{*\mathrm{T}}\boldsymbol{Z}$ 的函数，所以一个基于 $\boldsymbol{\beta}^{*\mathrm{T}}\boldsymbol{Z}$ 的分层变量将会得到一个“无限好”的分层，它几乎无误差地给出了 c_g。因此，分层变量可定义如下：

$$X=\frac{\boldsymbol{\beta}^{*\mathrm{T}}\boldsymbol{Z}-E_{\boldsymbol{Z}\sim N(\boldsymbol{\beta}^*,\boldsymbol{I})}(\boldsymbol{\beta}^{*\mathrm{T}}\boldsymbol{Z})}{\sqrt{\boldsymbol{\beta}^{*\mathrm{T}}\boldsymbol{\beta}^*}}$$

$$=\frac{\boldsymbol{\beta}^{*\mathrm{T}}Z-\boldsymbol{\beta}^{*\mathrm{T}}\boldsymbol{\beta}^*}{\sqrt{\boldsymbol{\beta}^{*\mathrm{T}}\boldsymbol{\beta}^*}}$$

$$=\frac{\sum_{i=1}^{n}\lambda(n-i+1)Z_i-\lambda^2\sum_{i=1}^{n}(n-i+1)^2}{\sqrt{\lambda^2\sum_{i=1}^{n}(n-i+1)^2}}$$

$$=\frac{\sum_{i=1}^{n}(n-i+1)Z_i-\lambda n(n+1)(2n+1)/6}{\sqrt{n(n+1)(2n+1)/6}}。$$

显然，$X\sim N(0,1)$。事实上，由于 c_g 存在封闭的表达式（见本章的问题6），因此这里不用对几何平均价格亚式买入期权进行仿真。然而，考虑算术平均和几何平均之间的相似性，我们希望对几何平均得到的最优分层变量也能对算术平均产生一个

好的分层。采用 m 层的标准分层算法，对第 j 层内生成的每一条路径都必须采样 $X\sim N(0, 1)$，使得 $X\in[\Phi^{-1}[(j-1)/m], \Phi^{-1}(j/m)]$。一种做法是令 $X=\Phi^{-1}[(j-1+U)/m]$，其中，$U\sim N(0, 1)$。目前已经存在精确且高效的逆累积正态分布函数的近似方法，例如，Beasley-Springer（1977）近似法，以及后来 Moro（1995）对其进行了改进的方法。Maple 近似法的速度特别慢。这个事实导致了另一种方法的出现，该方法在仿真开始时对每个 $j=1, 2, \cdots, m-1$ 只计算一次 $\Phi^{-1}(j/m)$；然后，对第 j 层中的每条路径，对 $j=2, 3, \cdots, m-2$ 的情况均采用均匀包围的取舍采样法生成 X，而对 $j=1$ 和 $j=m$ 的情况，则采用包围成比例于 $x\exp(-x^2/2)$ 的取舍采样法（见本章的问题 7）。接下来要考虑的问题是如何在给定 $X=x$ 的条件下从 $\boldsymbol{Z}\sim N(\boldsymbol{\beta}^*, \boldsymbol{I})$ 的条件分布进行采样。这是一个有关多元正态分布的标准问题。Glasserman 等人（1999）提出了一种高效且仅需要 $O(n)$ 次乘法运算的方法，该方法令 $\boldsymbol{v}=\boldsymbol{\beta}^*/\sqrt{\boldsymbol{\beta}^{*\mathrm{T}}\boldsymbol{\beta}^*}$，采样 $\boldsymbol{W}\sim N(\boldsymbol{0}, \boldsymbol{I})$，然后取

$$\boldsymbol{Z}=\boldsymbol{\beta}^*+\boldsymbol{W}+(x-\boldsymbol{v}^{\mathrm{T}}\boldsymbol{W})\boldsymbol{v},$$

或者按照第 5 章中的介绍，通过采用后分层采样法来避免从条件分布进行采样，这样做可以使程序更加简短，且如果每层中路径的期望数约为 20 或以上（Cochran, 1977, p. 134），那么该程序产生的精度和效率与其他方法相当。附录 6.6.2 中给出了此类 Maple 程序“asianimppoststrat”。程序“asiannaive”和“asianimppoststrat”的数值结果对比见表 6.2。参数值为 $x_0=50$，$r=0.05$，$T=1$，$n=16$。

表 6.2 朴素蒙特卡罗方法（asiannaive）与结合了重要和后分层采样的方法（asianimppoststrat）在处理亚式平均价格买入期权时的结果比较

σ	K	asiannaive①		asianimppoststrat②		v. r. r. ③
		$\hat{c}_1$	$\sqrt{\widehat{\mathrm{Var}}(\hat{c}_1)}$	$\hat{c}_2$	$\sqrt{\widehat{\mathrm{Var}}(\hat{c}_2)}$	
0.3	55	2.2149	0.0300	2.2116	0.000313	(681,1192)
0.3	50	4.1666	0.0399	4.1708	0.000374	(843,1476)
0.3	45	7.1452	0.0486	7.1521	0.000483	(750,1313)
0.1	55	0.2012	0.00462	0.2024	0.0000235	(2864,5014)
0.1	50	1.9178	0.0140	1.9195	0.0000657	(3365,5890)
0.1	45	6.0482	0.0186	6.0553	0.000191	(703,1230)

① 25000 条路径。
② 100 次重复，每一次重复都由超过 100 个等概率层的 2500 条路径构成。
③ 方差减少比的一个置信度近似为 95% 的置信区间。

注意到上述程序还给出了方差减少比的置信度近似为 95% 的置信区间。具体做法如下：朴素采样生成了 $npath_1$（=25000）个独立收益，因此取 $\mathrm{Var}(\hat{c}_1)=\widehat{\mathrm{Var}}(\hat{c}_1)$ 不会犯太大的错误，而 $\widehat{\mathrm{Var}}(\hat{c}_1)$ 为 $\hat{c}_1$ 的方差的点估计。对添加上了后分层估计量 $\hat{c}_2$ 的重要采样法进行 p 次（=重复的次数=100）价格的独立估计。每次估计都由计算 m 层（=层数=100）样本均值的平均值构成，其中在每一个样本均值中收益的期望次数为 $\dfrac{npath_2}{m}=\dfrac{2500}{100}=25$。后者数值的大小对判断层中样本均值是否服从近似正

态分布来说可能是足够的，因此对独立重复估计的判断来说也是足够的。所以，如果$\widehat{\mathrm{Var}(\hat{c}_2)}$是$\mathrm{Var}(\hat{c}_2)$的一个点估计，则$[\mathrm{Var}(\hat{c}_2)]^{-1}$的置信度为95%的置信区间为$[\widehat{\mathrm{Var}(\hat{c}_2)}]^{-1}\left(\frac{\chi^2_{p-1,0.025}}{p-1},\ \frac{\chi^2_{p-1,0.975}}{p-1}\right)$。两个仿真的采样大小分别为$npath_1$与$p\times npath_2$。因此，方差减少比的一个置信度近似为95%的置信区间为

$$\frac{npath_1\times\widehat{\mathrm{Var}(\hat{c}_1)}}{p\times npath_2\times\widehat{\mathrm{Var}(\hat{c}_2)}}\left(\frac{\chi^2_{p-1,0.025}}{p-1},\ \frac{\chi^2_{p-1,0.975}}{p-1}\right)。$$

表6.2的最后一列表明：结合了重要采样和后分层的方法是高效的。相似的结果和方差减少效果可以通过在每一层恰好生成一条路径的标准分层采样算法获得。在对少量的重复进行方差估计时，表6.2中的置信区间自然较宽。

6.5 一篮子期权

考虑一个由n种资产组成的篮子（或投资组合）。篮子里包含数量为q_i的资产i，其中$i=1,2,\cdots,n$。令$\boldsymbol{\mu}_i$、σ_i和$X_i(t)$分别表示平均增长率、波动率及一个单位的第i种资产在时刻t的价格，其中

$$\frac{\mathrm{d}X_i}{X_i}=\mu_i\mathrm{d}t+\sigma_i\sqrt{\mathrm{d}t}\mathrm{d}B_i,$$

这里，$\{B_i(t)\}$为标准布朗运动且不必一定独立。假定当前时刻为s，且$X_i(s)=X_i(s)$，$X_j(s)=X_j(s)$。选择任意的$t\geqslant s$，则有

$$\ln X_i(t)=\ln x_i(s)+\left(r-\frac{1}{2}\sigma_i^2\right)(t-s)+\sigma_i\sqrt{t-s}Z_i$$

和

$$\ln X_j(t)=\ln x_j(s)+\left(r-\frac{1}{2}\sigma_j^2\right)(t-s)+\sigma_j\sqrt{t-s}Z_j \tag{6.35}$$

其中，$\mathbf{Z}^{\mathrm{T}}=(Z_1,Z_2,\cdots,Z_n)\sim N(\mathbf{0},\boldsymbol{\rho})$，$\ln X_i(t)-\ln x_i(s)$与$\ln X_j(t)-\ln x_j(s)$分别表示风险中性世界中资产$i$和资产$j$在$[s,t]$内的收益。因此，资产收益的方差分别为$\sigma_i^2(t-s)$和$\sigma_j^2(t-s)$，两个收益的协方差为$\sigma_i\sigma_j(t-s)\mathrm{Cov}(Z_i,Z_j)=\rho_{ij}\sigma_i\sigma_j(t-s)$。由此可知$\rho_{ij}$为所有的$s$和$t\geqslant s$时刻收益间的相关性。在时刻$t$，篮子的价值（现货价格）为$\sum_{i=1}^{n}q_iX_i(t)$，行使价格为$K$、行权时间为$T$的欧式看涨期权在时刻$t$的价格为风险中性世界中期望收益的贴现值，即

$$c=\mathrm{e}^{-r(T-t)}E_{\mathbf{Z}\sim N(\mathbf{0},\boldsymbol{\rho})}\left[\sum_{i=1}^{n}q_ix_i(t)\mathrm{e}^{(r-\sigma_i^2/2)(T-t)+\sigma_i\sqrt{T-t}Z_i}-K\right]^{+} \tag{6.36}$$

矩阵$\boldsymbol{\rho}$为正定矩阵且可以分解如下：

$$\boldsymbol{\rho}=\boldsymbol{b}\boldsymbol{b}^{\mathrm{T}},$$

其中，$\boldsymbol{b}$ 为唯一的下三角矩阵。该分解称之为**楚列斯基**（Cholesky）分解。如果$\boldsymbol{Y}\sim N(\boldsymbol{0},\boldsymbol{I})$，那么 $\boldsymbol{Y}$ 的密度与 $\exp\left(-\frac{1}{2}\boldsymbol{y}^{\mathrm{T}}\boldsymbol{y}\right)$成比例。令 $\boldsymbol{Z}=\boldsymbol{bY}$ 且用 $\boldsymbol{J}$ 表示由 $\boldsymbol{y}$ 至 $\boldsymbol{z}$ 的雅可比变换，则 $\boldsymbol{J}$ 与 $\boldsymbol{z}$ 相互独立。$\boldsymbol{Z}$ 的密度与 $\exp\left[-\frac{1}{2}(\boldsymbol{b}^{-1}\boldsymbol{z})^{\mathrm{T}}\boldsymbol{b}^{-1}\boldsymbol{z}\right]|\boldsymbol{J}|$成比例，即与

$$\exp\left[-\frac{1}{2}\boldsymbol{z}^{\mathrm{T}}(\boldsymbol{b}^{\mathrm{T}}\boldsymbol{b})^{-1}\boldsymbol{z}\right]=\exp\left(-\frac{1}{2}\boldsymbol{z}^{\mathrm{T}}\boldsymbol{\rho}^{-1}\boldsymbol{z}\right)$$

成比例。因此

$$\boldsymbol{Z}=\boldsymbol{bY}\sim N(\boldsymbol{0},\boldsymbol{\rho})。$$

例如，假定

$$\boldsymbol{\rho}=\begin{matrix}1.0 & 0.7 & 0.5 & 0.3\\ 0.7 & 1.0 & 0.6 & 0.2\\ 0.5 & 0.6 & 1.0 & 0.4\\ 0.3 & 0.2 & 0.4 & 1.0\end{matrix} \tag{6.37}$$

计算 $\boldsymbol{b}$ 的 Maple 程序如下：

```
with (LinearAlgebra):
> rho:=Matrix([[1,0.7,0.5,0.3],[0.7,1,0.6,0.2],[0.5,0.6,1,0.4],[0.3,0.2,
0.4,1]]):
> b:=LUDecomposition (A, method=' Cholesky');
  [1]
  [0.699999999999999954, 0.714142842854284976, 0., 0.]
  [0.500000000000000000, 0.350070021007002463, 0.792118034381339431, 0.]
  [0.299999999999999988, -0.0140028008402800531, 0.321797951467419185,
0.897914249803398512]
```

则因此有

$$\begin{matrix}Z_1\\ Z_2\\ Z_3\\ Z_4\end{matrix}=\begin{matrix}1.0 & 0 & 0 & 0\\ 0.7 & 0.714143 & 0 & 0\\ 0.5 & 0.350070 & 0.792118 & 0\\ 0.3 & -0.014003 & 0.321798 & 0.897914\end{matrix}\begin{matrix}Y_1\\ Y_2\\ Y_3\\ Y_4\end{matrix}$$

附录 6.7.1 中的程序“basket”采用朴素蒙特卡罗方法来估计 c。

为了改进估计，这里采用结合了后分层的重要采样法。参考式（6.36），使用下式定义权重集合，即对

$$w_i=\frac{q_i x_i(t)\mathrm{e}^{(r-\sigma_i^2/2)(T-t)}}{\sum_{i=1}^{n}q_i x_i(t)\mathrm{e}^{(r-\sigma_i^2/2)(T-t)}}\quad(i=1,2,\cdots,n),$$

取 $x_0=\sum_{i=1}^{n}q_i x_i(t)\mathrm{e}^{(r-\sigma_i^2/2)(T-t)}$，则

$$c = e^{-r(T-t)} x_0 E_{Z\sim N(\mathbf{0},\boldsymbol{\rho})}\left(\sum_{i=1}^{n} w_i e^{\sigma_i\sqrt{T-t}Z_i} - \frac{K}{x_0}\right)^+$$
$$= e^{-r(T-t)} x_0 E_{Z\sim N(\mathbf{0},\boldsymbol{I})}\left[\sum_{i=1}^{n} w_i e^{\sigma_i\sqrt{T-t}(\boldsymbol{bZ})_i} - \frac{K}{x_0}\right]^+$$

由于这里采用重要采样分布进行采样，因此用 $N(\boldsymbol{\beta}, \boldsymbol{I})$ 替代上式中的 $N(\mathbf{0}, \boldsymbol{I})$。这样

$$c = e^{-r(T-t)} x_0 E_{Z\sim N(\boldsymbol{\beta},\boldsymbol{I})}\left\{\left[\sum_{i=1}^{n} w_i e^{\sigma_i\sqrt{T-t}(\boldsymbol{bZ})_i} - \frac{K}{x_0}\right]^+ e^{\frac{1}{2}\boldsymbol{\beta}^{\mathrm{T}}\boldsymbol{\beta}-\boldsymbol{\beta}^{\mathrm{T}}\boldsymbol{Z}}\right\} \tag{6.38}$$

接下来要选择一个好的 $\boldsymbol{\beta}$ 及分层变量。观察到如果 $\sum_{i=1}^{n} w_i\boldsymbol{\sigma}_i\sqrt{T-t}(\boldsymbol{bZ})_i$ 的值较小，那么

$$\sum_{i=1}^{n} w_i e^{\sigma_i\sqrt{T-t}(\boldsymbol{bZ})_i} \approx \exp\left[\sum_{i=1}^{n} w_i\,\sigma_i\sqrt{T-t}\,(\boldsymbol{bZ})_i\right],$$

这里定义 $c_i = w_i\boldsymbol{\sigma}_i$。则

$$c_g = e^{-r(T-t)} x_0 E_{Z\sim N(\boldsymbol{\beta},\boldsymbol{I})}\left\{\left[\exp(\sqrt{T-t}\,\boldsymbol{c}^{\mathrm{T}}\boldsymbol{bZ}) - \frac{K}{x_0}\right]^+ e^{\frac{1}{2}\boldsymbol{\beta}^{\mathrm{T}}\boldsymbol{\beta}-\boldsymbol{\beta}^{\mathrm{T}}\boldsymbol{Z}}\right\} \tag{6.39}$$

按照与亚式期权相同的方法，一个好的 $\boldsymbol{\beta}$ 的选择为 $\boldsymbol{\beta}^*$，这里

$$\boldsymbol{\beta}^* = \nabla\ln\left[\exp(\sqrt{T-t}\boldsymbol{c}^{\mathrm{T}}\boldsymbol{b}\boldsymbol{\beta}^*) - \frac{K}{x_0}\right]。$$

因此，

$$\boldsymbol{\beta}^* = \boldsymbol{b}^{\mathrm{T}}\boldsymbol{c}\,\frac{\sqrt{T-t}\exp(\sqrt{T-t}\boldsymbol{c}^{\mathrm{T}}\boldsymbol{b}\boldsymbol{\beta}^*)}{\exp(\sqrt{T-t}\boldsymbol{c}^{\mathrm{T}}\boldsymbol{b}\boldsymbol{\beta}^*) - K/x_0},$$

其中，$\exp(\sqrt{T-t}\boldsymbol{c}^{\mathrm{T}}\boldsymbol{b}\boldsymbol{\beta}^*) - \frac{K}{x_0} > 0$。因此

$$\boldsymbol{\beta}^* = \boldsymbol{\lambda}\boldsymbol{b}^{\mathrm{T}}\boldsymbol{c} \tag{6.40}$$

其中，

$$\boldsymbol{\lambda} = \frac{\sqrt{T-t}\exp(\boldsymbol{\lambda}\sqrt{T-t}\boldsymbol{c}^{\mathrm{T}}\boldsymbol{\rho}\boldsymbol{c})}{\exp(\boldsymbol{\lambda}\sqrt{T-t}\boldsymbol{c}^{\mathrm{T}}\boldsymbol{\rho}\boldsymbol{c}) - K/x_0} \tag{6.41}$$

且这里 $\boldsymbol{\lambda} > \ln(K/x_0)/(\sqrt{T-t}\boldsymbol{c}^{\mathrm{T}}\boldsymbol{\rho}\boldsymbol{c})$。根据所选的 $\boldsymbol{\lambda}$ 可得到 $\boldsymbol{\beta}^*$，由式（6.39）可得

$$c_g = e^{-r(T-t)} x_0 E_{Z\sim N(\boldsymbol{\beta},\boldsymbol{I})}\left\{\left[\exp(\boldsymbol{\lambda}^{-1}\sqrt{T-t}\,\boldsymbol{\beta}^{*\mathrm{T}}\boldsymbol{Z}) - \frac{K}{x_0}\right]^+ e^{\frac{1}{2}\boldsymbol{\beta}^{*\mathrm{T}}\boldsymbol{\beta}^*-\boldsymbol{\beta}^{*\mathrm{T}}\boldsymbol{Z}}\right\}。$$

由于上式中 c_g 仅是 $\boldsymbol{\beta}^{*\mathrm{T}}\boldsymbol{Z}$ 的一个函数的期望，因此对价格为 c_g 的期权，理想的分层变量为

$$X = \frac{\boldsymbol{\beta}^{*\mathrm{T}}\boldsymbol{Z} - \boldsymbol{\beta}^{*\mathrm{T}}\boldsymbol{\beta}^*}{\sqrt{\boldsymbol{\beta}^{*\mathrm{T}}\boldsymbol{\beta}^*}} \sim N(0,1) \tag{6.42}$$

根据式（6.38），对价格为 c 的原始期权采用如下估计量

$$e^{-r(T-t)}x_0\left[\sum_{i=1}^{n} w_i e^{\sigma_i\sqrt{T-t}(\boldsymbol{bZ})_i} - \frac{K}{x_0}\right]^+ e^{\frac{1}{2}\boldsymbol{\beta}^{*\mathrm{T}}\boldsymbol{\beta}^* - \boldsymbol{\beta}^{*\mathrm{T}}\boldsymbol{Z}} \tag{6.43}$$

其中，$\boldsymbol{Z}\sim N(\boldsymbol{\beta}^*, \boldsymbol{I})$，$\boldsymbol{\beta}^*$ 由式（6.40）和式（6.41）决定，且式（6.42）定义了分层变量。

附录 6.7.2 中的程序“basketimppoststratv2”采用后分层采样执行上述运算。表 6.3 对比了利用此种方法和朴素方法处理某种看涨期权的结果，该期权是一种基于由四种标的资产组合的一篮子期权。具体数据为 $r=0.04$，$\boldsymbol{x}^{\mathrm{T}}=(5, 2.5, 4, 3)$，$\boldsymbol{q}^{\mathrm{T}}=(20, 80, 60, 40)$，$T=0.5$，$t=0$，且 $\boldsymbol{\rho}$ 由式（6.37）给出。考虑两组情况，一种是 $\boldsymbol{\sigma}=\boldsymbol{\sigma}_1=(0.3, 0.2, 0.3, 0.4)^{\mathrm{T}}$，另一种是 $\boldsymbol{\sigma}=\boldsymbol{\sigma}_2=(0.05, 0.1, 0.15, 0.05)^{\mathrm{T}}$。现货价格为 $\boldsymbol{q}^{\mathrm{T}}\boldsymbol{x}=660$。

表 6.3 采用朴素蒙特卡罗方法（basket）并结合后分层的重要采样法（basketimppoststratv2）处理一篮子期权的结果

$\boldsymbol{\sigma}$	K	basket①		basketimppoststratv2②		v. r. r. ③
		$\hat{c}$	$\sqrt{\widehat{\mathrm{Var}(\hat{c})}}$	$\hat{c}$	$\sqrt{\widehat{\mathrm{Var}(\hat{c})}}$	
$\boldsymbol{\sigma}_1$	600	84.03	0.881	85.18	0.0645	(96,306)
$\boldsymbol{\sigma}_1$	660	47.21	0.707	48.03	0.0492	(107,338)
$\boldsymbol{\sigma}_1$	720	23.49	0.514	24.04	0.0282	(171,544)
$\boldsymbol{\sigma}_2$	600	71.68	0.390	72.25	0.0390	(51,164)
$\boldsymbol{\sigma}_2$	660	22.74	0.283	23.09	0.0096	(447,1420)
$\boldsymbol{\sigma}_2$	720	2.74	0.100	2.87	0.00297	(585,1869)

① 10000 条路径。

② 25 次重复，每一次重复都由超过 20 个等概率层的 400 条路径构成。

③ 方差减少比的一个置信度近似为 95% 的置信区间。

6.6 随机波动率

尽管 Black-Scholes 模型非常好，但是它的一个缺点在于假定了一个常量的波动率。如果将参数 σ 替换为一个关于时间 t 的已知函数 $\sigma(t)$ 将会发生什么呢？此时

$$\frac{\mathrm{d}X}{X}=\mu\mathrm{d}t+\sigma(t)\mathrm{d}B_1(t),$$

因此，由伊藤引理有

$$\begin{aligned}\mathrm{d}(\ln X) &= \frac{\mathrm{d}X}{X}-\frac{\sigma^2(t)X^2}{2X^2}\mathrm{d}t \\ &= \mu\mathrm{d}t+\sigma(t)\mathrm{d}B_1(t)-\frac{1}{2}\sigma^2(t)\mathrm{d}t \\ &= \left[\mu-\frac{1}{2}\sigma^2(t)\right]\mathrm{d}t+\sigma(t)\mathrm{d}B_1(t)\end{aligned} \tag{6.44}$$

定义均方波动率为 $V(t)=(1/t)\int_0^t \sigma^2(u)/2\mathrm{d}u$。假定 $X(0)=x_0$，对式（6.44）积

分，得到

$$X(t) = x_0 \exp\left\{\left[\mu - \frac{1}{2}V(t)\right]t + \int_0^t \sigma(u)\,\mathrm{d}B_1(u)\right\}$$

$$= x_0 \exp\left\{\left[\mu - \frac{1}{2}V(t)\right]t + \sqrt{V(t)}\,B_1(t)\right\}。$$

根据欧式看涨期权（行权时间为 T，行权价格为 K）在零时刻的价格为风险中性世界中收益的贴现（当前）值这一原则，价格可由下式给出，即

$$c = \mathrm{e}^{-rT} E_{Z \sim N(0,1)}\left[x(0)\mathrm{e}^{[r - V(T)/2]T + \sqrt{TV}(T)Z} - K\right]^+. \tag{6.45}$$

因此，将常量波动率替换成均方波动率就可以使用一般的 Black-Scholes 方程。

一个更加现实的模型是将变量 $\sigma(t)$ 建模成一个随机过程 $Y(t)$ 的函数。图 6.1 给出了一个这样的例子。例如，Fouque 和 Tullie（2002）建议采用 Ornstein-Uhlenbeck 过程［例如，见 Cox 和 Miller（1965，pp. 225-9）］，

$$\mathrm{d}Y = \alpha(m - Y)\,\mathrm{d}t + \beta \mathrm{d}B_2(t) \tag{6.46}$$

其中，两个标准布朗运动 $\{B_1(t)\}$ 和 $\{B_2(t)\}$ 之间的相关性为 ρ，且 α，$\beta > 0$。一种能确保 $\sigma(t) > 0$ 的可能选择是

$$\sigma(t) = \mathrm{e}^{Y(t)}。$$

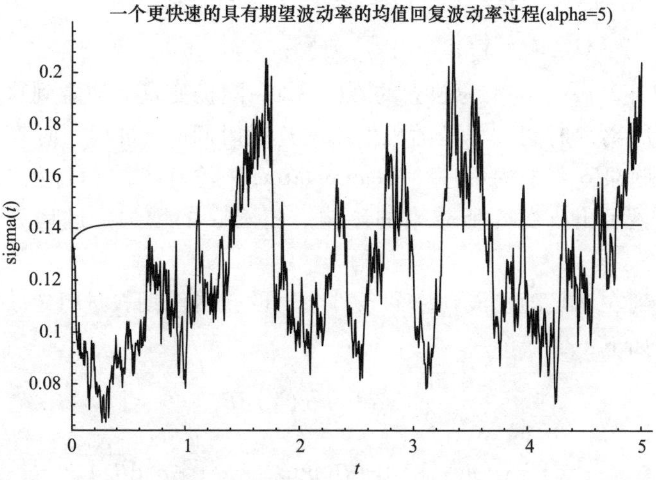

图 6.1 一个指数 Ornstein-Uhlenbeck 波动率过程

式（6.46）的一个基本原理是 Y 偏离 m 越远，则向 m 的漂移就越大。鉴于此，$\{Y(t)\}$ 是**均值回复随机游走**（mean reverting random walk）的一个例子。为了求解式（6.46），由伊藤引理得出

$$\begin{aligned}\mathrm{d}[(m - Y)\mathrm{e}^{\alpha t}] &= -\mathrm{e}^{\alpha t}\mathrm{d}Y + \alpha \mathrm{e}^{\alpha t}(m - Y)\,\mathrm{d}t \\ &= -\mathrm{e}^{\alpha t}[\alpha(m - Y)\,\mathrm{d}t + \beta \mathrm{d}B_2(t)] + \alpha \mathrm{e}^{\alpha t}(m - Y)\,\mathrm{d}t \\ &= -\mathrm{e}^{\alpha t}\beta \mathrm{d}B_2(t),\end{aligned}$$

对上式在 s 和 $t(>s)$ 之间求积分，得到

$$[m-Y(t)]e^{\alpha t}-[m-Y(s)]e^{\alpha s}=-\beta\int_s^t e^{\alpha u}\,dB_2(u)$$

$$=-\beta\sqrt{\frac{\int_s^t e^{2\alpha u}du}{t-s}}[B_2(t)-B_2(s)]$$

$$=-\sqrt{\frac{\beta^2(e^{2\alpha t}-e^{2\alpha s})}{2\alpha(t-s)}}[B_2(t)-B_2(s)]。$$

定义 $v^2=\beta^2/(2\alpha)$，则

$$[m-Y(t)]e^{\alpha t}-[m-Y(s)]e^{\alpha s}=-v\sqrt{\frac{e^{2\alpha t}-e^{2\alpha s}}{t-s}}[B_2(t)-B_2(s)] \tag{6.47}$$

或者

$$Y(t)=e^{-\alpha(t-s)}Y(s)+[1-e^{-\alpha(t-s)}]m+v\sqrt{1-e^{-2\alpha(t-s)}}Z_{(s,t)},$$

其中，$\{Z_{(s,t)}\}$为不相交区间$\{(s,t)\}$上独立的 $N(0,1)$ 随机变量。令 $s=0$，$t\to\infty$，则显然过程 $\{Y(t)\}$ 的稳态分布为 $N(m,v^2)$，因此如果 $\sigma(t)=e^{Y(t)}$，那么对大的 t，有 $E[\sigma(t)]\sim\exp(m+v^2/2)$。为了仿真 $[0,T]$ 内的一个 Ornstein-Uhlenbeck（简记为 OU）过程，令 $T=nh$ 且 $Y_j=Y(jh)$，则

$$Y_j=e^{-\alpha h}Y_{j-1}+(1-e^{-\alpha h})m+v\sqrt{1-e^{-2\alpha h}}Z_j,$$

其中，$Z_j(j=1,2,\cdots,n)$ 为独立的 $N(0,1)$ 随机变量。注意到这里不存在欧拉近似。所生成的离散时间过程是随机生成的连续时间 OU 过程在时刻 0，h，…，nh 的精确复制。附录 6.8 中的程序“meanreverting”仿真了波动过程 $\{e^{Y(t)}\}$。附录中的附加图形显示出改变 α 所带来的影响。随着 α 的增加，过程更快速的回复到均值。

接下来回到在满足随机波动率的条件下对欧式看涨期权进行定价的问题。该问题的动态模型如下：

$$\frac{dX}{X}=\mu dt+\sigma(Y)dB_1 \tag{6.48}$$

$$dY=\alpha(m-Y)dt+\beta(\rho dB_1+\sqrt{1-\rho^2}dB_2) \tag{6.49}$$

$$\sigma(Y)=\exp(Y) \tag{6.50}$$

其中，B_1 和 B_2 为独立的标准布朗运动。注意这里资产的瞬时收益和 dY 之间的相关性 ρ 驱动波动率 $\sigma(Y)$。这里随机性的来源有两个且除非存在另一种由 B_2 驱动的交易资产，否则完美套期保利都是不可能的。按照当前情况，为了对衍生品 X 和 Y 定价，理论结果表明式（6.48）和式（6.49）中的漂移项应分别减去相应的**风险市场价格**（market price of risk）乘以 X 和 Y 的波动率。结果得到的漂移项称为**风险中性漂移**（risk-neutral drift）。记两个市场价格分别为 λ_X 和 λ_Y。这里通过以下的方式来考虑风险市场价格。对过程 X，存在无穷多种的衍生品。假定 $d^{(i)}$ 和 $s^{(i)}$ 分别

表示第 i 种衍生品的瞬时漂移和波动率。为了抵消风险，投资者需要对所有的 i，$d^{(i)}=r+\lambda_X s^{(i)}$，其中 λ_X 仅为过程 $\{X\}$ 的函数，而不是 X 的任何一个衍生品的函数。由于衍生品是一种可交易资产，注意到 X 的一个衍生品就是资产本身，因此 $\mu=r+\lambda_X\sigma(Y)$。所以，式（6.48）的风险中性漂移项为 $r=\mu-\lambda_X\sigma(Y)$，这个结果与之前所采用的结果是一致的。对 Y 的情况，波动率不是一种可交易资产，因此不能进行相似的推断，而只能说式（6.49）的风险中性漂移为 $\alpha(m-Y)-\lambda_Y\beta$。结果表明：

$$\begin{aligned}\lambda_Y&=\rho\,\lambda_X+\sqrt{1-\rho^2}\gamma(Y)\\&=\rho\left[\frac{\mu-r}{\sigma(Y)}\right]+\sqrt{1-\rho^2}\gamma(Y)\end{aligned}$$

（Hobson，1998），其中 $\rho\,\lambda_X$ 和 $\sqrt{1-\rho^2}\gamma(Y)$ 分别为源自 B_1 和 B_2 中随机性的组成部分。不幸的是，这里 λ_X 与 $\gamma(Y)$ 均未知，该事实也解释了为什么在随机波动率的情况下不存在唯一定价准则的原因。给定关于 λ_Y 的一些看法，可通过求解如下方程来对衍生品进行定价，即

$$\frac{\mathrm{d}X}{X}=r\mathrm{d}t+\sigma(Y)\mathrm{d}B_1$$

$$\mathrm{d}Y=[\alpha(m-Y)-\lambda_Y\beta]\mathrm{d}t+\beta(\rho\mathrm{d}B_1+\sqrt{1-\rho^2}\mathrm{d}B_2) \tag{6.51}$$

$$\sigma(Y)=\exp(Y) \tag{6.52}$$

看涨期权的价格为风险中性世界中期望收益的当前值。修改程序“meanreverting”对已实现路径

$$\{(X(t),Y(t)):\ 0\leqslant t\leqslant T\},$$

确定其收益 $[X(T)-K]^+$ 是一件简单的事情（见本章的问题10）。

如果过程 X 与 Y 是相互独立的，那么定价过程可以进一步简化。用 c 表示一个期权在零时刻的买入价格，它的到期日为 T，则

$$c=\mathrm{e}^{-rT}E_{B_2,B_1}[X(T)-K]^+,$$

其中，X 是在如上所述的风险中性世界中的采样。因此

$$c=\mathrm{e}^{-rT}E_{B_2}\{E_{B_1\mid B_2}([X(T)-K])^+\}。$$

由于 B_1 与 B_2 相互独立，因此 $E_{B_1\mid B_2}([X(T)-K])^+$ 简单地表示看涨期权的 Black-Scholes 价格，且具有平均的平方波动率

$$V_{B_2(t)}=\frac{1}{t}\int_0^t\frac{1}{2}\sigma_{B_2}^2(u)\,\mathrm{d}u,$$

其中，$\{\sigma_{B_2}^2(u)\}$ 为波动率路径的一次实现。因此，c 的无偏估计可通过由式（6.51）和式（6.52）（取 $\rho=0$）采样出的波动率路径获得。这种求法是条件蒙特卡罗方法的一个例子。如果 $T=nh$，那么在积分中通常有 $2n$ 个变量。然而，根据独立性有 $\rho=0$ 成立。因此可通过解析的方式对其中 n 个变量进行积分，然后采用

蒙特卡罗方法求出剩下 n 个变量的积分。

6.7 问题

1. 证明：某种以连续利率 r_f 赚取利息的资产的欧式看跌期权在时刻 t 的 delta 为 $-\mathrm{e}^{-r_f(T-t)}\Phi(-d_{rf})$，其中 d_{rf} 在式（6.22）中给定。

2. 采用附录6.5 中的程序“bscurrency”对以1000 支股票块为标的的欧式看跌期权进行定价且这些股票不产生股息，其中当前价格为每支股票 345 便士，年波动率为30%，年无风险利率为4.5%，执行价格分别为（a）330 便士；（b）345 便士；（c）360 便士。这些期权在3 个月的时间内到期。如果你已经将这些看跌期权出售给某个客户并且希望能在每种情况下都可以对冲风险，那么在每种情况开始的时候，你应该借入并卖出多少股票呢？

3. 某银行向投资者提供一种具有如下条款的四年期债券。在到期日，该债券保证返回 1 英镑。此外，如果到期日的 FTSE 指数[⊖]高于债券购买时的该指数，那么1 英镑的利息只增加指数增长百分比的一半。然而，利息大小的上限设为 0.3 英镑。年无风险利率为4%，FTSE 的年波动率为 0..2。通过采用原则（在风险中性世界，FTSE 的任何一种衍生品的价格为其在 $t=4$ 年的期望收益的当前值），找到债券 $V(x(t), t)$ 在 $0\leqslant t\leqslant 4$ 时的公平价格（无套利），其中 $x(t)$ 为时刻 t 的指数值。

（a）推断出一个值等于 $V(x(t), t)$ 的定积分。该积分应该包含标准正态密度 $\phi(z)$。

（b）由于所推断的积分仅关于一个变量，因此用蒙特卡罗方法提供方便的数值积分的理由并不充分，所以可利用 Maple 软件进行数值积分以发现 $V(x(0), 0)$。

（c）如果两年后指数站上了 $1.8x(0)$，那么现在该债券的价值是多少？

4. 一个看涨期权的所有者有权利在时刻 T 以价格 K 购买某种股票。然而，对于一份远期合约的所有者来说，也有义务这样做。因此这类衍生品的价格比看涨期权的价格更容易推导：

（a）考虑一个投资组合 A，该组合在零时刻由一个基于股票的远期合约和数量为 $K\mathrm{e}^{-rT}$ 的现金构成。考虑另一种由一支股票构成的投资组合 B。证明：这两种组合在 $[0, T]$ 内总是具有相同价值。并由此证明：如果在零时刻签订一个远期合约，那么当股票在时刻 t 的价格为 $x(t)$ 时，该合约的价值由下式给定

$$V(x(t),t)=x(t)-K\mathrm{e}^{-rT}。$$

⊖ 富时（Financial Times Stock Exchange，FTSE）指数，是指由金融时报（FT）和伦敦证券交易所（SE）组成的富时集团于1962 年创造的所有股指数。——译者注

（b）证明：$V(x(t), t)$ 满足式（6.14）的 Black-Scholes 微分方程。

（c）要想成为无风险投资组合则应对该远期合约采用什么样的套期保值策略？

（d）如果 $K = x(0)e^{rT}$ 将会发生什么？

5. 银行向顾客出售一种（可分割式）股票欧式看涨期权，该期权从即日起到期时间为 T。一股的价格（不产生股息）由下式决定：

$$\frac{dX}{X} = \mu dt + \sigma dB。$$

无风险利率为 r，波动率为 σ。为了规避风险，银行采用的策略如下（已知期权在时刻 T 的收益为 $[X(T) - K]^+$）：在时刻 $t = 0$ 时，借入 $\Delta(0)X(0)$ 资金购买 $\Delta(0)$ 股票，而在时刻 $t = T$ 再额外购买 $[\Delta(1) - \Delta(0)]$ 股票。因此，它采用的是离散套期保值的极端形式，即仅在期权有效期开始和结束的时候改变它持有股票的仓位。在这些时刻银行决定采用针对连续套期保值计算的 delta。令 C 表示出售和套期保值期权的总成本。证明：

$$E(C) = c + X(0)e^{(\mu - r)T}[\Phi(d_\mu) - \Phi(d)] +$$

$$Ke^{-rt}[\Phi(d - \sigma\sqrt{T}) - \Phi(d_\mu - \sigma\sqrt{T})],$$

其中，c 为期权在零时刻的 Black-Scholes 价格，

$$d_\mu = \frac{(\mu + \sigma^2)T + \ln(x(0)/K)}{\sigma\sqrt{T}},$$

$$d = \frac{(r + \sigma^2)T + \ln(x(0)/K)}{\sigma\sqrt{T}}。$$

对 $\mu \in [-0.3, 0.3]$，画出当 $r = 0.05$，$\sigma = 0.1$，$X(0) = 680$，$K = 700$，$T = 0.5$ 时 $E(C) - c$ 的图形。

6. 考虑一个到期日为 T 的平均价格亚式买入期权。这里平均是指在离散时刻 $h, 2h, \cdots, nh = T$ 采样的几何平均。令 c_g 表示该期权在零时刻的价格。证明：

$$c_g = e^{-rT}E_{Z\sim N(0,1)}\left\{X_0\exp\left[\left(r - \frac{1}{2}\sigma^2\right)\left(\frac{n+1}{2}\right)h + \frac{\sigma\sqrt{ahZ}}{n}\right] - K\right\}^+,$$

其中，$a = n(n+1)(2n+1)/6$。令 $n \to \infty$ 取极限，证明连续采样几何平均价格亚式买入期权的价格与某一种欧式看涨期权的价格相同，该欧式期权的波动率为 $\sigma/\sqrt{3}$，且资产在收益率为 $r/2 + \sigma^2/12$ 时可以获得连续收入。

7. 当对一个标准正态分布变量进行分层时，例如，在 6.4.2 节中，需要一个能从 $N(0, 1)$ 采样且对 $j = 1, 2, \cdots, m$，满足 $X \in \left[\Phi^{-1}\left(\frac{j-1}{m}\right), \Phi^{-1}\left(\frac{j}{m}\right)\right]$ 的算法。写出能完成此任务的 Maple 程序。对 $j = 2, 3, \cdots, m-1$ 的情况采用均匀包围，对 $j = 1$ 和 m 的情况，采用与 $x\exp(-x^2/2)$ 成比例的包围。写出 m 层中每一层的接受概率的表达式。利用上述程序，以概率 $1/m$ 从 j（$j = 1, 2, \cdots, m$）层进行采样，可获得 $N(0, 1)$ 的采样。在这种情况下，总的接受概率是多少？另一种

从区间 $j=1$ 和 m（正态分布的尾部）采样的方法见 Dagpunar（1988b）。

8. 采用本章问题 6 中的结果，获得连续时间的几何平均价格亚式买入期权的价格。采用表 6.2 中所给的参数值，获得在取平均中采样点个数分别为 50、200 和 500 时对应的算术平均价格亚式买入期权的结果。将最后一种情况与连续时间的几何平均价格亚式买入期权的价格进行比较。

9. 令 c 表示一个到期日为 T 的、欧式算术平均价格买入期权在时刻 $t=0$ 的价格。无风险利率为 r，成交价为 K，且资产价格在时刻 t 为 $X(t)$。计算其在时刻 h，$2h$，…，nh 时的算术平均，其中 $nh=T$。

（a）替换 $x_j=x(0)\exp[r(jh-T)]$ 和 $\sigma_j=\sigma\sqrt{jh/T}$（$j=1, 2, \cdots, n$）。证明：$c$ 也是基于 n 个资产的篮子期权的价格，这里资产由在零时刻价格为 x_j 的 $1/n$ 单位的资产 j（$j=1, 2, \cdots, n$）构成，且对 $1\leqslant j\leqslant m\leqslant n$，资产 j 和资产 m 的收益之间的相关性为 $\sqrt{j/m}$。

（b）参见表 6.2 中的结果。通过估计等价的篮子期权价格来判定表中的任一结果。

10.（a）修改附录 6.8 中的程序“meanreverting”以对基于某种具有随机波动率的资产的欧式看涨期权进行定价，这里假定 $\lambda_Y=0$。

（b）说明如何通过方差减少方法来提高精度。

11. 当驱动资产价格和波动率过程的布朗运动相互独立时，采用本章问题 10（a）中的修改程序对期权进行估价。然后重复采用条件蒙特卡罗方法，估计所能获得的方差减少结果。

第7章 离散事件仿真

离散事件系统（discrete event system）可以定义为时间变量离散，而状态变量可能离散也可能连续的系统。相应地，**连续事件系统**（continuous event system）则是指时间变量连续且所有状态变量都连续的系统。除此之外还有一种类型的系统，即时间变量连续而状态变量离散的系统。在这种情况下，如果将过程嵌入到状态发生改变的那些时间点上，那么就可将这样的系统归结为离散事件系统。

当然，一个系统也可能是离散和连续事件的混合。纯离散事件系统的本质特征为在连续两个离散时间点（事件）之间状态保持不变。在仿真这样的过程时，只需将时间从一个事件推进到下一个事件，而不用考虑中间时间。通过对一个连续事件系统的时间变量进行适当地离散化，则该系统总可以由一个离散事件系统近似。事实上，如果求解（随机）差分方程时无法得到封闭形式的解，那么近似是一种合乎情理的处理方式。

本章将介绍如何仿真那些标准离散事件随机过程的方法，然后讨论一些非标准过程的例子。这里不处理诸如复杂生产制造过程这样大规模的系统仿真，因为它们的仿真已有专门的仿真语言或程序包可用。这类仿真语言或程序包数量众多，且当中很多都包含了可视化的交互成分。例如：Simscript Ⅱ.5、Witness、Simul 8、Microsaint 和 Extend。从历史的角度来看 Tocher（1963）的著作是有趣的。而在实践方面强调建立离散事件仿真模型的著作包括 Banks 等（2005）、Fishman（1978）、Law 和 Kelton（2000）及 Pidd（1998）。

7.1 泊松过程

考虑下面的情形。想象你正在某个路口等候出租车，且假定出租车以“完全随机”的方式经过这里。更精确地来说，在长度为 h 的小时间间隔内，出租车到达的可能性近似与 h 成比例，且不依赖于之前的历史。令 $N(t)$ 表示区间 $[0, t]$ 内所经过的出租车数。假设存在一个正的常数 λ（即到达率），使得对任意小的时间间隔 $(t, t+h]$ 内，单辆出租车到达的概率近似为 λh，没有出租车达到的概率近似为 $1-\lambda h$。假定这些概率在 $[0, t]$ 内是独立发生的。具体地，有

$$P(N(t+h)=n+1 \mid N(t)=n)=\lambda h+o(h)$$

和

$$P(N(t+h)=n \mid N(t)=n)=1-\lambda h+o(h)\text{。}$$

注意到，由这两个条件能得到

$$P(N(t+h)>n+1 \mid N(t)=n)=o(h)\text{。}$$

这样的过程称为**泊松过程**（Poisson process）。它具有下列重要的性质：

（ⅰ）**独立增量**（Independent increment）：在不重叠的时间间隔内到达数服从独立分布。这就是马尔可夫或“无记忆性”特征；

（ⅱ）在小的时间间隔内，两次或两次以上到达的可能性可忽略；

（ⅲ）**平稳增量**（Stationary increment）：在一个时间间隔内，到达数的分布仅依赖于该间隔的长度。

接下来推导 $N(t)$ 的概率分布。定义 $p_n(t)=P(N(t)=n)$，以 $[0,t]$ 内的到达数为条件给出：

$$p_n(t+h)=p_{n-1}(t)[\lambda h+o(h)]+p_n(t)[1-\lambda h+o(h)]+o(h) \tag{7.1}$$

注意到式（7.1）等号右边的第一项表示在 $[0,t]$ 内存在 $n-1$ 次到达，在 $(t,t+h]$ 内存在 1 次到达的概率；第二项表示在 $[0,t]$ 内存在 n 次到达，在 $(t,t+h]$ 内无到达的概率。由于在泊松过程中，小的时间间隔内发生两次或两次以上到达的概率可忽略，因此不需要考虑任何其他的可能性。式（7.1）对所有 $n\geqslant1$ 的情况都成立。若对任意的 t 规定 $p_{-1}(t)=0$，则式（7.1）对 $n=0$ 的情况也成立。现在将式（7.1）改写为

$$\frac{p_n(t+h)-p_n(t)}{h}=\lambda p_{n-1}(t)-\lambda p_n(t)+\frac{o(h)}{h},$$

令 $h\to0$ 取极限，则有

$$p'_n(t)=\lambda p_{n-1}(t)-\lambda p_n(t) \tag{7.2}$$

为了求解该方程，将两边乘以 $\mathrm{e}^{\lambda t}$ 并改写为

$$\frac{\mathrm{d}}{\mathrm{d}t}[\mathrm{e}^{\lambda t}p_n(t)]=\lambda[\mathrm{e}^{\lambda t}p_{n-1}(t)] \tag{7.3}$$

对 $n=0$ 的情况求解，得到 $\frac{\mathrm{d}}{\mathrm{d}t}[\mathrm{e}^{\lambda t}p_0(t)]=0$，由此得出 $\mathrm{e}^{\lambda t}p_0(t)=A$。然而，$p_0(0)=1$，因此 $\mathrm{e}^{\lambda t}p_0(t)=1$，从而 $\frac{\mathrm{d}}{\mathrm{d}t}[\mathrm{e}^{\lambda t}p_1(t)]=\lambda$，解得 $\mathrm{e}^{\lambda t}p_1(t)-\lambda t=B$。由于当 $n>0$ 时 $p_n(0)=0$，所以 $\mathrm{e}^{\lambda t}p_1(t)=\lambda t$。此时可推测方程的解为：对任意的 $n\geqslant0$，$\mathrm{e}^{\lambda t}p_n(t)=\frac{(\lambda t)^n}{n!}$。假设当 $n=k$ 时结论成立，则由式（7.3），有 $\frac{\mathrm{d}}{\mathrm{d}t}[\mathrm{e}^{\lambda t}p_{k+1}(t)]=\frac{\lambda(\lambda t)^k}{k!}$，所以 $\mathrm{d}[\mathrm{e}^{\lambda t}p_{k+1}(t)]=\frac{\lambda(\lambda t)^k}{k!}\mathrm{d}t$，对两边积分，得 $\mathrm{e}^{\lambda t}p_{k+1}(t)-\frac{(\lambda t)^{k+1}}{(k+1)!}=C$。然而，$p_{k+1}(0)=0$，因此，常数 $C=0$，$\mathrm{e}^{\lambda t}p_{k+1}(t)=\frac{(\lambda t)^{k+1}}{(k+1)!}$成立。

由于当 $n=0$ 时结论成立，因此由数学归纳法可知，对任意的 $n\geqslant 0$ 都成立。所以

$$p_n(t)=\frac{e^{-\lambda t}(\lambda t)^n}{n!} \tag{7.4}$$

从而 $N(t)$ 服从均值和方差均为 λt 的泊松分布。

接下来确定一个泊松过程中连续事件之间的时间分布。令 T_n 表示第 $n-1$ 次与第 n 次到达之间的时间（$n=1, 2, \cdots$），则

$$\begin{aligned}P(T_n>t \mid T_{n-1}=t_{n-1},\cdots,T_1=t_1) &= P\left(\text{在}\left(\sum_{i=1}^{n-1} t_i, t+\sum_{i=1}^{n-1} t_i\right)\text{内0事件发生}\right)\\ &= P(\text{在}(0, t)\text{内无事件发生}),\end{aligned}$$

由 t_{n-1}，…，t_1 的独立性可知，到达的时间间隔也是独立的。由式（7.4）可得

$$P(\text{在}(0,t)\text{内无事件发生})=e^{-\lambda t},$$

因此

$$P(T_n>t)=e^{-\lambda t}$$

所以，到达的时间间隔是独立同分布的且具有密度

$$\begin{aligned}f(t) &= -\frac{d}{dt}(e^{-\lambda t})\\ &= \lambda e^{-\lambda t}\end{aligned} \tag{7.5}$$

到达时间间隔分布的均值和标准差均为 $\frac{1}{\lambda}$。

泊松过程 $\{N(t): t\geqslant 0\}$ 是一个在连续时间内具有离散状态的随机过程。若将该过程嵌入到到达时间点就可以构造一个具有离散状态和离散时间的过程 $\{N(t): t=T_{(1)}, T_{(2)}, \cdots, T_{(n)}\}$，其中 $T_{(n)}$ 表示第 n 次到达的时间。所有原始过程任意实现的信息都能由 $\{N(t): t=T_{(1)}, T_{(2)}, \cdots, T_{(n)}\}$ 的相应实现获得。由本章开始时的定义可知，后者是一个离散事件系统。它可以通过式（7.5）的结果来仿真。根据之前的结论：$\text{Exp}(\lambda):=-\frac{1}{\lambda}\ln(R)$，其中，$R\sim U(0, 1)$，则对 $n=1, 2, \cdots$，有

$$T_{(n)}=T_{(n-1)}-\frac{1}{\lambda}\ln(R),$$

其中，$T_{(0)}=0$。

由上述结论即可得到一种方法，可生成服从如下分布：

$$P(X=n)=\frac{e^{-m}m^n}{n!}\quad (n=0,1,\cdots)$$

的泊松样本。这里 X 也表示在 $[0, 1]$ 内到达率为 m 的泊松过程中的事件数。因此，当且仅当 $T_{(n)}\leqslant 1$ 且 $T_{(n+1)}>1$ 时，有 $X=n$。即当且仅当 $\sum_{i=1}^{n}[-(1/\lambda)\ln R_i]\leqslant 1$

且 $\sum_{i=1}^{n+1}[-(1/\lambda)\ln R_i]>1$ 时，该事件发生，即满足条件 $\prod_{i=1}^{n+1}R_i<e^{-\lambda}\leqslant\prod_{i=1}^{n}R_i$。由于 $\prod_{i=1}^{n+1}R_i$ 关于 n 递减，则

$$X=\min\left(n:\prod_{i=1}^{n+1}R_i<e^{-\lambda}\right)。$$

在这样的方法中所需要的均匀样本个数的期望为 $E(X+1)=\lambda+1$。如果 m 的值大，那么该方法的计算时间成本将会非常高。有关其他方法的讨论参见本书第 4 章。

另一种仿真 $[0,T]$ 内泊松过程的方法是：首先，采用高效的泊松变量发生器获得 $N(t)$ 的采样。然后，以泊松样本为条件采样到达时间。利用这种方法，假定 $N(t)=n$。结果表明到达时间 $T_{(1)}, T_{(2)}, \cdots, T_{(n)}$ 的条件联合密度与来自 $U(0,T)$ 密度的均匀顺序统计量的联合密度相同，证明如下。对任意 $x\in(0,T]$ 且 $i\in(1,2,\cdots,n)$，有

$$\begin{aligned}P(T_{(i)}\leqslant x\mid N(T)=n)&=\frac{\sum_{j=i}^{n}P(N(x)=j\text{ 且 }N(T-x)=n-j)}{P(N(T)=n)}\\&=\frac{\sum_{j=i}^{n}\left[\frac{(\lambda x)^j e^{-\lambda x}}{j!}\right][\lambda(T-x)]^{n-j}e^{-\lambda(T-x)}/(n-j)!}{(\lambda T)^n e^{-\lambda t}/n!}\\&=\sum_{j=i}^{n}\binom{n}{j}\left(\frac{x}{T}\right)^j\left(1-\frac{x}{T}\right)^{n-j}\end{aligned}\tag{7.6}$$

令 $X_{(1)},\cdots,X_{(n)}$ 表示 n 个来自 $U(0,T)$ 的均匀顺序统计量。这些统计量中落入区间 $[0,x]$ 内的个数服从二项分布 binomial$(n,x/T)$，因此

$$P(X_{(i)}\leqslant x)=\sum_{j=i}^{n}\binom{n}{j}\left(\frac{x}{T}\right)^j\left(1-\frac{x}{T}\right)^{n-j}\tag{7.7}$$

该分布与式（7.6）的分布相同，得证。根据这个性质，下列 Maple 代码及结果给出了 $[0,3.5]$ 内泊松过程的 5 次随机实现，每个到达率均为 2。注意程序中 Maple命令“sort”的使用。

```
>randomize (75321):
 lambda: =2; T: =3.5; m: =lambda*T;
 for u from 1 to 5 do;
   n: =stats [random, poisson [m]] (1):
   for j from 1 to n do:
    t [j]: =evalf (T*rand () /10^12):
 end do:
```

```
  d: = [seq (t [j], j=1..n)]:
  arrival_times: =sort (d):
  print (arrival_times);
  end do:
```

lambda: =2

T: =3.5

m: =7.0

[0.4683920028, 0.8584469999, 1.32484815, 1.564463956, 2.342103589, 2.753604757, 3.161013255, 3.355203918]

[0.3105425825, 0.6851910142, 1.025506152, 1.036301499, 1.247404803, 1.370810129, 2.376811957, 2.377386193, 2.564390192, 3.436339776]

[0.8816330302, 0.9995187699, 1.733006037, 1.926557959, 1.926642493, 2.803064014]

[1.596872439, 2.036243709, 2.042999552, 2.341445360, 2.513656874, 2.987985832, 3.185727007, 3.370120432]

[0.9566889486, 1.358244739, 2.998496576]

另一种获得均匀顺序统计量的方法可避免排序过程。令 $U_{(1)}$，$U_{(2)}$，…，$U_{(n)}$ 为来自 U（0，1）的 n 阶顺序统计量。那么

$$P(U_{(1)} > u_1) = (1 - u_1)^n,$$

且对 $j=1$，2，…，$n-1$，有

$$P\ (U_{(j+1)} > u_{j+1} \mid U_{(j)} = u_j) = \left(\frac{1 - u_{j+1}}{1 - u_j}\right)^{n-j},$$

令 R_1，R_2，…，R_n为来自 $U(0, 1)$ 的 n 个随机数。对互补累积分布函数求逆，得到

$$1 - U_{(1)} = R_1^{1/n},$$

且对 $j=1$，2，…，$n-1$，有

$$1 - U_{(j+1)} = \{1 - U_{(j)}\} R_{j+1}^{1/(n-j)},$$

该方法是否快于排序的方法主要取决于排序算法的类型。Maple 排序算法的时间为 $O(n\ln n)$。只要 λT 的值合理，那么排序的方法似乎会更快一些。

7.2 依时泊松过程

此过程是上述所考虑（简单）泊松过程的重要推广。如果过程存在与时间 t 的相关性，那么 λ 由一个已知的非负函数 $\lambda(t)$ 替换，由此得到一个非均匀或非齐次的泊松过程。用 λ（t）替换式（7.1）中的 λ，得到

$$p'_n(t) = \lambda(t) p_{n-1}(t) - \lambda(t) p_n(t) (n=0,1,\cdots) \tag{7.8}$$

将式（7.4）中的 λt 替换成

$$\Lambda(t)=\int_0^t \lambda(u)\mathrm{d}u$$

可得到式（7.8）的解。

注意到 $\Lambda'(t)=\lambda(t)$，可以验证

$$p_n(t)=\frac{\mathrm{e}^{-\lambda t}[\Lambda(t)]^n}{n!}$$

满足式（7.8）及初始条件 $p_n(0)=1$。在 Lewis 和 Shedler(1976，1979a，1979b) 中进行了讨论了很多仿真 $\{T_{(i)}: i=1, 2, \cdots\}$ 的方法。

这些方法中有一种方法采用了**时间尺度变换**（time scale transformation）。定义 $\tau=\Lambda(t)$。由于 Λ 关于 t 递增，将到达顺序保存在已变换的时间单位中且第 i 次这样的到达发生在时刻 $\tau_{(i)}=\Lambda(T_{(i)})$。令 $M(\tau)$ 表示在已变换时间单位中 $[0, \tau]$ 内的到达数，且令 $q_n(\tau)=P(M(\tau)=n)$。那么 $p_n(t)=q_n(\tau)$，因此有 $p'_n(t)=\frac{q'_n(\tau)\mathrm{d}\tau}{\mathrm{d}t}=\lambda(t)q'_n(\tau)$。由此替换式（7.8）中的 $p'_n(t)$，得到

$$q'_n(\tau)=q_{n-1}(\tau)-q_n(\tau)。$$

从而可知过程 $\{M(\tau)\}$ 是强度为 1 的简单（或者齐次）泊松过程。因此，$\tau_{(n)}=\tau_{(n-1)}-\ln R_n$，其中$\{R_n\}$为均匀随机数。在原始过程中利用 $T_{(i)}=\Lambda^{-1}(\tau_{(i)})$ 获得到达时间。如果待仿真过程为 $\{N(t): 0\leqslant t\leqslant t_0\}$，那么在到达数为 $\max\limits_{i=0,1,\cdots}[i: \tau_{(i)}\leqslant\Lambda(t_0)]$ 时仿真停止。由于参数$\{\lambda_i\}$ 不用指定约束只要确保 $\lambda(t)\geqslant 0$ 就可以与数据匹配，因此用指数多项式 $\lambda(t)=\exp\left(\sum\limits_{i=0}^{k}\lambda_i t^i\right)$来表示强度常被证明是一个有用的模型。该方法的效率取决于逆变换 Λ 的难易程度。

另一种方法采用了**稀疏化**（thinning）。为了在区间 $[0, t_0]$ 内进行仿真需要找到一个 λ，使得对所有的 $t\in[0, t_0]$，有 $\lambda\geqslant\lambda(t)$ 成立。则由候选事件构成的（实现）可由一个强度为 λ 的简单泊松过程产生。假定这个实现为 $\{S_{(i)}: i=1, 2, \cdots, N(t_0)\}$。那么稀疏此过程，使得 $S_{(i)}$时刻的候选事件以概率大小$\lambda(S_{(i)})/\lambda$ 接受。由接受事件构成的稀疏化过程即为所求依时泊松过程的一个实现。原因在于：在已稀疏化的过程中，$(t, t+h]$ 内存在一个事件的概率为 $\{\lambda h+o(h)\}\frac{\lambda(t)}{\lambda}=\lambda(t)h+o(h)$，而没有这样事件的概率为$\{1-\lambda h+o(h)\}+\{\lambda h+o(h)\}\left\{1-\frac{\lambda(t)}{\lambda}\right\}=1-\lambda(t)h+o(h)$。这些概率与 $[0, t]$ 内稀疏化过程的历史独立。当且仅当 $R_i<\lambda(S_{(i)})/\lambda$ 时，接受第 i 个事件，其中，$R_i\sim U(0, 1)$。显然，该过程的效率由接受候选事件比例的期望值决定，即 $\Lambda(t_0)/(\lambda t_0)$。上述方法最适用于 $\lambda(t)$ 变化不大的情况。否则，可以通过将 $[0, t_0]$ 分割成若干个不相交的子区间来进行改进，每个子区间又都有各自的 λ 界限。

注意到由式（7.6）及式（7.7）的结果可知，在一个齐次的泊松过程中，[0，T] 内到达时刻 $T_{(1)}$，$T_{(2)}$，…，$T_{(n)}$ 的条件联合密度与 n 个均匀顺序统计量的联合密度相同。在非齐次的泊松过程中有相同的结果成立。此时，联合密度为来自密度

$$f(t)=\frac{\lambda(t)}{\Lambda(t_0)}$$

的 n 阶顺序统计量的联合密度，其中 $0\leqslant t\leqslant t_0$。它的分布函数形如

$$F(t)=\frac{\Lambda(t)}{\Lambda(t_0)}。$$

通常，不可能对 F 解析求逆。解决此问题的一种可能就是采用包围取舍法。如果 $\lambda(t)$ 变化很大，则需要采用一个非一致的包围以达到执行的高效性。

一般算法如下：

采样 $N(t)\sim \mathrm{Poisson}(\Lambda(t_0))$，

独立采样 T_1，T_2，…，$T_{N(t)}$ 来自 $f(t)=\lambda(t)/\Lambda(t_0)$，

按升序排列，得到 $T_{(1)}$，$T_{(2)}$，…，$T_{(N(t))}$。

正如之前所提到的一样，Maple 的排序方法相对更高效。

7.3 平面上的泊松过程

考虑一个二维区域 D。令 $C\subseteq D$ 且 $E\subseteq D$，其中 $C\cap E=\varnothing$（$\varnothing$ 表示空集）。令 $N(C)$ 和 $N(E)$ 分别表示在 C 和 E 中随机发生点的个数。假定存在一个正常数 λ，使得对所有这样的 C 和 E，$N(C)$ 和 $N(E)$ 分别表示均值为 $\lambda\int_C \mathrm{d}x\mathrm{d}y$ 和 $\lambda\int_E \mathrm{d}x\mathrm{d}y$，且相互独立的泊松随机变量，则点过程 $\{N(H): H\subseteq D\}$ 称为二维泊松过程。这里，我们可以将 λ 看作点的密度，即单位面积内点的期望个数。

假定 D 是半径为 a 的圆。令 $R_{(1)}$，$R_{(2)}$，…，$R_{(N(D))}$ 表示到强度为 λ 的二维泊松过程 $\{N(H): H\subseteq D\}$ 中圆的中心的排序距离。令 $A_{(i)}=\pi(R_{(i)}^2-R_{(i-1)}^2)$，$i=1, 2, \cdots, N(D)$，且 $R_{(0)}=0$，则

$$\begin{aligned}P(A_{(i)}>x\mid R_{(1)}=r_1,\cdots,R_{(i-1)}=r_{i-1})&=P(\text{在面积为 } x \text{ 的区域内没有点})\\&=\mathrm{e}^{-\lambda x}。\end{aligned}$$

由于 r_1，r_2，…，r_{i-1} 是独立的，因此 $\{\pi(R_{(i)}^2-R_{(i-1)}^2)\}$ 也相互独立，且服从均值为 λ^{-1} 的负指数分布。所以，当 $R_{(i)}\leqslant a$ 时，可令

$$\pi(R_{(i)}^2-R_{(i-1)}^2)=-\frac{1}{\lambda}\ln U_i,$$

其中 $\{U_i\}$ 为均匀随机数。由于该过程是齐次的，因此角度分量与径向分量独立且 $\Theta_i\sim U(0, 2\pi)$。故

$$\Theta_i = 2\pi V_i,$$

其中，$\{V_i\}$为均匀随机数。

现假定 $D = \{(x,y):0 \leqslant x \leqslant x_0, h(x) \leqslant y \leqslant g(x)\}$，其中 x_0、$h(x)$ 和 $g(x)$ 均给定，且对所有的 $x \in [0, x_0]$，有 $g(x) \geqslant h(x)$ 成立。不失一般性，可以取 $h(x) = 0$ 且 $g(x) \geqslant 0$。观察到此过程在 x 轴上的投影为一维非齐次的过程且强度为 $\lambda(x) = \lambda g(x)$。因此，利用 7.2 节中任何一种方法都可以产生该过程中点的横坐标 $N(D)$。例如，若不方便对 Λ 进行逆变换，则采用 7.2 节中最后提出的算法，其中：

$$\begin{aligned} f(x) &= \frac{\lambda(x)}{\Lambda(x_0)} \\ &= \frac{g(x)}{\int_0^{x_0} g(u)\,\mathrm{d}u}, \end{aligned}$$

并结合取舍采样法，取舍采样法中的包围函数与 $g(x)$ 形状相似。假定第 i 个这样的横坐标为 X_i（这些坐标不用以递增的顺序生成），那么二维过程的齐次性就意味着 $Y_i \sim U(0, g(X_i))$ 成立。

7.4 马尔可夫链

7.4.1 离散时间马尔可夫链

令 X_n表示状态空间为 S，概率转移矩阵为 $\boldsymbol{P}$ 的齐次离散时间、离散状态的马尔可夫链在第 n 步的状态。给定 $X_{n-1} = i$ 及随机数 R_n，由逆变换采样法可得到

$$X_n = \min_{j \in S}\left\{j : R_n < \sum_{k \in S, k \leqslant j} p_{i,k}\right\}。$$

如果从该马尔可夫链的某一状态出发再回到该状态需要大量的转移步，那么该方法是低效的。在这种情况下，更好的方法是找出导致状态改变的那些步。在离散事件系统中这些步就表示**事件**（events）。令 $X^{(k)}$ 表示第 k 个事件后的瞬时状态，$M^{(k)}$ 表示第 $k-1$ 个和第 k 个事件之间的步数，则$\{M^{(k)}\}$相互独立且为几何随机变量，在给定 $X^{(k-1)} = i$ 时，可由逆变换采样法得到

$$M^{(k)} = \left\lfloor 1 + \frac{\ln R^{(k)}}{\ln p_{ii}} \right\rfloor,$$

其中，$R^{(k)} \sim U(0, 1)$。这里观察到当 $j \neq i$ 时，

$$P(X^{(k)} = j \mid X^{(k-1)} = i) = \frac{p_{ij}}{1 - p_{ii}},$$

故给定 $U^{(k)} \sim U(0, 1)$，有

$$X^{(k)}=\min_{j\in S}\{j:U^{(k)}(1-p_{ii})<\sum_{m\in S,m\neq i,m\leqslant j}p_{i,m}\}。$$

7.4.2 连续时间马尔可夫链

考虑一个状态空间为 S 的、状态离散且时间连续的马尔可夫链，以及平稳无穷小量发生器 $\mathbf{Q}$。那么当 $i\neq j$ 时，

$$P[X(t+h)=j\mid X(t)=i]=q_{ij}h+o(h),$$

其中，对所有的 $i\in S$，有 $\sum_{j\in S}q_{ij}=0$，且

$$P[X(t+h)=i\mid X(t)=i]=1+q_{ii}h+o(h)。$$

这里采用的仿真方法与之前描述的离散时间马尔可夫链的仿真方法相似。令 $T_{(k)}$ 表示第 k 个事件（状态改变）发生的时间，令 $X(T_{(k-1)})$ 表示第 $k-1$ 个事件发生后的瞬时状态。给定 $X(T_{(k-1)})=i$ 且 $T_{(k-1)}=t_{(k-1)}$，则 $T_{(k)}-t_{(k-1)}$ 服从均值为 $(-q_{ii})^{-1}$ 的指数分布（状态 i 时的“离开率”为 $-q_{ii}$）。故

$$T_{(k)}-t_{(k-1)}=\frac{\ln R_k}{q_{ii}},$$

其中，$R_k\sim U(0,\ 1)$。已知 $X(T_{(k-1)})=i$，下一个状态为 $j(\neq i)$ 的条件概率为 $-q_{ij}/q_{ii}$（即仅在状态发生改变时，嵌入到链的概率转移矩阵中第 ij 个元素）。因此，给定另一个随机数 $U_k\sim U(0,\ 1)$，有

$$X(T_{(k)})=\min_{j\in S}\{j:-q_{ii}U_k<\sum_{m\in S,m\neq i,m\leqslant j}q_{im}\}\tag{7.9}$$

生灭（birth-death）过程是指对所有的 $i\in S$，有 $q_{ii}=-(\lambda_i+\mu_i)$，$q_{i,i+1}=\lambda_i$ 且 $q_{i,i-1}=\mu_i$ 成立的过程。这就意味着在该过程中非邻近状态间的转移是不可能的。因此，对式（7.9）中的 j 隐式求解，当状态空间为 $S=\{0,\ 1,\ 2,\ \cdots\}$ 时，得到 $X(T_{(k)})$ 对应概率 $\mu_i/(\lambda_i+\mu_i)$ 及 $\lambda_i/(\lambda_i+\mu_i)$ 时分别取 $i-1$ 和 $i+1$。

7.5 再生分析

首先，回顾**更新酬劳过程**（renewal reward process）的定义。令 τ_i 表示更新过程中第 $i-1$ 个事件和第 i 个事件发生的时间间隔。可将 τ_i 看作是第 i 个“循环”的持续时间。由于该过程是一个更新过程，因此 $\{\tau_i\}$ 独立且同分布。令 $R(t)$ 表示该过程在 $[0,\ t]$ 内所获得的累计“酬劳”，R_i 表示在第 i 个循环内所获得的酬劳。假定 $\{R_i\}$ 独立且同分布，且允许 R_i 与 τ_i 之间统计相关。由于酬劳的存在，使得这样的过程称为更新酬劳过程。通常，在仿真中希望去估计 θ，其中 θ 表示每单位时间的长期酬劳，这里它是存在的。这样，

$$\theta=\lim_{t\to\infty}\frac{R(t)}{t}。$$

例如，我们可能希望估计某个医院病房内病床的长期占用率，这里 $R(t)=\int_0^t O(u)\mathrm{d}u$ 可以确定，其中 $O(u)$ 表示在时刻 t 的床位利用率。由更新酬劳定理，有

$$\lim_{t\to\infty}\frac{R(t)}{t}=\frac{E(R_i)}{E(\tau_i)}。$$

因此，一种估计 θ 的方法是采用

$$\hat{\theta}=\frac{\overline{R}}{\overline{\tau}},$$

其中，$\overline{R}$和$\overline{\tau}$分别表示在循环数量固定为 n 时的循环酬劳及持续时间的样本均值。为了确定$\hat{\theta}$的方差，考虑随机变量$\overline{R}-\theta\overline{\tau}$。该随机变量的期望为0，且方差为

$$\sigma^2=\frac{1}{n}[\sigma_{R_i}^2+\theta^2\sigma_{\tau_i}^2-2\theta\mathrm{Cov}(R_i,\tau_i)]。$$

令S_R^2、S_τ^2和 $S_{R,\tau}$分别表示$\{R_i\}$和$\{\tau_i\}$的样本方差和它们的样本协方差。令

$$S^2=S_R^2+\hat{\theta}^2S_\tau^2-2\hat{\theta}S_{R,\tau} \tag{7.10}$$

那么，当 $n\to\infty$ 时，$\frac{S^2}{n}\to\sigma^2$，因此

$$\frac{\overline{R}-\theta\overline{\tau}}{S/\sqrt{n}}\to N(0,1),$$

故

$$\frac{\hat{\theta}-\theta}{S/(\overline{\tau}\sqrt{n})}\to N(0,1) \tag{7.11}$$

由此可知，当 n 值大时可找到参数 θ 的一个置信区间。然而，需要注意的是由于$\hat{\theta}$为一个比率估计量，因此它是有偏的，偏差为 $O\left(\frac{1}{n}\right)$。目前已经提出了很多偏差减少至 $O\left(\frac{1}{n^2}\right)$的统计量。这里采用的是 Tin 在 1965 年给出的估计：

$$\tilde{\theta}=\hat{\theta}\left[1+\frac{1}{n}\left(\frac{S_{R,\tau}}{\overline{R}\,\overline{\tau}}-\frac{S_{\tau,\tau}}{\overline{\tau}^2}\right)\right] \tag{7.12}$$

那么，当 $n\to\infty$ 时，有

$$\frac{\tilde{\theta}-\theta}{S/(\overline{\tau}\sqrt{n})}\to N(0,1) \tag{7.13}$$

其中，$\tilde{\theta}$替换了式（7.10）中的$\hat{\theta}$。对大的 n 值，利用式（7.13）作为式（7.11）的改进是安全的。

再生法用于分析仿真输出的结果数据，通过找到更新或再生点的方式来利用之前所描述的定理。再生法的分析方式简练，由 P. Heidelberger、D. Iglehart、S. Lavenberg 和 G. Shedler 等人的一系列论文提出。关于该方法的更多细节可参见

Shedler（1993）。

以一个 M/G/1 排队系统为例来说明该方法，这里将连续时间系统嵌入到离开的时刻。令系统状态为在某次离开瞬间后，系统中的当前顾客数（包括正在接受服务的每一个顾客）。假定平均服务时间少于平均到达间隔时间，使得对所有的 i，若系统处于状态 i，则在有限时间内系统一定会再次回到该状态。假定单位时间的酬劳仅为当前状态的函数。再生点可定义为对任何预先确定的 i，系统进入状态 i（在一次离开后）的那些时间点。为了理解这样定义的理由，令E_i表示事件“系统进入状态 i”（在一次离开后），令 τ_j表示E_i第 $j-1$ 次发生和第 j 次发生的时间间隔，且令 $T_{(m-1)}=\sum_{j=1}^{m-1}\tau_j$。给定 τ_1，τ_2，…，τ_{m-1}，注意到 τ_m与 τ_1，τ_2，…，τ_{m-1}相互独立。其原因在于到达的过程是泊松的，且服务时间是相互独立的，同时在时刻$T_{(m-1)}$不存在部分完成的服务。所以，由于系统总是返回到状态 i，从而$\{\tau_j\}$相互独立且显然是同分布的。同理可证，$\{R_j\}$是独立且同分布的，从而满足了酬劳更新过程的要求。

对一个 G/G/1 系统，即单服务台系统、到达间隔和服务时间独立同分布且分布任意，其唯一的再生点即系统离开空闲状态的那些瞬时。由于直到下一次到达发生的时间分布依赖于E_i之前的系统状态，因此，当 $i>1$ 时，事件E_i（在一次离开后）不是再生点（除非到达为泊松的）。

再生分析法的一个优点在于，不必为了达到采样记录中的某个点而在任何实现开始的时候考虑一个“预烧期”，在该采样记录中认为行为是稳态的（当然，需要假定所讨论的行为是稳态的）。另一个优点在于，仅需一次实现。如果不采用再生分析（需要记住的是，在一个采样实现内的观察值通常是高度相关的），通常的做法是完成多次独立实现（重复），并根据来自这些实现的独立响应来推断参数值。再生法的主要缺点在于，对很多系统来说循环的长度（连续再生点之间的时间）很大。例如，在 G/G/1 系统中，如果到达率仅略低于服务率，则稳态性可以得到保证，但是该系统极少能返回到空闲状态。

7.6 基于三段法的 G/G/1 排队系统仿真

存在一种编写离散事件系统的程序的方法，该方法称之为三段法。自 20 世纪 70 年代以来三段法就在英国流行，而基于进程和事件的方法可能在美国更受欢迎。三段法并非最高效的方法，而且它在程序逻辑方面包含一定的冗余。然而，它的优点在于，编程方式简单且能够将离散事件系统的结构可视化，因此这里采用该方法进行仿真。

首先，介绍一些离散事件仿真领域中的标准术语。**实体**（entity）是指系统的一个组成部分。实体可以是永久的（例如，一台机器或一辆公共汽车）或者是暂时的（例如，一名最终将离开系统的顾客）。**属性**（attribute）描述了实体的某个方面。它可能是静态的或者是动态的。例如，一架飞机有许多座位（静态的），但是在仿真过程中占用座位的乘客数（动态的）却会发生变化。时间属性是实体所具有的一种特殊属性。例如，它可能表示已知接下来在实体上发生某件事情的时间。**事件**（event）表示一种或多种状态发生改变的瞬时时刻。在一个事件中，实体将结束一个**活动**（activity）并开始另一个。例如，一名顾客完成"排队"这一活动，开始接受"服务"。注意到，事件都是瞬时完成的，而活动一般都会持续一段时间。**列表**（list）表示用于存储事件及事件属性的数组。例如，顾客等待某个设备成为可用的队列就是一个例子。

在三段法中，每个事件都包含 A、B 和 C 三个步骤。A 代表从一个离散事件推进到下一个离散事件的时间。它通过存储一个计划或限定状态改变的列表来完成。B 代表限定状态改变的执行。C 代表条件状态改变的执行。仿真程序存储了一个限定（计划状态改变）的列表。做到这一点的一种方法是存储一组实体的时间属性。在 A 阶段中，计时程序扫描该列表以找到最小时间，然后将代表当前仿真时间（也就是仿真钟）的变量推进到此最小时间上。在 B 阶段中，执行那些限定在新时刻发生的状态改变。限定发生的意义在于它们的发生不以系统的状态为条件，而仅依赖于正确（发生）时间的通过。到达就是一个事件的例子。一旦到达在某个事件已经发生，那么下一个到达时间就可以通过产生一个时间间隔并将该间隔添加到当前仿真钟的值上来计划。在这样的仿真中，其中一个实体可能是"到达发生器"，其时间属性即为下次到达的计划或限定时间。一旦一个事件中所有限定状态改变已经完成，仿真程序就会在 C 阶段检查该事件中每一个可能发生的条件状态改变。"对一名顾客开始服务"就是一个条件状态改变的例子。由于它的执行依赖于排队的状态非空且至少有一台服务器是可用的，因此它是有条件的。尽管逻辑可能表明：假定在该事件中，某确定的限定状态改变已经发生，那么某一特殊的条件状态改变就不可能再发生。但是为了简化程序的构造，这里仍然检查每个可能的条件状态改变。从简化编程工作的角度来看，由此产生的冗余是值得的。一旦每一个条件状态改变被检查到，且如果必须执行，那么程序将会再次经过阶段 C。这样做的理由是作为第一次经过阶段 C 时状态改变执行的结果，可能会成为该事件中下一次需要执行的条件状态改变。在当前事件中重复执行上述步骤，直到经过阶段 C 时该事件中再也没有其他状态改变需要执行为止。此阶段表明该事件中的工作已经完成并将控制传回至 A 阶段。

接下来考虑 G/G/1 排队系统的仿真，即单个到达发生器、单服务台及单个顾客看作实体。服务台的时间属性表示下一次离开的计划时间。如果服务台当前处于繁忙状态，那么该时间可通过在服务开始时间上增加服务时间来计算。如果服务台当前处于空闲状态，那么时间属性可以设为∞，直到服务台下一次达到繁忙状态。假定该系统中在时刻 t 时的顾客数为 $L(t)$（队伍长度），且当 $t\to\infty$ 时 $L(t)$ 的极限分布存在。如果期望到达间隔时间大于期望服务时间，那么后者将会存在。我们希望去估计μ_L（即系统中长期的顾客数平均）和μ_W（即稳态行为下一名顾客的期望等待时间）。现在，

$$\mu_L = \lim_{t\to\infty}\frac{R(t)}{t},$$

其中，$R(t)=\int_0^t L(u)\,du$ 表示 $[0, t]$ 内的累积“酬劳”。同时，$\mu_W=\mu_A\mu_L$，其中，μ_A表示平均到达间隔，这个式子是 Little 公式［例如，可参见 Tijms(2003, pp. 50-3)］的一种应用。Little 公式意味着可能省略掉一个用于存储每名顾客加入时间的列表。然而，如果需要知道单个每名顾客的排队等待时间，那么该列表也是需要的。该仿真中限定事件包括（ⅰ）顾客到达；（ⅱ）顾客离开。仅存在一个条件事件：（ⅲ）顾客开始接受服务。对该仿真输出的数据（包括事件发生的时间及每个事件发生后的瞬时队伍长度）进行再生分析并找出再生点，即系统从空闲状态进入繁忙状态的那些点。

用于仿真再生过程中一个循环的算法如下：

$\tau:=0$

$R:=0$

$L:=0$

sample A and D

$t_A:=\tau+A$，$t_D:=\tau+D$

do

$\tau_{prev}:=\tau$

$\tau:=\min(t_A, t_D)$

$\delta:=\tau-\tau_{prev}$

$R:=R+\delta\times L$

if $\tau=t_A$ and $L=0$, then break end if

if $\tau=t_A$ then $L:=L+1$, sample$A$, $t_A:=\tau+A$, end if

if $\tau=t_D$ then $L:=L-1$, $t_D:=\infty$, end if

if $L>0$ and $t_D=\infty$ then sample D, $t_D:=\tau+D$ end if

end do

store R, τ.

其中，

τ = 当前循环的部分长度；

τ_{prev} = 上一个事件中当前循环的部分长度；

t_A = 下一次到达时间；

t_D = 下一次离开时间；

L = 系统中顾客数；

A = 到达时间间隔；

D = 服务时间；

$R = \int_0^{\tau} L(u)\,\mathrm{d}u$；

δ = 自上次事件发生的时间。

以上所收集的数据是用于μ_L和μ_W。但是对上述算法进行简单修改就可用于估计其他量，例如，队伍长度超过指定阈值的长期时间比。在此系统中，同时“开始服务”是不可能的，因此没有必要在一个事件中重复经过阶段 C。当到达间隔独立同分布且其互补累积密度函数在支撑集 $[0, +\infty)$ 上形如 $\overline{F}(x) = \exp[(-\lambda x)^{\gamma}]$，服务时间也独立同分布且其互补累积分布函数形如 $\overline{G}(x) = \exp[(-\mu x)^{\beta}]$ 时可用附录 7.1 中的程序“gg1”估计μ_L。这些分布都是韦布尔分布。若 $\gamma = 1$，则到达过程为泊松过程。要采用其他分布只需对“gg1”进行适当地修改。例如，如果到达是基于约定的（如在一个医生的手术室），那么到达时间可以建模为一个常数加上一个表示顾客到达晚于或早于约定时间的随机变量。在程序中，将上述算法嵌套在一个循环中用于执行 n 次再生循环。n 个循环的酬劳$\{R\}$及持续时间$\{\tau\}$被存储在数组中。那么根据式（7.13），将采用这些数据计算出μ_L的置信区间。附录 7.1 中给出了对 M/M/1 模型，参数 $n = 10000$，$\lambda = 1$ 时的一些运行实例。该模型指的是单服务台系统且具有泊松到达和指数服务时间的排队模型。令 $\rho = \dfrac{\lambda}{\mu}$，表示**服务强度**（traffic intensity）。对于这种排队情况，标准的理论结果表明：当且仅当 $0 < \rho < 1$ 时存在一个平稳（稳态）分布，从而$\mu_L = \rho/(1-\rho)$ 且期望循环长度$\mu_\tau = [(1-\rho)\lambda]^{-1}$。仿真结果汇总在表 7.1 中，其中上标 p 和 a 分别表示原始及对偶实现。

注意再生循环长度的期望值是如何随着服务强度自下接近于 1 时而递增的。这意味着对固定的 n，仿真运行长度随着 ρ 的增加而增加，从而说明了当 $\rho \to 1$ 时，获得μ_L的精确估计甚至比给出它的置信区间更困难。其原因是当 $\rho \to 1$ 时，随机过程 $\{L(t): t \geqslant 0\}$ 是高度自相关的，因此给定长度（在仿真中测量）的仿真运行所产生的信息比 ρ 取较小的值时更少。这种情况可以通过采用对偶随机数重复运行来改进。为达到最好的效果，应采用一个给定随机数及与它对应的对偶随机数，用于采样原始样本及与其他确切对应的对偶样本。因此，需要采用两个随机数流，一个用于到达间隔时间，另一个用于服务时间。这一点可以通过 Maple 函数“randomize”并使其变量等于“seeda”或“seedb”来实现，这两个值分别表示用于生成到达间隔时间和服务时间 $U[0, 10^{12}-1]$ 随机数的种子。由逆变换采样法生成韦布尔样本的事实确保了均匀随机数和样本之间存在着一一对应关系，而采用取舍采样法则不能保证这一点。表 7.1 中没有单独给出由原始点估计$\widehat{\mu_L^{(p)}}$及对偶点估计

$\widehat{\mu_L^{(a)}}$共同构造的μ_L的置信区间。容易发现由原始实现和对偶实现组合而成的$\frac{\widehat{\mu_L^{(p)}}+\widehat{\mu_L^{(a)}}}{2}$的方差估计并不能直接获得。然而，在上述三种$\mu_L$的点估计中有两种结果都表明：对偶方法所额外产生的运行成本是值得的，这些成本包括零额外的编程成本及双倍的处理时间。

更多有关的方差减少方案，读者可参见 Lavenberg 等（1979）提出的控制变量法。

表 7.1 M/M/1 排队的再生分析

ρ	$\widehat{\mu_\tau^{(p)}}$	μ_τ	$\widehat{\mu_L^{(p)}}$	$\widehat{\mu_L^{(a)}}$	$\frac{\widehat{\mu_L^{(p)}}+\widehat{\mu_L^{(a)}}}{2}$	μ_L	置信度为 95% 的置信区间	
							μ_L(原始)	μ_L(对偶)
$\frac{1}{2}$	2.0038	2	0.9994	1.0068	1.0031	1	(0.950, 1.048)	(0.960, 1.054)
$\frac{2}{3}$	3.0150	3	2.0302	1.9524	1.9913	2	(1.903, 2.157)	(1.839, 2.066)
$\frac{10}{11}$	11.449	11	10.3273	10.1597	10.2435	10	(9.087, 11.568)	(8.897, 11.422)

7.7 医院病房仿真

这里设计一个有 n 张床位的医院病房的仿真。假设到达为泊松过程且强度为 λ。假定该病房仅接待急诊住院病人，病人占用床位时间服从韦布尔分布且其互补累积分布函数为$\overline{G}(x)=\exp[(-\mu x)^\beta]$。如果一名到达病人发现所有的床位均被占用，那么约定如下：如果某病人下一次“计划”离开的时间小于指定阈值 α，那么该病人马上离开（提前离开），将到达病人安置到暂时空置的病床。否则，不能接收到达病人而只能将其转诊别处。根据“三段法”的相关术语，限定事件包括（i）到达；（ii）正常离开（按计划）。条件事件包括（iii）病人正常接收；（iv）由于接收病人而带来的病人提前离开；（v）病人转诊别处。所采用变量的如下：

simtim = 仿真时间；

n = 每单元床位数；

$t0[j]$ = 仿真开始时排序的（升序）计划离开时间，取 $t0[j]=\infty$ 表示当前无床位被占用（$j=1, 2, \cdots, n$）；

α = 提前离开的阈值参数；

seeda = 用于生成到达随机数流的种子；

seedb = 用于生成病人停留时间随机数流的种子；

clock = 当前时间；

clock prev = 上一次事件发生的时间；

δ = 自上一次事件发生的时间；

$t[j]$ = 根据当前时间排序的（升序）计划离开时间，取 $t[j]=\infty$ 表示当前无床位被占用（$j=1, 2, \cdots, n$）；

a = 下一次到达时间；

$nocc$ = 已占用床位数；

$q=1, 0$（根据是否存在即刻需要入院的病人来选择）；

na = 累积到达人数；

$nout1$ = 累积正常离开人数；

$nout2$ = 累积提前离开人数；

nin = 累积入院人数；

$nrefer$ = 累积转诊人数；

$cum[j]=j$ 张床位被占用的累积时间（$j=1, \cdots, n$）。

利用该仿真可在给定到达参数、服务参数及阈值 α 的条件下，确定转诊病人的比例及病床的长期利用率。希望可将床位利用率的平稳（稳态）分布可视化。由于入院和出院的约定确保了不可能出现排队的情况，因此在任意平稳到达和服务过程的条件下，平稳分布都是存在的。对小病房（n 小）的情况，有时会存在所有的床位都没被占用的时间，这使得基于此空闲状态的再生分析成为可能。然而，对 n 取更大值的情况，虽然返回到空闲状态是必然的，但是它发生的情况非常稀少，以至于即使在一个长时间仿真中它也从不发生。值得注意的是，如果建模病房受到由于感染所导致的泊松闭合约束，那么这些闭合会有助于提供再生点。然而，这里的仿真是在给定一段时间内进行的，而不是在指定再生循环数内进行的，因此在这种情况下，泊松闭合约束不存在。附录 7.2.1 中给出了 Maple 程序“hospital_ward”，该程序中包含了解决正确标记的限定及条件状态改变代码的主要部分。注意到每次状态改变后，计划离开时间的排序及基本信息的收集与更新都会在仿真的后期进行汇总统计。Maple 函数“sort”在离散事件仿真中尤其有用。

在仿真中应该抓住任何可以验证仿真程序逻辑正确性的机会。如果服务时间服从指数分布且不允许提前离开（$\alpha=0$），那么此时的模型可以归结为 M/M/n/n 排队系统，其中占用床位数的平稳分布为

$$p_j=\frac{(1/j!)(\lambda/\mu)^j}{\sum_{i=0}^{n}(1/i!)(\lambda/\mu)^j}\ (j=0,1,\cdots,n)。$$

附录 7.2.2 中给出的是仿真运行时间为 100000 天，床位数为 10 的实例。在该例子中，将上述概率与在状态 j 上所花时间的采样比例进行比较，在没有采用任何常规假设检验的条件下，两者之间足够接近的一致性验证了针对此特殊情况的程序的逻辑正确性。

在附录 7.2.3 中，放宽了停留时间服从指数分布的假设。这里给定停留时间的均值和标准差分别为 5.92 天和 2.53 天，其中 $n=20$，$\lambda=2.5$ 每天，$\mu=0.15$ 每天，$\beta=2.5$。提前离开不允许发生（$\alpha=0$）。

附录 7.2.4 中给出了有 20 个床位的病房，在 $\lambda=2.5$ 每天，病人停留时间分布的均值和标准差分别为 5.92 天和 2.53 天时部分点估计的结果。允许提前离开发生且优先于计划离开，上限为 1 天（$\alpha=1$）。如果需要进行区间估计，那么一般的做法是进行多次独立的仿真重复。病房的初始状态由零时刻所占用床位的计划离开时间决定，这些时间形成了部分输入数据。该数据反映出病房当前的真实状态，在这种情况下进行多次的仿真重复可以反映出在 10 天时间内病床占用的变动情况。这种做法可用于短期计划的目的。或者，只对稳态（平稳）行为感兴趣的情况。如果在那种情况下将初始状态指定为所有床位都未被占用，则一定是不合适的。这将会使得预烧周期比所需要的更长。而猜测一个可以认为是稳态行为下的典型情况来作为初始状态会更好。根据这些数据进行长达 10000 天的仿真，其长期利用率近似为 0.7。对一个拥有 20 个床位的病房来说，14 个床位被占用就是一个典型占用，因此所选择的初始状态（18 个床位被占用）就不是非典型的，所以在估计长期性能指标时就可以有效地忽略掉预烧过程。最后，附录 7.2.5 给出了改变 α（计划离开的病人可提前出院的时间）对利用率及转诊病人比例的影响。

7.8 问题

1. 将下列随机过程进行归类，先按照离散/连续状态和离散/连续时间分类，再按照离散/连续事件系统分类。

(a) $dX=\mu X dt+\sigma X dB(t\geqslant 0)$；

(b) $X_j=X_{j-1}\exp\left[\left(\mu-\frac{\sigma^2}{2}\right)h+\sigma B(h)\right](j=1,2,\cdots)$，其中 h 为正的已知常数；

(c) $\{X(t):t\geqslant 0\}$，其中，$X(t)$ 表示个人在 $(0,t)$ 内的累积酒精消费量。

2. 考虑一个强度为 $\lambda(t)=\exp(\alpha+\beta t)$ 的非齐次泊松过程，写出分别采用：

(a) 稀疏化；

(b) 时间尺度变换，

仿真 $[0,t_0]$ 内事件的 Maple 程序。

3. 写出产生椭圆区域：

$$\frac{x^2}{a^2}+\frac{y^2}{b^2}=1$$

上服从强度为 λ 每单位面积 的二维泊松过程的事件的 Maple 程序。

4. 顾客到达银行需要下列三种服务之一：银行私人业务、银行公司业务、旅游和证券。这三种服务形成了三种独立且强度分别为每小时 40、20 和 10 的泊松过程。

（a）写出前 n 个顾客的到达时间及顾客类型的仿真程序。（提示：独立泊松过程的和仍是一个泊松过程）；

（b）利用附录 4.5 中的程序“ipois1”及 Maple 中的“sort”函数对两个小时内的到达时间和顾客类型进行仿真。

5. 令 $T_{(i)}$ 表示强度为 $\lambda(t)$ 的非齐次泊松过程中第 i 个事件发生的时间。令 $\Lambda(t) = \int_0^t \lambda(u)\mathrm{d}u$。证明：对 $i = 1,2,\cdots$ 及所有的 $t>s$，有

$$P(T_{(i)} \geqslant t \mid T_{(i-1)} = s] = \exp[\Lambda(s) - \Lambda(t)],$$

根据上述结论证明：可通过求解

$$\Lambda(T_{(i)}) = \Lambda(T_{(i-1)}) - \ln R_i$$

来生成 $\{T_{(i)}\}$，其中 $\{R_i\}$ 为服从 $U(0,1)$ 分布的随机数。并由此证明该方法可以给出与时间尺度变换法完全相同的仿真实现。

6. 考虑在圆 $D = \{(r,\theta): r \in [0,r_0], \Theta \in [0,2\pi]\}$ 内定义的，一个强度为 λ 的二维泊松过程。令 $N(u)$ 定义当 $r < u$ 时的事件数。证明：$\{N(r): r \in [0,r_0]\}$ 为一维非齐次泊松过程，且其强度为 $\lambda(r) = 2\pi r\lambda$。并由此证明下列算法可产生 D 内的事件：

```
Sample N ~ Poisson ( λπ r0^2 )
For i = 1,…,N do
Generate U,V,W ~ U(0,1) random numbers
Ri := r0 max (U,V)
Θi := 2πW
End do;
```

7. 在每一天开始的时候对一台设备进行检查并根据检查结果将设备归为五种工作状态（$i = 1,2,\cdots,5$）之一。状态 1 对应“新”，状态 5 对应“设备需要更换”。状态 i 总是比状态 $i+1$ 更好。转移矩阵为

$$\boldsymbol{P} = \begin{matrix} 0.8 & 0.15 & 0.03 & 0.02 & 0 \\ 0 & 0.7 & 0.2 & 0.1 & 0 \\ 0 & 0 & 0.6 & 0.35 & 0.05 \\ 0 & 0 & 0 & 0.9 & 0.1 \\ 0 & 0 & 0 & 0 & 1 \end{matrix},$$

从状态 1 开始，对设备状态改变的时间进行仿真直到马尔可夫链被吸收进入状态 5。重复该仿真 1000 次，求出该设备平均寿命的置信度为 95% 的置信区间，并将结果与理论结果进行对比。

8. 假定在人群中存在 k 个感染个体和 n 个非感染个体。在区间 $(t,t+\delta t)$ 内，一个指定非感染个体接触任何一个感染个体的概率为 $k\beta\delta t+o(\delta t)$，且该概率与系统之前的历史无关。因此，在整个人群中发生一次接触的概率为 $nk\beta\delta t+o(\delta t)$。而这样的接触导致感染的概率为 p。因此，感染个体数量增加 1 个的概率为 $nk\beta p\delta t+o(\delta t)$。感染个体数量增加超过 1 个的概率为 $o(\delta t)$。一旦感染，个体死亡的时间将服从负指数分布，均值为 $1/\mu_1$，且该分布独立于其他个体对应的时间分布。在区间 $(t,t+\delta t)$ 内，对于每一个非感染个体来说，都存在一个独立的概率 $\mu_2\delta t+o(\delta t)$，即该个体将要死亡的概率。

令 $N(t)$、$K(t)$ 和 $D(t)$ 分别表示在 t 时刻非感染个体、感染个体及死亡个体的数量。一种传染病的持续时间可表示为 $\min\{t:K(t)=0\}$。传染病规模是指在整个传染病持续期间总的被感染个体的数量。对已知 λ、μ_1、μ_2 的值及初始条件的传染病进行仿真实现并说明该系统的特征。

9. 某支股票的价格遵守期望增长率为 μ、波动率为 σ 的几何布朗运动 $\{X(t):t\geqslant 0\}$。此外，存在强度为 λ 的泊松过程 $\{N(t):t\geqslant 0\}$ 产生价格的“跳跃”。假定在时刻 $t_1,t_2,\cdots$ 发生了价格跳跃，则对 $j=1,2,\cdots$，有

$$X(t_j^-)=X(t_{j-1}^+)\exp\left\{\left(\mu-\frac{\sigma^2}{2}\right)(t_j-t_{j-1})+\sigma[B(t_j)-B(t_{j-1})]\right\},$$

其中，t_j^+（或t_j^-）表示第 j 次跳跃后（或前）的瞬时时刻，$t_0=0$，$X(t_j^+)=Y_jX(t_j^-)$，其中，$\{Y_j:j=1,2,\cdots\}$ 为独立同分布的正随机变量。集合 $\{Y_j\}$ 与 $\{B(t_j)\}$ 及过程 $\{N(t)\}$ 之间相互独立。

(a) 证明：

$$X(t)=X(0)\exp\left[\left(\mu-\frac{\sigma^2}{2}\right)t+\sigma B(t)\right]\prod_{j=0}^{N(t)}Y_j,$$

其中，$Y_0=1$ 且 $B(t)$ 为标准布朗运动。

(b) $\{Y_j\}$ 的一种合理分布为对数正态分布。回想一下，当 $Y=\exp(W)$ 且 $W\sim N(\alpha,\beta^2)$ 时，Y 服从对数正态分布。现在，$E(Y)=\exp(\alpha+\beta^2/2)$ 且 $\sigma(Y)=E(Y)\sqrt{\exp(\beta^2)-1}$。当 $E(Y)=1.2$ 且 $\mathrm{Var}(Y)=0.1$ 时，求 α 和 β。利用 Maple 对 $X(1)$ 进行仿真实现，条件为 $\mu=0.08,\sigma=0.3$，$\lambda=0.5$ 每天，$X(0)=100$ 便士。

(c) 通过调节 $N(t)$ 或其他方式，证明：

$$E\{X(t)\}=X(0)\exp\{\mu t+\lambda t[E(Y)-1]\},$$

根据在 (b) 问中进行的仿真来估计 $E\{X(1)\}$，并将结果与理论结果进行对比。

10. 考虑一个 M/M/1 排队系统，其到达率为 λ，服务率为 μ，且 $\mu>\lambda$。试确定所有可能的再生点（事件）集合。试问在选择用于估计稳态下期望队伍长度的集合时是否有任何倾向？

11. 修改附录 7.1 中的程序“gg1”，使得到达仍然满足泊松过程，但是服务时间为常数。将运行结果与表 7.1 中的进行对比并给予说明。

12. 一所医院有 5 辆救护车用于急救。救援范围近似为一个半径为 5mile（1mile = 1609.344m）的圆，医院在该圆的中心。事故发生的物理分布为一个二维泊松过程，其强度为 μ 每小时。如果无救护车可用，则病人必须等待，直到有一辆救护车空闲为止。救护车总是选择直线路径到达急救场地并返回医院。假定救护车按照每小时 $v$mile 的恒速行驶且每次急救都只需要一辆救护车。

（a）证明：可以通过设置 $x = 10\sqrt{U}/v$ [其中 $U \sim U(0,1)$] 来获得返回途径时间（xh）的采样。

（b）对系统进行仿真以输出每名病人在紧急情况发生时与到达医院之间的时间。

13. 某维修部门负责 m 台具有相同特征的机器，该部门共有 n 名修理工及 p 名检测员。机器在随机运行一段时间后损坏，运行时间的分布已知。如果没有修理工空闲，则机器进入为维修队列。一旦维修完成，机器就准备好开始测试。如果没有测试员空闲，则机器被放入测试队列。测试包括矫正所发现的任何故障，且测试时间服从已知的分布。对该系统进行仿真，仿真的目的在于估计机器长期平均正常工作的时间比例。在什么条件下可以进行再生分析？

14. 一家可驶入的汉堡店有两个窗口，每个窗口由一名店员控制且具有分离的驶入车道。两个驶入车道之间是相邻的。顾客到达服从强度为 0.4 每分钟的泊松过程。服务时间服从已知分布，该分布为非负指数分布且均值小于 5min。到达的顾客选择排队长度最短的车道。一旦两排队长度差为 2 的时候，排在较长队列中的最后一名顾客就将换至另一队（“跳队”）。

（a）对该系统进行仿真，从而在稳态条件下去估计一名顾客在到达和离开之间所必须等待的平均时间。

（b）如果不允许顾客跳队，则对你所选的参数估计此时到达和离开之间的平均等待时间。

（c）再生分析何时可行？

15. 一加工车间有两台机器 A 和 B。到达工件首先由机器 A 处理，然后再由机器 B 处理。排队的规则是先到先服务。每个机器在同一时刻只处理一个工件，且 q_A 和 q_B 分别表示 A 和 B 处的排队长度。试给出在长期条件下能导致稳态行为的任意到达间隔时间和服务时间分布的过程仿真，并由此画出工件到达和离开加工车间之间的时间分布的直方图。

16. 病人以强度为 1.5 每天的泊松过程出现在病房 A（6 张病床）。其他病人则以强度为 0.5 每天的泊松过程到达病房 B（3 张病床）。每个病房的停留时间服从均值分别为 3.4 天和 3.8 天，标准差分别为 3.5 天和 1.6 天的 gamma 分布。停留结束后，如果房间可用，则病人被转移到康复病房 C（14 张病床），该病房的停留时间服从均值为5天，标准差为4天的 gamma 分布。如果房间不可用，则病人将一直在原来病房等待，直到病房 C 中有病床可用。这就意味着病房 A 和 B 中的床位有时会满员从而不再接收新病人，那么这些病人就必须转至其他单元。我们的目标就是找到发生此种情况的病人比例。假定病房 C 接收病人的策略是在计划离开获得最优先权的条件下基于最长等待。

17. 记录按照强度为 λ 每秒的泊松过程到达某个缓存区。该缓存区最大存储量为 M 条记录。当缓存区满的时候任何到达都将会丢失。缓存区在时刻 $0, \tau_1, \tau_1+\tau_2, \cdots$，被清空，其中 $\{\tau_i\}$ 独立同分布且概率密度为 $f_\tau(x), x>0$。

（a）证明：单位时间内长期的丢失记录平均数为

$$\frac{E_f\left[\sum_{n=M+1}^{\infty}(n-M)(\lambda\tau)^n\,\mathrm{e}^{-\lambda\tau}/n!\right]}{E_f(\tau)}。$$

（b）证明：该缓存区中长期有 i 条记录的时间比 p_i 为

$$\frac{(1/\lambda)\,E_f\left[\sum_{n=i+1}^{\infty}(\lambda\tau)^n\,\mathrm{e}^{-\lambda\tau}/n!\right]}{E_f(\tau)},$$

其中，$i=0,1,\cdots,M-1$。

（c）综上推导出随着时间而变迁的缓冲区中长期的平均记录数。

（d）证明：如果 $\{\tau_i\}$ 服从指数分布且 $E_f(\tau)=\mu^{-1}$，则本题前三个问题的答案分别为

a）$\lambda\left(\dfrac{\lambda}{\lambda+\mu}\right)^M$；

b）$\dfrac{\mu}{\lambda}\left(\dfrac{\lambda}{\lambda+\mu}\right)^{i+1}(i=0,1,\cdots,M-1)$；

c）$M-\dfrac{\mu}{\lambda}\sum_{i=0}^{M-1}(M-i)\left(\dfrac{\lambda}{\lambda+\mu}\right)^{i+1}$。

（e）编写一个 Maple 仿真程序，对任意的 f（非指数）、λ 及 M，至少可以估计（a）～（c）中的一个量。

第8章 马尔可夫链蒙特卡罗方法

马尔可夫链蒙特卡罗（Markov chain Monte Carlo，MCMC）方法指一类从多元分布f中采样随机向量$X^{(0)},X^{(1)},\cdots$（一般情况下它们是不独立的）的方法。在本章中将弃用黑色粗体来表示向量或矩阵这一惯例。向量均假定为列向量。MCMC 通过仿真一条离散时间的马尔可夫链来工作。选择一条适当的（不唯一）马尔可夫链使得它的极限（从而唯一且稳定）分布即为f。因此对基于积分的蒙特卡罗方法来说是有用的。尤其是自 20 世纪 90 年代初 MCMC 就改变了贝叶斯统计的应用现状。本章仅简要介绍 MCMC。很多优秀的著作都对 MCMC 进行了深入介绍，包括 Gamerman（1997）、Gilks 等（1996）、Morgan（2007，第 7 章）、Robert（2001，第六章）、Robert 与 Casella（2004）。这其中，Gibbs 采样是一种流行的 MCMC 方法。对这种类型的采样，网站 http：//www. mrc-bsu. cam. ac/bugs. /welcome. shtml 提供了名为 BUGS 的专用软件包（采用 Gibbs 采样的贝叶斯推断）。该软件中包括“WINBUGS”，即图形用户界面。除了采样以外，它还可以进行贝叶斯推断，同时还包括了可用于评判采样输出何时收敛至分布f的工具。

8.1 贝叶斯统计

假定希望推断某个模型参数向量$\theta^{\mathrm{T}}=(\theta_1,\cdots,\theta_d)\in S\subseteq\mathbf{R}^d$。令$P(\theta)$表示$\theta$的**先验分布**（prior distribution），即模型中在某些随机变量的值被观察之前，θ的分布。假定已观察了那些值并令D表示观察数据。令$P(D\mid\theta)$表示数据的似然函数且令$P(D)=\int_S P(D\mid\theta)P(\theta)\mathrm{d}\theta$。由贝叶斯定理，在给定观察数据的条件下$\theta$的条件概率分布为

$$P(\theta\mid D)=\frac{P(D\mid\theta)P(\theta)}{P(D)}\tag{8.1}$$

$P(\theta\mid D)$称为**后验分布**（posterior distribution）。通常将其记为

$$P(\theta\mid D)\propto L(\theta\mid D)P(\theta),$$

其中，$L(\theta\mid D)$［或简记为$L(\theta)$］为似然函数。通常

$$\mu_h = E_{P(\theta|D)}[h(\theta)] = \int_S h(\theta)P(\theta \mid D)\mathrm{d}\theta \tag{8.2}$$

其中，$h(\theta)$ 为一个已知的 θ 函数。例如，$\theta_i(i=1,2,\cdots,d)$ 的后验边缘期望为

$$E_{P(\theta|D)}(\theta_i) = \int_S \theta_i P(\theta \mid D)\mathrm{d}\,\theta_1\cdots\mathrm{d}\,\theta_d。$$

式（8.2）中的期望可以通过对 $P(\theta \mid D)$ 的仿真 $\{\theta^{(i)}:i=1,2,\cdots,n\}$ 来估计。则 μ_h 的一个无偏估计量为

$$\widehat{\mu_h} = \frac{1}{n}\sum_{i=1}^{n} h(\theta^{(i)}) \tag{8.3}$$

注意到 $\theta^{(1)},\theta^{(2)}\cdots,\theta^{(n)}$ 是同分布的但是它们不必相互独立。在贝叶斯统计分析中，$P(\theta \mid D)$ 通常是多元的，从而通常很难对其进行独立采样。一种可能解决这个问题的办法就是从 θ_1 的后验边缘分布进行采样，然后在 θ_1 给定的条件下对 θ_2 的后验条件分布进行采样，以此类推。这个方法的难点在于 θ_1 的后验边缘分布的获得需要估计一个 $d-1$ 维的积分，从理论上说这是不可能的。这也是为什么要放宽随机变量 $\theta^{(1)},\theta^{(2)},\cdots,\theta^{(n)}$ 相互独立这一要求的原因。然而，

$$\mathrm{Var}_{P(\theta|D)}(\widehat{\mu_h}) = \frac{1}{n}\mathrm{Var}_{P(\theta|D)}[h(\theta)] + \frac{1}{n^2}\sum_{j=1}^{n}\sum_{i=1,(i\neq j)}^{n} \text{由于}\mathrm{Cov}_{P(\theta|D)}[h(\theta^{(i)}),h(\theta^{(j)})],$$

因此，通常总要为独立性条件的缺失而付出代价。当然，如果所有的协方差均为正，则此时估计量的方差比由独立观察值构成的样本的方差要大到几个数量级。另一方面，如果将总协方差调整至负数，则该方差也可以比独立情况下的方差小，但是 MCMC 发展到目前为止都趋向于归为第一类。下面进一步来讨论式（8.1）中的分母项 $P(D)$。为了获得来自 $P(\theta \mid D)$ 的采样就必须估计 $P(D)$，而它的估计需要计算一个 d 维积分。然而，$P(D)$ 只是分布中的一个乘性常数因子，且在即将要采用的方法中要求已知该采样分布仅正比于某个乘性常数因子。

8.2　马尔可夫链和 Metropolis-Hastings 算法

Metropolis-Hastings（MH）算法的思想可追溯到 Metropolis 等（1953）。随后该方法由 Hastings（1970）推广。由前面章节的内容可知利用蒙特卡罗方法进行贝叶斯推断的关键在于从一个多元概率密度 $P(\theta \mid D)$ 采样向量。现在考虑 $f(x)$ 用来替代 $P(\theta \mid D)$，其支撑集为 $S \subseteq \boldsymbol{R}^d$。这里 $x^{\mathrm{T}} = (x_1,x_2,\cdots,x_d)$。随机向量序列 $X^{(0)},X^{(1)},\cdots$ 由状态空间为 S、**转移核**（transition kernel）为 $P(y \mid x)$ 的齐次离散时间的马尔可夫链生成。这意味着：对所有的 $x,y \in S$ 及 $t=1,2,\cdots$，有

$$\begin{aligned} P\{y \mid x\} &= P\{X^{(t)} \leqslant y \mid X^{(t-1)} = x,\cdots,X^{(0)} = x^{(0)}\} \\ &= P\{X^{(t)} \leqslant y \mid X^{(t-1)} = x\} \end{aligned}$$

和

$$P\{X^{(t)} \leqslant y \mid X^{(t-1)} = x\} = P(X^{(1)} \leqslant y \mid X^{(0)} = x)。$$

注意到 $X \leqslant y$ 表示对所有的 $i = 1,2,\cdots,d$，有 $X_i \leqslant y_i$ 成立。将联合条件概率密度记为 $p(y \mid x)$，其中

$$p(y \mid x) = \frac{\partial P(y \mid x)}{\partial y}。$$

所选择的马尔可夫链为遍历的。因此它具有唯一的**平稳**（stationary）概率密度 f。由此可知，在适当预烧期（也就是链的 m 步）后，随机向量 $X^{(m+1)},X^{(m+2)},\cdots$ 具有近似为 f 的边缘概率分布。当然，它们是不独立的。现在可估计 μ_h，其中

$$\mu_h = E_f[h(x)] = \int_S h(x)f(x)\,\mathrm{d}x \tag{8.4}$$

其估计为

$$\widehat{\mu_h} = \frac{1}{n}\sum_{t=m+1}^{m+n} h(X^{(t)}) \tag{8.5}$$

其中，只有 n 足够大才能使 $\widehat{\mu_h}$ 的方差足够小。

基本的 Metropolis-Hastings 算法步骤如下：已知 $X^{(t)} = x$，下一步状态 $X^{(t+1)}$ 以概率 $\alpha(x,y)$ 成为 y 或以概率 $1-\alpha(x,y)$ 保持在 x 不变。这里，y 表示来自**建议密度**（proposal density）$q(y \mid x)$ 的一个**候选点**（candidate point）。候选点的接受概率为

$$\alpha(x,y) = \min\left[1,\frac{f(y)q(x \mid y)}{f(x)q(y \mid x)}\right] \tag{8.6}$$

只要满足一定的正则条件，$q(.\mid.)$ 可以是任何形式（前提是最终的马尔可夫链是遍历的），而这一点所带来的设计上的巨大灵活性是利弊共存的。由此可知序列 $X^{(0)},X^{(1)},\cdots$ 为一条齐次马尔可夫链，对所有的 $x,y \in S$ 且 $x \neq y$，有

$$p(y \mid x) = \alpha(x,y)q(y \mid x),$$

注意到在这条链中，在某一步仍保留在状态 x 的条件概率等于下式的一个质量概率

$$\int_S [1-\alpha(x,y)]q(y \mid x)\,\mathrm{d}y。$$

假定 $\alpha(x,y) < 1$，那么由式（8.6）有 $\alpha(y,x) = 1$。同理，如果 $\alpha(x,y) = 1$，那么 $\alpha(y,x) < 1$。由式（8.6）可知，对所有的 $x \neq y$，有

$$\alpha(x,y)f(x)q(y \mid x) = \alpha(y,x)f(y)q(x \mid y)。$$

这表明该马尔可夫链对所有 $x,y \in S$，当满足平衡条件：

$$f(x)p(y \mid x) = f(y)p(x \mid y)$$

时为时间可逆的。对 y 求和得到

$$f(x) = \int_S f(y)p(x \mid y)\,\mathrm{d}y。$$

上式表明 f 确实为该马尔可夫链的平稳分布。如果该链是遍历的，那么这条链的平

稳分布是唯一的，同时也是它的极限分布。这就意味着在适当的预烧期 m 后，每个 $X^{(t)}(t>m)$ 的边缘分布都近乎为 f，从而式（8.5）的估计可用。

为了估计 μ_h，选取分布范围广泛的初始值将此马尔可夫链复制 K 次。令 $X_i^{(t)}$ 表示第 i 次重复时的第 t 次**平衡**（equilibrium）观察（也就是预烧期后第 t 次的观察）。令

$$\hat{\mu}_h^{(i)} = \frac{1}{n}\sum_{t=1}^{n} h(X_i^{(t)}),$$

$$\hat{\mu}_h = \frac{1}{K}\sum_{i=1}^{K} \hat{\mu}_h^{(i)},$$

则 $\hat{\mu}_h$ 是 μ_h 的无偏估计且估计标准误差为

$$\text{e. s. e. }(\hat{\mu}_h) = \sqrt{\frac{1}{K}\sum_{i=1}^{k}\frac{(\hat{\mu}_h^{(i)}-\hat{\mu}_h)^2}{K-1}}。$$

剩下的问题就是如何评定一个实现已经完成预烧并达到平衡状态了。这是一个棘手的问题，特别是对高维状态空间的情况。一种可能解决这个问题的方法是画出序列 $\{X^{(t)}\}$ 的一个（或多个）分量的图形。另一种方法是对 $t=0,1,2,\cdots$ 画出 $X^{(t)}$ 的某个函数的图形。例如，可以画出 $\{h(X_i^{(t)}),t=1,2,\cdots\}$。不管选择哪种方法，重复 K 个独立复制中的每一个。假定这些链中每一个的初始状态都不相同，当 t 的大小使得所有 K 个图形都表现相似时就预示着可能达到了平衡，从这种意义上说，它们都在一个相同的中心值附近波动并且探测到相同的状态空间区域。进一步的问题是，在每次实现中应该有多少个平衡观察 n 呢？如果这些链有强的正相关性，那么实现将会缓慢地通过状态（慢混合），因此为了能在一次实现中可以探测到整个状态空间 n 需要取大的值。最终得到正的观察值与式（8.6）中 $\alpha(x,y)$ 的计算有关。由于 f 同时出现在式（8.6）中等号右端的分子和分母中，且已知 f 仅正比于任意一个乘性常数因子，因此没有必要去计算式（8.1）中的 $P(D)$。

在原始 Metropolis（Metropolis 等，1953）算法中，取 $q(y\mid x)=q(x\mid y)$。所以

$$\alpha(x,y) = \min\left(1,\frac{f(y)}{f(x)}\right)。$$

一个适当的 q 的选择可以是

$$q(y\mid x)\propto\exp\left[-(y-x)^{\mathrm{T}}\Sigma^{-1}(y-x)\right] \tag{8.7}$$

即给定 x，有 $Y\sim N(x,\Sigma)$，其中，Σ 控制平均步长。如何选择 Σ？大的步长可能有助于好的混合及状态空间的探测，但是会导致候选点频繁地被拒绝，特别是在当前点 x 接近于单峰密度 f 的众数时。小的步长会使得候选点总是被接受，但是也会带来混合慢、烧制时间长及状态空间探测差等影响。因此，显然需要对 Σ 选择一个折中的值。

Hastings（1970）提出**随机游走采样法**（random walk sampler），即给定当前点 x，候选点 $Y=x+W$，其中，W 具有密度 g。因此：

$$q(y \mid x)=g(y-x)。$$

该方法是目前最流行的采样方法。如果 g 为偶函数，那么该采样法也是一个 Metropolis 采样法。式（8.7）的采样法就是一个随机游走算法，且

$$Y=x+\Sigma^{1/2}Z,$$

其中，$\Sigma^{1/2}\Sigma^{1/2\mathrm{T}}=\Sigma$，且 Z 表示由独立同分布的标准正态分布随机变量构成的列向量。

在**独立采样法**（independence sampler）中取 $q(y \mid x)=q(y)$，因此候选点的分布与当前点的分布独立。从而有

$$\alpha(x,y)=\min\left[1,\frac{f(y)q(x)}{f(x)q(y)}\right]。$$

在这种情况下，选择与 f 相似的 q 不失为一个好的策略。它可以使得接受概率接近于 1 且连续的样本之间近似独立，从估计量方差减少的角度来看，这一点也是有利的。在贝叶斯统计中可以选择 q 为参数的先验分布，当后验分布与先验分布之间的区别不大时这将是一个不错的选择。

再次回到随机游走采样法。为了解释不同步长所带来的影响可参见附录 8.1 中的程序“mcmc”。该程序利用下式从 $f(x) \propto \exp(-x^2/2)$ 中获得 x 的采样值，即

$$Y=x+W,$$

其中，$W \sim (a,-a)$。由于 W 的密度关于 0 点对称，因此该采样法也是一个 Metropolis 采样法。其接受概率为

$$\begin{aligned}\alpha(x,y)&=\min\left[1,\frac{f(y)}{f(x)}\right]\\&=\min\left[1,\mathrm{e}^{-(y^2-x^2)/2}\right]。\end{aligned}$$

为了解释不同烧制期所产生的影响，这里采用 $X^{(0)}=-2$ 的初始值，这样的初始化对平衡分布为 $N(0,1)$ 的情况来说是个相对特殊的状态。图 8.1a（$a=0.5$）显示在 200 次迭代后该采样法仍没有达到平衡状态。图 8.1b 中取 $a=3$，可以确定采样方法在 50 和 100 次迭代之间的某次迭代上达到了平衡。图 8.1c ~ e 给出针对 $N(0,1)$，取初始值为 $X^{(0)}=0$（由于平衡条件下最可能状态的相关知识已采用，因此无需预烧过程）且 a 分别取 0.1、1 和 3 时 1000 次迭代的结果。注意到，取 $a=0.1$ 时链混合得非常慢，在像 1000 次这样多的迭代下它仍然没有探测到正态分布的尾部。在图 8.1d 中（$a=1$），对 $N(0,1)$ 的支撑集的探测则要好很多且状态的混合也更好。在图 8.1e 中（$a=3$），马尔可夫链快速地混合，候选点被频繁地拒绝，图形表明其末端的尾部不如图 8.1d 中描述得好。图 8.1f 由 200 个独立的

$N(0,1)$ 变量给出。事实上，该图给出了理想的状态混合，可用于和图 8.1a 及图 8.1b 进行对比。

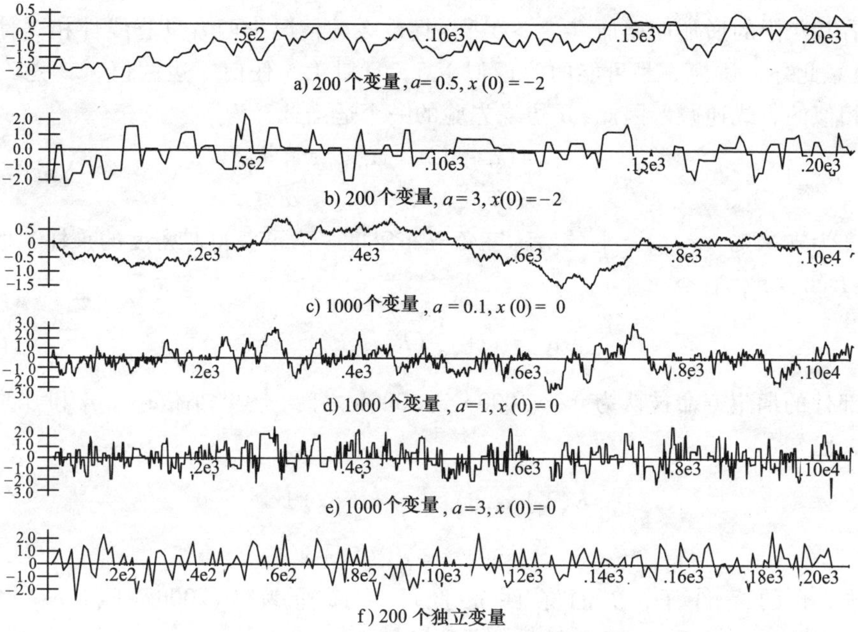

图 8.1 对 $N(0,1)$ 的样本 x 值随着迭代次数的变化情况

8.3 基于独立采样的可靠性推断

韦布尔分布常被用于设备或部件的失效时间建模。假定一组部件是相同的，它们的失效时间 $\{X_i\}$ 独立同分布，且其生存函数为

$$\begin{aligned}\overline{F}(x) &= P(X > x) \\ &= \exp\left[-\left(\frac{x}{\beta}\right)^{\alpha}\right],\end{aligned} \tag{8.8}$$

其中，$x,\alpha,\beta > 0$。由此可知失效时间的概率密度函数为

$$f(x) = \alpha\beta^{-\alpha}x^{\alpha-1}\exp\left[-\left(\frac{x}{\beta}\right)^{\alpha}\right]。$$

假定该部件在年限 x 时仍在工作，则在年限 x 的失效率 $r(x)$ 表示已知该部件使用年限为 x，而它在年限 x 失效的条件概率密度。所以

$$r(x) = \frac{f(x)}{\overline{F}(x)} = \alpha\beta^{-\alpha}x^{\alpha-1} \tag{8.9}$$

对某些部件来说失效率与年限（$\alpha = 1$）无关，但是有很多部件，由于磨损和撕

裂或其他年限所带来的影响，使得它们的失效率随着年限的增加而增加（$\alpha > 1$）。

考虑一组部件，没有任何关于这组部件失效时间的数据可用。工程师认为失效率随着其年限的增加而增加（$\alpha > 1$），且最坏的情况为两者具有线性相关性（$\alpha = 2$）。此外，认为 α 最可能的值近似 1.5，且对 1.5 任何一边的值，其先验概率都以相似的方式递减。因此，α 边缘先验的一个适当选择为

$$g(a) = \begin{cases} 4(\alpha - 1), & 1 < \alpha < 1.5, \\ 4(2 - \alpha), & 1.5 < \alpha \leqslant 2。\end{cases}$$

该密度为支撑集（1，2）上的对称三角分布密度。为了获得此密度的采样，取 R_1，$R_2 \sim U(0,1)$，且令

$$\alpha = 1 + \frac{1}{2}(R_1 + R_2) \tag{8.10}$$

部件的期望寿命被认为介于 2000h 到 3000h 之间，其大小依赖于 α 和 β 的取值于是，已知：

$$\begin{aligned} E(X \mid \alpha,\beta) &= \int_0^{+\infty} \overline{F}(x)\,\mathrm{d}x \\ &= \beta\Gamma(1/\alpha + 1), \end{aligned}$$

在已知 α 的条件下，β 的条件先验可以选择为 $U(2000/[\Gamma(1/\alpha + 1)], 3000/[\Gamma(1/\alpha + 1])$。一旦获得 α 的采样，则由

$$\beta = \frac{1000(2 + R_3)}{\Gamma(1/\alpha + 1)} \tag{8.11}$$

获得 β 的采样，其中，$R_3 \sim U(0,1)$。注意到 α 和 β 的联合先验为

$$g(\alpha,\beta) = \begin{cases} \dfrac{4}{1000}(\alpha - 1)\Gamma(1/\alpha + 1), & 1 < \alpha < 1.5, \\ \dfrac{4}{1000}(2 - \alpha)\Gamma(1/\alpha + 1), & 1.5 < \alpha \leqslant 2 \end{cases} \tag{8.12}$$

其中，$2000/[\Gamma(1/\alpha + 1)] < \beta < 3000/[\Gamma(1/\alpha + 1)$。

为了制订这组部件的维修策略，需要分别知道单个部件使用至 1000h、2000h 和 3000h 的概率。这里没有失效数据可用且与联合先验密度相关的预测生存函数为

$$\begin{aligned} P_{\text{prior}}(X > x) &= E_{g(\alpha,\beta)}\left\{\exp\left[-\left(\frac{x}{\beta}\right)^{\alpha}\right]\right\} \\ &= \int_1^2 \mathrm{d}\alpha \int_{2000/[\Gamma(1/\alpha+1)}^{3000/[\Gamma(1/\alpha+1)} \exp\left[-\left(\frac{x}{\beta}\right)^{\alpha}\right] g(\alpha,\beta)\,\mathrm{d}\beta。\end{aligned}$$

假定存在一组失效时间的随机采样 $x_1, x_2, \cdots, x_n$。表 8.1 给出了 $n = 4.3$ 时的采样结果。已知 α 和 β 的后验密度为

$$\pi(\alpha,\beta) \propto L(\alpha,\beta)g(\alpha,\beta), \tag{8.13}$$

其中，$L(\alpha,\beta)$ 为似然函数。则后验预测生存函数为

$$P_{\text{post}}(X > x) = E_{\pi(\alpha,\beta)}\left\{\exp\left[-\left(\frac{x}{\beta}\right)^{\alpha}\right]\right\}$$
$$= \int_1^2 \mathrm{d}\alpha \int_{2000/[\Gamma(1/\alpha+1)}^{3000/[\Gamma(1/\alpha+1)} \exp\left[-\left(\frac{x}{\beta}\right)^{\alpha}\right]\pi(\alpha,\beta)\,\mathrm{d}\beta \tag{8.14}$$

表 8.1 43 个部件的失效时间 （单位：h）

293	1902	1272	2987	469	3185	1711	8277	356	822	2303
317	1066	1181	923	7756	2656	879	1232	697	3368	486
6767	484	438	1860	113	6062	590	1633	2425	367	712
953	1989	768	600	3041	1814	141	10511	7796	1462	

为了对指定的 x 找到式(8.14)的一个点估计，利用 MCMC 从 $\pi(\alpha,\beta)$ 采样 k 个值 $\{(\alpha_i,\beta_i)\}$，其中建议密度为联合先验密度 $g(\alpha,\beta)$。因此这是一个独立采样的例子。k 个值是在马尔可夫链达到（接近）平衡条件时采样。那么得到估计

$$\hat{P}_{\text{post}}(X > x) = \frac{1}{k}\sum_{i=1}^{k}\exp\left[-\left(\frac{x}{\beta_i}\right)^{\alpha_i}\right]。$$

在附录 8.2 中程序 “fail” 给出了当 $x=1000$h，2000h，3000h 时的估计结果。假定当前点为 (α,β)，且利用式（8.10）和式（8.11）采样得到的候选点为 (α_c,β_c)，则接受概率为

$$\min\left[1,\frac{\pi(\alpha_c,\beta_c)g(\alpha,\beta)}{\pi(\alpha,\beta)g(\alpha_c,\beta_c)}\right] = \min\left[1,\frac{L(\alpha_c,\beta_c)}{L(\alpha,\beta)}\right],$$

其中，

$$L(\alpha,\beta) = \prod_{i=1}^{n}\alpha\, x_i^{\alpha-1}\,\beta^{-\alpha}\exp\left[-\left(\frac{x_i}{\beta}\right)^{\alpha}\right]$$
$$= \alpha^{n}\beta^{-n\alpha}\exp\left[\sum_{i=1}^{n}-\left(\frac{x_i}{\beta}\right)^{\alpha}\right](x_1,\cdots,x_n)^{\alpha-1}。$$

单个部件使用至 1000h，2000h，3000h 的后验估计分别为 0.70、0.45 和 0.29。有意思的是 α 和 β 的最大似然估计（约束条件使得 $\alpha\geqslant 1$）为 $\hat{\alpha}_{m1}=1$ 和 $\hat{\beta}_{m1}=2201$。这表明该部件的失效率应为常量（指数寿命）。然而，先验密度表明失效率是递增的且确定为贝叶斯估计（也就是 α 和 β 的后验边缘期望）的情况。它们的估计分别为 $\hat{\alpha}_{\text{bayes}}=1.131$ 和 $\hat{\beta}_{\text{bayes}}=2470$。

8.4 逐分量 Metropolis-Hastings 采样和 Gibbs 采样

逐分量 Metropolis-Hastings 是一种广义的 Metropolis-Hastings 算法，而 Gibbs 采

样是其特殊情况。在逐分量 Metropolis-Hastings 中每次只更新向量 x 的一个分量。与之前假设相同，希望从密度 f 中采样样本 x。令 $x^{\mathrm{T}} \equiv (x_1, x_2, \cdots, x_d)$ 表示一条极限密度为 f 的马尔可夫链的向量状态。令 x_{-i} 表示从该向量中移出第 i 个分量后的向量，$[y, x_{-i}]$ 表示将该向量中第 i 个分量替换为 y 的向量。假定当前状态为 $(x_1, \cdots, x_d)$，也就是 $[x_i, x_{-i}]$，逐分量 Metropolis-Hastings 从**单变量**（univariate）建议密度中采样 y，即：

$$q(y_i \mid [x_i, x_{-i}])。$$

对第 i 个分量采样得到候选值 y_i（在当前点的条件下）并产生一个候选点 $[y_i, x_{-i}]$。其接受概率为

$$\alpha = \min\left[1, \frac{f([y_i, x_{-i}])q(x_i \mid [y_i, x_{-i}])}{f([x_i, x_{-i}])q(y_i \mid [x_i, x_{-i}])}\right]。$$

然而，$f([x_i, x_{-i}]) = f(x_{-i})f(x_i \mid x_{-i})$，$f([y_i, x_{-i}]) = f(x_{-i})f(y_i \mid x_{-i})$，所以

$$\alpha = \min\left[1, \frac{f(y_i \mid x_{-i})q(x_i \mid [y_i, x_{-i}])}{f(x_i \mid x_{-i})q(y_i \mid [x_i, x_{-i}])}\right]。$$

该方法的本质特征在于，要么状态停留在相同的点，要么转移到“相邻”的点，转移点仅在状态向量中的一个分量上不同。这就意味着所执行的是单变量采样。

这里假定选择建议密度为

$$q(y_i \mid [x_i, x_{-i}]) = f(y_i \mid x_{-i}),$$

则此时接受概率为 1。这就是 Gibbs 采样法。注意到我们是在所有其他分量取当前值的条件下采样（与密度 f 有关）第 i 个分量值的。由此得到的条件密度 $f(y_i \mid x_{-i})$ 称为**满条件的**（full conditional）。由于每次更新中仅有一个分量改变，因此候选点的更新缓慢，这也是这类算法的缺点所在。与更一般的 Metropolis-Hastings 算法相比，这类算法的主要优点在于，从 d 个单变量密度中采样要比单独从一个 d 维变量的密度中采样简单得多。在这类算法的有些形式中，分量 i 的选择是随机的。然而，大多数这类算法在实现时还是选择从分量 1 依次采样至分量 d，由此构成算法中的一次迭代如下所示。

$t := 0$

1. $X_1^{(t+1)} \sim f(x_1 \mid x_2^{(t)}, x_3^{(t)}, \cdots, x_d^{(t)})$

$X_2^{(t+1)} \sim f(x_2 \mid x_1^{(t+1)}, x_3^{(t)}, \cdots, x_d^{(t)})$

$\vdots$

$X_d^{(t+1)} \sim f(x_d \mid x_1^{(t+1)}, x_3^{(t+1)}, \cdots, x_{d-1}^{(t+1)})$

$t := t + 1$

返回步骤 1。

上述采样均来自单变量的满条件分布。例如，在某一个阶段需要从如下密度进行采样，即

$$f(x_3 \mid x_1, x_2, x_4, \cdots, x_d)。$$

然而，该分布与联合密度

$$f(x_1, x_2, x_3, x_4, \cdots, x_d)$$

成正比，其中，$x_1, x_2, x_3, x_4, \cdots, x_d$ 已知。此时若存在一种要求已知单变量密度仅正比于某个乘性常数因子的单变量生成方法，那么该方法将特别高效。然而，注意到满条件分布不仅在一次迭代采样不同分量时会发生改变，同时在不同迭代（由于参数值，即剩余分量的值已经改变）中采样相同分量时也会发生变化。这就意味着所采用的单变量采样方法需要将时间设置得较小。因此，诸如自适应取舍采样法（见3.4节）这样的方法可能会特别适合。

假定该方法包含了从满条件分布进行采样，可最终确认该方法比直接仿真［即从边缘密度 $f(x_1)$ 采样 X_1，然后从条件密度 $f(x_2 \mid x_1)$ 采样 X_2，…从条件密度 $f(x_d \mid x_1, \cdots, x_{d-1})$ 采样 X_d］要简单得多。为了说明事实如此，注意到为了获得 $f(x_1)$ 首先必须对其他 $d-1$ 个变量进行积分，而该积分计算从计算的角度来说，代价是十分高昂的。

为了解释该方法，与 Robert 和 Casella（2004, p. 372）以及 Besag（1974）中所讨论的一样，假定对 $x_i \geqslant 0$ 及所有的 i，有

$$f(x_1, x_2, x_3) = \exp[-(x_1 + x_2 + x_3) - \theta_{12} x_1 x_2 - \theta_{23} x_2 x_3 - \theta_{31} x_3 x_1] \tag{8.15}$$

其中，$\{\theta_{ij}\}$ 为已知的正常数。则

$$\begin{aligned} f(x_1 \mid x_2, x_3) &= \frac{f(x_1, x_2, x_3)}{f(x_2, x_3)} \\ &\propto f(x_1, x_2, x_3) \\ &\propto \exp(-x_1 - \theta_{12} x_1 x_2 - \theta_{31} x_3 x_1)。\end{aligned}$$

因此，X_1 的满条件分布为

$$X_1 \mid x_2, x_3 \sim \text{Exp}(1 + \theta_{12} x_2 + \theta_{31} x_3),$$

即期望为 $(1 + \theta_{12} x_2 + \theta_{31} x_3)^{-1}$ 的负指数分布。其他分量的满条件分布同理可得。

8.4.1 多重失效率的估计

Gaver 和 O'Muircheartaigh（1987）估计了某发电厂10台不同抽水泵的失效率。他们的模型之一具有如下形式。令 X_i 表示对第 i 个抽水泵在 $[0, t_i]$ 内观察到的失效数（$i = 1, 2, \cdots, 10$），其中 $\{t_i\}$ 已知。假定 $X_i \mid \lambda_i \sim \text{Poisson}(\lambda_i t_i)$，其中 $\{\lambda_i \mid \alpha, \beta\}$ 独立分布为 $g_{\lambda_i \mid \beta}(\lambda \mid \beta) \sim \text{gamma}(\alpha, \beta)$，$\beta$ 为来自 $g_\beta(\beta) \sim \text{gamma}(\gamma, \delta)$ 的一个实现。假定**超参数**（hyperparameter）α、γ 和 δ 已知。表8.2中的前四列分别给出了包含 x_i、t_i 的采样数据及原失效率 $r_i = x_i / t_i$。

本例的目的是为了获得10个失效率为 $\{\lambda_i\}$ 的后验分布。$\{\lambda_i\}$ 的似然函

数为

表 8.2 抽水泵失效［数据除最后一列之外均来自 Gaver 和 O'Muircheartaigh (1987)］

抽水泵	x_i	$t_i\times10^{-3}/\text{h}$	$r_i\times10^{3}/\text{h}^{-1}$	贝叶斯估计 $=\hat{\lambda}_i\times10^{3}/\text{h}^{-1}$
1	5	94.320	0.053	0.0581
2	1	15.720	0.064	0.0920
3	5	62.860	0.08	0.0867
4	14	125.760	0.111	0.114
5	3	5.240	0.573	0.566
6	19	31.440	0.604	0.602
7	1	1.048	0.954	0.764
8	1	1.048	0.954	0.764
9	4	2.096	1.91	1.470
10	22	10.480	2.099	1.958

$$
\begin{aligned}
L(\{\lambda_i\}) &= \prod_{i=1}^{10}\frac{\mathrm{e}^{-\lambda_i t_i}(\lambda_i t_i)^{x_i}}{x_i!}\\
&\propto \prod_{i=1}^{10}\mathrm{e}^{-\lambda_i t_i}\lambda_i^{x_i} \qquad (8.16)
\end{aligned}
$$

且其先验分布为

$$
\begin{aligned}
g_{\{\lambda_i\},\beta}(\{\lambda_i\},\beta) &= g_\beta(\beta)\prod_{i=1}^{10}g_{\lambda_i|\beta}(\lambda_i\mid\beta)\\
&= \frac{\mathrm{e}^{-\delta\beta}\beta^{\gamma-1}\delta^\gamma}{\Gamma(\gamma)}\prod_{i=1}^{10}\frac{\mathrm{e}^{-\beta\lambda_i}\beta^\alpha\lambda_i^{\alpha-1}}{\Gamma(\alpha)}\\
&\propto \mathrm{e}^{-\delta\beta}\beta^{\gamma-1}\prod_{i=1}^{10}\mathrm{e}^{-\beta\lambda_i}\beta^\alpha\lambda_i^{\alpha-1} \qquad (8.17)
\end{aligned}
$$

后验联合分布为

$$\pi_{\{\lambda_i\},\beta}(\{\lambda_i\},\beta)\propto L(\{\lambda_i\})\,g_{\{\lambda_i\},\beta}(\{\lambda_i\},\beta),$$

β 的后验满条件分布为

$$
\begin{aligned}
\pi(\beta\mid\{\lambda_i\}) &\propto \mathrm{e}^{-\delta\beta}\beta^{\gamma-1}\prod_{i=1}^{10}\mathrm{e}^{-\beta\lambda_i}\beta^\alpha\\
&= \beta^{10\alpha+\gamma-1}\,\mathrm{e}^{-\beta(\delta+\sum_{i=1}^{10}\lambda_i)},
\end{aligned}
$$

该分布为一个 gamma$\left(10\alpha+\gamma,\delta+\sum_{i=1}^{10}\lambda_i\right)$密度。

λ_j 的后验满条件分布为

$$\pi_{\lambda_j|\{\lambda_i:i\neq j\},\beta}(\lambda_j\mid\{\lambda_i:i\neq j\},\beta)\propto \mathrm{e}^{-\beta\lambda_j}\lambda_j^{\alpha-1}\,\mathrm{e}^{-\lambda_j t_j}\lambda_j^{x_j}$$

该分布为一个 gamma ($\alpha+x_j,\beta+t_j$) 密度。注意到在 $i\neq j$ 时该分布不依赖于 λ_i。由于满条件分布均为标准分布，因此对本例来说 Gibbs 采样尤为简单。第 j 个失效

率的贝叶斯估计为

$$
\begin{aligned}
\widehat{\lambda_j} &= E_{\pi_\beta}(E_{\pi_{\lambda_j|\beta}}[\lambda_j]) \\
&= E_{\pi_\beta}\left(\frac{\alpha + x_j}{\beta + t_j}\right) \qquad (8.18)
\end{aligned}
$$

其中，π_β 为 β 的后验边缘密度。

剩下的问题是如何选择超参数 α、γ 和 δ。当 $\gamma > 1$ 时，对 $j = 1,2,\cdots,10$，λ_j 的先验边缘期望为

$$
\begin{aligned}
E_{g\{\lambda_i\},\beta}(\lambda_j) &= E_{g\beta}(E_{g\lambda_j|\beta}[\lambda_j]) \\
&= E_{g\beta}\left(\frac{\alpha}{\beta}\right) \\
&= \int_0^{+\infty} \frac{\alpha}{\beta} \frac{e^{-\delta\beta}\beta^{\gamma-1}\delta^\gamma}{\Gamma(\gamma)} d\beta \\
&= \frac{\alpha\delta\Gamma(\gamma-1)}{\Gamma(\gamma)} \\
&= \frac{\alpha\delta}{\gamma-1} \qquad (8.19)
\end{aligned}
$$

同理，当 $\gamma > 2$ 时，有

$$
\begin{aligned}
\mathrm{Var}_{g\{\lambda_i\},\beta}(\lambda_j) &= E_{g\beta}(\mathrm{Var}_{g\lambda_j|\beta}[\lambda_j]) + \mathrm{Var}_{g\beta}(E_{g\lambda_j|\beta}[\lambda_j]) \\
&= E_{g\beta}\left(\frac{\alpha}{\beta^2}\right) + \mathrm{Var}_{g\beta}\left(\frac{\alpha}{\beta}\right) \\
&= E_{g\beta}\left(\frac{\alpha}{\beta^2}\right) + E_{g\beta}\left(\frac{\alpha^2}{\beta^2}\right) - \left[E_{g\beta}\left(\frac{\alpha}{\beta}\right)\right]^2 \\
&= \alpha(1+\alpha)\int_0^{+\infty} \frac{e^{-\delta\beta}\beta^{\gamma-1}\delta^\gamma}{\beta^2\Gamma(\gamma)} d\beta - \left(\frac{\alpha\delta}{\gamma-1}\right)^2 \\
&= \frac{\alpha(1+\alpha)\delta^2}{(\gamma-1)(\gamma-2)} - \left(\frac{\alpha\delta}{\gamma-1}\right)^2 \\
&= \frac{\alpha\delta^2(\alpha+\gamma-1)}{(\gamma-1)(\gamma-2)} \qquad (8.20)
\end{aligned}
$$

在 Gaver 和 O'Muircheartaigh（1987）的最初研究及后续针对此数据集的多种分析中，包括 Robert 和 Casella（2004，pp. 385-7）及 Gelfand 和 Smith（1990）均采用**经验**（empirical）贝叶斯法来拟合超参数 α、γ 和 δ（实际的做法是任意地设置为 1）。在经验贝叶斯法中，数据用于估计超参数并由此得到先验分布。这里采用的是真实贝叶斯方法。假定对超参数 α、γ 和 δ 的主观评定是建立在任何一个失效率的先验边缘期望和标准差分别为（每千小时）$\frac{1}{2}$ 和 2 的先验上。利用式（8.19）和式（8.20）可拟合这三个参数中的前两个。第三个超参数的拟合是基于对任何

一个抽水泵其失效率超过 5（每千小时）的边缘概率为 0.01 的先验。拟合结果如下

$$\alpha = 0.54, \gamma = 2.20, \delta = 1.11 \tag{8.21}$$

图 8.2 中的图形给出了在 200 次迭代的烧制期后 2000 次迭代的 Gibbs 采样结果（见附录 8.3 中的程序“pump”）。直方图描述了 10 个失效率（每千小时）的后验分布。每个图像上所添加的曲线代表了每个抽水泵失效率的（共同的）先验边缘密度。注意到由于 $\alpha < 1$，因此当 $\lambda_j \to 0$ 时先验边缘密度无界。λ_j 的贝叶斯估计即为模拟值 $\left\{\dfrac{\alpha + x_j}{\beta^{(i)} + t_j} : i = 1, 2, \cdots, 2000\right\}$ 的样本均值。

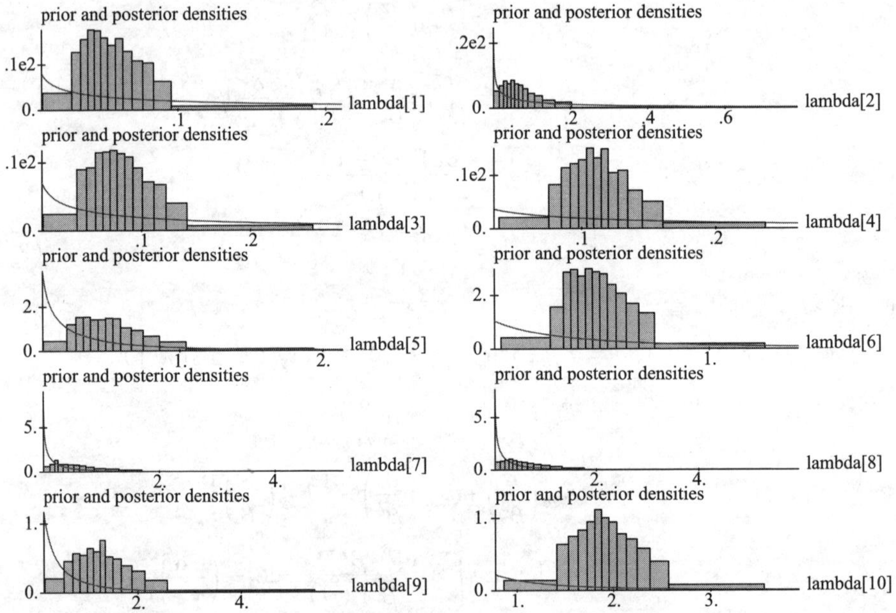

图 8.2 10 个失效率的后验密度和先验密度

这样的仿真同样也可以用来确定第 j 个抽水泵的后验生存概率，即 $E_{\pi\{\lambda_i\},\beta(\{\lambda_i\},\beta)}(\mathrm{e}^{-\lambda_j y})$。那么

$$\begin{aligned} E_{\pi\{\lambda_i\},\beta}(\mathrm{e}^{-\lambda_j y}) &= E_{\pi\beta}[E_{\pi_{\lambda_j}|\beta}(\mathrm{e}^{-\lambda_j y})] \\ &= E_{\pi\beta}\left[\int_0^{+\infty} \frac{\mathrm{e}^{-\lambda_j y}\,\mathrm{e}^{-\lambda_j(\beta+t_j)}\,\lambda_j^{x_j+\alpha-1}\,(\beta+t_j)^{x_j+\alpha}\,\mathrm{d}\lambda_j}{\Gamma(x_j)}\right] \\ &= E_{\pi\beta}\left[\left(\frac{\beta+t_j}{\beta+t_j+y}\right)^{x_j+\alpha}\right], \end{aligned}$$

因此，它的估计即为 $\left\{\left[\dfrac{\beta^{(i)} + t_j}{\beta^{(i)} + t_j + y}\right]^{x_j+\alpha} : i = 1, \cdots, 2000\right\}$ 的样本均值。

8.4.2 捕获-再捕获

本节的目的是以 Castledine（1981）和 George 与 Robert（1992）中的情况为例，估计一群动物的未知种群规模 N。在第一阶段中，令 p 表示群体中每只动物共有的捕获概率。对捕获的每只动物进行标记并放回群体中。在第二阶段，假定 N 和 p 大小不变。令 $n_{1,0}$、$n_{0,1}$ 及 $n_{1,1}$ 分别表示仅在第一阶段被捕获的动物数、仅在第二阶段被捕获的动物数以及在两个阶段均被捕获的动物数。令

$$n = n_{1,0} + n_{0,1} + 2n_{1,1}$$

表示在两个阶段中被捕获动物的组合计数（即两个阶段总的捕获动物的次数）。令

$$n' = n_{1,0} + n_{0,1} + n_{1,1}$$

表示在两个阶段中被捕获动物的分开计数（即两个阶段总的捕获动物数）（有些在第一阶段被捕获并标记的动物可能在第二阶段再次被捕获）。

利用多项式分布得到这些数据的似然函数为

$$L(N,p) = \frac{N!}{n_{1,1}!n_{1,0}!n_{0,1}!(N-n')!}[p(1-p)]^{n_{1,0}}[p(1-p)]^{n_{0,1}}[p^2]^{n_{1,1}}[(1-p)^2]^{N-n'}$$

$$= \binom{N}{n_{1,1}\ n_{1,0}\ n_{0,1}} p^n (1-p)^{2N-2n'+n_{1,0}+n_{0,1}}$$

$$= \binom{N}{n_{1,1}\ n_{1,0}\ n_{0,1}} p^n (1-p)^{2N-n}。$$

假定对 p 的值知之甚少，那么它的一个合适的先验分布为 $U(0,1)$。假定 N 的先验分布为 $\text{Poisson}(\lambda)$，其中 $\lambda = 250$。现在的目的是在给定 n 和 n' 的条件下找到 N 的分布。特别地，是希望找到 N 的贝叶斯估计，即 N 的后验期望值。

N 和 p 的联合后验分布为

$$\pi(N,p) \propto \frac{p^n(1-p)^{2N-n}\lambda^N}{(N-n')!}。$$

现在令 $N' = N - n'$ 表示聚集动物的群体中在任何阶段都没被捕获的动物数。则 N' 和 p 的联合后验分布为

$$\pi(N',p) \propto \frac{p^n(1-p)^{2N'+2n'-n}\lambda^{N'+n'}}{N'!} \tag{8.22}$$

则 p 和 N' 的满条件分布为

$$p \mid N' \sim \text{beta}(n+1, 2N' + n_{1,0} + n_{0,1} + 1)$$

及

$$N' \mid p \sim \text{Poisson}(\lambda(1-p)^2)。$$

利用 Gibbs 采样获得 m 个平衡值 $(N'^{(1)}, p^{(1)}), \cdots, (N'^{(m)}, p^{(m)})$。由于

$$E_{\pi(N'|p)}(N' \mid p) = \lambda(1-p)^2,$$

因此 N' 的一个贝叶斯估计为 $E_{\pi(p)}(\lambda(1-p)^2)$。该期望值的 MCMC 估计为

$$\frac{\lambda}{m}\sum_{i=1}^{m}\lambda\left[1-p^{(i)}\right]^2$$

(见附录 8.4 中的程序“gibbscapture”)。

Gibbs 采样很好地解决了这个例子中的问题。然而，如果存在能完全避免采用蒙特卡罗方法的机会，那么我们也应该抓住它。通过对式（8.22）中的 N' 求和得到 p 的后验边缘密度为

$$E_p(p) \propto p^n(1-p)^{2n'-n}\mathrm{e}^{\lambda(1-p)^2}。$$

由附录 8.4 中的数据值 $\lambda=250, n=160, n'=130$，并利用 Maple 中的数值积分求得 N' 的贝叶斯估计为

$$\begin{aligned}E_{\pi_p}[E_{\pi_{N'|p}}(N'\mid p)] &= E_{\pi_p}(\lambda(1-p)^2)。\\ &= \frac{\lambda\int_0^1 p^n(1-p)^{2n'-n+2}\mathrm{e}^{\lambda(1-p)^2}\mathrm{d}p}{\int_0^1 p^n(1-p)^{2n'-n}\mathrm{e}^{\lambda(1-p)^2}\mathrm{d}p}\\ &= 111.30 \qquad (8.23)\end{aligned}$$

该值可以与由 Gibbs 采样得到的估计值 113.20 进行比较，在 Gibbs 采样中预烧期进行了 200 次迭代后又进行了 500 次迭代。具体可参见附录 8.4。

8.4.3 最小修

在本例中考虑多个部件的失效问题。由于这里部件的失效被认为是随着年限而递增的，因此不同于 8.4.1 节中的例子，不能假定任何部件的失效都服从一个泊松过程。

m 个部件中的第 i 个部件在 0 时刻是新的，对其进行固定时间为 $T^{(i)}$ 的测试。从 0 时刻开始到第一次失效的时间密度指定为 $f(x\mid\alpha_i,\lambda_i)$，其中，$(\alpha_i,\lambda_i)(i=1,2,\cdots,m)$ 独立分布为 $g(\alpha,\lambda\mid\mu,b)$，$g$ 为一个先验密度。参数 b 本身服从一个超先验密度 $w(b\mid\gamma,\delta)$。假定超参数 μ、γ 和 δ 均已知。

若已知 $\{(\alpha_i,\lambda_i)\}$，则 m 个部件的失效是独立的。令 $\overline{F}_i(x)=\int_x^{+\infty}f(u\mid\alpha_i,\lambda_i)\mathrm{d}u$。在失效期 $[0,T^{(i)}]$ 内第 i 个部件是瞬时完成最小修的。这意味着：假定第 j 次失效发生在年限 $x_{(j)}^{(i)}<T^{(i)}$，则在 $x_{(1)}^{(i)},\cdots,x_{(j)}^{(i)}$ 的条件下，对 $T^{(i)}>x>x_{(j)}^{(i)}$，下一次失效 $X_{(j+1)}^{(i)}$ 发生年限的密度为 $f_i(x)/\overline{F}_i(x_{(j)}^{(i)})$。而下一次失效存在发生在观察区间 $[0,T^{(i)}]$ 外的概率为 $\overline{F}_i(T^{(i)})/\overline{F}_i(x_{(j)}^{(i)})$。从物理上说，最小修情形意味着，在第 j 次修理后的瞬间，部件的表现完全与其在年限 $x_{(j)}^{(i)}$ 从未发生失效时一

样。换句话说，该部件“和之前一样的不好”（即部件状态恢复到失效前）。假定在观察区间 $[0, T^{(i)}]$ 内观察到部件 i 的 n_i 次这样的失效及修理发生在时刻 $x_{(1)}^{(i)} < \cdots < x_{(n_i)}^{(i)} < T^{(i)}$，则 n_i 与 $\{x_{(j)}^{(i)}: j = 1,2,\cdots,n_i\}$ 的联合分布/密度为

$$h(n_i, \{x_{(j)}^{(i)}: j = 1,2,\cdots,n_i\} \mid \alpha_i, \lambda_i) = \frac{\overline{F}_i(T^{(i)})}{\overline{F}_i(x_{(n_i)}^{(i)})} \prod_{j=1}^{n_i} \frac{f_i(x_{(j)}^{(i)})}{\overline{F}_i(x_{(j-1)}^{(i)})}$$

其中，$x_{(0)}^{(i)} = 0$。由此得到总的模型如下：

$$N_i, \{X_{(j)}^{(i)}: j = 1,2,\cdots,N_i\} \underset{\sim}{\text{独立}} h(n_i, \{x_{(j)}^{(i)}: j = 1,2,\cdots,n_i\} \mid \alpha_i, \lambda_i) \quad (i = 1,2,\cdots,m),$$

$$(\alpha_i, \lambda_i) \underset{\sim}{\text{i. i. d.}} g(\alpha, \lambda \mid \mu, b) \quad (i = 1,2,\cdots,m),$$

$$b \sim w(b \mid \gamma, \delta)。$$

对单独部件 i 而言，这些数据的似然函数为

$$L^{(i)} = h(n_i, \{x_{(j)}^{(i)}: j = 1,2,\cdots,n_i\} \mid \alpha_i, \lambda_i)。$$

现在假定：

$$\overline{F}_i(x) = \mathrm{e}^{-(\lambda_i x)^{\alpha_i}}$$

为韦布尔分布。那么

$$L^{(i)} = \mathrm{e}^{-(\lambda_i T^{(i)})^{\alpha_i}} \prod_{j=1}^{n_i} \alpha_i (x_{(j)}^{(i)})^{\alpha_i - 1} \lambda_i^{\alpha_i}$$

$$= \mathrm{e}^{-(\lambda_i T^{(i)})^{\alpha_i}} \alpha_i^{n_i} \lambda_i^{n_i \alpha_i} \left[\prod_{j=1}^{n_i} x_{(j)}^{(i)}\right]^{\alpha_i - 1}。$$

因此其完全似然函数为

$$L(\{\alpha_i\}, \{\lambda_i\}) = \mathrm{e}^{-\sum_{i=1}^{m}[\lambda_i T^{(i)}]^{\alpha_i}} \prod_{i=1}^{m} \alpha_i^{n_i} \lambda_i^{n_i \alpha_i} \left[\prod_{j=1}^{n_i} x_{(j)}^{(i)}\right]^{\alpha_i - 1}。$$

$\{\alpha_i\}$ 和 $\{\lambda_i\}$ 的先验分布取为

$$g(\{\alpha_i\}, \{\lambda_i\}) = \prod_{i=1}^{m} g_\alpha(\alpha_i) \frac{\mu(b-1)}{\Gamma(\frac{1}{\alpha_i}+1)}^{b} \frac{\lambda_i^{b-1}}{\Gamma(b)} \exp - \frac{\mu(b-1)\lambda_i}{\Gamma\left(\frac{1}{\alpha_i}+1\right)} \tag{8.24}$$

其中 $b-2$ 在支撑集 $[0, +\infty)$ 上具有密度 gamma（γ, δ）。这里 $b > 2$ 的条件来自 X 的先验方差有限。式（8.24）表明：对 $i = 1,2,\cdots,m$，在给定 $\{\alpha_k\}$、$\{\lambda_k: k \neq i\}$ 和 b 的条件下，λ_i 的先验条件密度为 gamma $b, \dfrac{[\mu(b-1)]}{\left[\Gamma\left(\frac{1}{\alpha_i}+1\right)\right]}$，且 $g_\alpha(\alpha_i)$ 为 α_i 的先验边缘密度。超参数 μ 和 δ 均为正数，且如果 X 的先验方差取为有限，则 $\gamma > 1$ 是必要条件。由部件的失效率递增这一先验得到 $g(\alpha)$ 的唯一约束为其支撑集不能包括 $(-\infty, 1)$。假定 X_i 为第 i 个部件第　次失效的时间。则结果如下：

$$E(X_i \mid \alpha_i, \lambda_i) = \int_0^{+\infty} \overline{F}_i(x)\,\mathrm{d}x$$

$$= \lambda_i^{-1}\Gamma\left(\frac{1}{\alpha_i}+1\right),$$

且

$$E(X_i^2 \mid \alpha_i,\lambda_i) = \int_0^{+\infty} 2x\,\overline{F}_i(x)\,\mathrm{d}x$$

$$= \lambda_i^{-2}\Gamma\left(\frac{2}{\alpha_i}+1\right),$$

所以，在给定 α_i 和 b 的条件下，X_i的先验期望为

$$E(X_i \mid \alpha_i,b) = \Gamma\left(\frac{1}{\alpha}+1\right)\int_0^{+\infty}\frac{\lambda_i^{\,b-2}}{\Gamma(\alpha)}\exp -\frac{\mu(b-1)\lambda_i}{\Gamma\left(\frac{1}{\alpha_i}+1\right)}\ \frac{\mu(b-1)}{\Gamma\left(\frac{1}{\alpha_i}+1\right)}^{b}\,\mathrm{d}\lambda_i$$

$$= \Gamma\left(\frac{1}{\alpha_i}+1\right)\frac{\Gamma(b-1)}{\Gamma(b)}\,\frac{\mu(b-1)}{\Gamma\left(\frac{1}{\alpha_i}+1\right)}$$

$$= \mu,$$

显然，该值与α_i、b 无关。所以

$$E(X_i) = \mu \tag{8.25}$$

在给定 α_i 和 b 的条件下，X_i^2 的先验期望为

$$E(X_i^2 \mid \alpha_i,b) = \Gamma\left(\frac{2}{\alpha_i}+1\right)\int_0^{+\infty}\frac{\lambda_i^{\,b-3}}{\Gamma(b)}\exp\ -\frac{\mu(b-1)\lambda_i}{\Gamma\left(\frac{1}{\alpha_i}+1\right)}\ \frac{\mu(b-1)}{\Gamma\left(\frac{1}{\alpha_i}+1\right)}^{b}\,\mathrm{d}\lambda_i$$

$$= \Gamma\left(\frac{2}{\alpha_i}+1\right)\ \frac{\mu(b-1)}{\Gamma\left(\frac{1}{\alpha_i}+1\right)}^{2}\ \frac{\Gamma(b-2)}{\Gamma(b)}$$

$$= \frac{\mu^2\Gamma\left(\frac{2}{\alpha_i}+1\right)(b-1)}{\Gamma^2\left(\frac{1}{\alpha_i}+1\right)(b-2)}。$$

对 b 求积分，得到

$$E(X_i^2 \mid \alpha_i) = \frac{\mu^2\Gamma\left(\frac{2}{\alpha_i}+1\right)}{\Gamma^2\left(\frac{1}{\alpha_i}+1\right)}E_{w(b\mid\gamma,\delta)}\left(\frac{b-1}{b-2}\right)$$

$$= \frac{\mu^2\Gamma\left(\frac{2}{\alpha_i}+1\right)}{\Gamma^2\left(\frac{1}{\alpha_i}+1\right)}\left(1+\frac{\delta}{\gamma-1}\right),$$

所以

$$E(X_i^2) = \mu^2\left(1 + \frac{\delta}{\gamma - 1}\right)E_{g_\alpha(\alpha_i)}\ \frac{\Gamma\left(\frac{2}{\alpha_i} + 1\right)}{\Gamma^2\left(\frac{1}{\alpha_i} + 1\right)},$$

从而 X_i 的先验方差为

$$\mathrm{Var}(X_i) = \mu^2\left\{\left(1 + \frac{\delta}{\gamma - 1}\right)E_{g_\alpha(\alpha_i)}\ \frac{\Gamma\left(\frac{2}{\alpha_i} + 1\right)}{\Gamma^2\left(\frac{1}{\alpha_i} + 1\right)} - 1\right\}, \tag{8.26}$$

由式（8.25）和式（8.26）的结果可得到一种简单的设置参数的方式。设置 μ 为 m 个部件中的任何一个第一次失效的先验期望时间，利用其方差的相关先验可得到其值为 $\frac{\delta}{\gamma - 1}$。为了使拟合过程简单，可通过主观评定 $b - 2$ 的期望值 $\frac{\gamma}{\delta}$ 来得到最终的超参数拟合。

接下来的目的是在给定所观察的失效数据 $\{[x_{(1)}^{(i)}, x_{(2)}^{(i)}, \cdots, x_{(n_i)}^{(i)}]: i = 1,2,\cdots, m\}$ 的条件下，从 $\{(\alpha_i, \lambda_i): i = 1,2,\cdots,m\}$ 及 b 的后验分布中进行采样。后验密度为

$$\pi(\{\alpha_i\},\{\lambda_i\},b) \propto \frac{\delta^\gamma(b-2)^{\gamma-1}\,\mathrm{e}^{-\delta(b-2)}}{\Gamma(\gamma)}\cdot$$

$$\prod_{i=1}^{m}\left\{\alpha_i^{n_i}\lambda_i^{n_i\alpha_i}\left(\prod_{j=1}^{n_i}x_{(j)}^{(i)}\right)^{\alpha_i-1}g(\alpha_i)\ \frac{\mu(b-1)}{\Gamma\left(\frac{1}{\alpha_i}+1\right)}^{\ b}\cdot\right.$$

$$\left.\frac{\lambda_i^{b-1}}{\Gamma(b)}\exp\ -\frac{\mu(b-1)\lambda_i}{\Gamma\left(\frac{1}{\alpha_i}+1\right)} - (\lambda_i T^{(i)})^{\alpha_i}\right\}。$$

对 $i = 1,2,\cdots,m$，各分量的满条件分布分别为

$$\pi(\alpha_i \mid \{\alpha_k: k \neq i\},\{\lambda_k\},b) \propto \exp\ -\frac{\mu(b-1)\lambda_i}{\Gamma\left(\frac{1}{\alpha_i}+1\right)} - (\lambda_i T^{(i)})^{\alpha_i}\cdot$$

$$\alpha_i^{n_i}\lambda_i^{n_i\alpha_i}\left(\prod_{j=1}^{n_i}x_{(j)}^{(i)}\right)^{\alpha_i-1}g(\alpha_i)\left[\Gamma\left(\frac{1}{\alpha_i}+1\right)\right]^{-b} \tag{8.27}$$

$$\pi(\lambda_i \mid \{\alpha_k\},\{\lambda_k: k \neq i\},b) \propto \exp\ -\frac{\mu(b-1)\lambda_i}{\Gamma\left(\frac{1}{\alpha_i}+1\right)} - (\lambda_i T^{(i)})^{\alpha_i}\ \lambda_i^{n_i\alpha_i+b-1} \tag{8.28}$$

$$\pi(b \mid \{\alpha_k\},\{\lambda_k\}) \propto \frac{(b-2)^{\gamma-1}\left\{[\mu(b-1)]^m \prod_{i=1}^{m} \lambda_i/\Gamma\left(\frac{1}{\alpha_i}+1\right)\right\}^b}{\Gamma^m(b)}.$$

$$\exp^{-\delta(b-2)-\mu(b-1)\sum_{i=1}^{m}\frac{\lambda_i}{\Gamma\left(\frac{1}{\alpha_i}+1\right)}} \tag{8.29}$$

注意到式（8.28）是对数-凹的，因此可采用自适应取舍法。然而式（8.27）和式（8.29）显然不满足这个条件。所幸的是，Gilks 等（1995）给出了如何在自适应采样法中引入 Metropolis 步骤以放宽对数-凹条件的方法。该方法称为自适应取舍 Metropolis 采样法（Adaptive Rejection Metropolis Sample，ARMS）。

8.5 Gibbs 采样的其他方面

8.5.1 切片采样

假定需要从单变量密度

$$f(x) \propto f_1(x) \propto \cdots \propto f_k(x)$$

进行采样，其中 $f_1(x), f_2(x), \cdots, f_k(x)$ 为非负函数。定义 g 为随机变量 $U_1, U_2, \cdots, U_k, X$ 的联合概率密度，其中

$$g(u_1, u_2, \cdots, u_k, x) = B \tag{8.30}$$

为一个常数，其支撑集为

$$S = \{(u_1, u_2 \cdots, u_k, x): 0 \leqslant u_i \leqslant f_i(x), \forall i, x \in \text{support}(f)\} \tag{8.31}$$

依次对 $u_1, u_2 \cdots, u_k$ 积分，得到 X 的边缘密度为

$$\begin{aligned} g_X(x) &= B\int_0^{f_k(x)} \mathrm{d}\, u_k \cdots \int_0^{f_1(x)} \mathrm{d}\, u_1 \\ &= B f_1(x) \cdots f_k(x)。\end{aligned}$$

由此可知 $g_X(x) = f(x)$。然后在随机变量的集合 $\{U_1, U_2, \cdots, U_k, X\}$ 上利用 Gibbs 采样法就可以得到（非独立的）X 的连续采样值。由式（8.30）和式（8.31）可求得 U_1 的满条件分布为

$$g_{U_1|.}(u_1 \mid u_2, u_3, \cdots, u_k, x) \propto B,$$

支撑集为 $[0, f_1(x)]$。X 的满条件分布为

$$g_{X|.}(x \mid u_1, u_2, \cdots, u_k, x) \propto B,$$

支撑集为 $D = \{x: u_i \leqslant f_i(x), \forall i, x \in \text{support}(f)\}$。

由此得到 Gibbs 采样方案如下：

$u_1 \sim U(0, f_1(x))$，

$u_2 \sim U(0, f_2(x))$，

⋮

⋮

$u_k \sim U(0, f_k(x))$,

$x \sim U(D)$。

以采样一个截尾 gamma 分布为例。该分布取完整 gamma 密度中值大于 a 的部分。gamma 分布的密度为

$$f(x) \propto x^{\alpha-1} e^{-x},$$

支撑集为 $[a, +\infty)$，其中 $\alpha > 1$。如果 a 的值很大，则从完整 gamma 分布进行采样并将不超过 a 的值拒绝的方法并不会高效。因此，尝试采用切片采样法。这里 $f(x) \propto f_1(x) f_2(x)$，其中，$f_1(x) = x^{\alpha-1}$，$f_2(x) = e^{-x}$。因此，有

$$\begin{aligned} D &= \{x : u_1 \leqslant x^{\alpha-1}, u_2 \leqslant e^{-x}, x > a\} \\ &= \{x : x \geqslant u_1^{\frac{1}{\alpha-1}}, x \leqslant -\ln u_2, x > a\} \\ &= \{x : \max(u_1^{\frac{1}{\alpha-1}}, a) \leqslant x \leqslant -\ln u_2\}。\end{aligned}$$

对应的 Gibbs 采样方案如下：

$u_1 \sim U(0, x^{\alpha-1})$,

$u_2 \sim U(0, e^{-x})$,

$x \sim U(\max(u_1^{\frac{1}{\alpha-1}}, a), -\ln u_2)$。

在附录 8.5 中，程序“truncatedgamma”给出了 $\alpha = 3$、$a = 9$ 时 Gibbs 采样法的实现，其中预烧期内的迭代次数为 100 次。将该方法的效率与拒绝小于 9 的 gamma 变量的简单方法进行对比。如果 a 的值大，那么切片采样法还是值得采用的。比这两种方法都要好的一种方法是在支撑集 $[a, +\infty)$ 上采用具有指数包围函数的包围取舍采样法，如在 Dagpunar（1978）中提到。

作为进一步的例子，再次考虑 8.4.1 节中 10 个抽水泵的失效率的估计。联合后验密度为

$$\begin{aligned} \pi(\{\lambda_i\}, \beta) &\propto \frac{\delta^\gamma \beta^{\gamma-1} e^{-\delta\beta}}{\Gamma(\gamma)} \prod_{i=1}^{10} \frac{e^{-\lambda_i t_i}(\lambda_i t_i)^{x_i}}{x_i!} \frac{e^{-\beta\lambda_i} \lambda_i^{\alpha-1} \beta^\alpha}{\Gamma(\alpha)} \\ &\propto \beta^{\gamma-1} e^{-\delta\beta} \prod_{i=1}^{10} e^{-\lambda_i(\beta+t_i)} \lambda_i^{x_i+\alpha-1} \beta^\alpha。\end{aligned}$$

对 $\{\lambda_i\}$ 进行积分，得到

$$\pi(\beta) \propto \beta^{10\alpha+\gamma-1} e^{-\delta\beta} \prod_{i=1}^{10} (\beta + t_i)^{-(x_i+\alpha)}。$$

如果我们可以从此密度进行采样，那么就仅剩下从 $\lambda_i \mid \beta \sim \mathrm{gamma}(\alpha + x_i, \beta + t_i)$ 的采样，而该分布是个标准分布，因此不必进行 Gibbs 采样。还有一种可能是采用如下形式的切片采样：

$U_i \sim U[0, (\beta + t_i)^{-(x_i+\alpha)}] \quad (i = 1, \cdots, 10)$,

$U_{11} \sim U[0,\beta^{10\alpha+\gamma-1}]$,

$U_{12} \sim U[0,\mathrm{e}^{-\delta\beta}]$,

$\beta \sim U[D]$。

其中，

$$D = \left\{\beta:\left(\frac{1}{\beta+t_i}\right)^{x_i+\alpha} \geqslant u_i(i=1,2,\cdots,10),\beta^{10\alpha+\gamma-1} \geqslant u_{11},\mathrm{e}^{-\delta\beta} \geqslant u_{12}\right\}。$$

由上可知采样一个 β 变量需要 12 个均匀随机数 $R_1,R_2\cdots,R_{12}$ 。如果最后采样的变量为 β_0 ，那么 $u_i = R_i[1/(\beta_0+t_i)]^{x_i+\alpha}(i=1,2,\cdots,10)$ ，条件 $[1/(\beta_0+t_i)]^{x_i+\alpha} \geqslant u_i$ 变成 $[1/(\beta+t_i)]^{x_i+\alpha} \geqslant R_i[1/(\beta_0+t_i)]^{x_i+\alpha}$ ，即

$$\beta \leqslant (\beta_0+t_i)\left(\frac{1}{R_i}\right)^{\frac{1}{x_i+\alpha}} - t_i。$$

同理，与式（8.22）中的超参数一样，假定 $10\alpha+\gamma-1>0$ ，则条件 $\beta^{10\alpha+\gamma-1} \geqslant u_{11}$ 变成 $\beta^{10\alpha+\gamma-1} \geqslant R_{11}\,{\beta_0}^{10\alpha+\gamma-1}$ ，也就是

$$\beta \geqslant \beta_0\,{R_{11}}^{1/(10\alpha+\gamma-1)}。$$

最后，由 $\mathrm{e}^{-\delta\beta} \geqslant u_{12}$ ，得到 $\mathrm{e}^{-\delta\beta} \geqslant R_{12}\,\mathrm{e}^{-\delta\beta_0}$ ，即

$$\beta \leqslant \beta_0 - \frac{\ln R_{12}}{\delta}。$$

因此下一个采样变量为 $\beta \sim U(\beta_{\text{lower}},\beta_{\text{upper}})$ ，其中

$$\beta_{\text{lower}} = \beta_0\,{R_{11}}^{1/(10\alpha+\gamma-1)},$$

$$\beta_{\text{upper}} = \min\left\{\min_{i=1,\cdots,10}\left[(\beta_0+t_i)\left(\frac{1}{R_i}\right)^{\frac{1}{x_i+\alpha}} - t_i\right],\beta_0 - \frac{\ln R_{12}}{\delta}\right\}。$$

上述算法由附录 8.6 中的程序“slice”完成。该算法的效率是否比附录 8.3 中执行的初始 Gibbs 采样更高效的问题留作练习。

8.5.2 完备

令 X 与 Z 的联合密度为 $g(x,z)$，若

$$\int_{-\infty}^{+\infty} g(x,z)\,\mathrm{d}z = f(x) \tag{8.32}$$

则称 g 为密度 f 的一个完备。利用 Gibbs 采样从 g 获得的 X 与 Z 的采样中给出一种从 f 采样的方法。注意到切片采样为完备的一种特殊情况。

例如，假定

$$g(x,z) = x^{\alpha-1}\,\mathrm{e}^{-z},$$

支撑集为 $z>x>0$，其中 $\alpha>0$ 。则 X 与 Z 的边缘密度分别为 gamma（α,1）和 gamma（$\alpha+1$,1）。因此 g 为这两种分布的一个完备。

下一个例子来自 Robert 和 Casella（2004，p. 487）。假设 $Y_1,Y_2,\cdots,Y_n$ 独立同

分布，且服从支撑集为（$-\infty$, $+\infty$）上的密度为

$$f_{Y_i}(y) \propto \frac{1}{1+(y-\theta)^2}$$

的柯西分布，其中，θ 的先验密度为 $\theta \sim N(0,\sigma^2)$，$\theta$ 的后验密度为

$$\pi(\theta) \propto \mathrm{e}^{-\theta^2/(2\sigma^2)} \prod_{i=1}^{n} \frac{1}{1+(y_i-\theta)^2}。$$

在支撑集 $|\theta| < \infty, x_i \geqslant 0 (i=1,2,\cdots,n)$ 上的密度

$$g(\theta,x_1,x_2\cdots,x_n) \propto \mathrm{e}^{-\theta^2/(2\sigma^2)} \prod_{i=1}^{n} \mathrm{e}^{-x_i[1+(y_i-\theta)^2]}$$

为 π 的一个完备。各分量的满条件分布为

$$X_i \mid \{x_j : j \neq i\} \sim \mathrm{Exp}(1+(y_i-\theta)^2)\,(i=1,2,\cdots,n),$$

且

$$\theta \mid \{x_j : j=1,2,\cdots,n\} \sim N\left(\frac{2\sum x_i y_i}{\sigma^{-2}+2n\bar{x}}, \frac{1}{\sigma^{-2}+2n\bar{x}}\right)$$

其中，$\bar{x}$ 为 $\{x_i\}$ 的样本均值。关于这些的证明留作练习。

8.6 问题

1. 要求利用 Metropolis-Hastings 算法，选取建议密度为

$$q_{Y|x}(y) = \mathrm{e}^{-y} \quad (y>0),$$

对半正态概率密度函数

$$f(x) = \sqrt{\frac{2}{\pi}}\exp(-0.5x^2)\,(x>0)$$

进行采样。利用如下所给的 $U(0,1)$ 随机数采样 5 个候选样本。清楚标示出哪些候选样本应被接受（马尔可夫链的状态改变），哪些应被拒绝（状态未改变）。从 $x=0$ 开始。

R_1（用于候选样本）	0.52	0.01	0.68	0.33	0.95
R_2（用于接受测试）	0.62	0.64	0.03	0.95	0.45

2. 令 $P(\theta)$ 表示向量参数 $\theta(\theta \in S)$ 的先验密度。令 $P(\theta \mid D)$ 表示观察到数据 D 后的后验密度。考虑一个利用独立采样从 $P(\theta \mid D)$ 采样的 MCMC 算法，即在每次迭代中候选点为 θ，且对所有的 $\theta \in S$ 建议密度为 $P(\theta)$。假定当前点为 θ，证明：候选点 ϕ 的接受概率为 $\min[1, L(\phi)/L(\theta)]$，其中，$L$ 表示似然函数。

3. 参见附录 8.2，修改程序"fail"以得到一个单个零件后验期望失效时间的 MCMC 点估计。

4. 以式（8.12）中所给的先验函数为建议密度，讨论采用包围取舍法由式（8.13）中给出的后验密度进行仿真的优点或其他方面。

5. Robert 和 Casella（2004，p. 303）考虑了一个采样支撑集 [0,1] 上密度为 $f(x)$ 的 Metropolis-Hastings 算法，其中

$$f(x) \propto \frac{g(x)}{1-\rho(x)},$$

g 为 [0,1] 上的一个概率密度函数且对任意 x，有 $0<\rho(x)<1$。建议密度 $q(y\mid x)$ 满足：如果当前点（值）为 x，且下一个候选点为 Y，则以概率 $1-\rho(x)$，有 Y 是来自 g 的样本，以概率 $\rho(x)$，有 $Y=x$。

（a）在 Metropolis-Hastings 算法中定义接受概率为接受的候选样本（变量 Y）所占的比例。证明在这种情况下该比例为1。

（b）写出当

$$f(x) \propto \frac{x^{\alpha}\ (1-x)^{\beta-1}}{1-x^5}$$

时，仿真来自 f 的样本的程序，其中 $\alpha>0,\beta>0$ 且 $0\leqslant x\leqslant 1$。

6.（来自 Tierney，1994）要求从与 h 成比例的概率密度函数中产生样本，且候选样本来自密度 g。在通常的取舍采样法中，选择 c 使得对任意 $x\in \text{support}(g)$，有 $h(x)/g(x)\leqslant c$ 成立。现在假定 c 不再是一致的上界，也就是存在某些 x，使得 $h(x)/g(x)>c$。令来自 g 的候选样本的接受概率为 $\min\left[1,\frac{h(y)}{cg(y)}\right]$。

（a）证明：此时接受变量的概率密度函数为 r（而不是与 h 成比例），其中

$$r(y)\propto \min[h(y),cg(y)]。$$

（b）考虑一个从与 h 成比例的密度（采用 r 为建议密度）进行采样的 Metropolis-Hastings 算法。证明：来自 r 的候选变量 y 的接受概率为

$$\alpha(x,y)=\begin{cases}\min\left[1,\dfrac{cg(x)}{h(x)}\right], & \dfrac{h(y)}{g(y)}<c,\\[2ex] \min\left[1,\dfrac{h(y)g(x)}{g(y)h(x)}\right], & \text{其他。}\end{cases}$$

（c）讨论（b）中算法的优点。

7. 考虑下列模型：

$$y_i \text{i. i. d}N(\mu,\tau^{-1})\ (i=1,2,\cdots,n)$$

其中

$$\mu \sim N(0,\beta^{-1}),$$
$$\beta \sim \text{gamma}(2,1),$$
$$\tau \sim \text{gamma}(2,1)。$$

请设计一个 Gibbs 采样方案，使得它在已知 $y_1,y_2\cdots,y_n$ 的条件下，可估计 μ、β 和 τ 的边缘后验密度。

8. 设计一个从二元密度

$$f(x_1,x_2) \propto \exp\left[-\frac{1}{2}x_1(1+x_2^2)\right](x_1>0, +\infty>x_2>-\infty)$$

采样的 Gibbs 采样方案。找到一种直接从该二元密度采样的方法，即首先从 X_2 边缘密度采样，然后从已知 X_2 的条件下 X_1 的条件密度采样。同理，还有另一种直接采样的方法，即从 X_1 的边缘密度采样，然后从已知 X_1 的条件下 X_2 的条件密度采样。试问这三种方法你会选择哪种方法执行？

9. 修改 8.4.2 节及附录 8.2 中的 Gibbs 采样方案 “capture-recapture”，以解决 p 的先验密度为 beta（α,γ）的情况。运行修改后的程序，估计当 $\alpha=3$、$\gamma=7$ 时，N 和 p 的后验期望值及在初始程序中所估计的其他数据和参数。

10. ［来自 Robert 和 Casella（2004，p. 372）］写出利用 Gibbs 采样法从三元密度函数

$$f(x_1,x_2,x_3) = \exp[-(x_1+x_2+x_3)-\theta_{12}x_1x_2-\theta_{23}x_2x_3-\theta_{31}x_3x_1]$$

进行采样的 Maple 程序，其中对所有的 i，有 $x_i \geqslant 0$，且 $\{\theta_{ij}\}$ 为已知的正常数。假定 $\theta_{12}=1$，$\theta_{23}=2$ 且 $\theta_{31}=3$。画出经验边缘密度 $f_{X_1}(x_1)$ 的曲线，并估计 $\mu_1=E(X_1)$ 及 $\sigma_1=\sigma(X_1)$。对预烧期内进行 100 次迭代及随后进行 1000 次迭代的情况进行分析。估计 μ_1 时，分别采用下面（a）和（b）的估计形式执行 500 次独立重复运行。估计 σ_1 时也执行相应的分析。比较（a）和（b）方法的估计精度。

（a）$\dfrac{1}{1000}\sum_{i=1}^{1000} x_1^{(i)}$；

（b）$\dfrac{1}{1000}\sum_{i=1}^{1000} (1+\theta_{12}x_2^{(i)}+\theta_{31}x_3^{(i)})^{-1}$。

11. 利用切片采样给出从下列分布采样的算法：

（a）对 $0<x<1, 1>\alpha>0, 1>\beta>0$，有 $f(x)\propto x^{\alpha-1}(1-x)^{\beta-1}$（仔细观察参数的取值范围）；

（b）对 $(x,y)\in[0,1]^2$，有 $f(x,y)=(x+y)\exp\left[-\frac{1}{2}(x^2+y^2)\right]$。

12. 令 $\alpha>1$，$\beta>0$。假定 X 和 Z 的联合密度为

$$g(x,z)\propto\begin{cases}(1-x)^{\beta-1}z^{\alpha-2}, & 0<z<x<1,\\ 0, & \text{其他。}\end{cases}$$

（a）证明：X 和 Z 的边缘分布分别为 beta（α,β）和 beta（$\alpha-1,\beta+1$）；

（b）利用（a）的结果给出从这些 beta 密度采样样本的 Gibbs 算法。

13. 考虑一个漂移率为 μ、波动率为 σ、$X(0)=0$ 的布朗运动 $\{X(t):t\geqslant 0\}$。令 a 为一个已知的正实数。可以证明时间 $T=\inf\{t:X(t)=a\}$ 具有密度（“逆高斯分布”）

$$f(t)=\frac{a}{\sigma\sqrt{2\pi t^3}}\exp\left[\frac{-(a-\mu t)^2}{2\sigma^2 t}\right]。$$

（a）证明：$f(t) \propto t^{-\frac{3}{2}}\exp\left[-\frac{1}{2}(\chi t^{-1}+\psi t)\right](t>0)$，其中$\chi = a^2/\sigma^2$ 且 $\psi = \mu^2/\sigma^2$。

（b）采用切片采样法构造一个从 f 进行采样的 Gibbs 算法。

（c）证明：g 是密度 f 的一个完备，其中

$$g(t,y,z) \propto \begin{cases} t^{-\frac{3}{2}}\mathrm{e}^{-z-y}, & \left(y > \frac{\chi}{2t}, z > \frac{\psi t}{2}, t > 0\right), \\ 0, & \text{其他。} \end{cases}$$

14. 一个新部件被安装在了某台计算机上，在时间过去 X 后该部件失效。对该部件进行维修，它在时间过去 Y 后再次失效。在第二次失效时该部件被废弃并重新安装一个新的部件。X_i 和 Y_i 的联合密度为 f_{X_i,Y_i}，其中

$$f_{X_i,Y_i}(x,y) \propto \frac{x(\theta x + y)\,\mathrm{e}^{-\lambda(x+y)}}{1+\lambda\theta x}(x>0,y>0),$$

这里 $\lambda(\geqslant 0)$ 和 $\theta(0 \leqslant \theta \leqslant 1)$ 为未知参数。θ 和 λ 的先验分布相互独立且分别服从 beta（a,b）和 gamma（$\beta+1,\gamma$），其中 a、b、β 和 γ 为已知正数。令 (x_1,y_1)，$(x_2,y_2),\cdots,(x_m,y_m)$ 表示 (X,Y) 的 m 次实现。令 $s = \sum_{i=1}^{m}(x_i+y_i)$。

（a）在已知观察数据的条件下给出 λ 和 θ 的后验密度的表达式。

（b）证明：在已知数据的条件下 λ 的满条件密度成比例于

$$\frac{\mathrm{e}^{-\lambda(s+\gamma)}\lambda^{\beta}}{\prod_{i=1}^{m}(1+\lambda\theta x_i)}。$$

（c）在已知 λ 时推导 θ 的满条件密度。

（d）选择一个成比例于 $\mathrm{e}^{-\lambda(s+\gamma)}\lambda^{\beta}$ 的包围函数，写出可从已知 θ 时 λ 的满条件分布产生一个 λ 样本的取舍采样程序。这里假定标准密度的采样程序可用。

（e）证明：对已知的 t（$\geqslant 0$）、x、θ 和 λ：

$$P(Y>t \mid X=x) = \mathrm{e}^{-\lambda t}\left(1+\frac{\lambda t}{1+\lambda\theta x}\right)。$$

假设来自（a）中后验密度的 Gibbs 采样的 N 个平衡实现值（$\theta^{(1)},\lambda^{(1)}$），($\theta^{(2)}$，$\lambda^{(2)}$），$\cdots$，($\theta^{(N)},\lambda^{(N)}$）
可用。说明如何得到给定 $X=x$ 的条件下，Y 超过 t 的后验预测概率值。

15. 构造下列分布的完备采样算法：

（a）von Mises 分布：$f(\theta) \propto \mathrm{e}^{k\cos\theta}, 0<\theta<\pi$；

（b）截尾 gamma 分布：$g(x) \propto x^{\alpha-1}\mathrm{e}^{-x}(x>t>0)$。

16.（a）令 $X_1,X_2,\cdots,X_n$ 表示在指定运行条件下，n 个相同电气设备的寿命。$X_1,X_2,\cdots,X_n$ 独立同分布且具有概率密度函数

$$f_{X_i}(x) = \frac{\lambda^{\beta} x^{\beta-1} e^{-\lambda x}}{\Gamma(\beta)} (x > 0, i = 1,2,\cdots,n),$$

其中，β 是来自概率密度函数为 $U(1,3)$ 的随机变量的一个观察值，λ 是来自条件概率密度函数为

$$g(\lambda \mid \beta) = \frac{5}{\beta} e^{-5\lambda/\beta} (x > 0)$$

的一个观察值。如果 $X_i = x_i (i = 1,2,\cdots,n)$，证明：

（ⅰ）β 的满条件后验密度为 $\pi(\beta \mid \lambda)$，其中，在支撑集（1,3）上

$$\pi(\beta \mid \lambda) \propto \frac{(\lambda^n x_1 \cdots x_n)^{\beta-1} e^{-5\lambda/\beta}}{[\Gamma(\beta)]^n \beta},$$

试推导在已知 $x_1, x_2, \cdots, x_n$ 和 β 的条件下 λ 的满条件密度。

（ⅱ）简单设计三种可从 β 的满条件后验密度生成样本的算法。讨论可能会遇到的任何困难。

（b）三个连续型随机变量 U_1、U_2 和 X 的联合概率密度函数如下：在区域

$$\{(u_1, u_2, x) \mid 0 < u_1 < x, 0 < u_2 < e^{-x^3}, 0 < x < +\infty\}$$

上为常数，在其他任何区域上均为0。

（ⅰ）证明：X 的边缘密度为

$$f_X(x) = \frac{x e^{-x^3}}{\int_0^{+\infty} v e^{-v^3} dv} (x > 0)。$$

（ⅱ）利用 Gibbs 采样方法设计一个从 f_X 采样 $x^{(1)}, x^{(2)}, \cdots$ 的算法；

（ⅲ）在已知 $x^{(0)} = \left(\frac{1}{3}\right)^{1/3}$ 的条件下，利用下面所给的 $U(0,1)$ 随机数R_1、R_2 和R_3产生样本 $x^{(1)}$ 和 $x^{(2)}$ 。

t	R_1（用于 $U_1^{(t)}$）	R_2（用于 $U_2^{(t)}$）	R_3（用于 $X^{(t)}$）
1	0.64	0.40	0.56
2	0.72	0.01	0.90

17. 假定 $X_1, X_2, \cdots$ 独立同分布且在支撑集（0, +∞）上具有密度

$$f(x) = \frac{\lambda^{\alpha} x^{\alpha-1} e^{-\lambda x}}{\Gamma(\alpha)},$$

其中，$\alpha(>0)$ 和 $\lambda(>0)$ 的先验联合密度为

$$g(\alpha, \lambda) = g_{\alpha}(\alpha) g_{\lambda|\alpha}(\lambda \mid \alpha)$$
$$= g_{\alpha}(\alpha) \left[\frac{\mu(b-1)}{\alpha}\right]^b \frac{\lambda^{b-1}}{\Gamma(b)} e^{-\mu(b-1)\lambda/\alpha},$$

其中，$g_{\alpha}(\alpha)$ 为支撑集（0, +∞）上的已知密度，且 $\mu(>0)$ 和 $b(>2)$ 为已知常数。

(a) 推导 X_i 的先验期望及方差的表达式。

(b) 已知一组观察值 $x_1,x_2,\cdots,x_n$，证明：α 和 λ 的后验密度为

$$\pi(\alpha,\lambda) \propto g_\alpha(\alpha)\,\alpha^{-b}\,\lambda^{b-1}\,\mathrm{e}^{-\mu(b-1)\lambda/\alpha}\,\frac{(\lambda^n x_1,x_2,\cdots,x_n)^\alpha \exp(-\lambda\sum_{i=1}^n x_i)}{[\Gamma(\alpha)]^n},$$

λ 的满条件分布为 gamma $(n\alpha+b,\sum_{i=1}^n x_i+\mu(b-1)/\alpha)$，$\alpha$ 的满条件分布为

$$\pi(\alpha\mid\lambda) \propto \frac{g_\alpha(\alpha)}{[\Gamma(\alpha)]^n}\alpha^{-b}\,\mathrm{e}^{-\mu(b-1)\lambda/\alpha}(\lambda^n x_1,x_2,\cdots,x_n)^\alpha,$$

并找出使得 α 的满条件密度满足对数-凹的条件。

18. 当已知失效率随着年龄递增至一个有限界限时（不同于采用韦布尔密度的失效率递增情况，后者的失效率总是无限制递增），采用形状参数超过 1 的 gamma 分布作为失效时间分布是有用的。因此，假定 n 个相似部件的失效时间 $X_1,X_2,\cdots,X_n$ 独立同分布且密度为

$$f(x) = \frac{\lambda^\alpha x^{\alpha-1}\,\mathrm{e}^{-\lambda x}}{\Gamma(\alpha)},$$

其中 $\alpha>1,\lambda>0$，即 $X_i\sim \mathrm{gamma}(\alpha,\lambda)$。Percy（2002）采用了如下共轭先验密度

$$g(\alpha,\lambda) \propto \frac{(a\lambda)^{b\alpha}\,\mathrm{e}^{-c\lambda}}{[\Gamma(\alpha)]^d},$$

其中，这里的支撑集修改为对指定的 $a,b,c,d>0$，$\alpha>1$，$\lambda>0$。采用任意共轭先验的好处在于后验密度会来自与其相同的密度族。

(a) 证明：联合后验密度为

$$\pi(\alpha,\lambda) \propto \frac{(a^b\lambda^{n+b}x_1,x_2,\cdots,x_n)^\alpha \exp[-\lambda(c+\sum_{i=1}^n x_i)]}{[\Gamma(\alpha)]^{d+n}}。$$

(b) 证明：α 的后验边缘密度为

$$\pi(\alpha) \propto \frac{[a^b x_1,x_2,\cdots,x_n/(c+\sum_{i=1}^n x_i)^{n+b}]^\alpha\,\Gamma(\alpha(n+b)+1)}{[\Gamma(\alpha)]^{d+n}}。$$

(c) 证明：分量的满条件分布分别为

$$\pi(\alpha\mid\lambda) \propto \frac{(a^b\lambda^{n+b}x_1,x_2\cdots,x_n)^\alpha}{[\Gamma(\alpha)]^{d+n}}$$

及

$$\pi(\lambda\mid\alpha) \propto \lambda^{\alpha(n+b)}\exp[-\lambda(c+\sum_{i=1}^n x_i)]。$$

$\pi(\alpha,\lambda)$ 是否适用于 Gibbs 采样？

（d）证明：不必利用仿真来推导 X 的后验期望，因为该值即为

$$\left(c+\sum_{i=1}^{n} x_i\right)/(n+b)。$$

（e）给定由 Gibbs 采样生成的平衡值 $\{(\alpha^{(i)},\lambda^{(i)}):i=1,2,\cdots,m\}$。如何得到 λ 和 α 的贝叶斯估计量？如何估计部件至少能有效至年限 x 的后验预测概率？

第9章 解答

9.1 解答1

第1章中问题的解答见附录1中。

9.2 解答2

1. (a) $a=5$, $m=16$, $c=3$

$X_1=(5\times5+3)\bmod16=28\bmod16=12$

$X_2=(12\times5+3)\bmod16=15$

$\vdots$

$X_{16}=5=X_0$

周期为16。由于 $m=16$，因此该发生器为满周期。由于 $c=3$ 和 $m=16$ 互素，$a-1=4$ 为2的倍数，且2是 $m=16$ 的唯一素因子，$a-1$ 为4的倍数，因此满足定理条件。

(b) $\lambda=16$，周期不受种子选择的影响。

(c) $\lambda=4$，非满周期，由于 $a-1=7-1=6$，6不是4的倍数。

(d) $\lambda=2$，非满周期，由于 $c=4$ 且 $m=16$，c 与 m 不互素。

(e) $\lambda=16=m/4$，由于 m 为2的幂，$a=5\bmod8$ 且 X_0 为奇数。

(f) $\lambda=4<m/4$，由于 X_0 非奇数。

2. 下面的代码可找出使得 $X_n=X_0$ 成立的最小 n。注意到代码中采用的是冒号“:”而非分号“;”，以限制输出每个 X_n。为了获得 [0, 1) 内的随机数，插入 $R:=x/61$。结果分别为 (a) $\lambda=60$，(b) $\lambda=30$。

```
>rn:=proc()global seed;
 seed:=(seed*49)mod(61);
 end proc;
>seed:=1;
```

```
x0: =seed;
x: =rn();
n: =1:
while x < >x0 do:
x: =rn():
n: =n +1:
end do:
n;
```

在（a）中周期 60 表明 7 是 61 的一个素元。证明如下：$m-1=60$ 的素因子有 5、3 和 2。所以，$7^{60/5}-1$，$7^{60/3}-1$，$7^{60/2}-1$ 都不能被 61 整除。可知

$$(7^{12}-1)\bmod 61=(7^6-1)(7^6+1)\bmod 61。$$

然而，

$$7^6\bmod 61=7^3 7^3\bmod 61=(7^3\bmod 61)^2=38^2\bmod 61=41。$$

这样

$$(7^{12}-1)\bmod 61=(40\times 42)\bmod 61=33。$$

同理，

$$(7^{20}-1)\bmod 61=46,(7^{30}-1)\bmod 61=59$$

说明它们三个中没有任何一个能被 61 整除，因此该发生器是一个最大周期素数模乘性同余发生器且 $\lambda=m-1=60$。

（b）49 不是 61 的一个素元，因此该发生器的周期小于 60。

4. $a=1000101$，$X_0=53547507752$。由手工计算得到：

$$\begin{aligned}a\,X_0&=53552916050282952\\&=53552\times 10^{12}+916050282952\end{aligned}$$

所以，$a\,X_0\bmod(10^{12}-11)=11\times 53552+916050282952=916050872024$。

5.（a）由于 a 是 m 的一个素元，因此 $X_{i+1}=a\,X_i\bmod m$ 给出一个周期为 $m-1$ 的接近满周期的发生器。所以得到序列为 $\{X_0, \cdots, X_{m-2}, X_0, \cdots\}$ 其中 $X_0, \cdots, X_{m-2}$ 为 $\{1, 2, \cdots, m-1\}$ 的一个排列。在整个周期内，

$$\begin{aligned}E(X_i)=\left[\frac{1}{m-1}\right]\sum_{i=0}^{m-2}X_i=\left[\frac{1}{m-1}\right](1+2\\+\cdots+m-1)=m/2,\end{aligned}$$

$$E(X_i^2)=m(2m-1)/6,$$

从而得到方差的相关结果。由于

$$R_i=\frac{X_i}{m},E(R_i)=\left(\frac{1}{m}\right)E(X_i)=1/2\text{且 }\mathrm{Var}(R_i)=\left(\frac{1}{m^2}\right)\mathrm{Var}(X_i)=(m-2)/(12m),$$

当 m 取值很大时，该值接近 1/12。

6. 首先，证明 2 是 13 的一个素元。其他的素元为

$$\{2^j: j<12, 其中 j 和12互素\} = \{2^5, 2^7, 2^{11}\} \bmod 13 = \{6, 11, 7\}。$$

因此，当 $m=13$ 时，仅有的周期为 12 的乘性同余发生器为取 $a=2$，6，11，7 时的那些发生器。

7. 取乘性同余发生器 $X_{i+1}=13X_i \bmod 2^5$ 中的 $X_0=3$，得到 $\{X)_i\} = \{3,7,27,31,11,15\}$。令 $R_i=X_i/m$，则 $\{R_i\} = \left\{\frac{3}{32}, \frac{7}{32}, \cdots, \frac{15}{32}\right\}$。取混合发生器

$$X^*_{i+1}=[13X^*_i+(3\bmod 4)(13-1)/4]\bmod 2^3$$

中的 $X^*_i=0$，得到

$$\{X^*_i\}=\{0,1,6,7,4,5,2,3\}。令 R^*_i=X^*_i/m,$$

则

$$R^*_i=\left\{0, \frac{1}{8}, \cdots, \frac{3}{8}\right\}。$$

此时观察到 $R_i-R^*_i=3/32$，正如定理所预见。

8. (a) 周期为 λ，其中 λ 表示最小正整数，使得 $(X_0, X_1)=(X_\lambda, X_{\lambda+1})$。数对 (i, j) 的个数为 m^2，其中 $i, j\in[0, m-1]$。显然，$X_0=X_1=0$ 不可行，因此可用于重复的数对的个数不超过 m^2-1。

(b) 由 $X_0=0$ 且 $X_1=1$，得到循环 {0, 1, 1, 2, 3, 0, 3, 3, 1, 4, 0, 4, 4, 3, 2, 0, 2, 2, 4, 1, 0, 1, …}，另一个循环为 {1, 3, 4, 2, 1, 3, …}，两个循环的周期分别为 20 和 4，与大小为

$$m^2-1=5^2-1=24$$

的上界进行比较。

9. (a) 周期分别为 12 (X) 和 16 (Y)。从交叠序对的图 (见图 9.1 和图 9.2) 中可以看出发生器 X 生成的点的分布稍微地更均匀一点。观察到在基本格子单元中，发生器 X 对应的边长比 ($r_2=\sqrt{34/5}$) 与 Y 的边长比 ($r_2=8$) 相比更小。

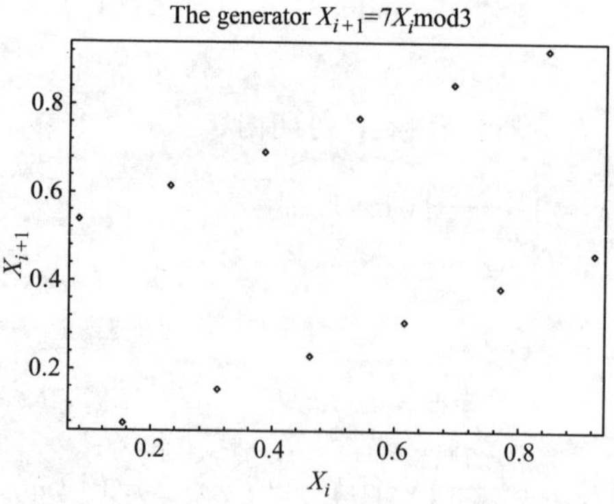

图 9.1 发生器 {X} 的格子结构图 (第 2 章问题 9)

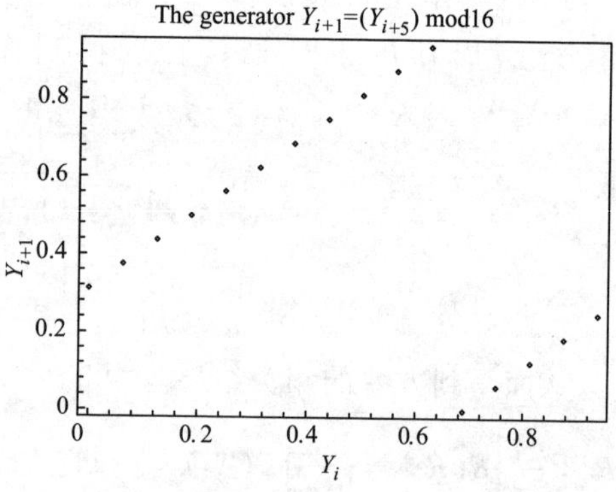

图 9.2 发生器 {Y} 的格子结构图 (第 2 章问题 9)

（b）构建的组合发生器为$R_n = \left(\frac{X_n}{13} + \frac{Y_n}{16}\right) \mathrm{mod} 1$。

10.（b）$\{X_n\}$ 和$\{Y_n\}$ 的周期分别为 8 和 6。因此，$\{R_n\}$ 的周期等于 8 和 6 的最小公倍数，也就是说在 24 后开始重复。

11. 利用 2.3 节中的算法，前 5 个值 $T(0)=0.69$，$T(1)=0.79$，$T(2)=0.10$，$T(3)=0.02$，$T(4)=0.43$，则 $N=\lfloor 4T(4)\rfloor=1$。所以 $T(4):=T(1)=0.79$，$T(1)=0.61$，而 0.61 就是未混合序列中下一个要进入缓冲区的值。以相同的方式继续，就得到混合后的序列为 0.43，0.79，0.02，0.69，0.66，…。

13. 比较$X^2=57.31$ 与显著水平为 1% 的临界值 $\chi^2_{9,0.01}=21.666$ 可知：假定这些数是独立的，那么有充分的理由拒绝这些随机数是来自 $U(0,1)$ 分布的零假设。

9.3 解答 3

6.（a）假定对某个正数μ，包围为$K\mathrm{e}^{-\mu x}$，显然，若$\mu > \lambda$，则它不可能包围$h(x)$。如果$\mu \leqslant \lambda$，那么使得包围能围住 h 的最小 K 值为 $K=1$。在这种情况下，接受概率为$\int_0^{+\infty} h(x)\mathrm{d}x / \int_0^{+\infty} g(x)\mathrm{d}x = \left\{\frac{\lambda^2+2}{[\lambda(\lambda^2+4)]}\right\}/\mu^{-1}$，且当$\mu=\lambda$时，接受概率达到最大值（满足条件$\mu \leqslant \lambda$），得到总的接受概率为$(\lambda^2+2)/(\lambda^2+4)$，该值总是大于$\frac{1}{2}$的。

（c）优先考虑取舍采样法。该方法包含对建议指数样本（X）的对数估计且接受条件为 $R_2 < \cos^2 X$。该方法比数值求解（c）中给定等式要快得多。

7. 采用包围$g(x) = K\left(\frac{2}{3}\right)^x$，选择最小的$K$值，使得对任意$x \in [0,1,\cdots]$，有$K\left(\frac{2}{3}\right)^x \geqslant (1+x)\left(\frac{1}{2}\right)^x$。$(1+x)\left(\frac{1}{2}\right)^x / \left(\frac{2}{3}\right)^x$ 同时在$x=2,3$达到最大，因此$K=3\left(\frac{3}{4}\right)^2=27/16$。所以接受概率为
$$\frac{\sum_{x=0}^{\infty}(1+x)\left(\frac{1}{2}\right)^x}{\sum_{x=0}^{\infty}K\left(\frac{2}{3}\right)^x} = \frac{\left(1-\frac{1}{2}\right)^{-2}}{\frac{K}{\left(1-\frac{2}{3}\right)}} = \frac{4}{3K} = 64/81$$
。给定两个均匀随机数 R_1 和 R_2。通过设置 $x=\lfloor \ln R_1/\ln(2/3)\rfloor$ 且当 $R_2 < (1+x)\left(\frac{1}{2}\right)^x / \left(\frac{2}{3}\right)^x / \left[(1+2)\left(\frac{1}{2}\right)^2 / \left(\frac{2}{3}\right)^2\right] = [(1+x)/3]\left(\frac{3}{4}\right)^{x-1}$ 时接受x，则可产生（几何）质量函数成比例于$\left(\frac{2}{3}\right)^x$的样本。实际上还存在一个略微高效

的产生此分布（负二项分布）样本的方法：注意到函数 $h(x)=(1+x)\left(\frac{1}{2}\right)^x$ 为函数 $\left(\frac{1}{2}\right)^x$ 与其自身的卷积，即 $h(x)=\sum_{v=0}^{x}\left(\frac{1}{2}\right)^{x-v}\left(\frac{1}{2}\right)^v$，因此所有要求得样本为两个独立集合样本的和。在这种情况下，可令 $x=\lfloor \ln R_1/\ln(1/2)\rfloor+\lfloor \ln R_2/\ln(1/2)\rfloor$。

10. (a) 在 C_θ 上采用比值法，令 $Y=\frac{S}{R}$，其中 (R,S) 服从 C_θ 上的均匀分布，则

$$Y=y\Leftrightarrow\frac{s}{r}=y\Leftrightarrow(v-u\tan\theta)=y$$

其中，$\begin{pmatrix}u\\v\end{pmatrix}$ 映射到 $\begin{pmatrix}r\\s\end{pmatrix}$。

上式成立 $\Leftrightarrow x-\tan\theta=y$，其中 x 为来自密度成比例于 $h(x)$ 的随机样本。则 $Y=X-\tan\theta$ 且 Y 的密度为 $h(y+\tan\theta)$。

(b) 注意到：

$$A=\begin{pmatrix}\cos\theta & -\sin\theta\\ 0 & 1/\cos\theta\end{pmatrix}\begin{pmatrix}\cos\theta & \sin\theta\\ -\sin\theta & \cos\theta\end{pmatrix}$$

即代表了一次形变后的旋转。

(c) 由定义：对任何 $(u,v)\in C$，

$$u\leqslant\sqrt{h\left(\frac{v}{u}\right)}\leqslant\max\sqrt{h(x)}=u^+,$$

且由定义可知，$h(x)$ 在 $x=m$ 时达到最大，从而 $u^+=\sqrt{h(\mathrm{m})}$。因此 C 的边界经过点 (u^+,u^+m) 且直线 $u=u^+$ 与边界在此点相切。

(d) 如果随机变量 X 具有小的变异系数，则 C 为直线 $v/u=m$ 附近的一个薄区域，且它在包围它的最小矩形区域中占很小的比例。对随机变量 $X-\tan\theta$ 采用比值法，这里 θ 需要适当选择，则可以使得区域 C_θ 大致均匀地分布在直线 $s=0$ 的任何一侧。区域 C_θ 在包含它的最小矩形区域中占到更大的比例，从而带来更大的接受概率。

(e) (i) $\theta=0$，接受概率 $=0.45486$；(ii) $\tan\theta=2/9$，接受概率 $=0.71943$；(iii) $\tan\theta=1826/9000$，接受概率 $=0.72297$。

11. 由符号的一般定义得到 $u_+=\left(\frac{1}{2}\right)^{\alpha-1}$，$v_+=-v_-=(1-\alpha^{-1})^{\frac{\alpha-1}{2}}/(2^\alpha\cdot\sqrt{\alpha})$。接受概率为 $\frac{1}{2}\int_{-\frac{1}{2}}^{\frac{1}{2}}h(y)\mathrm{d}y/(2u_+v_+)$。利用 Maple 得到 $\frac{1}{2}\int_{-\frac{1}{2}}^{\frac{1}{2}}h(y)\mathrm{d}y=2^{1-2\alpha}$

$\sqrt{\pi}\Gamma(\alpha)\Gamma\left(\alpha+\frac{1}{2}\right)$，从而得到接受概率的表达式。利用 Maple 可知，当 $\alpha\to\infty$ 时接受概率大小即为问题中所给的结果。

9.4 解答4

1. 我们有 $x=\sqrt{-2\ln(j/m)}\sin(2\pi[(aj)\bmod m]/m)$。对数项可确保最大的 x 值取在小的 j 上。对这样的 j，$x=\sqrt{-2\ln(j/m)}\sin(2\pi aj/m)$，且第一个最大值发生在使得 $\tan\left(\frac{2\pi aj}{m}\right)=-2(2\pi aj/m)\ln(j/m)$ 成立的最小的 j 上。从而近似有 $\frac{2\pi aj}{m}=\pi/2$，得到 $x\approx\sqrt{2\ln(4a)}=\sqrt{2\ln 524}=3.54$。同理，最大的负数值取在近似 $\frac{2\pi aj}{m}=3\pi/2$ 时，得到 $x\approx-\sqrt{2\ln\left(\frac{4a}{3}\right)}=-3.21$。利用 Maple 得到在$2^{30}$个样本中期望频数分别为（ⅰ）214817，（ⅱ）712615。

2. 在支撑集 $u^2+v^2\leqslant 1$ 上 U 和 V 的联合密度为 $f_{U,V}(u,v)=1/\pi$。雅可比变换为

$$J=\begin{vmatrix}\frac{\partial y}{\partial u} & \frac{\partial y}{\partial v}\\ \frac{\partial\theta}{\partial u} & \frac{\partial\theta}{\partial v}\end{vmatrix}=\begin{vmatrix}2u & 2v\\ \frac{-v/u^2}{1+v^2/u^2} & \frac{1/u}{1+v^2/u^2}\end{vmatrix}=2。$$

所以，在支撑集 $\theta\in[0,2\pi]$ 及 $Y\in[0,1)$ 上，Y 和 Θ 的联合密度为

$$f_{Y,\Theta}(y,\theta)=\left(\frac{1}{J}\right)f_{\mathrm{U,V}}(u[y,\theta],v[y,\theta])=(1/\pi)/2=1/(2\pi),$$

由于联合密度显然为两个边缘密度的乘积，因此可以得出结论：Y 与 Θ 相互独立。

4. (b) 期望收益值应接近于理论值，该值可证明为11.2便士。

5. 在支撑集 $[0,+\infty)$ 上 $h(x)=\mathrm{e}^{-x}x^{\alpha-1}$。选择包围函数 $g(x)=K\mathrm{e}^{-\lambda}$，其中 λ 选定。接受概率为 $\int_0^{+\infty}h(x)\mathrm{d}x/\int_0^{+\infty}g(x)\mathrm{d}x=\Gamma(\alpha)/(K/\lambda)$。因此对给定的 λ，选择最小的 K，使得对任意的 $x\in[0,+\infty)$，$K\mathrm{e}^{-\lambda x}\geqslant\mathrm{e}^{-x}x^{\alpha-1}$。因此，取 $K=\max\limits_{x>0}(\mathrm{e}^{-x}x^{\alpha-1}/\mathrm{e}^{-\lambda x})$。如果 $\lambda\geqslant 1$，则 K 取无穷大，从而导致效率为0。如果 $\lambda<1$，则 $K=\mathrm{e}^{-(\alpha-1)}\left(\frac{\alpha-1}{1-\lambda}\right)^{\alpha-1}$。则结果接受概率为 $\lambda\Gamma(\alpha)\mathrm{e}^{\alpha-1}\left(\frac{\alpha-1}{1-\lambda}\right)^{\alpha-1}$。当 $\lambda=\alpha^{-1}$ 时，接受概率达到最大值 $\Gamma(\alpha)\mathrm{e}^{\alpha-1}/\alpha^{\alpha}$ 且最优的指数包围成比例于 $\exp(-x/\alpha)$。注意到对大的 α，采用 Stirling 近似，此接受概率表现为 $\frac{\sqrt{2\pi}(\alpha-1)^{\alpha-\frac{1}{2}}}{\alpha^{\alpha}}\sim\sqrt{2\pi}\mathrm{e}^{-1}/$

$\sqrt{\alpha-1}\sim e^{-1}\sqrt{2\pi/\alpha}$。这个结果是糟糕的（例如，当 $\alpha=20$ 时，值为 0.206）且当 $\alpha\to\infty$时，该值趋向于 0。由于当 $x\to 0$ 时，gamma 密度无界，所以当 $\alpha<1$ 时该方法不可用。从而也不可能存在任何可以包围此 gamma 密度的负指数函数。

6. 第一部分是简单的。对第二部分，$h(w)=\exp(-w^{\frac{1}{\alpha}})$，因此 $u^{+}=\max\limits_{w>0}\left[\exp\left(-\frac{1}{2}w^{\frac{1}{\alpha}}\right)\right]=1$ 且 $v^{+}=\max\limits_{w>0}\left[w\exp\left(-\frac{1}{2}w^{\frac{1}{\alpha}}\right)\right]=\left(\frac{2\alpha}{e}\right)^{\alpha}$。接受概率为 $\frac{1}{2}\int_0^{+\infty}\frac{h(w)\,dw}{u^{+}v^{+}}=\frac{1}{2}\int_0^{+\infty}\frac{e^{-x}\alpha x^{\alpha-1}dx}{\left(\frac{2\alpha}{e}\right)^{\alpha}}=\frac{\left(\frac{e}{2\alpha}\right)^{\alpha}[\Gamma(\alpha+1)]}{2}$。对所有的 $\alpha\in(0,1)$，接受概率是有界的（例如，当 $\alpha\to 0$ 时为 $\frac{1}{2}$，当 $\alpha=1$ 时为 e/4）（见图 9.3 以及下面的 Maple 程序）。每个候选样本都需要一次求幂运算及一次对数估计，这些都不会导致计算成本异常昂贵。因此该方法是个好方法，而且当 $\alpha\geqslant 1$ 时该方法仍然可用，但是在此范围内会导致接受概率的大小持续递减。

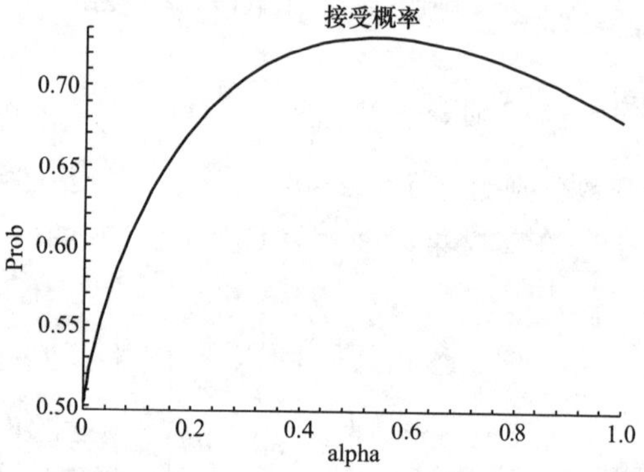

图 9.3 接受概率（第 4 章问题 6）

```
>gammaalphaless1: =proc(alpha)
local r1,r2,x;
  do;
  if alpha >=1 then ERROR("alpha should be less than 1")end if;
  r1: =rand()/10^12;
  r2: =rand()/10^12;
  x: =evalf((r2/r1)^(1/alpha)*(2*alpha/2.718281828));
  if evalf(-ln(r1)-x/2) >0 then break end if;
  end do;
  end proc;
```

7. R_1 和 R_2 的联合密度为区域

$$\{(r_1,r_2):0<r_1,0<r_2,r_1{}^{1/\alpha}+r_2{}^{1/\beta}\leqslant 1\}$$

上的均匀分布密度。令 $X=R_1{}^{1/\alpha}/(R_1{}^{1/\alpha}+R_2{}^{1/\beta})$，则 R_1 和 X 的联合密度为

$$f_{R_1,X}(r_1,X)\propto\left|\frac{\partial r_2}{\partial x}\right|=\beta x^{-\beta-1}(1-x)^{\beta-1}r_1^{\beta/\alpha},$$

支撑集为 $\{(r_1,x):0<r_1<x^\alpha,0<x<1\}$。对 r_1 积分得到 X 的边缘密度为

$$\begin{aligned}f_X(x) &\propto x^{-\beta-1}(1-x)^{\beta-1}\int_0^{x^\alpha} r_1^{\beta/\alpha}\mathrm{d}r_1\\ &\propto x^{-\beta-1}(1-x)^{\beta-1}x^{\alpha+\beta}\\ &= x^{\alpha-1}(1-x)^{\beta-1}\end{aligned}$$

即为所求。

8. W 和 Y 的联合密度为

$$f_{W,Y}(w,y)\propto \mathrm{e}^{-w}y^{\alpha-1}(1-y)^{-\alpha},$$

支撑集为 $\{(w,y):0\leqslant w,0<y<1\}$。因此 W 和 X 的联合密度为

$$\begin{aligned}f_{W,X}(w,x) &\propto \mathrm{e}^{-w}\left(\frac{x}{w}\right)^{\alpha-1}\left(1-\frac{x}{w}\right)^{-\alpha}\left|\frac{\partial y}{\partial x}\right|\\ &= \mathrm{e}^{-w}x^{\alpha-1}(w-x)^{-\alpha},\end{aligned}$$

支撑集为 $\{(w,x):0<x<w\}$。所以 X 的边缘密度为

$$\begin{aligned}f_X(x) &\propto x^{\alpha-1}\int_0^{+\infty}\mathrm{e}^{-w}(w-x)^{-\alpha}\mathrm{d}w\\ &\propto x^{\alpha-1}\mathrm{e}^{-x}\end{aligned}$$

即为所求。

9. 所求 X 的密度为

$$\begin{aligned}f_X(x) &\propto \left[\frac{x}{\rho(1-x)}\right]^{\alpha-1}\left(\frac{1}{1-x}\right)^{-\alpha-\beta}\left|\frac{\mathrm{d}y}{\mathrm{d}x}\right|\\ &\propto \left(\frac{x}{1-x}\right)^{\alpha-1}\left(\frac{1}{1-x}\right)^{-\alpha-\beta+2}\\ &= x^{\alpha-1}(1-x)^{\beta-1}。\end{aligned}$$

10. 联合密度：在区域 $\mathbf{R}^2$ 上 $f_{X,Y}(x,y)=f(\sqrt{x^2+y^2})/(2\pi\sqrt{x^2+y^2})$，则 X 的边缘密度为 $\int_{-\infty}^{+\infty}\frac{f(\sqrt{x^2+y^2})}{(2\pi\sqrt{x^2+y^2})}\mathrm{d}y=\int_0^{+\infty}\frac{f(\sqrt{x^2+y^2})}{(\pi\sqrt{x^2+y^2})}\mathrm{d}y$，对 Y 也有类似结论成立。

(a) 这里，$f_{X,Y}(x,y)=[1/(2\pi)]\exp\left(-\frac{x^2}{2}-\frac{y^2}{2}\right)$，由于式中 x 和 y 是可分离的，因此 X 与 Y 是独立的且均服从 $N(0,1)$ 分布。

(b) 这里，$f_X(x)\propto\int_0^{\sqrt{1-x^2}}(1-x^2-y^2)^{c-1}\mathrm{d}y\propto(1-x^2)^{c-1/2}$。取 $T=\sqrt{n}X/\sqrt{1-X^2}$ 且 $S=\sqrt{n}Y/\sqrt{1-Y^2}$，则在 $(-1,1)$ 内 T 随 X 单调递增，因此有 $f_T(t)$

$\propto \left(\frac{n}{n+t^2}\right)^{\frac{n}{2}-1} |\mathrm{d}x/\mathrm{d}t| \propto \left(\frac{1}{n+t^2}\right)^{\frac{n}{2}-1}\left(\frac{1}{n+t^2}\right)^{\frac{3}{2}} \propto (1+t^2/n)^{-(n+1)/2}$。由于在 S 和 T 联合密度中的 s 和 t 不可分离，所以这两个随机变量不独立。因此，在仿真中要么采用正弦形式，要么采用余弦形式，而不能两种都采用。（回想在用于正态样本采样的标准 Box – Müller 方法中，正弦和余弦的形式是相互独立的）。式（4.15）的结果可通过逆变换方法从 R 的密度采样获得。

9.5 解答 5

1.（a）采用 5000 次重复，每次重复都产生 5 位顾客的原始和对偶等待时间变量，得到这种时间的均值为 1.287，标准误差为 0.00777。估计的方差减少比近似为 2.5。

（b）利用相同的种子，相应的结果为 5.4751、0.00820 和 14。此时的方差减少比更好，这是因为此时 A_i 和 S_{i-1} 中的 W_i 比(a)中的更线性。

4.（b）$t = 2.8386$。

5. 条件概率密度函数为

$$f_{X \mid X \in (a_{i-1}, a_i)}(x) = -N\ln(x),$$

支撑集为 (a_{i-1}, a_i)，由于考虑的是等概率区间，从而 $P(X \in (a_{i-1}, a_i)) = 1/N$。对大的 N，除 $i=1$ 的情况外，f 在 (a_{i-1}, a_i) 上的变差很小，因此可采用一个均匀包围函数。所以，对 $i \geqslant 2$ 的情况：

（1） 生成 $X \sim U(a_{i-1}, a_i)$，

生成 $R \sim U(0,1)$.

如果 $R < \dfrac{-\ln X}{-\ln(a_{i-1})}$，则输出 X，否则返回至步骤（1）.

对 $i=1$ 的情况，我们可以继续采用逆变换采样法。对大的 N，这样做不会过多地降低上述算法的性能。

10. 用 f 表示 D 上均匀分布的点的概率密度函数。由于

$$\int\cdots\int \prod_{j=1}^{m} \mathrm{d}x_j = \frac{1}{m},$$

由此得到

$$f(x_{(1)}, x_{(2)}, \cdots, x_{(m)}) = m!, (x_{(1)}, x_{(2)}, \cdots, x_{(m)}) \in D,$$

所以

$$\int\cdots\int_D \sum_{j=1}^{m} (m-j+1)^2 x_j \ \mathrm{d}\boldsymbol{x} = \frac{1}{m!} E_f[(m-j+1)^2 x_j]。$$

通过从 $(0,1)^m$ 上均匀采样得到 D 内均匀采样的点并对坐标进行排序，使得

$0 < x_{(1)} < \cdots < x_{(m)} < 1$。下面的 Maple 代码给出了该积分的置信度为95%的置信区间的数值推导。

注意到简单地从$(0, 1)^m$上均匀采样并且仅当这些点落在 D 内才接受它们的方法是极其低效的。

```
> restart;
> with(stats);
    [anova, describe, fit, importdata, random, statevalf, statplots, transform]
>randomize(96341641)
>n:=10000; m:=10;
    n:=10000
    m:=10
    >for i from 1 to n do;
  for j from 1 to m do;
  a[j]:=evalf(rand()/10^12);
  end do;
  b:=[seq(a[j],j=1..m)];
  c:=transform[statsort](b);
  d:=0;
  for j from 1 to m do;
  d:=d+(m-j+1)^2* c[j];
  end do;
  end do:
  f:=[seq(e[i],i=1..n)]:
  g1:= describe[mean](f)/m!;
  g2:= describe[standarddeviation[1]](f)/m!;
  interval:=evalf([g1-1.96* g2/sqrt(n),g1+1.96* g2/sqrt(n)]);
  g1:=.00003042677684
  g2:=.9879697859e-5
  interval:=[.00003023313476, .00003062041892]
```

9.6 解答6

1. 由买卖权平价关系，有 $c(t)+K\mathrm{e}^{-r(T-t)} = p(t)+x(t)\mathrm{e}^{-r_f(T-t)}$。根据对相应的看涨期权的 delta 导出的结果得到

$$\frac{\partial p(t)}{\partial x(t)} = \frac{\partial c(t)}{\partial x(t)} - \mathrm{e}^{-r_f(T-t)}$$

$$
\begin{aligned}
&= e^{-r_f(T-t)}\Phi(d_{r_f}) - e^{-r_f(T-t)} \\
&= -e^{-r_f(T-t)}[1-\Phi(d_{r_f})] \\
&= -e^{-r_f(T-t)}\Phi(-d_{r_f})。
\end{aligned}
$$

2. 利用买卖权平价关系和$r_f=0$，有（a）$p=120.86$ 英镑；（b）$p=186.38$ 英镑；（c）$p=268.94$ 英镑。看跌期权的售出者初始可通过持有由 -1 的看跌期权和 Δ 块的股票构成的投资组合来对冲他（或她）的头寸，其中 $\Delta=-\Phi(-d)$（见本章问题 1）且 $d=\left\{(r+\sigma^{2/2})(T-t)+\ln\left[\dfrac{x(t)}{K}\right]\right\}/(\sigma\sqrt{T-t})$。初始所短缺的股票数分别为（a）328；（b）440；（c）533。

3.（a）令 $P(X(T)\mid t,x(t))$ 表示债券所有者在时刻 T 时的收益，假定当前 FTST 指数位于 $x(t)$，则

$$
P(X(T)\mid t,x(t)) = \begin{cases} 1, & \dfrac{X(T)}{X(0)}<1, \\ 1+\dfrac{1}{2}\left[\dfrac{X(T)}{X(0)}-1\right], & 1\leqslant\dfrac{X(T)}{X(0)}<1.6, \\ 1+0.3, & \dfrac{X(T)}{X(0)}\geqslant 1.6。\end{cases}
$$

在风险中性世界中，

$$
X(T)=x(t)\exp[(r-0.5\sigma^2)(T-t)+\sigma\sqrt{T-t}Z],
$$

其中，$Z\sim N(0,1)$。令 $Q(Z\mid t,x(t))$，将收益表示为 Z 的函数而不是 $X(T)$ 的函数，且令

$$
d_1=\frac{\ln\left[\dfrac{x(0)}{x(t)}\right]-(r-0.5\sigma^2)(T-t)}{\sigma\sqrt{T-t}},
$$

$$
d_2=\frac{\ln\left[\dfrac{1.6x(0)}{x(t)}\right]-(r-0.5\sigma^2)(T-t)}{\sigma\sqrt{T-t}},
$$

则

$$
Q(Z\mid t,x(t)) = \begin{cases} 1, & Z<1, \\ 1+\dfrac{1}{2}\left[\dfrac{X(T)}{X(0)}-1\right], & d_1\leqslant Z<d_2, \\ 1+0.3, & Z\geqslant d_2。\end{cases}
$$

因此

$$
V(x(t),t)=e^{-r(T-t)}\times
$$

$$
\left\{1+\frac{1}{2}\int_{d_1}^{d_2}\left[\frac{x(t)}{x(0)}e^{(r-0.5\sigma^2)(T-t)+\sigma\sqrt{T-tz}}-1\right]\phi(z)\,dz+0.3\Phi(-d_2)\right\}。
$$

(b) 如下 Maple 程序可对给定的 t 和 xt 计算 $V(x(t),t)$，其中 $xt=x(t)$

```
>capped_bond:=proc(xt,t)local r,sigma,T,b,d1,d2,p,price;
r:=0.04;
sigma:=0.2;
T:=4;
b:=xt/x0;
d1:=(ln(1/b)-(r-0.5*sigma^2)*(T-t))/sqrt(T-t)/sigma;
d2:=(ln(1.6/b)-(r-0.5*sigma^2)*(T-t))/sqrt(T-t)/sigma;
P:=0.5*(b*exp)(r-0.5*sigma^2)*(T-t)
   +sigma*sqrt(T-t)*z)-1)*exp(-0.5*z^2)/sqrt(2*Pi);
price:=exp(-r*(T-t))*((1+int(P,z=d1..d2))
   +0.3*statevalf[cdf,normald](-d2));
print("price at time",t,"is £",price);
end proc;
```

结果表明 $V(x(0),0)=0.9392$ 英镑。

(c) $V(1.8x(0),0)=1.1678$ 英镑。

4. (a) 在时刻 T，投资组合 A 的价值为 $K+V(x(T),T)=K+x(T)-K=x(T)$，其大小与投资组合 B 的价值相同。因此，两个投资组合在 $t\in[0,T]$ 内的任何时刻都具有相同的价值，否则投资价值较低的投资组合就会带来无风险利润。在时刻 t，组合 A 的现金增加到 $K\mathrm{e}^{-rT}\mathrm{e}^{rt}$，因此投资组合 A 的价值为 $K\mathrm{e}^{-r(T-t)}+V(x(t),t)$，而 B 的价值为 $x(t)$。令两者相等就可以得到所要的结果。

(b) 由条件可得 $\partial V/\partial x(t)=1$，$\partial V/\partial t=r[V(x(t),t)-x(t)]$ 及 $\partial^2V/\partial[x(t)]^2=0$ 成立，将上述结果代入到式（6.14）即得证。

(c) 投资组合包含一份长期的远期合约和一份短期的股票。在时刻 t，该组合的价值由 $V(x(t),t)-x(t)=-K\mathrm{e}^{-r(T-t)}$ 给出。由于对所有的 $t\in[0,T]$，$-K\mathrm{e}^{-r(T-t)}$ 都不存在不确定性，因此这对套期保值来说是完美的。在实际操作中，套期保值的策略是：在零时刻以 $x(0)$ 的价格卖出一份短期股票。以 $V(x(0),0)=x(0)-K\mathrm{e}^{-rT}$ 的价格购买远期合约，保留 $K\mathrm{e}^{-rT}$ 的现金。到时刻 T 现金增长至 K，此时可将其用于履行远期合约义务及支付初始借贷方份额。

5. 在时刻 0，期权出售者建立一个由 -1 的看涨期权和 $\Delta(0)$ 的股票构成的投资组合。通过借款 $\Delta(0)X(0)$ 提供资金购买股票。在时刻 T，这笔资金增长到 $\Delta(0)X(0)\mathrm{e}^{rT}$。

在时刻 T，若 $X(T)>K$，则再花费 $[1-\Delta(0)]X(T)$ 额外购买 $1-\Delta(0)$ 的股票。由于购买者将要行使期权，因此出售者将会以价格 K 出售一份股票。在这种情况下，在时刻 T 时出售和套期保值该期权的总成本为

$$\Delta(0)X(0)\mathrm{e}^{rT}+[1-\Delta(0)]X(T)-K。$$

否则，如果在时刻 T，有 $X(T)\leqslant K$，那么出售者将会卖出现有的 $\Delta(0)$股票，从而获得 $\Delta(0)X(T)$。在这种情况下出售和套期保值该期权的总成本为

$$\Delta(0)X(0)\mathrm{e}^{rT}-\Delta(0)X(T)。$$

结合这两个结果得到总成本为

$$\Delta(0)X(0)\mathrm{e}^{rT}-\Delta(0)X(T)+[X(T)-K]^{+}。$$

总成本的当前值为

$$C=\Delta(0)X(0)-\Delta(0)X(T)\mathrm{e}^{-rT}+\mathrm{e}^{-rT}[X(T)-K]^{+}。$$

因此

$$\begin{aligned}
E(C)-c &= E\{\Delta(0)X(0)-\Delta(0)X(T)\mathrm{e}^{-rT}+\mathrm{e}^{-rT}[X(T)-K]^{+}\}-c \\
&= \Delta(0)X(0)-E\ [\Delta(0)X(T)\mathrm{e}^{-rT}]\ + \\
&\quad \mathrm{e}^{-rT}[X(0)\Phi(d_{\mu})\mathrm{e}^{\mu T}-K\Phi(d_{\mu}-\sigma\sqrt{T})]- \\
&\quad \mathrm{e}^{-rT}[X(0)\Phi(d)\mathrm{e}^{rT}-K\Phi(d_{\mu}-\sigma\sqrt{T})] \\
&= \Delta(0)X(0)-\Delta(0)X(0)\mathrm{e}^{(\mu-r)T}+ \\
&\quad \mathrm{e}^{-rT}X(0)\Phi(d_{\mu})\mathrm{e}^{\mu T}-X(0)\Phi(d)+ \\
&\quad K\mathrm{e}^{-rT}\ [\Phi(d-\sigma\sqrt{T})-\Phi(d_{\mu}-\sigma\sqrt{T})] \\
&= X(0)\mathrm{e}^{(\mu-r)T}[\Phi(d_{\mu})-\Phi(d)]+K\mathrm{e}^{-rT}[\Phi(d-\sigma\sqrt{T})-\Phi(d_{\mu}-\sigma\sqrt{T})]
\end{aligned}$$

$E(C)-c$ 的图形见图 9.4。

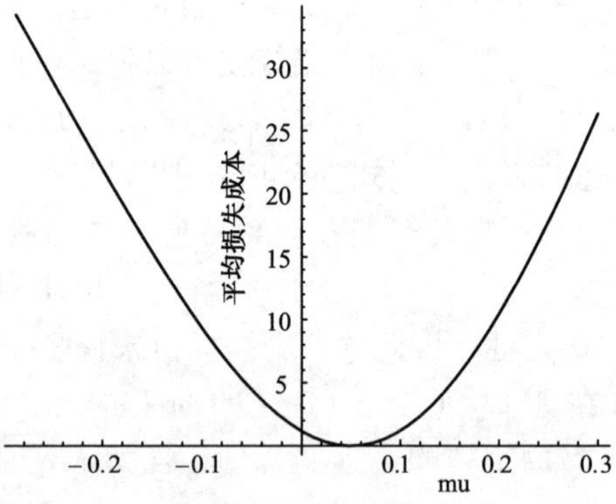

图 9.4 $E(C)-c$ 随 μ 变化的图形（第 6 章问题 5）

注意到当 $\mu=r$ 时，以上述方式出售和套期保值期权的期望成本与 Black-Scholes价格之间没有区别。

6. 由式（6.30），

$$c_{g}=\mathrm{e}^{-rT}E_{N(0,1)}\left[X_{0}\,\mathrm{e}^{\left(r-\frac{\sigma^{2}}{2}\right)\left(\frac{n+1}{2}\right)h+\left(\frac{\sigma\sqrt{h}}{n}\right)\sum_{i=1}^{n}(n-i+1)Z_{j}}-K\right]^{+}$$

取

$$Z=\frac{\sum_{i=1}^{n}(n-i+1)Z_j}{\sqrt{\sum_{i=1}^{n}(n-i+1)^2}}$$

$$=\frac{\sum_{i=1}^{n}(n-i+1)Z_j}{\sqrt{n(n+1)(2n+1)/6}}$$

$$=\frac{\sum_{i=1}^{n}(n-i+1)Z_j}{\sqrt{a}}$$

$$\sim N(0,1),$$

则

$$c_g=\mathrm{e}^{-rT}E_{N(0,1)}\left[X_0\,\mathrm{e}^{\left(r-\frac{\sigma^2}{2}\right)\left(\frac{n+1}{2}\right)h+\sigma\sqrt{ah}Z/n}-K\right]^+,$$

且

$$\lim_{n\to\infty}c_g=\mathrm{e}^{-rT}E_{N(0,1)}\left[X_0\,\mathrm{e}^{\left(r-\frac{\sigma^2}{2}\right)\left(\frac{T}{2}\right)+\sigma\sqrt{T}Z/\sqrt{3}}-K\right]^+$$

$$=\mathrm{e}^{-rT}E_{N(0,1)}\left[X_0\,\mathrm{e}^{\left(r-q-\frac{\sigma'^2}{2}\right)T+\sigma'\sqrt{T}Z}-K\right]^+,$$

其中，$\sigma'=\sigma/\sqrt{3}$，

$$r-q-\frac{\sigma'^2}{2}=\frac{1}{2}\left(r-\frac{1}{2}\sigma^2\right),$$

即

$$q=\frac{1}{2}r+\frac{\sigma^2}{12}$$

则结果可由式（6.20）得证。

9.（a）我们有

$$c=\mathrm{e}^{-rT}E_{Y\sim N(\mathbf{0},\boldsymbol{I})}\left(\left[\frac{1}{n}\sum_{j=1}^{n}x(0)\mathrm{e}^{\left(r-\frac{\sigma^2}{2}\right)jh+\sigma\sqrt{h}\sum_{i=1}^{j}Y_i}\right]-K\right)^+,$$

按照题中的要求替换，得到

$$c=\mathrm{e}^{-rT}E_{Y\sim N(\mathbf{0},\boldsymbol{I})}\left(\left[\sum_{j=1}^{n}\frac{1}{n}x_j\,\mathrm{e}^{\left(r-\frac{\sigma^2}{2}\right)T+\sigma_j\sqrt{T}Z_j}\right]-K\right)^+,$$

其中，$Z_j=\sum_{i=1}^{j}\frac{Y_i}{\sqrt{j}}\sim N(0,1)$，$j=1,2,\cdots,n$。显然，$c$ 即为一篮子期权的价格，该篮子中 n 种资产的数量均为 $\frac{1}{n}$，且资产 j 和 m（$\geqslant j$）的收益相关性为

$$\mathrm{Cov}(Z_j,Z_m)=\mathrm{Cov}\ \frac{\sum_{i=1}^{j}Y_i}{\sqrt{j}},\frac{\sum_{i=1}^{m}Y_i}{\sqrt{m}}$$

$$= \frac{1}{\sqrt{jm}}\sum_{i=1}^{j}\mathrm{Var}(Y_i)$$

$$= \sqrt{j/m}。$$

(b) 下列的 Maple 可执行块可实现所需的替换，并创建 16 个等价资产之间的收益相关性矩阵。

```
>n:=16;r:=0.05;x:=Vector(n);sigma:=Vector(n);q:=Vector(n);
rho:=Matrix(n);T:=1;t=0;m:=20;
npath:=400;p:=100;K:=50;upper:=200;
T:=1;sig:=0.3;x0=50;
h:=evalf(T/n);
f:=(i,j)->if i<j then evalf(sqrt(i/j))else evalf(sqrt(j/i))end if:
rho:=Matrix(n,f);
for j from l to n do;
x[j]:=x0* exp(r*(j*h-T));
q[j]:=evalf(l/n);
sigma[j]:=sig* sqrt(j* h/T);
end do;
spot:=Transpose(x).q;
```

根据上述得到的 100 次重复实现，利用程序“basketimppoststrat” (seed = 9624651)，每次重复包含 20 层共 400 个收益值，得到标准误差为 0.0014 的价格估计值 4.1722。将该值与表 6.2 中的结果进行对比（即采用 100 次重复实现，每次重复包含 100 层共 2500 个收益值，得到标准误差为 0.00037 的价格估计值为 4.1708）。可以看出，尽管采样大小和采样误差不同，但是这两种方法之间的差异性却很小。

10. (a) 假定 $\lambda_Y = 0$ 。在一般的记法中，欧拉近似格式为（在风险中性世界中）

$$X(T) \approx x_0\, \mathrm{e}^{\sum_{j=1}^{n}\left(r-\frac{\sigma_j^2}{2}\right)h+\sigma_j\sqrt{h}\left(\sqrt{1-\rho^2}Z_j+\rho W_j\right)},$$

其中，对 $j=1, 2, \cdots, n$，有

$$\sigma_j = \mathrm{e}^{Y_j},$$

$$Y_j = Y_{j-1}\,\mathrm{e}^{-\alpha h} + m(1-\mathrm{e}^{-\alpha h}) + v\sqrt{1-\mathrm{e}^{-2\alpha h}}\,W_j,$$

$Y_0 = \ln[\sigma(0)]$。$\{W_j\}$ 和 $\{Z_j\}$ 为两个独立的 $N(0,1)$ 随机变量序列。

(b)(ⅰ) 仅需增加一点额外的成本就能轻易实现对偶，但是在很多情况下改进的效果都一般。

(ⅱ) 对某些参数值来说分层还是允许的。由于在给定 Y_0 的条件下，Y_n 的分布为正态分布，因此关于 Y_n 的后分层采样可能为缓慢均值回复过程的某个值。

（ⅲ）然而，最成功的方法可能是注意到有关 $W_1, W_2, \cdots, W_n$ 和 $\sigma_1, \sigma_2, \cdots, \sigma_n$ 的条件，

$$X_n = X_0 e^{\sum_{j=1}^{n}\left[\left(r-\frac{\sigma_j^2}{2}\right)h+\sigma_j\sqrt{h}\left(\sqrt{1-\rho^2}Z_j+\rho W_j\right)\right]},$$

取 $Z = \dfrac{\sum_{j=1}^{n}\sigma_j\sqrt{h}\,Z_j}{\left(\sum_{j=1}^{n}\sigma_j^2 h\right)^{\frac{1}{2}}} \sim N(0,1)$，则

$$X_n = X_0 e^{\rho\sqrt{h}\sum_{j=1}^{n}\sigma_j W_j} e^{\left(r-\frac{\Delta^2}{2}\right)T+\Delta\sqrt{T(1-\rho^2)}Z},$$

其中，$\Delta^2 = (1/n)\sum_{j=1}^{n}\sigma_j^2$。取 $\Omega^2 = \Delta^2(1-\rho^2)$，$S_0 = X_0\exp(\rho\sqrt{h}\sum_{j=1}^{n}\sigma_j W_j)$，则

$$X_n = S_0 e^{\left[r-\left(\frac{\rho^2}{2n}\right)\sum_{j=1}^{n}\sigma_j^2-\frac{\Omega^2}{2}\right]T+\Omega\sqrt{T}Z},$$

令 $BS(S_0, s, T, K, r, q)$ 表示欧式看涨期权在 0 时刻的价格，该期权的执行价格为 K，执行时间为 T，基于标的资产具有初始价格 S_0，标的资产连续以利率 q 赚取利息且具有常数波动率 s，这里的无风险利率为 r，则

$$\hat{c} = BS\left(X_0\exp\left(\rho\sqrt{h}\sum_{j=1}^{n}\sigma_j W_j\right), \Omega, T, K, r, \frac{1}{2}\Delta^2\rho^2\right),$$

显然上式是条件蒙特卡罗方法的一个例子。

9.7 解答 7

1.（c）由于在 $[0,t]$ 内没有消费的概率为正，因此每个状态变量 $X(t)(t \geqslant 0)$ 都是离散与连续的混合。而时间变量是连续的。该系统在消费期间是一个连续事件系统，而在戒酒期间则是一个状态离散而时间连续的系统。

2.（b）第 i 个事件发生在 $T_{(i)} = (1/\beta)\ln(1+\beta\tau_{(i)}e^{-\alpha})$，其中 $\{T_{(i)}\}$ 服从强度为 1 的简单泊松过程。当事件数为 $\max\{i:\tau_{(i)} < (1/\beta)e^{\alpha}(e^{\beta t_0}-1)\}$ 时停止。

3. 这里最简单且很高效的做法是：拒绝落入矩形区域 $\{(x,y):x \in [-a,a], y \in [-b,b]\}$ 内的点而非椭圆内的点。

7. 为了获得理论上的结果，令 m_i 表示已知当前状态为 i 时吸收进入状态 5 时的平均时间。那么对 $i = 1,2,\cdots,4$，有 $m_i = 1 + \sum_{j=i}^{4} p_{ij} m_j$，设备的期望寿命为 m_1。

8. 由于对所有的 $t \geqslant 0$，$N(t)+K(t)+D(t)$ 都是一个常数，因此该状态是由任意两个状态变量，如可以用 $(N(t),K(t))$ 来唯一地表示。当状态为 (n,k) 时，“离开率”为 $\lambda = nk\beta p + n\mu_2 + k\mu_1$，因此，给定 $(N(t),K(t)) = (n,k)$ 时，下一次事件发生的时刻是 $t-(\ln R)/\lambda$，其中 $R \sim U(0,1)$，且该事件发生后的瞬时状态分

别以概率 $nk\beta p/\lambda$ 、$n\mu_2/\lambda$ 和 $k\mu_1/\lambda$ 成为 $(n-1,k+1)$ 、$(n-1,k)$ 或 $(n,k-1)$ 。可以通过令 $(N(0),K(0))=(N-1,1)$ 对该流行病进行仿真实现。

12. (a) 假定在 $(t,t+\delta t)$ 内发生一次事故，事故发生地到医院的距离 R 的条件分布由下式给出：

$$P(R \leqslant r \mid R \leqslant 5)=\left(\frac{r}{5}\right)^2,$$

利用该累积分布函数的逆给出 $\left(\frac{r}{5}\right)^2=U$ 或 $r=5\sqrt{U}$，因此 $x=2(5\sqrt{U}/v)$ 。

(b) 这是一个有 5 个服务器（救护车）的排队系统，且等待的顾客（病人）形成一个队列。限定状态改变是顾客到达（紧急事件）和顾客离开（病人被安置在医院）。条件状态改变是服务的开始（救护车被派遣至病人处）。对五辆救护车中的每一辆都有必须要存储（ⅰ）下一次安置一名病人至医院的时间；（ⅱ）病人遭遇紧急事件的时间。假定这些时间分别记为 $TD[j]$ 和 $TA[j]$, $j=1,2,\cdots,5$ 。令 b = 繁忙服务器的个数, q = 等待一辆救护车的病人数, A = 下一次紧急事件发生的时间，*clock* = 当前时间，*simtim* = 仿真时间。令 $A[j]$ = 在某救护车队列中当前第 j 位病人的到达时间。那么，假定救护车派遣至紧急事件的约定是“先到先服务”，下列算法给出了系统仿真的核心部分：

```
While clock < simtim do
clock: = min(A,TD[1],…,TD[5])
If event is arrival (clock = A) then
q: = q + 1
A: = clock + interarrivaltime
A[q]: = clock
end if
If event is departure then
identify j,the server involved
print clock - TA[j]
TA[j]: = 0 (arbitrary value)
TD[j]: = ∞
b: = b - 1
end do
Ifq > 0 and b < 5 then
Identifyj, a free server
TD[j]: = clock + service duration
TA[j]: = A[1]
A[1] : = ∞
```

sort$\{A[k],k=1,\cdots,q\}$

$q:=q-1$

$b:=b+1$

end if

End do

13. 限定状态改变包括机器故障、机器维修完成和机器测试完成。条件状态改变包括维修开始和测试开始。令机器 j 的下一次状态改变时间为 $T[j]$ 。分别根据机器 j 是否正在工作、正在维修队列、正在维修、正在测试队列或正在测试这 5 种状态，令其状态为 $S[j]=1,2,3,4,5$ 。令 nw、nr 和 nt 分别表示正在工作的机器数、空闲的维修工人数及空闲的测试工人数。令 qr 和 qt 分别表示在维修队列和测试队列中的机器数。令 $clock$ 和 $clockprev$ 分别表示当前仿真时间与之前事件的仿真时间。

如果工作周期（时间）恰好服从指数分布，那么再生点表示工作的机器数从 $m-1$ 转变为 m 的那些事件。否则，由于仅有的再生点（假定是稳态行为）为所有机器同时恢复至工作状态的那些瞬时 —— 对连续随机变量来说是不可能的，因此再生分析就不可用。所以，应通过适当的分析画出 nw 关于 $clock$ 的曲线，并确定出预烧期 tb 。那么长期平均利用率的点估计为 $\{1/[m(simtim-tb)]\}\int_{tb}^{simtim} nw(t)\mathrm{d}t$ 。通过取相同的 $simtim$ 及 tb 值（最好是从不同的状态开始），对大量的实现进行重复可得到区间估计。

14. (a) 限定事件包括顾客到达、顾客从窗口 A 离开和顾客从窗口 B 离开。条件事件包括窗口 A 开始服务、窗口 B 开始服务、从窗口 A 跳队到窗口 B 和从窗口 B 跳队到窗口 A。

(c) 再生点是一个服务器正处于空闲而另一个服务器变成空闲的瞬时。如果服务强度不是太接近于1，那么根据这些瞬时发生的频率就足以进行再生分析。

15. 本题与问题 12 类似，但是这里个体的等待时间需要被记录下来。

9.8 解答8

1. 如果 x 为当前点，y 为候选样本，那么接受概率为

$$\alpha(x,y)=\min\left(1,\frac{\mathrm{e}^{-y^2/2}\ \mathrm{e}^{-x}}{\mathrm{e}^{-x^2/2}\ \mathrm{e}^{-y}}\right),$$

而且发现 $\{x_i\}$ 变成 $\{0,0.6539,0.6539,0.3587,1.1087,0.0513,\cdots\}$ 。

4. 总的接受概率非常低，大约为 2.5% 。其原因在于，后验密度与先验密度很不一样，这使得包围的效果很差。另一方面，观察 MCMC 独立采样法得到的序列

$\{\beta^{(i)}\}$ 的图形可以看出，尽管接受率也不好，但是也不至于如此低（接近 7.5%）。在独立采样法中候选点（α_c,β_c）的接受概率为 min（1，L（α_c，β_c）/L（α，β）），其中 (α,β) 为当前点。该值总是大于采用包围取舍采样法的接受概率 L（α_c，β_c）/ $L_{\max}$。而与此相抵消的是包围取舍采样法得到的是独立样本，而 MCMC 得到的则不是。

6.（c）有时在标准包围取舍法中对 $h(x)/g(x)$ 找到一致上界 c 是困难的。（b）问表明：密度与 h 成比例的样本可以利用 Metropolis-Hastings 方法采样获得，但是该方法的不足在于不能保证样本之间的独立性。然而，对于每次 $\dfrac{h(y)}{g(y)}>c$，我们可以将 c 更新至 $\dfrac{h(y)}{g(y)}$。在极限情况下（在多次建立样本后），c 就变成一致上界，而由 Metropolis – Hastings 生成的样本也变成独立的。

7. 令 $\bar{y}$ 和 s_y^2 表示 $\{y_1,y_2\cdots,y_n\}$ 的样本均值和方差。Gibbs 采样是基于如下满条件分布的：

$$\beta\mid\mu,\tau\sim\text{gamma}\left(\frac{5}{2},1+\frac{1}{2}\mu^2\right),$$

$$\tau\mid\mu,\beta\sim\text{gamma}\left(\frac{n}{2}+2,1+\frac{1}{2}(n-1)s_y^2+\frac{1}{2}n\,(\bar{y}-\mu)^2\right),$$

$$\mu\mid\tau,\beta\sim N\left(\frac{n\,\bar{y}\tau}{n\tau+\beta},\frac{1}{n\tau+\beta}\right)。$$

8. 满条件分布为 $x_1\mid x_2\sim\text{Exp}\left[\frac{1}{2}(1+x_2^2)\right]$ 与 $x_2\mid x_1\sim N(0,1/x_1)$。一种直接方法是从 X_1 的边缘密度分布，即 $\text{gamma}\left(\frac{1}{2},\frac{1}{2}\right)$密度进行采样，得到的就是自由度为 1 的卡方样本。然后令 $x_1=z_1^2$，其中，$z_1\sim N$（0，1），$x_2\sim N$（0，$1/x_1$）。另一种直接方法是从X_2的边缘分布，即一个柯西密度进行采样。因此，有$x_2=\tan$［（π/2）（$2R_2-1$）］，其中，$R_2\sim U$（0，1），然后令$x_1=-2\ln R_1/(1+x_2^2)$，其中，$R_2\sim U$（0，1）。这两种方法均好于 Gibbs 采样，其原因还是在于前者产生的是独立样本序列。同时，由于高效标准正态发生器的普及，可能优先考虑第一种直接方法。

10.（a）$\hat{\mu}_1=0.4597$，e. s. e.（$\hat{\mu}_1$）$=0.0219$。

（b）$\hat{\mu}_1=0.4587$，e. s. e.（$\hat{\mu}_1$）$=0.0073$。

11.（a）如果$x^{(i)}$是当前点，则

$$x^{(i+1)}\sim U\left(\max[1-(1-x^{(i)})R_2^{\frac{1}{\beta-1}},0],\min\left[1,x^{(i)}R_1^{\frac{1}{\alpha-1}}\right]\right),$$

其中，R_1，$R_2\sim U(0,1)$。

（b）$x^{(i+1)}\sim U\left(\max[R_3(x^{(i)}+y^{(i)})-y^{(i)},0],\min\left[1,\sqrt{x^{(i)2}-2\ln R_1}\right]\right),$

$y^{(i+1)} \sim U(\max[R_3(x^{(i+1)}+y^{(i)})-x^{(i+1)},0],\min[1,\sqrt{y^{(i)2}-2\ln R_2}])$，

其中，R_1，R_2，$R_3 \sim U(0,\ 1)$。

12.（b）$z^{(i+1)}=x^{(i)}R_2^{1/(\alpha-1)}$ 且 $x^{(i+1)}=1-(1-z^{(i+1)})\ R_1^{1/\beta}$，其中，$R_1$，$R_2 \sim U(0,\ 1)$。

15.（a）令 $g\ (\theta,\ y)$ 表示 θ 和 y 的联合密度，其中

$$g(\theta,y) \propto \mathrm{e}^{k}\mathrm{e}^{-ky}$$

支撑集为 $+\infty > y > 1-\cos\theta$，$0<\theta<\pi$。则 g 为 f 的一个完备。其中一个满条件分布为

$$g(y\mid\theta)=k\,\mathrm{e}^{-k(y-1+\cos\theta)},$$

支撑集为 $y>1-\cos\theta$。因此，$y\mid\theta=1-\cos\theta-\ln(R_1)/k$，其中，$R_1 \sim U(0,\ 1)$。

另一个满条件分布为

$$g(\theta\mid y)=常数,$$

支撑集为 $\cos\theta>1-y$。所以

$$\theta\mid y \sim \begin{cases} U(0,\pi), & y\geqslant 2, \\ U(0,\arccos(1-y)), & 0<y<2 \end{cases}$$

或者

$$\theta\mid y \sim \begin{cases} R_2\pi, & y\geqslant 2 \\ R_2\arccos(1-y), & 0<y<2, \end{cases}$$

其中，$R_2 \sim U\ (0,\ 1)$。

17.（a）μ 和 $[\mu^2/(b-2)][1+(b-1)E_{g_\alpha}(1/\alpha)]$。

（b）$g_\alpha(\alpha)\alpha^{-b}(x_1,\ x_2\cdots x_n)^\alpha/[\Gamma(\alpha)]^n$ 应该为对数-凹的。

18.（e）后验预测生存概率为

$$\begin{aligned} P_{\text{post}}(X>x) &= E_{\pi(\alpha,\lambda)}\left[\int_x^{+\infty}\frac{\lambda^\alpha\ y^{\alpha-1}\ \mathrm{e}^{-\lambda y}}{\Gamma(\alpha)}\mathrm{d}y\right] \\ &= E_{\pi(\alpha,\lambda)}\left[\int_{\lambda x}^{+\infty}\frac{t^{\alpha-1}\ \mathrm{e}^{-t}}{\Gamma(\alpha)}\mathrm{d}t\right], \end{aligned}$$

它的一个估计为

$$\hat{P}_{\text{post}}(X>x)=\frac{1}{m}\sum_{i=1}^{m}\mathrm{GAMMA}(\alpha^{(i)},\lambda^{(i)}x),$$

其中，GAMMA$(\alpha,\ s)$ 表示 Maple 中不完全 gamma 函数 $\int_s^{+\infty}\frac{t^{\alpha-1}\mathrm{e}^{-t}}{\Gamma(\alpha)}\mathrm{d}t$。

附录1

第1章问题求解

问题 1.1

利用蒙特卡罗方法，找到基于 1000 个标准正态分布离差的 $\int_{-\infty}^{+\infty}\exp(-x^2)|\cos x|\mathrm{d}x$ 的置信度为 95% 的置信区间。利用 Maple 中的“with (stats)”命令加载统计软件包。函数“stats [random, normald] (1)”用于生成标准正态分布的离差。

解答

令 $x=y/\sqrt{2}$，则积分可化为

$$I=\frac{1}{\sqrt{2}}\int_{-\infty}^{+\infty}\mathrm{e}^{(-y^2/2)}\left|\cos\left(\frac{y}{\sqrt{2}}\right)\right|\mathrm{d}y=\sqrt{\pi}E_f\left(\left|\cos\left(\frac{Y}{\sqrt{2}}\right)\right|\right)$$

其中，f 服从标准正态分布 $N(0,1)$。

```
> restart;with(stats);
```

$[anova, describe, fit, importdata, random, statevalf, statplots, transform]$

```
> restart;with(stats);
```

$[anova, describe, fit, importdata, random, statevalf, statplots, transform]$

```
> randomize(135);n:=1000;
```

$$135$$

$$n:=1000$$

```
> u:=evalf(sqrt(2)):v:=evalf(sqrt(Pi)):
  for i from 1 to n do:
    y:=stats[random,normald](1);
    a[i]:=evalf(abs(cos(y/u)));
  end do:
```

```
> c: =seq(a[i],i=1..n):
> mu: =v* describe[mean]([c]);
```

$$\mu := 1.389072868$$

```
> s: =v* describe[standarddeviation[1]]([c]);
```

$$s := 0.4421267288$$

```
> interval: = evalf([mu -1.96* s/sqrt(n), mu +1.96* s/sqrt(n)]);
```

$$interval := [1.361669569,\ 1.416476167]$$

问题 1.2

利用蒙特卡罗方法求出积分

$$\int_{-\infty}^{+\infty}\int_{-\infty}^{+\infty}\exp\left\{-0.5\left[x^2+(y-1)^2-\frac{x(y-1)}{10}\right]\right\}\mathrm{d}x\mathrm{d}y$$

的置信度为95%的置信区间。

解答

取 $z=y-1$，则该积分为 $2\pi E_f$ [exp－(XZ/20)]，其中 X 和 Z 为独立同分布于标准正态分布 $N(0,\ 1)$ 采样（X, Z）的 500 个样本值。

```
> restart;
> with(stats);
```

[*anova*, *describe*, *fit*, *importdata*, *random*, *statevalf*, *statplots*, *transform*]

```
> seed: =randomize(567);
  u: =evalf(sqrt(2)):n: =500;
  for i from 1 to n do:
    x: =stats[random,normald](1);z: =stats[random,
    normald](1):
    a[i]: =evalf(exp(0.05* x* z));
  end do:
```

$$seed := 567$$

$$n := 500$$

```
> c: =seq(a[i],i=1..n):
> mu: =describe[mean]([c]);
```

$$\mu := 1.003656281$$

```
> s: =describe[standarddeviation[1]]([c]);
```

$$s := 0.05394465324$$

```
> interval : =evalf([2* Pi* (mu -1.96* s/sqrt(n)),
    2* Pi* (mu +1.96* s/sqrt(n))]);
```

$$interval := [6.276448626,\ 6.335868170]$$

问题 1.3

某个机床从现在开始算起的 4 年后将面临报废，它的某个部件刚刚更换。假设该部件的寿命分布具有概率密度函数 $f(x)=xe^{-x}$，其中 $x\in(0,\ +\infty)$。考虑到使用成本的问题，管理员需要在以下两种使用策略中选择一种：

（1）在待报废的 4 年期内，只要部件发生故障，就立即更换直到其报废；

（2）在待报废期的 4 年内，前两年对部件进行故障性更换，后两年进行预防性更换。对部件进行预防性更换后，该部件在 4 年中的后两年内若发生故障就进行更换。

假设每次部件更换都可以瞬时完成，且每次故障性更换的成本为 c_f，预防性更换成本为 c_p。请对每种策略进行 5000 次的 4 年仿真，并给出选择第（2）种策略时 c_p/c_f 应满足的条件。

解答

首先，要仿真出在 4 年周期内 5000 次的故障数。

```
[ > restart;
[ > n: =5000;
                              n: =5000
  > nf: =0:
    randomize(134):
    for j from 1 to n do;
       t: =0;
       do;
          r1: =evalf(rand()/10^12);# rand() samples integers
       ~U[1,10^12-12]
          r2: =evalf(rand()/10^12);
          x: = -ln(r1*r2);
          t: =t+x;
          if t>4 then break end if;
          nf: =nf+1;
       end do:
     end do:
     printf("nf=%d",nf);
  nf=8851
```

[对第（2）种策略，我们得到 10000 个周期内的故障数，其中每个周期为 2 年。

```
> n: =10000;
```

$$n := 10000$$

```
> nf: =0:
  randomize(134):
  for j from 1 to n do;
     t: =0;
     do;
         r1: =evalf(rand()/10^12);
         r2: =evalf(rand()/10^12);
         x: = -ln(r1*r2);
         t: =t +x;
         if t >2 then break end if;
         nf: =nf +1;
     end do:
   end do:
printf("nf =%d",nf);
nf =7577
```

对第（1）种策略，4 年间的期望成本为 $c_f 8851/5000$ 且对第二种策略期望成本为 $c_p + c_f 7577/5000$。因此据估计，当 $\frac{c_p}{c_f} < 637/2500$ 时，预防性更换策略更好。

问题 1.4

在单位正方形区域 $[0, 1]^2$ 中随机选择两点 A 和 B。令 D 表示这两点之间的距离。采用蒙特卡罗方法：

（a）估计 $E(D)$ 和 $\mathrm{Var}(D)$ 的值；

（b）画出 D 的经验分布函数图；

（c）给出一种高效的估计 $P(D > 1.4)$ 的方法，需要注意这个概率值非常小。

解答

(a)

```
> restart;
> randomize(462695):#specify a seed
```

```
> distance: =proc(n) local j,x1,x2,y1,y2,d;
  for j from 1 to n do;
     x1: =rand()/10^12;
     y1: =rand()/10^12;
     x2: =rand()/10^12;
     y2: =rand()/10^12;
     d[j]: =sqrt((x1 -x2)^2 +(y1 -y2)^2);
  end do;
  seq(d[j],j=1..n);
  end proc:
> n: =1000;
```

$$n := 1000$$

```
> f: =evalf(distance(n)):
> with(stats);
```

$$[anova, describe, fit, importdata, random, statevalf, statplots, transform]$$

```
> mean: =evalf(describe[mean]([f]));
```

$$mean := 0.5300028634$$

```
> stddev: =evalf(describe[standarddeviation[1]]([f]));
```

$$stddev := 0.2439149391$$

```
> std_error_of_mean: = evalf(stddev/sqrt(n));
```

$$std\_error\_of\_mean := 0.007713267629$$

(b)

```
> d: =transform[statsort]([f]):#sorts the data. d[j] is
  now the j th. order statistic for distance
> for j from 1 to n do:#constructs the empirical
  distribution function
     h[j]: =[d[j],evalf(j/(n +1))]:
  end do:
  e: =seq(h[j],j=1..n):
```

```
> PLOT(CURVES([e]),TITLE("Empirical
c.d.f."),AXESLABELS("distance","prob."),
AXESSTYLE(BOX));
```

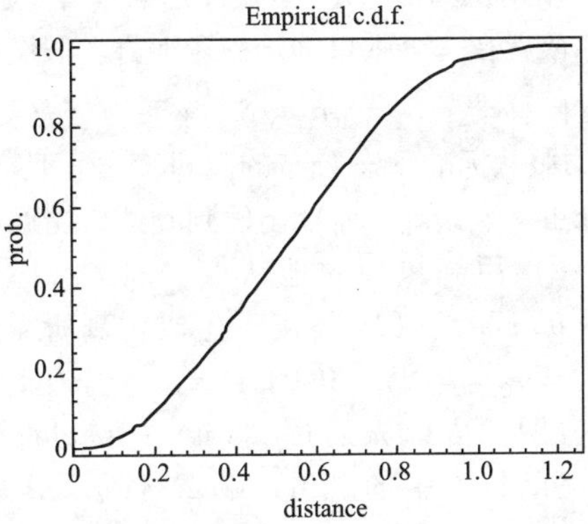

(c)

由于 D 可能的最大值为$\sqrt{2}=1.41421$，因此距离超过 1.4 的概率 p 将会非常小。所以采用朴素蒙特卡罗方法估计 p 的标准误差近似为$\sqrt{p/n}$且变异系数为 $\sqrt{1/(np)}$，可见估计精度非常低。

为了获得更高效的估计方法，在正方形的中心建立笛卡儿坐标系使得正方形的 4 个顶点坐标分别为（$-1/2$，$1/2$），（$1/2$，$1/2$），（$1/2$，$-1/2$），（$-1/2$，$-1/2$）。再构建一个半径为 1.4 的圆，圆心坐标为（$-1/2$，$-1/2$）。该圆与正方形在第一象限内相交于点（$\sqrt{1.4^2-1}-1/2$，$1/2$）和（$1/2$，$\sqrt{1.4^2-1}-1/2$）。对剩下的三个正方形顶点重复计算。通过圆的构建得到 4 个截断角部分，它们由 4 段弧和正方形构成。观察到 $D>1.4$ 成立的一个必要条件为 A 和 B 落在相对的截断角部分。考虑一个包含右上角截断扇形区的等腰三角形，其两条边与扇形的边相等，第三条边的等式为 $x+y=\sqrt{1.4^2-1}$。同理，以相同方式构建并得到剩下三个等腰三角形的第三条边的等式分别为 $x-y=\sqrt{1.4^2-1}$，$x+y=-\sqrt{1.4^2-1}$，$x-y=-\sqrt{1.4^2-1}$。由此得到只要 A 或 B 落在区域 $Q=\{(x,y):|x+y|<\sqrt{1.4^2-1},\ |x-y|<\sqrt{1.4^2-1}\}$ 内就有 $D<1.4$ 成立。因此在利用蒙特卡罗方法时，只要将其限制在不包含区域 Q 的正方形部分内即可。这种方法可以使得估计方差显著减少。

问题 1.5

一只甲壳虫在一个单位圆形（$x^2+y^2<1$）的卡片上爬行，其中（x，y）平面是水平的，并且卡片悬浮放置在一个敞口的蜜糖罐上方。假设甲壳虫在时间间隔［t，$t+\delta_t$］内，分别沿着 x 轴方向移动了 $\delta_x=z_1\sigma_1\sqrt{\delta t}$，$y$ 轴方向移动了 $\delta_y=Z_2\sigma_2\sqrt{\delta t}$，其中 Z_1 和 Z_2 表示相互独立且均服从标准正态分布的随机变量，且 σ_1 和 σ_2 为给定的正常数。我们的目的是研究甲壳虫从点（x_0，y_0）出发到到达蜜糖罐口所花费时间的分布情况。

（a）写出仿真 n 次甲壳虫独立地从点（x_0，y_0）出发到到达罐口的程序。函数“stats［random，normald］（1）”用于生成仿真所需要的标准正态分布的离差；

（b）画出当 $\sigma_1=\sigma_2=1$，$\delta_t=0.01$ 且 $x_0=y_0=0$ 时，甲壳虫 200 次到达蜜糖罐口所花费时间的直方图。可以先通过“with（statplots）”命令加载“statplots”函数库，然后再调用该函数库中的“histogram（a）”函数来创建直方图，其中 a 表示 200 次所花费时间的有序表。

解答

(a)

```
> restart;
> with(stats);
[anova, describe, fit, importdata, random, statevalf, statplots, transform]
> beetle:=proc (x0,y0,sigma1,sigma2,h,n,seed) local
  x,y,g,i,t,time;
  #'h' is the time increment (deltat), 'n' is the number
  of realisations (falls),'t' is current time,'time[i]'
  is the time to the ith. fall.
  g:=sqrt(h):randomize(seed):
  for i from 1 to n do:
   t:=0:x:=x0:y:=y0:
   while x^2+y^2<1 do:
     x:=x+sigma1*g*stats[random,normald](1):
     y:=y+sigma2*g*stats[random,normald](1):
     t:=t+h:
   end do:
   time[i]:=t:
  end do:
  seq(time[i],i=1..n):
  end proc:
```

```
> x0:=0:y0:=0:sigma1:=1:sigma2:=1:h:=0.01:n:=200:
  seed:=6345:
> a:=beetle(x0,y0,sigma1,sigma2,h,n,seed);
a :=0.71, 0.18, 0.19, 0.59, 0.34, 0.97, 1.24, 0.52,
0.31, 0.59, 0.17, 0.45, 0.55, 0.38, 0.14, 0.18, 0.26,
0.16, 0.43, 0.23, 0.38, 0.69, 0.56, 0.68, 0.40, 0.52,
0.35, 0.40, 0.95,
0.23, 0.64, 0.89, 0.48, 0.27, 0.35, 0.43, 0.27, 0.15,
0.28, 0.23, 1.27, 0.13, 0.35, 0.23,
1.79, 0.97, 0.82, 0.34, 0.42, 0.19, 0.31, 0.92, 1.17,
0.52, 0.20, 0.82, 0.43, 0.88, 0.25,
0.33, 0.44, 0.38, 0.34, 0.62, 0.41, 0.27, 0.37, 0.72,
0.45, 0.59, 0.66, 0.32, 0.28, 1.25,
0.39, 0.36, 0.28, 0.36, 0.19, 0.47, 0.53, 0.59, 0.33,
0.36, 0.10, 0.24, 0.11, 0.20, 0.20,
0.54, 0.72, 0.60, 1.39, 0.32, 0.19, 0.35, 0.39, 0.28,
0.33, 0.30, 1.01, 0.63, 1.47, 0.35,
0.31, 0.34, 0.64, 0.26, 1.51, 0.16, 1.98, 0.44, 0.38,
0.29, 0.84, 0.34, 0.64, 0.36, 0.63,
0.92, 0.28, 0.65, 0.21, 0.18, 0.14, 0.67, 0.25, 0.16,
0.13, 0.77, 0.46, 0.67, 0.47, 0.22,
0.49, 0.16, 0.08, 0.85, 0.38, 0.23, 0.94, 0.83, 0.45,
0.87, 0.22, 0.99, 0.20, 0.64, 1.39,
0.62, 0.22, 0.15, 2.21, 0.76, 0.80, 0.97, 1.06, 0.26,
0.47, 0.13, 0.28, 0.18, 0.57, 1.35,
0.61, 0.48, 0.14, 0.16, 0.32, 0.29, 0.32, 0.48, 1.14,
0.31, 0.40, 0.66, 0.21, 0.91, 0.18,
0.97, 0.48, 0.34, 0.20, 1.60, 1.82, 0.54, 0.65, 0.41,
0.74, 0.26, 0.76, 0.24, 0.61, 0.58,
0.50, 0.33, 0.41, 0.68, 1.26, 0.82
```

(b)

```
> with(statplots):
Warning, these names have been redefined: boxplot,
histogram, scatterplot, xscale, xshift, xyexchange,
xzexchange, yscale, yshift, yzexchange, zscale, zshift
```

```
> histogram([a],title="Histogram of time to
fall",labels=[time,density],axes=BOXED);#produces
rectangles of equal area
```

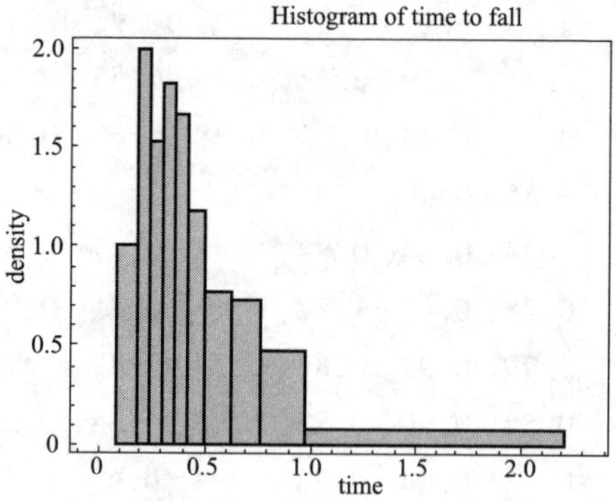

问题 1.6

下列二项式模型常被用于模拟股票价格的波动情况。令 s_i 表示时刻 ih 时的价格，其中 $i=0, 1, 2, \cdots$；$h>0$，表示时间增量。令 μ 和 σ 分别表示股票价格的增长率和波动率。令

$$u=\frac{1}{2}[\mathrm{e}^{-\mu h}+\mathrm{e}^{(\mu+\sigma^2)h}]+\frac{1}{2}\sqrt{[\mathrm{e}^{-\mu h}+\mathrm{e}^{(\mu+\sigma^2)h}]^2-4},$$

$$v=u^{-1},$$

$$p=\frac{\mathrm{e}^{uh}-v}{u-v},$$

则

$$S_i=X_iS_{i-1},$$

其中，$X_i(i=0, 1, \cdots)$ 表示相互独立且均服从伯努利分布的随机变量，即对所有的 i，有 $P(X_i=u)=p$，$P(X_i=v)=1-p$。

(a) 在 $s_0=100$ 便士，$\mu=0.2$ 每年，$\sigma=0.3$ 每年，$h=1/52$ 的条件下，给出下一年每个星期结束时该股票的价格仿真。

(b) 假设某一年有 252 个交易日，则取 $h=1/252$。令 $S_{\max}=\max\{S_j: j=0, 1, \cdots, 756\}$，$Loss=S_{\max}-S_{756}$，则 $Loss$ 表示股票在接下来 3 年内的最高价格与第 3 年最后交易日的价格差。仿真 200 个 $Loss$ 的观察值，并根据这些值拟合它的经验分布函数。在拟合经验分布函数时需要将 200 个观察值从小到大进行排列以求出次序统计量，该过程可以调用概率统计函数库“stats”中的“transform [statsort](x)”函数来实现，其中 x 表示待排序的有序表。注意到，假定 loss 的次序统计量记为 $x_{(1)}, x_{(2)}, \cdots, x_{(n)}$，则 $i/(n+1)$ 即为概率 $P(X<x_{(i)})$ 的无偏估计。

解答

(a)

```
> restart;
> S:=100:mu:=0.2:sigma:=0.3:h:=1/52;
```

$$h := \frac{1}{52}$$

计算 u, v, p。

```
> u:=0.5*(exp(-mu*h)+exp((mu+sigma^2)*h))
  +0.5*sqrt((exp(-mu*h)+exp((mu+sigma^2)*h))^2-4);
```

$$u := 1.042763680$$

```
> v:=1/u;
```

$$v := 0.9589900561$$

```
> p:=(exp(mu*h)-v)/(u-v);
```

$$p := 0.5355325675$$

```
>
```

执行循环语句,并打印星期,随机数和价格。

```
> randomize(15725):# set seed
  for j from 1 to 3 do:
    R:=evalf(rand()/10^12):
    if R<p then X:=u else X:=v end if:
    S:=X*S:printf("j=%d R=%f S[j]=%f\n",j,R,S);
    #d prints as integer,f prints in floating point,
    \n gives new line
  end do:
j=1 R=0.174296 S[j]=104.276368
j=2 R=0.465652 S[j]=108.735609
j=3 R=0.630084 S[j]=104.276368
```

类似地对全年也执行以上操作。

(b)

```
> n:=200;randomize(5640):
```

$$n := 200$$

```
> h: =1/252;u: =0.5* (exp( -mu* h) +exp( (mu +sigma^2) * h))
  +0.5* sqrt( (exp( -mu* h) +exp( (mu +sigma^2) * h))^2 -4);
```

$$h := \frac{1}{252}$$

$$u := 1.019103964$$

```
> v: =1/u;
```

$$v := 0.9812541559$$

```
> p: =(exp(mu* h) -v)/(u -v);
```

$$p := 0.5162459489$$

下面的执行块可计算 loss $[i]$，它表示在第 i 次实现中，这支股票在三年内的最高价减去它在三年内最后一个交易日的价格差，执行块一共完成了 n 次实现。该值的大小代表最后一个交易日卖出这支股票时相对于在最高价卖出这支股票时的损失。

```
> for i from 1 to n do:
  S: =100:smax: =S:
  for j from 1 to 756 do:
      R: =evalf(rand()/10^12):
      if R <p then X: =u else X: =v end if:
      S: =X* S:
      if S >smax then smax: =S end if:
  end do:
  loss[i]: =smax -S:
  end do:
```

形成一个序列 a，该序列由 n 个损失构成。

```
> a: =seq(loss[i],i =1..n):
```

对序列进行排序。

```
> with(stats);d: =transform[statsort]([a]):#sorts the
  data. d[i] is now the i th. order statistic
```

[*anova*, *describe*, *fit*, *importdata*, *random*, *statevalf*, *statplots*, *transform*]

构建一个序列 e,序列中的每个元素都给出了秩序数及累积概率。

```
> for i from 1 to n do:#constructs the empirical
  distribution function
      h[i]: =[d[i],evalf(i/(n +1))]:
  end do:
  e: =seq(h[i],i =1..n):
```

```
> PLOT(CURVES([e]),TITLE("Empirical
c.d.f."),AXESLABELS("loss","prob."),AXESSTYLE(BOX));
```

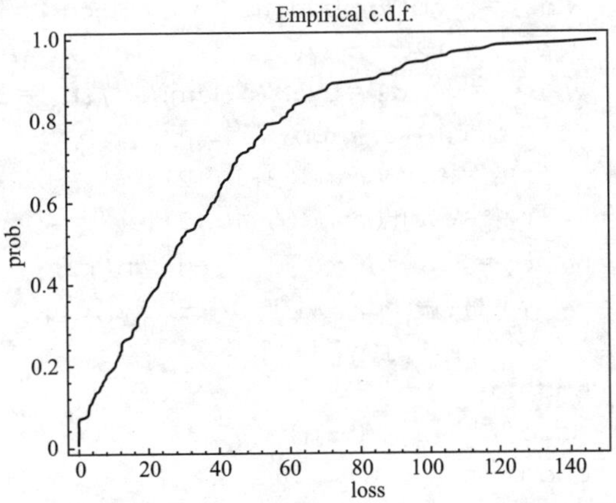

问题 1.7

考虑一个单服务台排队模型。令 a_i 表示第 i-1 位顾客与第 i 位顾客到达的时间间隔，s_i 表示第 i 位顾客接受服务的时间，w_i 表示第 i 位顾客排队等待的时间（即顾客开始接受服务的时间与其到达的时间差）。

(a)证明：$w_i = \max\{0, w_{i-1} - a_i + s_{i-1}\}$ 成立；

(b)考虑 M/M/1 排队模型，若假设顾客到达强度为 λ 的泊松流，服务窗的服务率为 μ，服务时间服从指数分布，请在参数 w_0、λ 和 μ 给定的条件下，写出 $w_1, w_2, \cdots, w_n$ 的仿真程序；

(c)在服务强度 λ/μ 不同的条件下完成以下试验。利用 w_i 随着 i 变化的曲线来分别显示排队系统：(ⅰ)快速达到平稳状态的过程；(ⅱ)缓慢达到平稳状态的过程；(ⅲ)从不达到平稳状态的过程。并在第(ⅰ)种情况和第(ⅱ)种情况下给出稳定状态下 w_i 期望的估计值。

解答

(a)

假定第 i 位顾客紧随着第 $i-1$ 位顾客来到后也立即到达。那么顾客 i 的等待时间为顾客 $i-1$ 的等待时间加上顾客 $i-1$ 的服务时间，即是 $w_{i-1} + s_{i-1}$。然而，如果两名顾客到达时间之间存在延迟 a_i，那么顾客 i 的等待时间应该再减去 a_i，除非结果 $w_{i-1} - a_i + s_{i-1}$ 为负值，该情况指的是顾客 $i-1$ 在顾客 i 达到之前就完成了他的服务，这使得顾客 i 的等待时间为 0。

(b)

```
[ > restart;
  > wait: =proc(lambda,mu,w0,n) local
    a,b,j,r1,r2,c,d,w,u:
    w[0]: =w0;a: =evalf(1/lambda);b: =evalf(1/mu);
    for j from 1 to n do;
       r1: =evalf(rand()/10^12);
       r2: =evalf(rand()/10^12);
       c: = -a* ln(r1):d: = -b* ln(r2);
       w[j]: =max(w[j-1]-c+d,0);
       u[j]: =[j,w[j]];
    end do:
    [seq(u[j],j=1..n)]:
    end proc:
```

(c)

```
> with(stats):with(plots):
Warning, the name changecoords has been redefined.
```

(ⅰ) 低服务强度（$\lambda/\mu=0.5$）

```
> randomize(89347);w0: =0;lambda: =0.5;mu: =1;
  n: =1000;v: =wait
    (lambda,mu,w0,n):#rates are in customers per
    minute
```

89347

$w0 := 0$

$\lambda := 0.5$

$\mu := 1$

$n := 1000$

```
> PLOT(CURVES(v),TITLE("waiting times"),AXESLABELS
  ("customer number","mins."),AXESSTYLE(BOX));
```

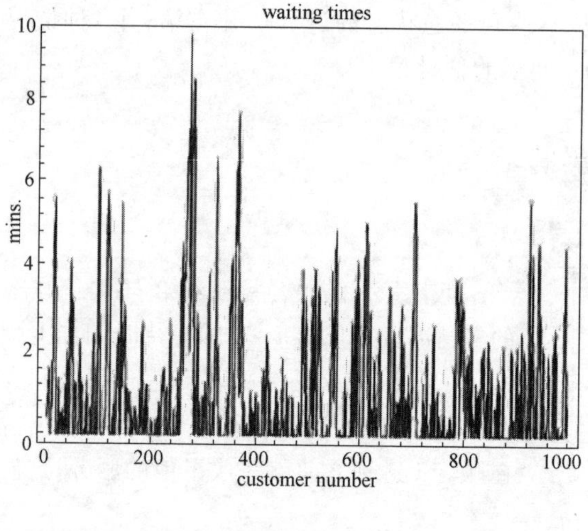

该图形表明平稳状态几乎是立即达到的。该情况对低服务强度 $\lambda/\mu=0.5$ 来说正如所预期的一样。因此完整的采样记录可用于估计平稳状态下的平均等待时间。

```
> waittimes:=seq(op(2,v[i]),i=1..1000):
  mean_waiting_time=evalf(describe[mean]
  ([waittimes]));
  standard_deviation_of_waiting_time=evalf
  (describe[standard.
  deviation[1]]([waittimes]));
```

$$mean\_waiting\_time = 0.9375110082$$

$$standard\_deviation\_of\_waiting\_time = 1.478717653$$

平稳平均等待时间的理论值为1,它与估计值之间的差是因为采样的差异性。

(ⅱ)高服务强度($\lambda/\mu=0.99$)

```
> randomize(89347);w0:=0;lambda:=0.99;mu:=1;
  n:=1000; v:=wait (lambda,mu,w0,n):
```

$$89347$$

$$w0:=0$$

$$\lambda:=0.99$$

$$\mu:=1$$

$$n:=1000$$

```
> PLOT(CURVES(v),TITLE("waiting times"),AXESLABELS
  ("customer number","mins."),AXESSTYLE(BOX));
```

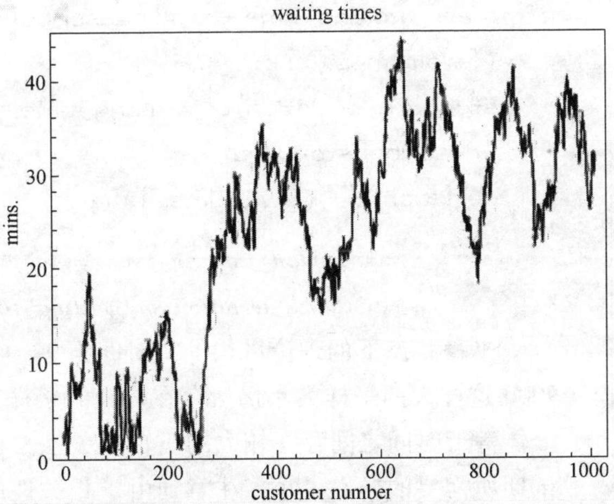

上图表明在平稳状态实现之前可能要有1000个左右的顾客要到达。这样就需要将顾客数增加至10000,且至少需要1000个顾客进行测试以获得平稳状态下的平均等待时间的估计。

```
> randomize(89347);w0:=0;lambda:=0.99;mu:=1;
  n:=10000;v:=wait (lambda,mu,w0,n):
```

$$89347$$

$$w0:=0$$

$$\lambda:=0.99$$

$$\mu:=1$$

$$n:=10000$$

```
> PLOT(CURVES(v),TITLE("waiting times"),AXESLABELS
  ("customer number","mins."),AXESSTYLE(BOX));
```

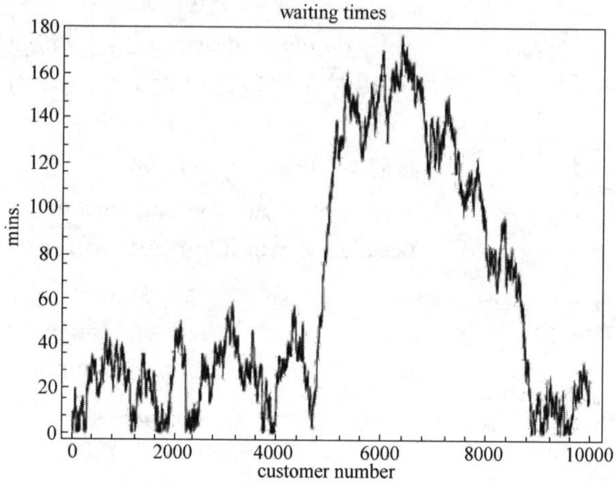


```
> waittimes:=seq(op(2,v[i]),i=1000..10000):
  mean_waiting_time=evalf(describe[mean]
  ([waittimes]));
  standard_deviation_of_waiting_time=evalf
  (describe[standard
  deviation[1]]([waittimes]));
```

$$mean\_waiting\_time = 65.42348523$$

$$standard\_deviation\_of\_waiting\_time = 54.91974974$$

平稳状态下的理论平均等待时间为 99。与估计结果相比，即使是 9000 这样大的采样大小仍然存在较大的采样变异。这主要是由于每个个体等待时间之间存在较大的正自相关性。也有可能是我们低估了测试期所需要的样本大小。注意到由于相关性的存在，即使该采样代表了平稳状态行为，我们也不能认为平均等待时间的估计标准误差为 $54.92/\sqrt{9000}$，实际的估计标准误差应该比这个值大得多。

（iii）未达到平稳状态（$\lambda/\mu=1.2$）

```
> randomize(89347);w0:=0;lambda:=1.2;mu:=1;
  n:=1000;v:=wait(lambda,mu,w0,n):
```

$$89347$$

$$w0:=0$$

$$\lambda:=1.2$$

$$\mu:=1$$

$$n:=1000$$

```
> PLOT(CURVES(v),TITLE("waiting times"),AXESLABELS
  ("customer number","mins."),AXESSTYLE(BOX));
```

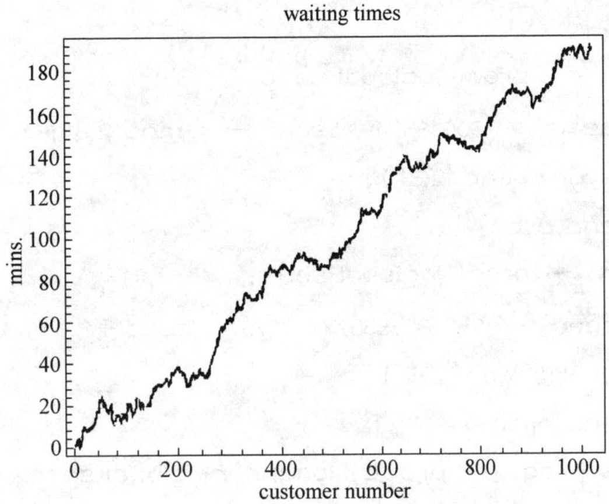

注意如果到达率超过了服务率，队列长度的递增趋势将会如何。

附录2

随机数发生器

除了 Maple 自带的发生器“rand”，以下在第 2 章中所描述的发生器同样也可以采用。

```
> r1: = proc() global seed;
  seed: =(906185749 * seed +1) mod 2^31;
  evalf(seed/2^31);
  end proc:
> r2: = proc() global seed;
  seed: =(2862933555777941757 * seed +1) mod 2^64;
  evalf(seed/2^64);
  end proc:
> schrage: = proc() local s,r; global seed;
  s: = seed mod 62183;r: =(seed -s)/62183;
  seed: = -49669 * r +69069 * s +1;
  if seed <0 then seed: = seed + 2^32 end if;
  evalf(seed/2^32);
  end proc:
> r3: = proc() global seed;
  seed: =(seed * 630360016)mod(2^31 -1);
  evalf(seed/(2^31 -1));
  end proc:
```

注意到在这些程序中均将“seed”设置为全局变量。因此，任何调用这些发生器的程序也同样必须将“seed”设置为全局变量。下列程序“expon”用于生成来自密度为 $f(x) = e^{-x}$，支撑集为 $[0, +\infty)$ 的变量。它调用了随机数发生器“schrage”。在最后的执行块中设置（初始的）种子且三次调用“expon”。

```
> expon: = proc() global seed;
  -ln(schrage());
  end proc:
```

```
> seed: = 47139;
  for j from 1 to 3 do;
  expon();
  end do;
```

$$seed := 47139$$

0.2769925308

0.7827805984

0.3164070444

附录3

计算接受概率

3.1 任意包围取舍发生器的接受概率的计算

程序“envelopeaccep”用于计算生成概率密度函数(p. d. f.)成比例于 $h(x)$ 的变量时的接受概率,所采用的包围函数(因此建议密度)成比例于 $r(x)$。所需参数为

h = 用户提供程序,

r = 用户提供程序,

$[x_1, x_2]$ = h 的关联支撑集,

$xint$ = 在区间 $[x_1, x_2]$ 上最大的 $h(x)/r(x)$ 数值时的建议起点。

```
[ > restart;with(Optimization):
  > envelopeaccep:=proc(h::procedure,r::procedure,x1,x2,xinit)
    local u,K,acc;
    u:=NLPSolve(h(x)/r(x),
    x=x1..x2,initialpoint={x=xinit},maximize);
    K:=op(1,u);
    print("envelope is",K*r(x));
    acc:=int(h(x),x=x1..x2)/int(r(x),x=x1..x2)/K;
    end proc:
```

接下来计算生成在支撑集（0，+∞）上概率密度函数成比例于 $x^{(\lambda-1)}e^{-\beta(x+1/x)^2}$ 的变量时的接受概率，采用的建议密度对所选定的 λ 值和 β 值成比例于 $x^{(\lambda-1)}e^{-\gamma x/2}$。通过设置

$$\gamma=\frac{2\lambda^2\left(\sqrt{1+\frac{\beta^2}{\lambda^2}}-1\right)}{\beta},$$

使包围函数达到最优（见 4.8 节的文字描述）。

```
> lambda: =5;
beta: =10;
gam: =2* lambda^2* (sqrt(1 +beta^2/lambda^2) -1)/beta;
```

$$\lambda := 5$$

$$\beta := 10$$

$$gam := 5\sqrt{5} - 5$$

```
> ha: =proc(x) global alpha,beta;
x^(lambda -1) * exp( -beta* (x +1/x)/2);
end proc;
```

$ha :=$ **proc**(x) **global** $\alpha, \beta x$^$(\lambda - 1) * \exp(1/2 * \beta * (x + 1/x))$ **end proc**

```
> ra: =proc(x) global alpha,gam;
x^(lambda -1) * exp( -gam^* x/2);
end proc;
```

$ra :=$ **proc**(x) **global** α, gam; x^$(\lambda - 1) * \exp(-1/2 * gam * x)$ **end proc**

```
> acceptance_prob: =evalf(envelopeaccep(ha, ra, 0, infinity,
1));
```

$$\text{'envelope is'},\ 0.002069724261672992 10 x^4 e^{-(5\sqrt{5}-5)x/2}$$

$$acceptance\_prob := 0.6528327067$$

3.2 任意均匀比值发生器的接受概率的计算

程序“ratioaccep”用于计算利用均匀比值发生器生成概率密度函数成比例于 $h(x)$ 的变量时的接受概率。所需参数如下：

h = 用户提供程序，

$[x_1, x_2]$ = h 的关联支撑集，

$xint$ = 在区间$[x_1, x_2]$上最大化 $h(x)/r(x)$ 数值的建议起点，

$xint1$ = 在区间$[x_1, 0]$上最大化$x^2h(x)$ 数值的建议起点，

$xint2$ = 在区间$[0, x_2]$上最大化$x^2h(x)$ 数值的建议起点。

```
[ > restart; with (Optimization) :

>
ratioaccep: =proc(h::procedure,x1,x2,xinit,xinit1,xinit2)
local u,u1,v1,v11,v2,v22,acc;
u: =NLPSolve(h(x),
x =x1..x2,initialpoint ={x =xinit},maximize);u1: =sqrt(op(1,u));
if x1 <0 then
  v1: =NLPSolve(x* x* h(x),
```

```
x =x1..0,initialpoint ={x =xinit1},maximize);
  v11: = -sqrt(op(1,v1));
  else v11: =0
end if;
if x2 >0 then
  v2: =NLPSolve(x* x* h(x),
x =0..x2,initialpoint ={x =xinit2},maximize);
  v22: =sqrt(op(1,v2));
  else v22: =0;
end if;
print("u +" =u1);
print("v -" =v11);
print("v +" =v22);
acc: =int(h(x),x =x1..x2)/u1/(v22 -v11)/2;
acc;
end proc:
```

利用程序“ratioaccep”对支撑集为$(-\infty, +\infty)$上密度成比例于$1/(1+x^2/3)^2$的情况计算接受概率及$u+$，$v+$，$v-$。

```
> h1: =proc (x);
  1/ (1 +x* x/3) ^2;
  end proc;
```

$$h1:=\mathbf{proc}(x)1/(1+x^*x^*1/3)\hat{}2\ \mathbf{end\ proc}$$

```
> acceptance_ prob: =ratioaccep (h1, -infinity, infinity, 0, -2, 2);
  Warning, no iterations performed.
```

$$\text{'u +'}=1.$$

$$\text{'v -'}=-0.8660254038$$

$$\text{'v +'}=0.8660254038$$

$$acceptance\_\ prob:=0.1443375672\pi\sqrt{3}$$

运行中发生警告是由于为了在整个支撑集上最大化h所选的初始点恰好为最大化点。

对支撑集为$\left(-\frac{1}{2}, \frac{1}{2}\right)$上密度成比例于$\left(\frac{1}{4}-x^2\right)^9$的情况重复以上计算。

```
> h2: =proc(x);
  (1/4 -x* x)^9;
  end proc;
```

$$h2:=\mathbf{proc}(x)(1/4-x^*x)\hat{}9\ \mathbf{end\ proc}$$

```
> acceptance_prob: =ratioaccep(h2, -1/2,1/2,0, -1/4,1/4);
```

'u + ' = 0.001953125000

'v - ' = -0.0001922167969

'v + ' = 0.0001922167969

acceptance_prob := 0.7208585900

附录4

随机数发生器（标准分布）

下面所给的随机数发生器的程序均快于专门的 Maple 函数，因此建议采用。注意到 Maple 中专门的 beta 分布和负二项分布随机数发生器不接受非整数的形状参数，然而下面所给的相应程序则可以接受。事实上，对所有的情况仍然可以设计出比下面发生器更快的发生器，但是选择这些发生器的原因在于它们本身的简捷性和效率的合理性。对相同发生器进行连续调用时不再存储参数值。在连续调用时如果参数的分布保持不变，那么这样做可以提高效率。

4.1 标准正态分布发生器

下面的程序给出了 4.1 节中所描述的“极坐标”Box-Müller 发生器的实现。注意到将 i 和 X_2 设置为全局变量，以及在第一次调用时要将 i 设置为“false”的警告。

```
> STDNORM: =proc( ) local ij,U1,U2,S,B,X1;global i,X2;
#
#     PROCEDURE GENERATES A STANDARD RANDOM NORMAL
#     DEVIATE, USING THE POLAR BOX MULLER METHOD.
#     SET i to 'false' ON FIRST CALL. Note that i and
#     X2 are global variables and have to be declared
#     such in any procedure that calls STDNORM.
      if type(i,boolean)then
      if (i) then
          i: =not(i);X2;
      else
          for ij from 1 to infinity do
             U1: =evalf(2.0* rand()/10^12) -1.0;
             U2: =evalf(2.0* rand()/10^12) -1.0;
             S: =U1 * U1 +U2* U2;
```

```
        if(S>=1.0 or S<=0.0) then next end if;
        B:=sqrt(-2.0*ln(S)/S);
        X1:=B*U1;
        X2:=B*U2;
        break;
      end do;
      i:=not(i);X1;
   end if;
   else ERROR("i should be boolean") end if;
   end proc:
```

4.2 Beta 发生器

下面程序实现了 4.5.1 节中所描述的 Cheng 的 log-logistic 发生器。调用该发生器可生成 beta(a,b)随机数。

```
> beta:=proc(a,b) local z,r1,r2,w,rho,m,la;
  if a>0 and b>0 then
     rho:=a/b;m:=min(a,b);if m<=1 then la:=m else
  la:=sqrt((2*a*b-a-b)/(a+b-2)) end if;
     do;
     r1:=rand()/10^12;
     r2:=rand()/10^12;
     z:=(1/r1-1)^(1/la);
     if
  evalf(4*r1*r1*r2-evalf(z^(a-la)*((1+rho)/(1+rho*z))^
  (a+b)))<0 then break end if;
     end do;
     evalf(rho*z/(1+rho*z));
  else ERROR("a and b should be positive") end if;
  end proc:
```

4.3 学生 *t* 分布

下面程序采用了 4.7 节中所描述的方法来生成自由度为 n 的学生 t 分布的随机数。如果 $n=1$,那么所生成的即为柯西随机数。

```
> tdistn: =proc(n) local r1,r2,c,x;
  if type(n,posint)then;
     r1: =evalf(rand()/10^12);
     if n >1 then
         r2: =evalf(rand()/10^12);
         c: =cos(6.2831853071795864770* r2);
         sqrt(n/(1/(1-r1^(2/(n-1)))-c^2))* c;
     else
         tan(1.5707963267948966192* (r1+r1-1));
     end if;
  else
  ERROR("n should be positive integer") end if;
  end proc:
```

4.4 广义逆高斯分布

下面程序生成的随机数来自概率密度函数在支撑集（0，$+\infty$）上与 $x^{\lambda-1}\mathrm{e}^{-\beta(x+1/x)/2}$ 成比例的分布，其中 $0<\lambda$ 且 $0<\beta$。所采用的方法见 4.8 节中的描述。

```
>geninvgaussian: =proc(lambda,beta) local
  gam,a1,a2,a3,a4,r,j,x;
  if lambda >0 then
  if beta >0 then
    gam: =2* lambda^2* (sqrt(1+(beta/lambda)^2) -1)/beta;
    a1: =0.5* (beta -gam);
    a2: =0.5* beta;
    a3: =sqrt(beta* (beta -gam));
    a4: =2.0/gam;
    for j from 1 to infinity do;
      r: =evalf (rand()/10^12);
      x: =random[gamma[lambda,a4]] (1);
      if -ln(r) >x* a1 +a2/x -a3 then break end if;
    end do;
  else ERROR("beta must be positive") end if;
  else ERROR("lambda must be positive") end if;
  end proc:
```

4.5 泊松发生器

下面程序采用了 4.9 节中所描述的非存储逆变换采样法来生成泊松分布随机数。

```
> ipois1:=proc(mu)  local  y,x,r;
  if mu >=0  then
    y:=evalf(exp(-mu));
    x:=0;
    r:=evalf(rand()/10^12);
    while r >y do;
      x:=x+1;
      r:=r-y;
      y:=mu* y/x;
    end do;
    x;
  else ERROR(" mu should be non-negative") end if;
  end proc:
>
```

4.6 二项分布

下面程序采用了 4.10 节中所描述的非存储的逆变换采样法来生成 binomial（n, p）随机数。

```
> ibinom:=proc(n,p) local ps,q,r,y,x,qs;
  if type(n,posint) then
  if p >=0 and p <=1 then
    if p >0.5 then ps:=1-p else ps:=p; end if;
    q:=1-ps;
    qs:=ps/q;
    y:=evalf(q^n);
    r:=evalf(rand()/10^12);
      x:=0;
    while r >y do;
      x:=x+1;
      r:=r-y;
```

```
      y:=evalf(y*(n-x+1)*qs/x);
    end do;
    if p>0.5 then n-x else x end if;
  else ERROR("p should belong to[0,1]") end if;
  else ERROR("n should be a positive integer") end if;
  end proc:
```

4.7 负二项分布

下面程序生成的变量来自概率质量函数

$$f(x)=\frac{\Gamma(x+k)p^x qk}{\Gamma(k)\Gamma(x+1)}\quad(x=0,1,2,\cdots)。$$

k 是正的实数。这里采用了 4.11 节中描述的非存储逆变换采样法。在 kp/q 不是非常大的情况下，它的速度很快。而对 kp/q 非常大的情况，正如 4.11 节所描述的那样，泊松发生器和 gamma 发生器则表现得更好。

```
> negbinom:=proc(k,p) local q,r,y,x;
  if k>0 then
  if p>=0 and p<=1 then
   q:=1-p;
   y:=evalf(q^k);
   r:=evalf(rand()/10^12);
   x:=0;
   while r>y do;
      x:=x+1;
      r:=r-y;
      y:=evalf(y*p*(x+k-1)/x);
    end do;
    x;
  else ERROR("p should belong to[0,1]") end if;
  else ERROR("k should be positive") end if;
  end proc:
```

附录5

方差减少

5.1　对偶变量及Γ(1.9)的估计

程序“theta1_ 2”采样 m 个单位负指数分布的样本且对每个样本计算其 0.9 次幂。后者的样本均值即为Γ(1.9)的一个估计。

```
[ > restart;with(stats):
  > theta1_2:=proc(m) local j,r,x,y,u;
    for j from 1 to m do;
     r:=evalf(rand()/10^12);
     x:= -ln(r);
     y[j]:=x^0.9;
    end do;
    u:=[seq(y[j],j=1..m)];
    [describe[mean](u),describe[standarddeviation[1]](u)^2/m,u];
    print("theta1_hat"=describe[mean](u));
    print("standard
    error"=evalf(describe[standarddeviation[1]](u)/sqrt(m)));
    u;
    end proc:
```

计算样本容量为 1000 的估计值及估计标准误差。

```
 > seed:=randomize(341):
 print("seed"=seed);
 res1:=theta1_2(1000):
                    'seed'=341
               'thetal_hat'=0.9259670987
           'standard error'=0.02797125535
```

现将程序“theta1_2”的输出语句中 r 替换成 1 - r，将 theta1_hat 替换成 theta2_hat，取相同的种子再次运行该仿真。

```
> seed:=randomize(341):
  print("seed"=seed);
  res2:=theta1_2(1000):
                    'seed'=341
               'theta2_hat'=1.009153865
           'standard error'=0.02773074613
```

在上面的运行中程序“theta_ combined”完成了两项工作，即采用原始变量和对偶变量给出了估计值及估计标准误差。

```
> theta_combined:=proc(m) local j,r,x,y,u,r1,z;
  for j from 1 to m do;
   r:=evalf(rand()/10^12);r1:=1-r;
   x:=-ln(r);z:=-ln(r1);
   y[j]:=(x^0.9+z^0.9)/2;
  end do;
  u:=[seq(y[j],j=1..m)];
  print("mean"=describe[mean](u));
  print("standard
  error"=evalf(describe[standarddeviation[1]](u)/sqrt(m)));
  u;
  end proc:
> seed:=randomize(341):
  print("seed"=seed);
  res3:=theta_combined(1000):
                      'seed'=341
                'mean'=0.9675604815
          'standard error'=0.01072362734
```

计算 theta1 和 theta2 之间的样本相关性。

```
> rho:=describe[linearcorrelation](res1,res2);
```

$$\rho := -0.7035269031$$

计算方差减少比的估计值。

```
> 1/(1+rho);
        3.372987332
```

计算方差减少比的另一个估计值，该估计方法不需要找变量之间的相关性。

```
> (.2797125535e-1^2+.2773074613e-1^2)/4/.1072362734e-1^2;
                                  3.372688907
```

利用数值积分计算精确的相关性和方差减少比。

```
> e3: =evalf(int((ln(R)*ln(1-R))^0.9,R=0..1));
                    e3: =0.3909740620
> e1: =evalf(int((-ln(R))^0.9,R=0..1));
                    e1: =0.9617658319
> e2: =evalf(int((-ln(R))^1.8,R=0..1));
                    e2: =1.676490788
> rho: =(e3-e1^2)/(e2-e1^2);
                    ρ: = -0.7106073074
```

计算精确的方差减少因子。

```
> 1/(1+rho);
3.455512270
```

5.2 独立同分布随机变量和的超越概率

程序“impbeta”可估计 $P(a < \sum_{i=1}^{n} X_i)$ 的值，其中，$\{X_i\}$ 独立同分布且服从形状参数为 α 和 β 的 beta 分布，且 α、β 的值均大于 1。重要采样密度为 $g(x) = \prod_{i=1}^{n} \gamma x_i^{(\gamma-1)}$，支撑集为 $(0, 1)^n$，其中 $\alpha<\gamma$。一个好的选择是 $\gamma = 1/\ln(n/a)$ 且 a 应该满足条件 $n\mathrm{e}^{-1/\alpha} \leqslant a$。

```
> with(stats):
Warning, these names have been redefined: anova, describe, fit, importdata,
random, statevalf, statplots, transform
>
```

```
> impbeta: =proc(n,m,a,alpha,beta) local
gam,gam1,s1,s2,j,s,p,k,x,t,prob,stderr,vrf,b,z,mean,std_dev;
#
# Procedure finds probability that sum of n i.i.d. beta
variates (shape parameters alpha >=1,beta >=1) exceeds a.
# Importance sampling distribution is product of n identical
distributions having density gam*x^(gam-1) where gam >1.
#gam( =1/log(n/a)) is chosen to minimize an easily computed
upper bound on variance.
#if a <=n*exp(-1/alpha), i.e. if this is not a small right
tail probability, use naive Monte Carlo.
#sample size =m
#computes central limit approximation for comparison
```

```
    #
    mean: =n* alpha/(alpha +beta);
    std_dev: =sqrt(n* alpha* beta/(alpha +beta +1)/(alpha +beta)^2);
    print(" alpha " =alpha," beta " =beta," n " =n," mean " =mean," std
    dev " =std_dev);
    if a <evalf(n* exp( -1/alpha)) then print(" STOP, use naive monte
    carlo " )
    return end if;
    gam: =evalf(1/ln(n/a));
    gam1: =1/gam;
    b: =(GAMMA(alpha +beta)/GAMMA(alpha)/GAMMA(beta)/gam)^n;
    s1: =0;s2: =0;
    for j from 1 to m do;
     s: =0;p: =1;
     for k from 1 to n do;
       x: =(evalf(rand()/10^12))^gam1;
       s: =s +x;
       p: =p* x^(alpha -gam)* (1 -x)^(beta -1);

    end do;
     if s >a then
       t: =p;
       s1: =s1 +t;s2: =s2 +t^2;
     end if;
    end do;
    prob: =s1* b/m;
    stderr: =b* evalf(sqrt((s2 -s1^2/m)/m/(m -1)));
vrf: =1/(m* stderr^2/prob/(1 -prob));
print(" estimate of probability that sum of ",n," variates
exceeds ",a," is ",prob);
print(" standard error " =stderr);
print(" variance reduction ratio " =vrf);
z: =(mean -a)/std_dev;
print(" central limit approx " =statevalf[cdf,normald](z));
end proc:
```

```
> seed: =randomize(99356):
  print("seed"=seed);
  impbeta(12,5000,9,1.5,2.5);
'seed'=99356
'alpha'=1.5,'beat'=2.5,'n'=12,'mean'=4.500000000,
'std dev'=0.7500000000
'estimate of probability that sum of',12,'variates exceeds'9,'is',
1.146003559×10^-9
'standard error'=1.067644898×10^-10
'variance reduction ratio'=2.010769567×10^7
'central limit approx'=9.865876451 ×10^-10
> seed: =randomize(99356):
  print("seed"=seed);
  impbeta(12,5000,9,2.5,1.5);
'seed'=99356
'alpha'=2.5,'beta'=1.5,'n'=12, 'mean'=7.500000000,
'std dev'=0.7500000000
'estimate of probability that sum of',12,'variates exceeds',9,'is',0.01936693724
'standard error'=0.0005737629220
'variance reduction ratio'=11.53805257
'central limit approx'=0.02275013195
> seed: =randomize(6811357):
  print("seed"=seed);
  impbeta(24,5000,18,2.5,1.5);
'seed'=6811357
'alpha'=2.5, 'beta'=1.5,'n',24,'mean'=15.00000000,'std dev'=1.060660172
'estimate of probability that sum of'24,'variates exceeds'18,
'is',0.001761757803
'standard error'=0.00008414497712
'variance reduction ratio'=49.67684543
'central limit approx'=0.002338867496
```

5.3 分层采样

5.3.1 利用朴素蒙特卡罗方法估计

$$\int_0^1\int_0^1 \{[-\ln(r_1)]^{2/3}+[-\ln(r_2)]^{2/3}\}^{5/4}\mathrm{d}r_1\mathrm{d}r_2$$

程序“weibullnostrat”给出了样本大小为 k 时的估计值和估计标准误差。

```
> weibullnostrat: =proc(k) local j,r1,r2,w,v,y,sum1,sum2,m;
  sum1: =0;sum2: =0;
  for m from 1 to k do;
   r1: =evalf(rand()/10^12);
   r2: =evalf(rand()/10^12);
     w: =( -ln(r2))^(2/3);
     v: =( -ln(r1))^(2/3);
     y: =(v+w)^(5/4);
     sum1: =sum1 +y;
     sum2: =sum2+y^2;
  end do;
  print("mean"=sum1/k, "std error"=sqrt((sum2-sum1^2/k)/
  (k-1)/k));
  end proc:
> t1: =time():seed: =randomize(639156):
  weibullnostrat(20000):
  t3: =time() -t1;
'mean' =2.158428985,'std error' =0.009127721506
t3: =20.500
```

5.3.2 采用单个分层变量的分层采样法

首先，画出

$$Y=\{[-\ln(r_1)]^{2/3}+[-\ln(r_2)]^{2/3}\}^{5/4}$$

关于分层变量 $X=r_1r_2$ 的图形。该图形证实了 Y 的大部分变动由给定 X 的条件下 Y 的条件期望的变动所体现。因此，关于 X 的分层将会是高效的。

```
> with(stats);
Warning, these names have been redefined: anova, describe,
fit, importdata, random, statevalf, statplots, transform
> strat: =proc(n) local j,r1,r2,x,a1,a2,y,z;
  for j from 1 to n do;
   r1: =evalf(rand()/10^12);
   r2: =evalf(rand()/10^12);
     x[j]: =(r1*r2);
     a1: =( -ln(r1))^(2/3);
     a2: =( -ln(r2))^(2/3);
     y[j]: =(a1 +a2)^(1.25);
       z[j]: =[x[j],y[j]];
  end do;
  seq(z[j],j=1..n);
  end proc:
```

```
> seed: =randomize(5903):print("seed"=seed);
  v: =strat(500):
  PLOT(POINTS(v),SYMBOL(POINT),AXESLABELS('X','Y'));
  vx: =seq((op(1,v[j]),j=1..500)):vy: =seq((op(2,v[j]),
  j=1..500)):
  correlation: =describe[linearcorrelation]([vx],[vy]);
  CV_VRF: =1 -correlation^2;
'seed' =5903
```

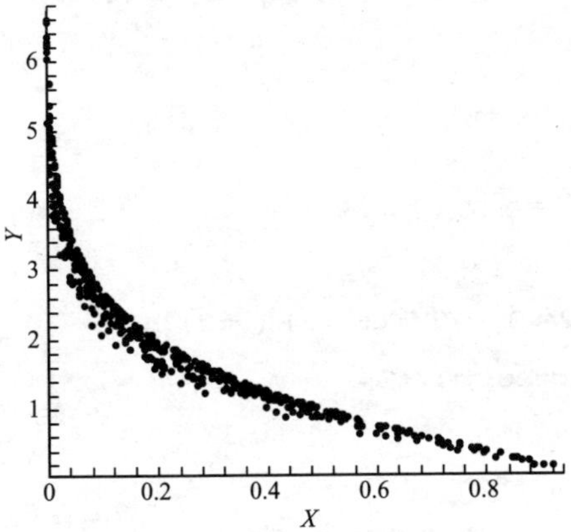

$correlation := -0.8369837074$

$CV\_VRF := 0.2994582735$

下面的程序“weibullstrat”完成了 k 次独立实现。每次实现由 n 个等概率层上的 n 个观察值组成，即每一层恰有一个观察值。

```
> weibullstrat: =proc(n,k) local
  j,u1,t,x,u2,r2,r1,y,w,v,tprev,sum1,sum2,mean,s1,m;
sum1: =0;sum2: =0;
for m from 1 to k do;
   s1: =0;tprev: =10^(-10);
   for j from 1 to n do;
     u1: =evalf(rand()/10^12); u2: =evalf(rand()/10^12);
     t: =fsolve(x -x* ln(x) -(j -1 +u1)/n,x =tprev,
     tprev..1);
     tprev: =t;
       r2: =t^u2;w: =(-ln(r2))^(2/3);
       r1: =t/r2;v: =(-ln(r1))^(2/3);
       y: =(v +w)^(5/4);
       s1: =s1 +y;
```

```
      end do;
      mean: =s1/n;
    sum1: =sum1 +mean;sum2: =sum2 +mean^2;
    end do;
print(" mean " =sum1/k," std error " =sqrt( (sum2 - sum1^2/k) /
(k -1) /k));
end proc:
> t1: =time( ); seed: =randomize(639156); weibullstrat(100,200);
    t2: =time( ) - t1;
t1: =109.077
seed: =639156
'mean' =2.166441095, 'std error' =0.001321419976
t2: =110.250
estimated_vrr: =(.1321419976e -2/.9127721506e -2)^( -2);
estimated_efficiency: =t3* estimated_vrr/t2;
estimated_vrr : =47.71369240
estimated_efficiency : =8.871933734
```

5.3.3 两个变量的分层采样

程序“grid”利用 k 次仿真重复来估计相同的积分，这里采用两个分层变量 r_1 和 r_2。每次重复都由 $[0, 1]^2$ 上的 n^2 个等概率层组成。

```
> grid: =proc(n,k) local j,r1,r2,w,v,y,m,sum1,sum2,k1,s1,
  mean;
  sum1: =0;sum2: =0;
  for k1 from 1 to k do;
    s1: =0;
    for j from 1 to n do;
      for m from 1 to n do;
        r1: =( j -1 +evalf(rand( )/10^12))/n;
        r2: =(m -1 +evalf(rand( )/10^12))/n;
        w: =( -ln(r2))^(2/3);
        v: =( -ln(r1))^(2/3);
        y: =(v +w)^(5/4);
        s1: =s1 +y;
  end do;
```

```
end do;
mean:=s1/n/n;
sum1:=sum1+mean;
sum2:=sum2+mean^2;
end do;
print("mean"=sum1/k,"standard error"=sqrt((sum2-
sum1^2/k)/k/(k-1)));
end proc:
> t1:=time();
  seed:=randomize(639156):
  print("seed"=seed);
  grid(10,200);
  t4:=time()-t1;
```

*t*1:=152.688

'seed'=639156

'mean'=2.167096762,'standard error'=0.002507078421

*t*4:=21.531

```
> estimated_vrr:=(.2507078421e-2/.9127721506e-2)^(-2);
  estimated_efficiency:=t3*estimated_vrr/t4;
```

estimated_vrr :=13.25528056

estimated_efficiency :=12.62055880

附录6

仿真与金融

6.1 布朗运动

“STDNORM”是一种标准正态分布随机数的发生器，其所采用的方法是极坐标 Box-Müller 法。

```
>     STDNORM: =proc( ) local ij,U1,U2,S,B,X1;global i,X2;
  #
  #     PROCEDURE GENERATES A STANDARD RANDOM NORMAL
  #     DEVIATE, USING THE POLAR BOX MULLER METHOD.
  #     SET i to 'false' ON FIRST CALL. Note that i and
  #     X2 are global variables and have to be declared as
  #     such in any procedure that calls this STDNORM.
        if type(i,boolean)then
        if (i) then
           i: =not(i);X2;
        else
          for ij from 1 to infinity do
            U1: =evalf(2.0* rand( )/10^12) -1.0;
            U2: =evalf(2.0* rand( )/10^12) -1.0;
            S: =U1* U1 +U2* U2;
            if(S >=1.0 or S <=0.0) then next end if;
            B: =sqrt( -2.0* ln(S)/S);
            X1: =B* U1;
            X2: =B* U2;
            break;
          end do;
          i: =not(i);X1;
          end if;
          else ERROR("i should be boolean") end if;
          end proc:
```

程序 “Brownian” 用于生成一个标准布朗运动 $\{B(t)\}$ 在时刻 0，h，$2h$，…，nh 的位置，其中 $nh=T$。

```
> Brownian: =proc(T,n,seed) local h,sh,B,P,j,z;
  #
  # Simulation of standard Brownian motion over [0,T] using n
  subintervals each of length h.
  # Procedure generates a list, [{[j*h,B(j*h)],j=0..n}] where
  B(j*h) is the position of the Brownian motion at time j*h.
  #
  global i,X2;
  i: =false;
  randomize(seed);
  h: =T/n;
  sh: =sqrt(h);
  B: =0;
  P[0]: =[0,0];
  for j from 1 to n do;
    z: =STDNORM();
    B: =B +evalf(sh*z);
    P[j]: =[evalf(j*h),B];
  end do;
  [seq(P[j],j=0..n)];
  end proc:
```

以下是一个标准布朗运动的三次实现

```
> u1: =Brownian(100,10000,3671):
  u2: =Brownian(100,10000,4791023):
  u3: =Brownian(100,10000,4591038):
  PLOT(CURVES(u1,u2,u3,COLOR(RGB, 1, 0, 0, 0, 1, 0,0,0,1)),
  TITLE("Three realizations of a standard Brownian
  motion"),AXESLABELS("t","B(t)"),AXESSTYLE(NORMAL));
```

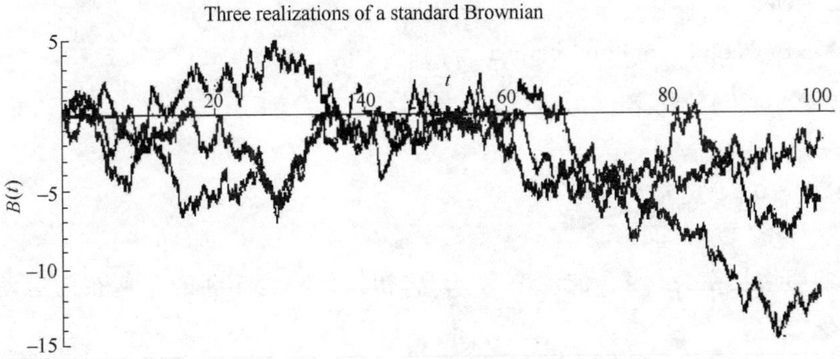

6.2 几何布朗运动

令 $\{B(t)\}$ 定义一个标准的布朗运动。程序“Geometric Brownian”生成了一个如下定义的布朗运动：

$$\frac{\mathrm{d}X}{X}=\mu\mathrm{d}t+\sigma\mathrm{d}\beta,$$

在时刻0，h，$2h$，…，nh 的位置为 $X(t)$，其中 $nh=T$。该随机微分方程的解为 $X(t)=X(s)\cdot \mathrm{e}^{\left(\mu-\frac{\sigma^2}{2}\right)(t-s)+\sigma B(t-s)}$。假定 $X(s)=x(s)$。由于 $EX(s)=x(s)\mathrm{e}^{\mu(t-s)}$，这里 μ 可以解释为期望增长率。

```
> GeometricBrownian: =proc(T,n,seed,mu,sigma,x0) local
  h,sh,X,P,j,z,mh;
  #
  # Procedure generates a list [{[j*h,X(j*h)],j=0..n}] where
  X(j*h) is the position at time jh of the geometric Brownian
  motion(with expected growth rate, mu, and volatility, sigma).
  #
  global i,X2;
i: =false;
randomize(seed);
h: =T/n; r: =mu-sigma^2/2;
sh: =sqrt(h);
mh: =r*h;
X: =x0;
P[0]: =[0,x0];
for j from 1 to n do;
  z: =STDNORM();
  X: =X*exp(evalf(mh+sh*sigma*z));
  P[j]: =[evalf(j*h),X];
end do;
[seq(P[j],j=0..n)];
end proc:
```

以下为期望增长率为0.1，波动率为0.3，初始价格为100的几何布朗运动的三次独立实现。

```
> v1:=GeometricBrownian(10,2000,1845,0.1,0.3,100):
  v2:=GeometricBrownian(10,2000,35915,0.1,0.3,100):
  v3:=GeometricBrownian(10,2000,159284,0.1,0.3,100):PLOT
  (CURVES(v1,v2,v3,COLOR(RGB, 1, 0, 0, 0, 1, 0,0,0,1)),
  TITLE("Three independent realizations of a geometric
  Brownian motion with expected \n growth rate of 0.1,
  volatility 0.3, initial price
  =100"),AXESLABELS("t","X(t)"),AXESSTYLE(NORMAL));
```

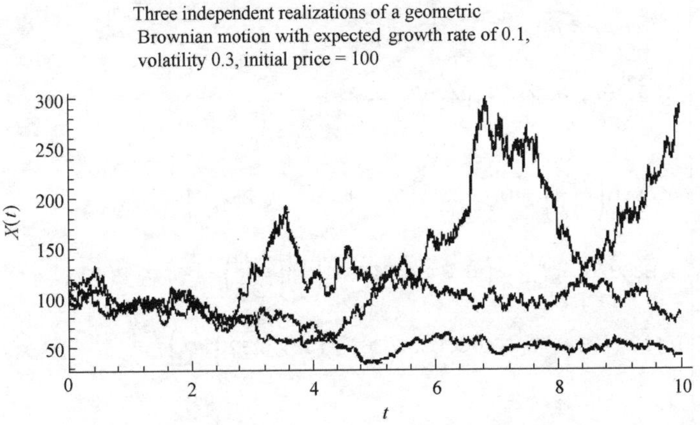

以下为10年内的独立几何布朗运动，其期望增长率为每年0.15，波动率分别为每年0.02、0.04和0.08，初始价格=100便士。

```
> v1:=GeometricBrownian(10,2000,1845,0.15,0.02,100):
  v2:=GeometricBrownian(10,2000,35915,0.15,0.04,100):
  v3:=GeometricBrownian(10,2000,159284,0.15,0.08,100):
  PLOT(CURVES(v1,v2,v3,COLOR(RGB, 1, 0, 0, 0, 1,
  0,0,0,1)),TITLE("Independent Geometric Brownian motions
  over 10 years with expected growth rate \n of 0.15 p.a.,
  volatility 0.02, 0.04, 0.08 p.a., \n initial price
  =100pence"),AXESLABELS("t","X(t)"),AXESSTYLE(NORMAL));
```

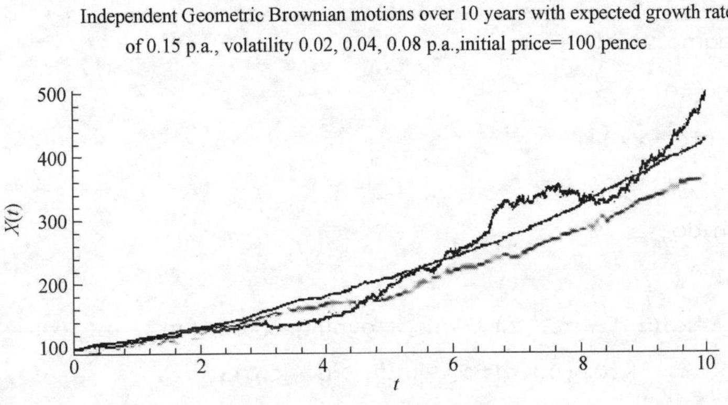

6.3 关于欧式看涨期权的 Black-Scholes 公式

采用内置的程序"blackscholes"（Maple 软件金融程序包的组成部分）确定基于某种股票的欧式看涨期权的价格，该股票当前价格为 100 英镑且每年的波动率为 20%（这意味着在一年内收益的标准差为 0.2），这里期权直到到期日共有 103 个交易日（一年有 252 个交易日），行权价格为 97 英镑，无风险利率为 5%，并假定无红利。

```
[ > with(finance):
  > B:=blackscholes(100, 97, 0.05, 103/252, 0.2);
    evalf(B);
```

$$B := 50\ \mathrm{erf}\left(0.02427184466\left(\ln\left(\frac{100}{97}\right)+0.02861111111\right)\sqrt{103}\sqrt{252}\sqrt{2}\right)$$
$$+2.48111124-47.51888876\ \mathrm{erf}\left(\frac{1}{2}\left(0.04854368932\left(\ln\left(\frac{100}{97}\right)\right.\right.\right.$$
$$\left.\left.\left.+0.02861111111\right)\sqrt{103}\sqrt{252}-0.0007936507936\ \sqrt{103}\sqrt{252}\right)\sqrt{2}\right)$$

$$7.84025659$$

6.4 欧式看涨期权价格的蒙特卡罗估计

下面的程序"BS"仿真了 m 个独立收益及它们的对偶对应物，x_o 为时刻 t 时的当前资产价格，t_e 为期权的行权时间。

```
> BS:=proc(m,t,te,sigma,r,k,x0) local
  m1,m2,s1,s2,j,payoff_avg,disc,payoffa,payoffb,xa,xb,z,
  call,std;global i,X2;
  i:=false;
  m1:=(r-0.5*sigma^2)*(te-t);
  m2:=sigma*sqrt(te-t);
  disc:=exp(-r*(te-t));
  s1:=0;s2:=0;
  for j from 1 to m do;
    z:=STDNORM();
    xa:=evalf(x0*exp(m1+m2*z));xb:=evalf(x0*exp(m1-m2*z));
    payoffa:=max(xa-k,0);payoffb:=max(xb-k,0);
```

```
    payoff_avg:=(payoffa+payoffb)/2;
    s1:=s1+payoff_avg;
    s2:=s2+payoff_avg^2;
  end do;
  call:=disc*s1/m;
  std:=disc*sqrt((s2-s1^2/m)/m/(m-1));
  print("call_price"=call,"std_error"=std);
  print("confidence interval (large m)
  is",call-1.96*std,call+1.96*std);
  end proc:
```

接下来调用该程序，使用10000个收益去估计价格，该价格采用了附录6.3中所给的Black-Scholes公式精确计算。

```
> seed:=randomize(87125635);BS(10000,23/252,126/
  252,0.2,0.05,97,100);
                          seed:=87125635
        'call_price'=7.835472640,'std_error'=0.04129181009
     'confidence interval (large m) is', 7.754540692, 7.916404588
```

减少期权的剩余有效期（从103个交易日减少至50个交易日），并将行权价格从97英镑降低至85英镑，使得该期权变得更加“实值”。随着对偶设计变得更加有效，标准误差也将变得更小（见正文）。

```
> seed:=randomize(87125635);BS(10000,76/252,126/
  252,0.2,0.05,85,100);
                          seed:=87125635
        'call_price'=15.91630722,'std_error'=0.009405292445
'confidence interval (large m) is'=15.89787285, 15.93474159
```

6.5 关于货币的套期保值

程序“hedge”返回了出售和套期保值某种看涨期权的成本，这里套期保值共执行了 $nn+1$ 次。资产以利率 r_f 赚取利息。无风险利率为 r 且（未知的）期望增加率为 μ。通过使用“#”来阻止当前输出语句的执行。移除“#”将会显示资产的价格(x)、Δ、自最后一次套期保值以来 Δ 的改变、为套期保值提供资金所需要的累积借款及每次套期保值瞬间的所有这些值。记住这里需要加载附录6.1中的程序“STDNORM”。

```
> hedge: =proc(K,r,rf,sigma,T,n,x0,mu) local
  a1,a2,a3,a4,a5,a6,h,x,d,delta,delta_prev,c,j,z,cost,xprev;
  global i,X2;
  i: =false;
  h: =T/n;
  a1: =exp(h*(mu-0.5*sigma^2));
  a2: =sigma*sqrt(h);
  a3: =(r-rf+0.5*sigma^2)*h;
  a4: =exp(r*h);
  a5: =exp(-r*T);
  a6: =exp(rf*h);
  x: =x0;
  d: =(ln(x/K)+a3*n)/a2/sqrt(n);
  delta: =exp(-rf*T)*statevalf[cdf,normald](d);
  c: =delta*x;
  #print("x"=x,"delta"=delta,"c"=c);
  for j from 1 to n do;
    xprev: =x;
    z: =STDNORM();
    x: =x*a1*exp(a2*z);
    delta_prev: =delta*a6;# The holding in assets changes due
  to the interest earned on them at rate rf
    if j=n then;
      if x>K then delta: =1 else delta: =0 end if;
    else;
      d: =(ln(x/K)+a3*(n-j))/a2/sqrt(n-j);
      delta: =exp(-rf*(n-j)*h)*statevalf[cdf,normald](d);
    end if;
    c: =c*a4+x*(delta-delta_prev);
  end do;
  #print("x"=x,"delta"=delta,"dif"=delta-delta_prev,
  "c"=c);
  if delta>0 then cost: =a5*(c-K) else cost: =a5*c end if;
  cost:
  end proc:
```

```
> with(stats);
[anova, describe, fit, importdata, random, statevalf, statplots, transform]
```

程序“effic”共调用“hedge”*replic* 次。它将计算得到的成本存储在列表 *p* 中，然后利用直方图同时输出套期保值成本的均值和标准差。如果对期权采取的是连续套期保值，那么标准差可能为零，套期保值成本可能总是等于 Black-Scholes 价格。资产的当前价格为 680 英镑，且执行价格为 700 英镑。无风险利率为每年 5% 且资产可连续以每年 5% 的利率赚取利息。波动率为每年 0.1，且执行时间为从现在开始的半年期。

```
> effic:=proc(nn,replic) local m,u,p,e2,e1;
  randomize(3640651);
  for m from 1 to replic do:
    u[m]:=hedge(700,0.05,0.03,0.1,0.5,nn,680,0.15):
  end do:
  p:=[seq(u[m],m=1..replic)]:
  e2:=describe[standarddeviation[1]](p);
  e1:=describe[mean](p);
  print("mean cost of hedging"=e1,"std dev of cost"=e2,
  "number of hedges"=nn+1,"number of contracts"=replic);
  statplots[histogram](p);
  end proc:
```

分别对套期保值 2，3，4，13 和 127 次的合约重复执行 10000 次。可假定标的资产（欧元）未知的期望增长率为每年 15%。最后一个例子（127 次套期保值）花费了相当多的时间（Pentium M 730 1.6 GHz 处理器近似花费 10min）。

```
> effic(1,10000);
```

'mean cost of hedging'=21.53800165,'std dev of cost'=22.17558076,
'number of hedges'=2,'number of contracts'=10000

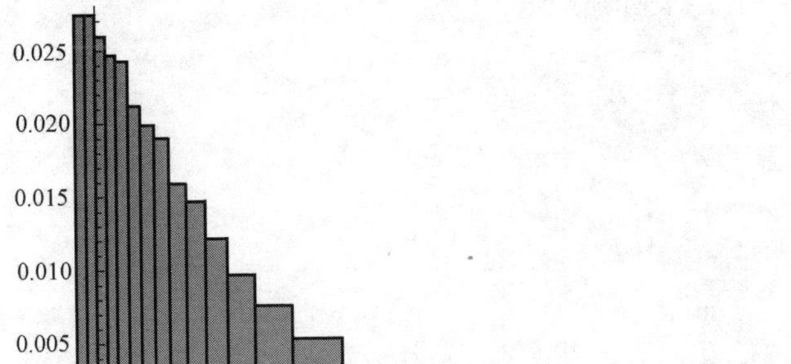

```
> effic(2,10000);
```

'mean cost of hedging'=17.26850774,'std dev of cost'=13.21884756,
'number of hedges'=3,'number of contracts'=10000

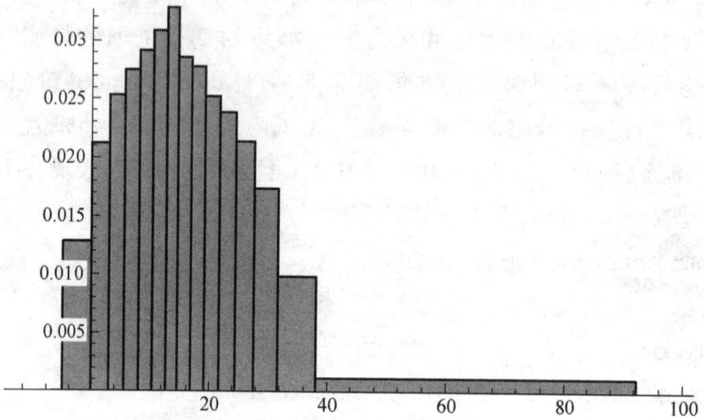


```
> effic(3,10000);
```

'mean cost of hedging'=16.02928370,'std dev of cost"=10.25258825,
'number of hedges'=4,'number of contracts'=10000

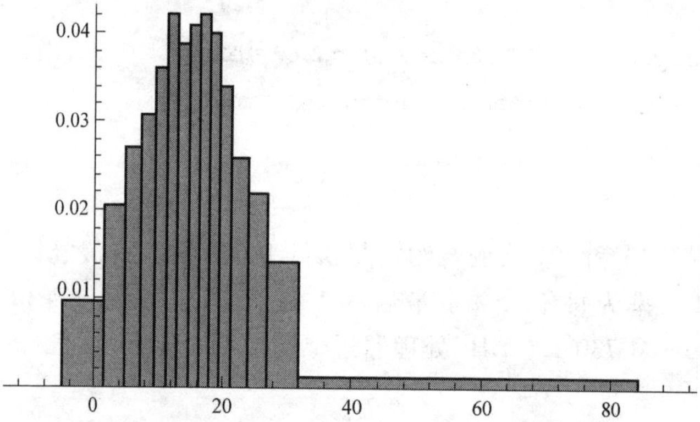


```
> effic(4,10000);
```

'mean cost of hedging'=15.30498281,'std dev of cost'=8.665076040,
'number of hedges'=5,'number of contracts'=10000

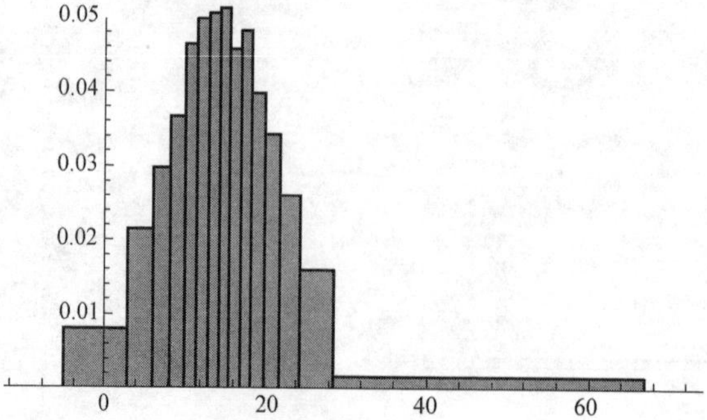

```
> effic(12,10000);
```

'mean cost of hedging'=13.99661047,'std dev of cost'=4.750293651,
'number of hedges'=13,'number of contracts'=10000

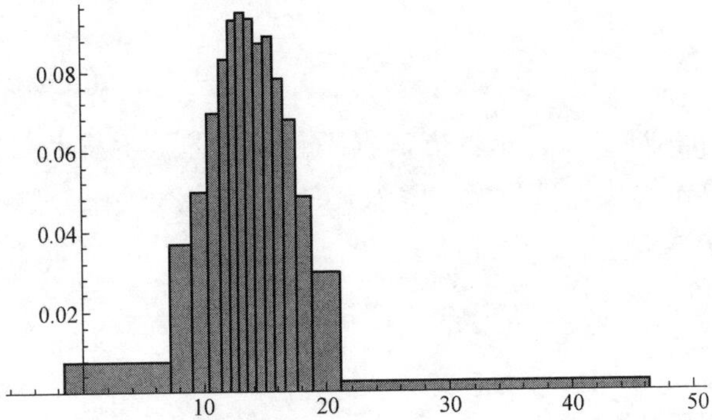


```
> effic(126,10000);
```

'mean cost of hedging'=13.40525657,'std dev of cost'=1.452085739,
'number of hedges'=127,'number of contracts'=10000

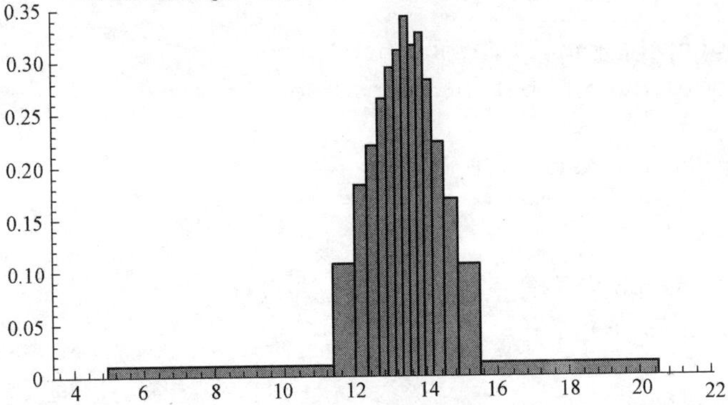

连续套期保值的成本即为 Black-Scholes 成本，该值由程序“bscurrency”计算。

```
> bscurrency:=proc(r,rf,K,x0,sigma,T,t) local d,price;
  d:=(ln(x0/K)+(r-rf+0.5*sigma^2)*(T-t))/sigma/sqrt(T-t);
  price:=x0*exp(-rf*(T-t))*statevalf[cdf,normald](d)-K*exp(-r*
  (T-t))*statevalf[cdf,normald](d-sqrt(T-t)*sigma);
  end proc:
> bscurrency(0.05,0.03,700,680,0.1,0.5,0);
                        13.3368447
```

正如文中所建议的，试着通过完成自己的试验来验证：当标的资产的期望增长率恰好与无风险利率相等时，出售和离散套期保值期权的期望成本即为 Black-Scholes 价格。当然，此成本仍然存在变动，这种变动反映出非连续套期保值所带来的风险。

6.6 亚式期权

6.6.1 朴素蒙特卡罗方法

程序“asiannaive”采用标准的蒙特卡罗方法（不包含方差减少技术）来计算一种亚式看涨期权（算术平均）的价格。参数有：

r = 无风险利率

x_0 = 已知零时刻的资产价格

σ = 波动率

T = 期权的到期（行权）时间

n = 取平均时所选取的时间周期数

h = 时间增量且使得 $T = nh$

$npath$ = 仿真的路径数

K = 执行价格

```
> asiannaive:=proc(r,x0,sigma,T,n,npath,K) local
  R,a1,a2,s1,s2,theta,x,xc,i1,i2,z,h,mean,stderr; global
  i,X2;
  # Computes call price for Asian option.
  i:=false;
  h:=evalf(T/n);
  a1:=exp((r-0.5*sigma^2)*h);
  a2:=evalf(sigma*sqrt(h));
  s1:=0;s2:=0;
  for i2 from 1 to npath do;
       z:=STDNORM();
       x:=x*a1*exp(a2*z);
       xc:=xc+x;
    end do;
    R:=max(xc/n-K,0);
    s1:=s1+R;
    s2:=s2+R^2;
  end do;
  theta:=s1/npath;
  stderr:=sqrt((s2-s1^2/npath)/npath/(npath-1));
  print("K"=K,"sigma"=sigma,"n"=n);
  print("# paths"=npath);
  print("point estimate of price"=exp(-r*T)*theta);
  print("estimated standard error"=exp(-r*T)*stderr);
  end proc:
```

对下面所给的参数值调用“asiannaive”，记住首先需要加载程序“STDNORM”（见附录6.1）。在P. Glasserman、P. Heidelberger和P. Shahabuddin（1999）发表的论文“渐近最优的定价路径依赖期权的重要采样和分层法，*Mathematical Finance*，9，117-52”中也采用了这些参数值。可将当前计算结果与该论文中所给的结果进行对比。

```
> randomize(13753);asiannaive(0.05,50,0.3,1,16,25000,55);
                        13753
          'K'=55,'sigma'=0.3,'n'=16
                  '#paths'=25000
      'point estimate of price'=2.214911961
   'estimated standard error'=0.03004765102

> randomize(13753);asiannaive(0.05,50,0.3,1,16,25000,50);
  randomize(13753);asiannaive(0.05,50,0.3,1,16,25000,45);
  randomize(13753);asiannaive(0.05,50,0.1,1,16,25000,55);
  randomize(13753);asiannaive(0.05,50,0.1,1,16,25000,50);
  randomize(13753);asiannaive(0.05,50,0.1,1,16,25000,45);
                        13753
          'K'=50,'sigma'=0.3'n'=16
                  '#paths'=25000
          'point estimate of price'=4.166563741
   'estimated standard error'=0.03986122915
                        13753
          'K'=45,'sigma'=0.3,'n'=16
                  '#paths'=25000
      'point estimate of price'=7.145200333
   'estimated standard error'=0.04857962659
                        13753
          'K'=55,'sigma'=0.1,'n'=16
                  '#paths'=25000
      'point estimate of price'=0.2012671276
   'estimated standard error'=0.004621266108
                        13753
          'K'=50, 'sigma'=0.1, 'n'=16
                  '#paths'=25000
      'point estimate of price'=0.2012671276
   'estimated standard error'=0.004621266108
                        13753
          'K'=50, 'sigma'=0.1, 'n'=16
                  '#paths'=25000
```

```
        'point estimate of price'=1.917809699
    'estimated standard error'=0.01401995095
                        13753
          'K'=45, 'sigma'=0.1, 'n'=16
                 '#paths'=25000
        'point estimate of price'=6.048215279
    'estimated standard error'=0.01862584391
```

6.6.2 结合重要采样和分层采样的蒙特卡罗方法

程序“asianimppoststrat”利用重要采样和后分层采样方法计算了一种亚式平均价格（算术平均）买入期权的价格。令 n 表示计算平均时所取的时间点个数。漂移项设为 $\boldsymbol{\beta}$，在 $z_i=\beta_i$（$i=1, 2, \cdots, n$）处，$\beta_i=(\partial/\partial Z_i)\ \ln(payoff)$ 其中，*payoff* 表示几何平均收益。由此得到 $\beta_i=\lambda(n-i+1)$，其中

$$\lambda=\frac{x_0\exp\left(\frac{(r-0.5\sigma^2)(n+1)h}{2}+\frac{\sigma\lambda(n+1)(2n+1)\sqrt{h}}{6}\right)\sigma\sqrt{h}}{n\left(x_0\exp\left(\frac{(r-0.5\sigma^2)(n+1)h}{2}+\frac{\sigma\lambda(n+1)(2n+1)\sqrt{h}}{6}\right)-K\right)},$$

在关于 λ 的搜索中，使得上式中分母为零的值即为一个下界。结合由此得到的重要采样分布：对 $z_i \sim N(\beta_i, 1)$（$i=1, 2, \cdots, n$），分层变量为

$$X=\frac{\sum_{i=1}^{n}\beta_i(z_i-\beta_i)}{\sqrt{\sum_{i=1}^{n}\beta_i^2}}=\frac{\left[\sum_{i=1}^{n}(n-i+1)z_i\right]-\lambda n(n+1)(2n+1)/6}{\sqrt{n(n+1)(2n+1)/6}}\sim N(0,1)。$$

记住在程序中需要加载附录 6.1 中的标准正态分布随机数发生器“STDNORM（）”。

```
> with(stats):
Warning, these names have been redefined: anova, describe,
fit, importdata, random, statevalf, statplots, transform
> asianimppoststrat: =proc(r,x0,sigma,T,t,n,m,npath,K,
p,upper) local
R,a1,a2,a3,a4,b3,theta,j,s,f,i2,x,xc,x1,i1,z,h,st,
xbar,v,c1,c2,mean,stderr,jj,lambda; global i,X2;
#
# Computes price of an Asian average price call option at
time t, with expiry time T, and strike K, using importance
sampling combined with post stratification.
#
# r=risk-free interest rate
# x0=asset price at time t
```

```
# sigma =volatility
# T =exercise time
# T =n* h where the average is taken over times h,2h,... ,nh
# m =number of strata
# npath =number of paths in one replication. It should be
at least 20* m for post stratification to be efficient
# K =strike price
# p =number of replications
# upper =an upper bound for lambda
#
i: =false;
h: =evalf((T -t)/n);
a1: =exp((r -0.5* sigma^2)* h);
a2: =evalf(sigma* sqrt(h));
a3: =evalf(n* (2* n +1)* (n +1)/6);
b3: =evalf(sqrt(a3));
a4: =max(0,6* (ln(K/x0) -(r -sigma^2)* h* (n +1)/2)/a2/(n +1)/
(2* n +1));
#
# solve for lambda
#
xbar: =x0* a1^(0.5* n +0.5)* exp(a3* u* a2/n);
lambda: =fsolve(u -xbar* a2/n/(xbar -K),u =a4..upper);
#lambda: =0; #exchange with previous line for no importance
sampling;
print('lambda' =lambda);
#
# end of solve for lambda
#
c1: =0;c2: =0;
for jj from 1 to p do:
  theta: =0;
  for j from 1 to m do s[j]: =0;f[j]: =0 end do;
  for i2 from 1 to npath do;
    x: =x0;
```

```
        xc:=0;
        x1:=0;
        for i1 from 1 to n do;
          z:=lambda*(n-i1+1)+STDNORM();
          x:=x*a1*exp(a2*z);
          xc:=xc+x;
          x1:=x1+(n-i1+1)*z;
        end do;
        R:=max(xc/n-K,0)*exp(-lambda*x1);
        st:=(x1-lambda*a3)/b3;
          j:=1+floor(m*statevalf[cdf,normald](st)); #j is the
        stratum number;
          f[j]:=f[j]+1; #increment frequency, this stratum;
          s[j]:=s[j]+R; #increment sum, this stratum;
        end do;
        for j from 1 to m do;
          theta:=theta+s[j]/f[j];
        end do;
        theta:=theta/m;
      theta:=theta*exp(-r*(T-t))*exp(0.5*lambda^2*a3);
      c1:=c1+theta;
      c2:=c2+theta^2;
      end do;
      mean:=c1/p;
      stderr:=sqrt((c2-c1^2/p)/p/(p-1));
      print("K"=K,"sigma"=sigma,"n"=n);
      print("# replications"=p,"paths per
      replication"=npath,"strata"=m);
      print("point estimate of price"=mean);
      print("estimated standard error"=stderr);
      end proc:
```

接下来调用程序“asianimppoststrat”，其中无风险利率为每年5%，执行时间为从现在起的一年后。将一年分成16个等间隔的时间段并在这些时间段上取平均。下面给出6种不同样本的运行结果，其中波动率为每年10%或30%，行权价格为55英镑、50英镑或45英镑。在 Pentium M 730 1.6 GHz 处理器上，每次运行近似花费 15min。所采用的参数与在 P. Glassermen、P. Heidelberger 和 P. Shahabuddin（1999）所发表的论文 Asymptotically optimal importance sampling and stratification for pricing path-dependent options（*Mathematical Finance*, 9, 117-52）中所采用的相同。

```
> randomize(13753);asianimppoststrat(0.05,50,0.3,1,0,16,
  100, 2500,55,100,0.5);
  randomize(13753);asianimppoststrat(0.05,50,0.3,1,0,16,
  100,2500,50,100,0.5);
  randomize(13753);asianimppoststrat(0.05,50,0.3,1,0,16,
  100, 2500,45,100,0.5);
  randomize(13753);asianimppoststrat(0.05,50,0.1,1,0,16,
  100,2500,55,100,0.5);
  randomize(13753);asianimppoststrat(0.05,50,0.1,1,0,16,
  100,2500,50,100,0.5);
  randomize(13753);asianimppoststrat(0.05,50,0.1,1,0,16,
  100,2500,45,100,0.5);
                              13753
                    λ=0.03422043734
              'K'=55,'sigma'=0.3, 'n'=16
'# replication'=100, 'paths per replication'=2500,'strata'=100
         'point estimate of price'=2.211606984
      'estimated standard error'=0.0003131946824
                              13753
                    λ=0.02691202349
              'K'=50,'sigma'=0.3, 'n'=16
'# replication'=100, 'paths per replication'=2500,'strata'=100
         'point estimate of price'=4.170829200
      'estimated standard error'=0.0003747052714
                              13753
                    λ=0.02087070210
              'K'=45,'sigma'=0.3, 'n'=16
'# replication'=100, 'paths per replication'=2500,'strata'=100
         'point estimate of price'=7.152065560
      'estimated standard error'=0.0004827321234
                              13753
                    λ=0.04549738209
```

```
‘K’=55,‘sigma’=0.1,‘n’=16
‘# replication’=100,‘paths per replication’=2500,‘strata’=100
‘point estimate of price’=0.2023819565
‘estimated standard error’=0.00002354664402
13753
λ=0.02171666756
‘K’=50,‘sigma’=0.1,‘n’=16
‘# replications’=100,‘paths per replication’=2500,‘strata’=100
‘point estimate of price’=1.919506766
‘estimated standard error’=0.00006567443424
13753
λ=0.01089879722
‘K’=45,‘sigma’=0.1,‘n’=16
‘# replications’=100,‘paths per replication’=2500,‘strata’=100
‘point estimate of price’=6.055282128
‘estimated standard error’=0.0001914854216
```

6.7 一篮子期权

考虑一个由 n 种资产构成的篮子（或投资组合）。该篮子里包含数量为 q_i 的资产 i，其中 $i=1, 2, \cdots, n$。令 r、σ_i、$\{X_i(t): 0\leqslant t<T\}$ 分布分别表示无风险利率、波动率和单位资产 i 在 $[0, T]$ 内的价格。在时刻 t 时的现货价格为 $\sum_{i=1}^{n} q_i x_i(t)$。令 $\boldsymbol{\rho}$ 表示资产收益之间的相关性矩阵且令该矩阵的 Cholesky 分解形式为 $\boldsymbol{\rho}=\boldsymbol{b}\boldsymbol{b}^{\mathrm{T}}$。则行权价格为 K 及行权时间为 T 的欧式看涨期权在时刻 t 的价格为风险中性世界中期望收益的贴现值，即

$$c = \mathrm{e}^{-r(T-t)}\max\left(0,\left(\sum_{i=1}^{n} q_i x_i \exp[(r-0.5\sigma_i^2)(T-t)+\sigma_i\sqrt{T-t}W_i]\right)-K\right),$$

其中 $\boldsymbol{W}\sim N(\boldsymbol{0}, \boldsymbol{\rho})$。令 $\boldsymbol{W}=\boldsymbol{b}\boldsymbol{Z}$，其中 $\boldsymbol{Z}\sim N(\boldsymbol{0}, \boldsymbol{I})$。

6.7.1 朴素蒙特卡罗方法

程序“basket”采用朴素蒙特卡罗方法来估计 c。它共执行了 $npath$ 次重复收益。程序中额外加载了附录 6.1 中的程序“STDNORM”及线性代数和统计程序包。

```
> with(LinearAlgebra):
  with(stats):
Warning, these names have been redefined: anova, describe,
fit, importdata, random, statevalf, statplots, transform
> basket: =proc(r,x,sigma,q,rho,T,t,n,npath,K) local
  b,c1,c2,i1,i2,mean,R,spot,stderr,theta,w,xav,xi,z; global
  i,X2;
  #
  # Computes call price for basket option using naive Monte Carlo;
  # load STDNORM and Linear Algebra package;
  #
  # r =risk -free interest rate;
  # x[ i1 ] = i1 th. asset price at time t;
  # sigma[ i1 ] =volatility of asset i1;
  # q[ i1 ] =quantity of asset i1 in basket;
  # rho =correlation matrix for returns between assets;
  # T =exercise time;
  # npath =number of paths
  # K =strike price;
  #
  spot: =Transpose(x).q;
  b: = LUDecomposition(rho, method ='Cholesky');
  i: =false;
  z: =Vector(n);
  w: =Vector(n);
  c1: =0;c2: =0;
  for i2 from 1 to npath do;
    for i1 from 1 to n do;
xi: =q[i1]*x[i1]*exp((r-0.5*sigma[i1]^2)*(T-t)+sigma[i1]*
sqrt(T-t)*w[i1]);
      xav: =xav +xi;
    end do;
    theta: =max(0,xav -k) * exp ( -r * T -t);
    c1: =c1 +theta;
    c2: =c2+theta^2;
    end do:
    mean: =c1/npath;
    stderr: =sqrt((c2-c1^2/npath)/npath/(npath -1));
    print("K"=K, "spot"=spot, "r"=r, "n"=n, "t"=t, "T"=T,
    "x"=x, "q"=q, "sigma"=sigma, "rho"=rho);
    print("# paths"=npath);
    print(" point estimate of price"=mean);
    print(" estimated standard error"=stderr);
    end proc:
```

设置输入数据

```
> r:=0.04:
  x:=Vector([5,2.5,4,3]):
  sigma:=Vector([0.3,0.2,0.3,0.4]):
  q:=Vector([20,80,60,40]):
  rho:=Matrix([[1,0.7,0.5,0.3],[0.7,1,0.6,0.2],
  [0.5,0.6,1,0.4],[0.3,0.2,0.4,1]]):
  T:=0.5:t:=0:n:=4:
  npath:=10000:
  spot:=Transpose(x).q:
```

接下来采用下面所给的行权价格 K 来对期权进行定价。

```
> K:=660;seed:=randomize(9624651);basket(r,x,sigma,q,
  rho,T,t,n,npath,K);
```

$$K := 660$$

$$seed := 9624651$$

'K'=660,'spot'=660.,'r'=0.04,'n'=4,'t'=0,'T'=0.5,

$$'x' = \begin{matrix} 5 \\ 2.5 \\ 4 \\ 3 \end{matrix}, 'q' = \begin{matrix} 20 \\ 80 \\ 60 \\ 40 \end{matrix},$$

$$'sigma' = \begin{matrix} 0.3 \\ 0.2 \\ 0.3 \\ 0.4 \end{matrix}, 'rho' = \begin{matrix} 1 & 0.7 & 0.5 & 0.3 \\ 0.7 & 1 & 0.6 & 0.2 \\ 0.5 & 0.6 & 1 & 0.4 \\ 0.3 & 0.2 & 0.4 & 1 \end{matrix}$$

'#paths'=10000

'point estimate of price'=47.20505098

'estimated standard error'=0.7072233067

```
> K:=600;seed:=randomize(9624651);basket(r,x,sigma,q,
  rho,T,t,n,npath,K);
```

$$K := 600$$

$$seed := 9624651$$

'K'=600,'spot'=660.,'r'=0.04,'n'=4,'t'=0,'T'=0.5,

$$'x' = \begin{matrix} 5 \\ 2.5 \\ 4 \\ 3 \end{matrix}, 'q' = \begin{matrix} 20 \\ 80 \\ 60 \\ 40 \end{matrix},$$

```
                  0.3            1    0.7  0.5  0.3
      'sigma' =   0.2  , 'rho' = 0.7  1    0.6  0.2
                  0.3            0.5  0.6  1    0.4
                  0.4            0.3  0.2  0.4  1
              '#paths' =10000
      'point estimate of price' =84.02729573
      'estimated standard error' =0.8807106819
```

```
> K:=720;seed:=randomize(9624651);basket(r,x,sigma,q,
  rho,T,t,n,npath,K);
                         K:=720
                  seed:=9624651
  'K' =720,'spot' =660.,'r' =0.04,'n' =4,'t' =0,'T' =0.5,
                 5             20
        'x' =    2.5  ,'q' =   80  ,
                 4             60
                 3             40
                  0.3            1    0.7  0.5  0.3
      'sigma' =   0.2  , 'rho' = 0.7  1    0.6  0.2
                  0.3            0.5  0.6  1    0.4
                  0.4            0.3  0.2  0.4  1
              '#paths' =10000
      'point estimate of price' =23.48827444
      'estimated standard error' =0.5139235861
```

接下来改变波动率向量。

```
> sigma:=Vector([0.05,0.1,0.15,0.05]);
              0.05
        σ:=   0.1
              0.15
              0.05
```

```
> K:=660;seed:=randomize(9624651);basket(r,x,sigma,q,
  rho,T,t,n,npath,K);
  K:=600;seed:=randomize(9624651);basket(r,x,sigma,q,
  rho,T,t,n,npath,K);
  K:=720;seed:=randomize(9624651);basket(r,x,sigma,q,
  rho,T,t,n,npath,K);
                         K:=660
                  seed:=9624651
  'K' =660,'spot' =660.,'r' =0.04,'n' =4,'t' =0,'T' =0.5,
```

$$'x' = \begin{matrix} 5 \\ 2.5 \\ 4 \\ 3 \end{matrix}, 'q' = \begin{matrix} 20 \\ 80 \\ 60 \\ 40 \end{matrix},$$

$$'sigma' = \begin{matrix} 0.05 \\ 0.1 \\ 0.15 \\ 0.05 \end{matrix}, 'rho' = \begin{matrix} 1 & 0.7 & 0.5 & 0.3 \\ 0.7 & 1 & 0.6 & 0.2 \\ 0.5 & 0.6 & 1 & 0.4 \\ 0.3 & 0.2 & 0.4 & 1 \end{matrix}$$

'#paths' =10000

'point estimate of price' =22.73700052

'estimated standard error' =0.2834997907

$K := 600$

$seed := 9624651$

'K' =600, 'spot' =660., 'r' =0.04, 'n' =4, 't' =0, 'T' =0.5,

$$'x' = \begin{matrix} 5 \\ 2.5 \\ 4 \\ 3 \end{matrix}, 'q' = \begin{matrix} 20 \\ 80 \\ 60 \\ 40 \end{matrix},$$

$$'sigma' = \begin{matrix} 0.05 \\ 0.1 \\ 0.15 \\ 0.05 \end{matrix}, 'rho' = \begin{matrix} 1 & 0.7 & 0.5 & 0.3 \\ 0.7 & 1 & 0.6 & 0.2 \\ 0.5 & 0.6 & 1 & 0.4 \\ 0.3 & 0.2 & 0.4 & 1 \end{matrix}$$

'#paths' =10000

'point estimate of price' =71.67610118

'estimated standard error' =0.3903638189

$K := 720$

$seed := 9624651$

'K' =720, 'spot' =660., 'r' =0.04, 'n' =4, 't' =0, 'T' =0.5,

$$'x' = \begin{matrix} 5 \\ 2.5 \\ 4 \\ 3 \end{matrix}, 'q' = \begin{matrix} 20 \\ 80 \\ 60 \\ 40 \end{matrix},$$

$$'sigma' = \begin{matrix} 0.05 \\ 0.1 \\ 0.15 \\ 0.05 \end{matrix}, 'rho' = \begin{matrix} 1 & 0.7 & 0.5 & 0.3 \\ 0.7 & 1 & 0.6 & 0.2 \\ 0.5 & 0.6 & 1 & 0.4 \\ 0.3 & 0.2 & 0.4 & 1 \end{matrix}$$

'#paths' =10000

'point estimate of price' =2.744216261

'estimated standard error' =0.1003118091

6.7.2 结合重要采样和分层采样的蒙特卡罗方法

定义：

$$x_0 = \sum_{i=1}^{n} q_i x_i \exp[(r - 0.5\sigma_i^2)(T - t)],$$

且

$$w_i = \frac{q_i x_i \exp[(r - 0.5\sigma_i^2)(T - t)]}{x_0},$$

采用正文中所描述的方法得到

$$c = x_0 \exp[-r(T - t)] \exp(0.5\boldsymbol{\beta}^{\mathrm{T}}\boldsymbol{\beta}) \times$$

$$E\left(\max\left(0, \left(\sum_{i=1}^{n} w_i \exp\left[\sqrt{T - t}\sigma_i\left(\sum_{j=1}^{n} b_{i,j} z_j\right)\right]\right) - \frac{K}{x_0}\right)\exp(\boldsymbol{\beta}^{\mathrm{T}} z)\right),$$

其中，$\boldsymbol{Z} \sim N(\boldsymbol{\beta}, \boldsymbol{I})$ 且 $\boldsymbol{\beta}$ 的选择与正文中所描述的相同。分层变量为

$$X = \frac{(\boldsymbol{\beta}^{\mathrm{T}}\boldsymbol{Z}) - (\boldsymbol{\beta}^{\mathrm{T}}\boldsymbol{\beta})}{\sqrt{\boldsymbol{\beta}^{\mathrm{T}}\boldsymbol{\beta}}}。$$

下面的程序“basketimppoststratv2”执行了这两种方差减少技术。正文中的表6.3列出了所得到的方差减少比。

```
> with(LinearAlgebra):
  with(stats):
Warning, these names have been redefined: anova, describe,
fit,importdata, random, statevalf, statplots, transform

> basketimppoststratv2: =proc(r,x,sigma,q,rho,T,t,n,m,
  npath,K,p,upper) local
  a0,a4,b,beta,betasq,beta2,c,c1,c2,f,i1,i2,j,jj,K
  d,lambda,
  mean,stderr,R,T1,Tbeta,s,spot,theta,v,w,x0,xs,xi,xav,
  xstrat,z,zi1; global i,X2,d1,d2;
  #
  # Computes call price for basket option using importance
  sampling with post stratification.
  # load STDNORM, Linear Algebra package, and Statistics
  package
  #
  # r =risk -free interest rate;
  # x[i1] = i1th. asset price at time t;
  # sigma[i1] =volatility of asset i1;
  # q[i1]: =quantity of asset i1;
  # rho[i1, j]: =correlation between returns on assets i1 and j;
```

```
#T =exercise time;
#m =number of strata
#npath =number of paths in one replication; should be at
least 20* m for post stratification to be efficient;
#K =strike price;
#p =number of replications;
#upper =an upper bound for lambda;
#f[j] =number of paths falling in stratum j in one
replication
#
spot: =Transpose(x).q;
b: = LUDecomposition(rho, method = 'Cholesky');
i: =false;
c: =Vector(n);
z: =Vector(n);
w: =Vector(n);
beta: =Vector(n);
v: =Vector(n);
#
x0: =0;T1: =sqrt(T -t);
for i1 from 1 to n do;
  x0: =x0 +q[i1]*x[i1]*exp((r -0.5*sigma[i1]^2)*(T -t));
end do;
for i1 from 1 to n do;
  w[i1]: =q[i1]*x[i1]*exp((r -0.5*sigma[i1]^2)*(T -t))/x0;
  c[i1]: =w[i1]*sigma[i1];
end do;
Kd: =K/x0;
a0: =Transpose(c).rho.c;
a4: =ln(Kd)/T1/a0;
lambda: =fsolve(u -T1*exp(T1*u*a0)/(exp(T1*u*a0) -
Kd),u =a4..upper);
beta: =ScalarMultiply(Transpose(b).c,lambda);
print("lambda"=lambda,"beta"=beta);
Tbeta: =Transpose(beta);
betasq: =Tbeta.beta;
beta2: =sqrt(betasq);
#
c1: =0;c2: =0;
for jj from 1 to p do:
 theta: =0;
 for j from 1 to m do s[j]: =0;f[j]: =0 end do;
```

```
   for i2 from 1 to npath do;
    xs: =0;
    for i1 from 1 to n do;
     zi1: =beta[i1] +STDNORM();
     xs: =xs +beta[i1]* zi1;
     z[i1]: =zi1;
    end do;
 # z is N(beta,I),v is N(b* beta,rho);
    v: =b.z;
    xav: =0;
    for i1 from 1 to n do;
     xi: =w[i1]* exp(sigma[i1]* v[i1]* T1);
     xav: =xav +xi;
    end do;
    xstrat: =(xs -betasq)/beta2;
    j: =1 +floor(m* statevalf[cdf,normald](xstrat));
    R: =max(0,xav -Kd)* exp(-xs);
    f[j]: =f[j] +1;
    s[j]: =s[j] +R;
   end do;
   for j from 1 to m do;
     theta: =theta +s[j]/f[j];
   end do;
   theta: =theta/m;
   c1: =c1 +theta;
   c2: =c2 +theta^2;
 end do;
 mean: =exp(-r* (T -t))* x0* exp(0.5* betasq)* c1/p;
 stderr: = exp(-r* (T -t))* x0* exp(0.5* betasq)* sqrt
 ((c2 -c1^2/p)/p/(p -1));
 print("K" =K,"spot" =spot,"r" =r,"n" =n,"t" =t,"T" =T,"x" =x,
 "q" =q,"sigma" =sigma,"rho" =rho);
 print("# replications" =p,"paths per
 replication" =npath,"strata" =m);
 print("point estimate of price" =mean);
 print("estimated standard error" =stderr);
 d1: =statevalf[icdf,chisquare[p -1]](0.025)/(p -1)/stderr^2;
 d2: =statevalf[icdf,chisquare[p -1]](0.975)/(p -1)/stderr^2;
 print("approximate 95% confidence interval for reciprocal
 variance of error =",d1," to ",d2);
 end proc:
```

设置输入参数。

```
> r:=0.04:
  x:=Vector([5,2.5,4,3]):
  sigma:=Vector([0.3,0.2,0.3,0.4]):
  q:=Vector([20,80,60,40]):
  rho:=Matrix([[1,0.7,0.5,0.3],[0.7,1,0.6,0.2],
  [0.5,0.6,1,0.4],[0.3,0.2,0.4,1]]):
  T:=0.5:t:=0:n:=4:m:=20:npath:=400:upper:=200:p:=25:
  spot:=Transpose(x).q:

> seed:=randomize(9624651);K:=660:basketimppoststratv
  2(r,x,sigma,q,rho,T,t,n,m,npath,K,p,upper);
                    seed := 9624651
                                                  0.7721720511 12398266
              'lambda' =4.700068356,'beta' =      0.3805236543 41933582
                                                  0.5138983029 57234265
                                                  0.3014051897 63077175
     'K' =660,'spot' =660.,'r' =0.04,'n' =4,'t' =0,'T' =0.5,
                         5            20
               'x' =    2.5  ,'q' =   80  ,
                         4            60
                         3            40
                          0.3            1    0.7   0.5   0.3
             'sigma' =    0.2  ,'rho' = 0.7    1    0.6   0.2
                          0.3            0.5   0.6    1    0.4
                          0.4            0.3   0.2   0.4    1
        '#replications' =25,'paths per replication' =400,'strata' =20
        'point estimate of price' =48.03048912
        'estimated standard error' =0.04919665583
        'approximate 95% confidence interval for reciprocal variance
        of error =',213.4909953,'to',677.6690736
> seed:=randomize(9624651);K:=600:basketimppoststratv
  2(r,x,sigma,q,rho,T,t,n,m,npath,K,p,upper);
                    seed := 9624651
                                                  0.5897151083 85092890
              'lambda' =3.589486716,'beta' =      0.2906095186 12742979
                                                  0.3924690008 89976816 1
                                                  0.2301859979 13606666
     'K' =660,'spot' =660.,'r' =0.04,'n' =4,'t' =0,'T' =0.5,
                         5            20
               'x' =    2.5  ,'q' =   80  ,
                         4            60
                         3            40
```

```
                 0.3            1    0.7  0.5  0.3
                 0.2            0.7  1    0.6  0.2
     'sigma' =         , 'rho' =
                 0.3            0.5  0.6  1    0.4
                 0.4            0.3  0.2  0.4  1
 '#replications' =25, 'paths per replication' =400, 'strata' =20
 'point estimate of price' =85.18136772
      'estimated standard error' =0.06450488957
'approximate 95% confidence interval for reciprocal varianceof error =',
              124.1839457,
      'to',394.1881451
```

```
> seed: =randomize(9624651);K: =720:basketimppoststratv
  2(r,x,sigma,q,rho,T,t,n,m,npath,K,P,upper);
                  seed := 9624651
                                               0.996552064739320342
                                               0.491097331047708086
      'lambda' =6.065827959, 'beta' =
                                               0.663228375246980528
                                               0.388988391569389748
  'K' =720, 'spot' =660., 'r' =0.04, 'n' =4, 't' =0, 'T' =0.5,
                 5          20
                 2.5        80
       'x' =         , 'q' =      ,
                 4          60
                 3          40
                 0.3            1    0.7  0.5  0.3
                 0.2            0.7  1    0.6  0.2
     'sigma' =         , 'rho' =
                 0.3            0.5  0.6  1    0.4
                 0.4            0.3  0.2  0.4  1
  '#replications' =25, 'paths per replication' =400, 'strata' =20
  'point estimate of price' =24.03898507
  'estimated standard error' =0.02821965008
'approximate 95% confidence interval for reciprocal variance of
         error =',648.8547348, 'to',2059.612802
[ >
```

改变波动率向量。

```
> sigma: =Vector([0.05,0.1,0.15,0.05]);
                 0.05
                 0.1
          σ: =
                 0.15
                 0.05
```

```
> seed:=randomize(9624651);K:=660:basketimppoststratv2
  (r,x,sigma,q,rho,T,t,n,m,npath,K,p,upper);
                    seed:=9624651
                                                   0.610362601267784410
            'lambda'=10.38879243,'beta' =          0.421462456610914860
                                                   0.478154378789704460
                                                   0.0850046460918798957
     'K'=660,'spot'=660.,'r'=0.04,'n'=4,'t'=0,'T'=0.5,
                    5        20
            'x' =  2.5 ,'q' = 80 ,
                    4        60
                    3        40
                   0.05          1    0.7   0.5   0.3
        'sigma' =  0.1  ,'rho' = 0.7   1    0.6   0.2
                   0.15          0.5  0.6    1    0.4
                   0.05          0.3  0.2   0.4    1
     '#replications'=25,'paths per replication'=400,'strata'=20
        'point estimate of price'=23.09053636
     'estimated standard error'=0.009617279541
'approximate 95% confidence interval for reciprocal variance of error =',
        5586.582894,'to',17733.08729
> seed:=randomize(9624651);K:=600:basketimppoststratv2
  (r,x,sigma,q,rho,T,t,n,m,npath,K,p,upper);
                    seed:=9624651
                                                   0.317687092406742088
            'lambda'=5.407253416,'beta' =          0.219366622596493726
                                                   0.248874151207387928
                                                   0.0442439933277393033
     'K'=600,'spot'=660.,'r'=0.04,'n'=4,'t'=0,'T'=0.5,
                    5        20
            'x' =  2.5 ,'q' = 80 ,
                    4        60
                    3        40
                   0.05          1    0.7   0.5   0.3
        'sigma' =  0.1  ,'rho' = 0.7   1    0.6   0.2
                   0.15          0.5  0.6    1    0.4
                   0.05          0.3  0.2   0.4    1
     '#replications'=25,'paths per replication'=400,'strata'=20
     'point estimate of price'=72.24856764
   'estimated standard error'=0.03901100494
'approximate 95% confidence interval for reciprocal variance of error =',
        339.5286687,'to',1077.741373
```

```
> seed: =randomize(9624651);K: =720:basketimppoststratv2
  (r,x,sigma,q,rho,T,t,n,m,npath,K,p,upper);
                    seed  : =9624651
                                          1.20058900909143329
                                          0.829020638061244374
          'lambda' =20.43485296,'beta' =
                                          0.940534185140876167
                                          0.167204942779322074
   'K' =720,'spot' =660.,'r' =0.04,'n' =4,'t' =0,'T' =0.5,
                 5          20
                 2.5        80
       'x' =         ,'q' =      ,
                 4          60
                 3          40
                     0.05        1    0.7  0.5  0.3
                     0.1         0.7  1    0.6  0.2
        'sigma' =         ,'rho' =
                     0.15        0.5  0.6  1    0.4
                     0.05        0.3  0.2  0.4  1
   '# replications' =25,'paths per replication' =400,'strata' =20
        'point estimate of price' =2.865814172
   'estimated standard error' =0.002971217579
'approximate 95% confidence interval for reciprocal variance of error =',
            58530.44349,'to',185788.9668
```

6.8 随机波动率

程序“meanreverting”生成了 $[0, T]$ 内在 $t=0, h\cdots, nh$ 时的波动率过程 $\{\sigma(t)\}$，其中，$\sigma(t)=e^{Y(t)}$ 且 $Y(t)$ 是一个 Ornstein-Uhlenbeck 过程：

$$dY=\alpha(m-Y)dt+\beta dB,$$

其中，α，$\beta>0$，且 $\{B(t)\}$ 为一个标准的布朗运动。程序中需要加载附录 6.1 中的程序“STDNORM”。定义 $v^2=\beta^2/(2\alpha)$，则存在一个封闭形式的解：

$$Y(t)=y(0)e^{-\alpha t}+(1-e^{-\alpha t})m+\frac{v\sqrt{1-e^{-2\alpha t}}B(t)}{t},$$

且因此有

$$E(\sigma(t))=\exp[y(0)e^{-\alpha t}+(1-e^{-\alpha t})m+0.5v^2(1-e^{-2\alpha t})]。$$

```
> with(stats);
Warning, these names have been redefined: anova, describe,
fit, importdata, random, statevalf, statplots, transform
```

```
> meanreverting: =proc(T,n,seed,alpha,m,nu,y0) local
  h,P,j,z,a,b,d,A,Y;
  #
  # Procedure generates a list [{[j*h,exp(Y(j*h))],j=0..n}]
  where Y(j*h) is the position of the OU process (with
  parameters alpha,m,nu) at time jh..
  #
  global i,X2;
  i: =false;
  randomize(seed);
  h: =T/n;
  Y: = y°;
  P[0]: =[0,evalf(exp(y0))];
  a: =evalf(exp( -alpha* h));
  b: =sqrt(1 -a^2);
  d: =m* (1 -a);
  for j from 1 to n do;
    z: =STDNORM();
    Y: =d +Y* a +nu* b* z;
    P[j]: =[evalf(j* h),exp(Y)];
  end do;
  [seq(P[j],j=0..n)];
  end proc:
```

接下来画出 $[0,\ T]$ 上的实现图，其中所选的参数值及 $E(\sigma(t))$ 如下所示。

```
> n: =1000:T: =5;alpha: =0.5;m: = -2;nu: =0.3;y0: = -2;
  v1: =meanreverting(T,n,14457154,alpha,m,nu,y0):
  h: =T/n:
  for j from 0 to n do:
      m1: =m +(y0 -m)* exp( -alpha* j* h):
      m2: =nu^2* (1 -exp( -2* alpha* j* h)):
      Q[j]: =[j*h,evalf(exp(m1 +0.5* m2))]:
   end do:
  v2: =[seq(Q[j],j=0..n)]:
  PLOT(CURVES(v1,v2),TITLE(" A slow mean reverting volatility
```

```
process \n (alpha =0.5) with the expected
volatility \n"),AXESLABELS("t","sigma(t)"),
AXESSTYLE(NORMAL));
g: =[seq(op(2,v1[j]),j=1..n)]:
sample_mean: =describe[mean](g);
```

$T := 5$

$\alpha := 0.5$

$m := -2$

$v := 0.3$

$y0 := -2$

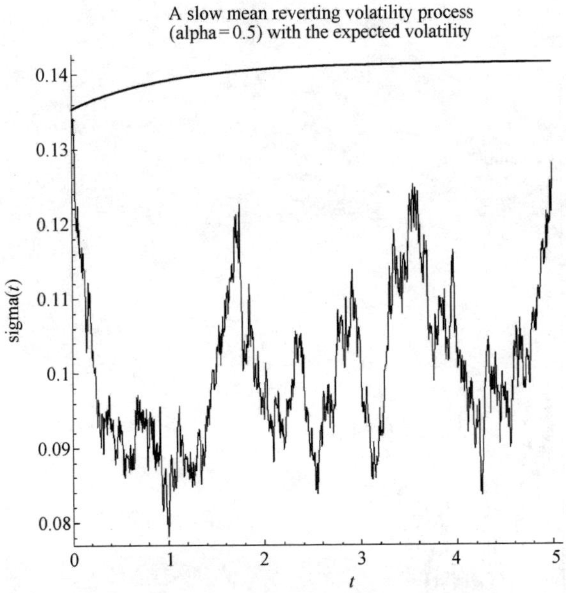

sample_mean := 0.1002435911

注意到在上述实现中波动率花费了异常长的时间才达到了它的渐近期望值。接下来将 α 从 0.5 增加至 5，在下面的图中观察到的均值回复速度则要快得多。

```
> n: =1000:T: =5;alpha: =5;m: = -2;nu: =0.3;y0: = -2;
v1: =meanreverting(T,n,14457154,alpha,m,nu,y0):
h: =T/n:
for j from 0 to n do:
m1: =m +(y0 -m) * exp( -alpha * j * h):
m2: =nu^2* (1 -exp( -2* alpha * j * h)):
Q[j]: =[j* h,evalf(exp(m1 +0.5* m2))]:
```

```
end do:
v2:=[seq(Q[j],j=0..n)]:
PLOT(CURVES(v1,v2),TITLE("A faster mean reverting volatility
process\n (alpha=5) with the expected
volatility\n"),AXESLABELS("t",""),TEXT([0.2,0.3],
"sigma(t)", ALIGNRIGHT),AXESSTYLE(NORMAL));
g:=[seq(op(2,v1[j]),j=1..n)]:
sample_mean:=describe[mean](g);
```

$T := 5$

$\alpha := 5$

$m := -2$

$v := 0.3$

$y0 := -2$

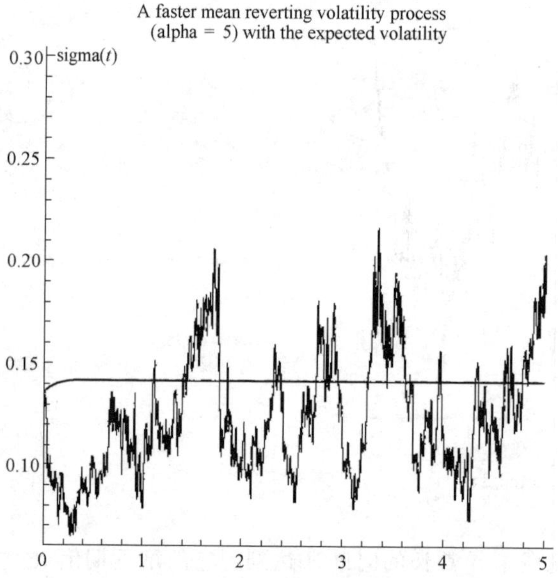

sample_mean := 0.1234165404

最后，将 α 从0.5增加至50就可以得到非常快速的均值回复。

```
> n:=1000:T:=5;alpha:=50;m:=-2;nu:=0.3;y0:=-2;
v1:=meanreverting(T,n,14457154,alpha,m,nu,y0):
h:=T/n:
for j from 0 to n do:
m1:=m+(y0-m)*exp(-alpha*j*h):
```

```
m2: =nu^2* (1 -exp( -2* alpha* j* h)):
Q[ j]: =[ j* h,evalf(exp(m1 +0.5* m2))]:
end do:
v2: =[seq(Q[j],j=0..n)]:
PLOT(CURVES(v1,v2),TITLE("A fast mean reverting volatility
process \n (alpha =50) with the expected
volatility"),AXESLABELS("t","sigma(t)"),AXESSTYLE(NORMAL));
g: =[seq(op(2,v1[j]),j=1..n)]:
sample_mean: =describe[mean](g);
```

$$T := 5$$

$$\alpha := 50$$

$$m := -2$$

$$v := 0.3$$

$$y0 := -2$$

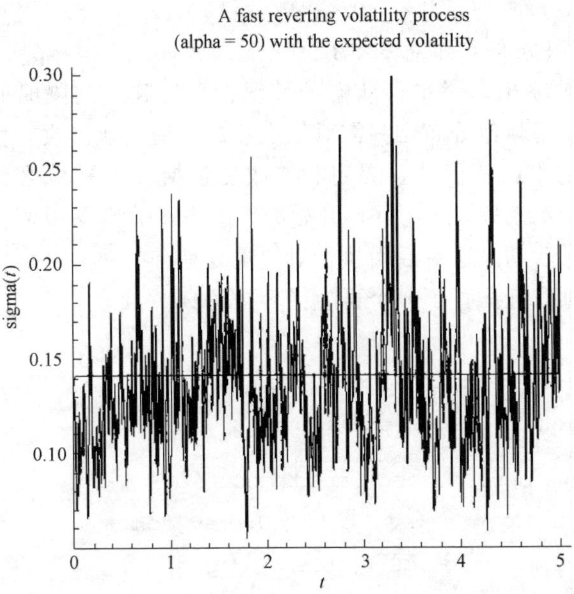

$$sample\_mean := 0.1353869997$$

附录7

离散事件仿真

7.1 采用再生法的G/G/1排队系统仿真

程序“gg1”用于估计长期平均队伍长度。队伍长度是指排队系统中的顾客数。它包括任何当前正在接受服务的顾客(排队长度是指等待服务的顾客数)。该程序假定顾客到达间隔时间独立且服从韦布尔分布，即对 $0<\gamma,0<x,P(x<X)=\exp[-(\lambda x)^{\gamma}]$，服务持续时间独立且服从互补累积分布，即对 $0<\beta$，$0<x$，$P(x<D)=\exp[-(\mu x)^{\beta}]$。分布的期望和标准差均被输出。对平稳状态的情况，平均到达间隔时间应该大于平均服务持续时间。若采用其他分布则只需对该程序进行适当地修改。程序中采用的方法是针对离散事件仿真的三段法。界定状态改变包括（ⅰ）顾客到达；（ⅱ）顾客离开。唯一的条件状态改变为（ⅲ）开始顾客服务。分别采用两个随机数流来用于这两种类型的采样活动。这对后面执行对偶重复是有帮助的。再生点为系统进入空闲状态的那些瞬时，且仿真了 n 个再生循环被仿真。

```
[ > with(stats):
```

```
Warning,these names have been redefined: anova,describe,
fit,importdata,random ,statevalf,statplots,transform .
```

```
> gg1: =proc(lambda,mu,gam ,beta,n,seed1,seed2) local
  rho,seeda,seedb,m ,clock,L,Lp,a,d,reward,k,tau,prev,delta,
  u,v,R,tau,TAU,b1,b2,a1,a2,a3,a4,a5,a6,f,stderr,a7,gam1,
  beta1,gam2,gam3,beta2,beta3,v1;
  gam1: =1/gam ;beta1: =1/beta;
  gam2: =evalf(GAMMA(gam1 +1));
  gam3: =evalf(GAMMA(2/gam +1));
  beta2: =evalf(GAMMA(beta1 +1));
  beta3: =evalf(GAMMA(2/beta +1));
  print(" Mean inter - arrival time " =gam2/lambda," Std dev of
  inter-arrival time " =sqrt(gam3-gam2^2)/mu);
```

```
print(" Mean service duration " =beta2/mu," Std dev of service
duration " =sqrt(beta3 - beta2^2)/mu);
seeda: =seed1;seedb: =seed2;
#SIMULATE n REGENERATIVE CYCLES-REGENERATIVE POINTS ARE
WHEN SYSTEM ENTERS THE BUSY STATE FROM THE EMPTY & IDLE
STATE
for m from 1 to n do;
#START OF NEW CYCLE
    tau: =0;
    L: =1;
    reward: =0;
    randomize(seeda);
    seeda: =rand();
    u: =evalf(seeda/10^12);
a: =tau +( -ln(u))^gam1/lambda;
randomize(seedb);
    seedb:rand();
    v: =evalf(seedb/10^12);
    d: =tau +( -ln(v))^beta1/mu;
    do
    tauprev: =tau;
    tau: =min(a,d);
    delta: =tau -tauprev;
    reward: =reward +delta * L;
#CHECK FOR 'END OF CYCLE'
    if tau =a and L =0 then break end if;
#CHECK FOR BOUND ACTIVITY 'ARRIVAL'
    if tau =a then
      L: =L +1;
      randomize(seeda);
      seeda: =rand();
      u: =evalf(seeda/10^12);
      a: =clock +( -ln(u))^gam1/lambda;
    end if;
#CHECK FOR BOUND ACTIVITY'DEPARTURE'
    if tau =d then;
```

```
        L: =L -1;
        d: =infinity
          end if;
# CHECK FOR CONDITIONAL ACTIVITY 'START SERVICE'
if L >0 and d =infinity then;
  randomize(seedb);
  seedb: =rand();
  v: =evalf(seedb/10^12);
  d: =tau +( - ln(v))^beta1/mu;
  end if;
end do;
# END OF CYCLE
# TAU[m] =LENGTH OF m th. REGENERATIVE CYCLE
# R[m] =CYCLE 'REWARD' =int(L(t),t =0..TAU[m]), where L(t) IS
NUMBER IN SYSTEM AT TIME t, AND t IS THE ELAPSED TIME SINCE
START OF m th. CYCLE
TAU[m]: =tau;
R[m]: =reward;
end do;
# END OF n th CYCLE
b1: =[seq(R[m],m =1..n)];
b2: =[seq(TAU[m ],m =1..n)];
a1: =stats[describe,mean ](b1);
a2: =stats[describe,mean ](b2);
a3: =stats[describe,variance](b1);
a4: =stats[describe,variance](b2);
a5: =stats[describe,covariance](b1,b2);
a6: =a1/a2;
a7: =a6* (1 +(a5/a1/a2 - a4/a2/a2)/n); #a7 IS MODIFIED RATIO
ESTIMATOR OF TIN, M. (1965),JASA ,60,294-307
f: =a3 +a4* a7^2 -2* a7* a5;
stderr: =sqrt(f/n)/a2;
print(" mean cycle length" =a2);
print(" estimate of mean line length" =a7);
print(" 95% Conf Interval for mean line
length" =a7 -1.96* stderr," to ",a7 +1.96* stderr);
end proc:
```

接下来检查该程序是否按预期的 M/M/1 系统执行。

```
> gg1(1,2,1,1,10000,246978,71586);
  print("________________________________________________________________
  ________________________________________________________________");
  gg1(1,1.5,1,1,10000,246978,71586);
  print("________________________________________________________________
  ________________________________________________________________");
  gg1(1,1.1,1,1,10000,246978,71586);
'Mean interarrival time'=1 'Std dev of interarrival time'=0.5000000000
'Mean service duration'=0.5000000000,'Std dev of service duration'=0.5000000000
                'mean cycle length'=2.003817572
          'estimate of mean line length'=0.9993680613
'95% Confidence interval for mean line length'=0.9503482328,'to',
1.048387890
________________________________________________________________、
________________________
 'Mean interarrival time'=1.,'Std dev of interarrival time'=0.6666666667
'Mean service duration'=0.6666666667,'Std dev of service duration'=
0.6666666667
                'mean cycle length'=3.014993555
          'estimate of mean line length'=2.030197245
'95%Confidence interval for mean line length'=1.903465437,'to',2.156929053
________________________________________________________________、
________________________
 'Mean interarrival time'=1.,'Std dev of interarrival time'=0.9090909091
'Mean service duration'=0.9090909091,'Std dev of service duration'=0.9090909091
               'mean cycle length'=11.44855979
        'estimate of mean line length'=10.32733293
'95% Confidence interval for mean line length'=9.087027523,'to',11.56763834
```

这里要注意置信区间是如何随着服务强度接近于 1 而变得更宽的。将“gg1”中的 U（0, 1）随机数替换成 $1-U$（0, 1）随机数，即完成对偶重复的步骤。

```
> gg1(1,2,1,1,10000,246978,71586);
  print("______________________________________________________________
  ____________________________________________________________");
  gg1(1,1.5,1,1,10000,246978,71586);
  print("______________________________________________________________
  ____________________________________________________________");
  gg1(1,1.1,1,1,10000,246978,71586);
 'Mean interarrival time' =1.,'Std dev of interarrival time' =0.5000000000
'Mean service duration' =0.5000000000,'Std dev of service duration' =0.5000000000
                'mean cycle length' =1.980971270
        'estimate of mean line length' =1.006757945
'95% Confidence interval for mean line length' =0.9547306296,'to',
1.053785260
'
____________________________________________________________`
  ____________________'
 'Mean interarrival time' =1.,'Std dev of interarrival time' =0.6666666667
'Mean service duration' =0.6666666667,'Std dev of service duration' =0.6666666667
                'mean cycle length' =2.958999958
        'estimate of mean line length' =1.952424988
 '95% Confidence interval for mean line length' =1.839236291,'to',
2.065613685
 '
  ____________________________________________________________`
  ____________________________'
 'Mean interarrival time' =1.,'Std dev of interarrival time' =0.9090909091
'Mean service duration' =0.9090909091,Std dev of service duration' =0.9090909091
                'mean cycle length' =10.86151154
        'estimate of mean line length' =10.15972516
'95% Confidence interval for mean line length' =8.897052772,'to',11.42239555
```

上述结果均在正文中总结。接下来给出的是没有封闭形式的结果的系统仿真试验及程序。注意到在系统中（在队伍中等待）和在排队队伍中的平均等待时间均可以由 Little 的结果获得。

7.2 医院病房仿真

7.2.1 程序 hospital _ward

程序“hospital_ward”仿真了有 n 张床位的病房。到达为泊松过程且强度为 λ，病人占用床位时间服从韦布尔分布且其互补累积分布函数为 $P(x<X)=\exp[(-\mu x)^{\beta}]$，$(0<\beta,0<x)$。如果一名到达病人发现所有床位均被占用，那么约定如下：如果某位病人下一次“计划”离开的时间小于指定阈值 α，那么该病人马上离开（提前离开），将到达病人安置到暂时空置的病床。否则，不能接收到达病人而只能将其转诊别处。根据“三段法”的相关术语，限定事件包括（ⅰ）到达；（ⅱ）正常离开（按计划）。条件事件包括（ⅲ）病人正常接收；（ⅳ）由于接收病人而带来的病人提前离开；（Ⅴ）病人转诊别处。所采用的变量如下：

$simtim$ = 仿真时间；

n = 每单元床位数；

$t_0[j]$ = 仿真开始时排序的（升序）计划离开时间，取 $t_0[j]=\infty$ 表示当前无床位占用（$j=1, 2, \cdots, n$）；

α = 提前离开的阈值参数；

$seeda$ = 用于生成到达随机数流的种子；

$seedb$ = 用于生成病人停留时间随机数流的种子；

$clock$ = 当前时间；

$clock\ prev$ = 上一次事件发生的时间；

δ = 自上一次事件发生的时间；

$t[j]$ = 根据当前时间排序的（升序）计划离开时间，取 $t[j]=\infty$ 表示当前无床位被占用，（$j=1, 2, \cdots, n$）；

a = 下一次到达时间；

$nocc$ = 已占用床位数；

$q=1, 0$（根据是否存在即刻需要入院的病人来选择）；

na = 累积到达人数；

$nout1$ = 累积正常离开人数；

$nout2$ = 累积提前离开人数；

nin = 累积入院人数；

$nrefer$ = 累积转诊人数；

$cum[j]$ = j 张床位被占用的累积时间（$j=1, \cdots, n$）。

```
[ >restart;

> hospital_ward: =proc(simtim ,n,t0,alpha,lambda,mu,beta,
  seeda,seedb) local
  q,d,t,clock,r1,a,clockprev,cum ,na,nout1,nin,r2,nout2,
  nrefer,delta,nocc,seed1,seed2,j,beta1,f,s,util,r,beta2,
  beta3,short,ed;
  seed1: =seeda;seed2: =seedb ;
  beta1: =1/beta;
  beta2: =evalf(GAMMA(beta1 +1));
  beta3: =evalf(GAMMA(2/beta +1));
  print("________________________________ INPUT
  DATA ________________________________");
  print("Arrival and service seeds"=seeda,seedb);
  print("Run length in days"=simtim );
  print("Number of beds"=n,"Poisson arrival rate per
  day"=lambda,"Mean (non reduced) length of stay in
  days"=beta2/mu, "Std dev of (non reduced) length of
  stay in
  days"=sqrt(beta3-beta2^2)/mu);
  print("Early departure parameter in days"=alpha);
  nocc: =0;
  cum[0]: =0;
  #COMPUTE THE NUMBER OF BEDS OCCUPIED AT TIME ZERO FROM
  THE INITIAL SCHEDULED DEPARTURE DATE FOR EACH BED
  for j from 1 to n do;
      if t0[j] <infinity then nocc: =nocc +1 end if;
      cum[j]: =0
  end do;
  print("Bed state at time zero - Scheduled departure times
  are"=[seq(t0[j],j=1..n)]);
  #INITIALISE OTHER VARIABLES, SORT INITIAL DEPARTURE
  DATES, SAMPLE TIME OF FIRST ARRIVAL, AND ADVANCE
  SIMULATION TIME TO FIRST EVENT
  q: =0;
  na: =0;nout1: =0;nout2: =0;nin: =0;nrefer: =0;short: =0;
```

```
t: =sort(t0);
clock: =0;
randomize(seed1);
seed1: =rand();
r1: =evalf(seed1/10^12);
a: =clock - ln(r1)/lambda;
clockprev: =clock;
clock: =min(a,t[1]);
#CHECK SIMULATION FINISHED . IF NOT UPDATE CUMULATIVE TIME
THAT nocc BEDS HAVE BEEN OCCUPIED;
while clock <=simtim do;
  delta: =clock - clockprev;
  cum[nocc]: =cum[nocc] +delta;
#BOUND STATE CHANGE:ARRIVAL
  if clock =a then;
  na: =na +1;
  randomize(seed1);
  seed1: =rand();
  r1: =evalf(seed1/10^12);
  a: =clock - ln(r1)/lambda;
  q: =1;
else # BOUND STATE CHANGE:DEPARTURE;
  t[1]: =infinity;
  t: =sort(t);
  nocc: =nocc -1;
  nout1: =nout1 +1;
end if;
#CONDITIONAL STATE CHANGE:NORMAL ADMISSION
  if q =1 and nocc <n then;
  nin: =nin +1;
   nocc: =nocc +1;
  randomize(seed2);
  seed2: =rand();
  r2: =evalf(seed2/10^12);
  t[nocc]: =clock + ( - ln(r2))^beta1/mu;
  t: =sort(t);
  q: =0;
```

```
    end if;
    # CONDITIONAL STATE CHANGE:ADMISSION OF PATIENT FOLLOWING
EARLY DEPARTURE
    if q =1 and nocc =n and t[1] -clock <=alpha then;
      nin: =nin +1;
      nout2: =nout2 +1;
      short: =short +t[1] -clock;
      randomize(seed2);
      seed2: =rand();
      r2: =evalf(seed2/10^12);
      t[1]: =clock +( -ln(r(2))^beta1/mu;
      t: =sort(t);
      q: =0;
    end if;
  # CONDITIONAL STATE CHANGE:REFERRAL OF
  ARRIVING PATIENT
    if q =1 and nocc =n and t[1] -clock >alpha then;
      randomize(seed2);
    seed2: =rand();# THIS RANDOM NUMBER IS GENERATED BUT
  NOT USED ! THIS IS DONE TO PRESERVE 1 -1 CORRESPONDENCE
  BETWEEN RANDOM NUMBERS AND PATIENTS' LENGTHS OF
  STAY(IN CASE ANTITHETIC VARIATES ARE USED)
      nrefer: =nrefer +1;
      q: =0;
    end if;
  # STORE CURRENT SIMULATION TIME AND ADVANCE IT TO THE
  EARLIER OF TIME OF NEXT DEPARTURE AND OF NEXT ARRIVAL
  clockprev: =clock;
  clock: =min(a,t[1]);
  end do;
  # SINCE clock NOW EXCEEDS REQUIRED SIMULATION TIME RESET
  IT TO simtim,CALCULATE TIME SINCE PREVIOUS EVENT AND
  UPDATE cum[nocc]
  clock: =simtim;
  delta: =clock-clockprev;
```

```
cum[nocc]:=cum[nocc]+delta;
#COMPUTE AVERAGE UTILIZATION,AVERAGE REFERRAL RATE,
AVERAGE REDUCTION IN LENGTH OF STAY FOR REFERRED
PATIENTS,
AND LIST f FOR PLOTTING BED OCCUPANCY DISTRIBUTION
s:=0;
for j from 1 to n do;
  s:=s+j*cum[j];
end do;
f:=[seq([j,cum[j]/simtim ],j=0..n)];
util:=s/n/simtim ;
r:=evalf(nrefer/na);
ed:=evalf(nout2/na);
if nout2>0 then short:=short/nout2 end if;
print("_______________________________ OUTPUT
STATISTICS _______________________________");
print("Utilisation"=util,"Referral proportion"=r,"Early
departure proportion"=ed,"Avg reduced stay in days for
early departures"=short);
[util,r,f];
end proc;
```

```
hospital_ward:=proc(simtim,n,t0,α,λ,μ,β,seeda,seedb)
local q,d,t,clock,r1,a,clockprev,cum, na, nout1, nin,r2, nout2,nrefer,
δ,nocc,seed1,seed2, j ,β1,f ,s,util,r,β2,β3,short,ed;
    seed1:=seeda;
    seed2:=seedb;
    β1:=1/β;
    β2:=evalf(Γ(β1+1));
    β3:=evalf(Γ(2/β+1));
    print('______________ INPUT DATA ______________\
    ______________');
    print('Arrival and service seeds'=seeda,seedb);
    print('Run length in days'=simtim);
    print('Number of beds'=n,'Poisson arrival rate per day'=λ,
    'Mean (non reduced)length of stay in days'=β2/μ,
```

```
'Std dev of (non reduced) length of stay in days' =sqrt(β3 -β2^2)1μ);
print('Early departure parameter in days' =α);
nocc := 0;
cum [0]:=0;
for j to n do if t0[j] < ∞ then nocc: = nocc + 1 end if;cum[j]: =0 end
print('Bed state at time zero - Scheduled
   departure times are' = [seq(t0[j], j =1. . n)]);
q: =0;
na: =0;
nout1: =0;
nout2: =0;
nin: =0;
nrefer: =0;
short: =0;
t: = sort(t0);
clock: =0;
randomize(seed1);
seed1: = rand( );
r1: = evalf(1/1000000000000 * seed1);
a: = clock - ln(r1)/λ;
clockprev: = clock;
clock: = min(a,t[1]);
while clock ≤simtim do
       δ: = clock - clockprev;
       cum[nocc]: = cum[nocc] + δ;
       if clock = a then
              na: = na + 1;
              randomize(seed1);
              seed1: = rand( );
              r1: = evalf(1/1000000000000 * seed1);
              a: = clock - ln(r1)/λ;
              q: = 1;
       else t[1]: = ∞ ;t: = sort(t);nocc = nocc - 1;nout1: = nout1 + 1
       end if;
       if q = 1 and nocc < n then
```

```
            nin := nin + 1;
            nocc := nocc + 1;
            randomize(seed2);
            seed2 := rand( );
            r2 := evalf(1/1000000000000*seed2);
            t[nocc] := clock + ( - ln(r2))^β1/μ;
            t := sort(t);
            q := 0
            end if;
      if q = 1 and nocc = n and t[1] - clock ≤ α then
            nin := nin + 1;
            nout2 := nout2 + 1;
            short := short + t[1] - clock;
            randomize(seed2);
            seed2 := rand( );
            r2 := evalf(1/1000000000000 * seed2);
            t[1] := clock + ( - ln(r2))^β1/μ;
            t := sort(t);
            q := 0;
      end if;
      if q = 1 and nocc = n and α < t[1] - clock then
            randomize(seed2);seed2 := rand( );nrefer := nrefer + 1;q := 0
            end if;
      clockprev := clock;
      clock := min(a, t[1])
  end do;
  clock := simtim;
  δ := clock - clockprev;
  cum[nocc] := cum[nocc] + δ;
  s := 0;
  for j to n do s := s + j * cum[j] end do;
  f := [seq([j, cum[j]/simtim], j = 0..n)];
  util := s/(n * simtim);
    r := evalf(nrefer/na);
    ed := evalf(nout2/na);
    if 0 < nout2 then short := short/nout2 end if;
    print('_________________ OUTPUT STATISTICS _________________\
_________________');
    print('Utilisation' = util, 'Referral proportion' = r,
          'Early departure proportion' = ed,
          'Avg reduced stay in days for early departures' = short);
    [util, r, f]
  end proc
```

7.2.2 M/M/n/n 排队系统的验证

仿真程序的部分验证是为了检验输出的床位利用率分布与 M/M/n/n 的一致性。该检验通过设置 $\beta=1$、$\alpha=0$ 来完成（没有提前离开，因此所有在病房已满时到达的病人都需要转诊）。将计算出的理论模型的稳定概率值存入 $p[0], p[1], \cdots, p[n]$。不必通过正式的假设检验就可以明显看出模型结果与理论结果相符得很好。

```
> seeda: =87341:seedb: =64287:
  n: =10:
  t0: =[3 .3,1.4,6.3,2 .7,8.5,4.3,8.5,infinity,infinity,
  infinity]:
  simtim: =100000:alpha: =0:lambda: =1.2:mu: =0.15:beta: =1:
  v: =hospital_ward(simtim ,n,t0,alpha,lambda,mu,beta,
  seeda,seedb):
  u: =op(3,v):d: =seq([[j,0],op(j+1,u)],j=0..n):# NB: d[j]
  is a list of two elements - these are the coordinates of
  two points,[j,0] and[j,proportion ]. The line joining
  these two points is vertical and its height is the
  proportion of time that j beds are occupied;
    #
    # CALCULATE M/M/n/n stationary probabilities:
    #
  p[0]: =1:
  s: =p[0]:
  for j from 1 to n do:
    p[j]: =p[j-1]* lambda/mu/j:
    s: =s+p[j]:
  end do:
  for j from 0 to n do;
    p[j]: =p[j]/s:
    e: =seq([[j+0.1,0],[j+0.1,p[j]]],j=0..n):
  end do:
  PLOT(CURVES(d,COLOR(RGB, 1,0,0)),CURVES
  (e,COLOR(RGB, 0,
  0,1)),AXESLABELS(" beds "," proportion of simulated
```

time"),AXESSTYLE(NORMAL),TITLE("Bed occupancy distribution,theory (red), \n simulation (blue)"));# PLOT A SET OF VERTICAL LINES DEFINED BY THE LIST 'd' AND A 'SLIGHTLY DISPLACED SET DEFINED BY THE LIST 'e'

'_______________ INPUT DATA ________\
_______________'

'Arrival and service seeds' =87341,64287

'Run length in days' =100000

'Number of beds' =10,'Poisson arrival rate per day' =1.2,

'Mean(non reduced)length of stay in days' =6.666666667,

'Std dev of(non reduced)length of stay in days' =6.666666667

'Early departure parameter in days' =0

'Bed state at time zero-Scheduled departure times are' =

[3.3,1.4,6.3,2.7,8.5,4.3,8.5,∞;∞;∞]

'_______________ OUTPUT STATISTICS ________\
_______________'

'Utilisation' =0.7059855552,'Referral proportion' =0.1250620923,

'Early departure proportion' =0.,'Avg reduced stay in days for early departures' =0

Bed occupancy distribution, theory (red), simulation (blue)

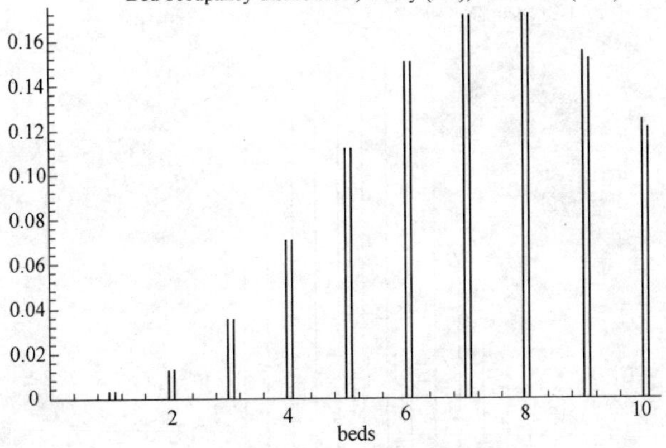

7.2.3 非指数的服务时间且不允许提前离开的 20 张床位的病房仿真

```
> seeda:=87341:seedb:=64287:
  n:=20:
  t0:=[3.3,1.4,5.7,3.3,0.1,1.2,2.1,5.6,3.2,2,6,7.1,3.3,
  4.5,5.3,2.5,4.4,2.5,infinity,infinity,infinity]:
  simtim:=10000:
  alpha:=0:lambda:=2.5:mu:=0.15:beta:=2.5:
  v:=hospital_ward(simtim ,n,t0,alpha,lambda,mu,beta,
seeda,seedb):
  u:=op(3,v):d:=seq([[j,0],op(j+1,u)],j=0..n):
  PLOT(CURVES(d),AXESLABELS("beds","proportion of simulated
  time"),AXESSTYLE(NORMAL),TITLE("Bed occupancy
  distribution"));
```

'______________ INPUT DATA ______________\
______________'

'Arrival and service seeds'=87341,64287

'Run length in days'=10000

'Number of beds'=20,"Poisson arrival rate per day"=2.5,

'Mean(non reduced)length of stay in days'=5.915092117,

'Std dev of(non reduced)length of stay in days'=2.531110333

'Early departure parameter in days'=0

'Bed state at time zero-Scheduled departure times are'
=[3.3,1.4,5.7,3.3,0.1,
1.2,2.1,5.6,3.2,2,6,7.1,3.3,4.5,5.3,2.5,4.4,2.5,∞;∞]

'______________ OUTPUT STATISTICS ______________\
______________'

'Utilisation'=0.7082827055,'Referral proportion'=0.04285542795,

'Early departure proportion'=0.,'Avg reduced stay in days for early departures'=0

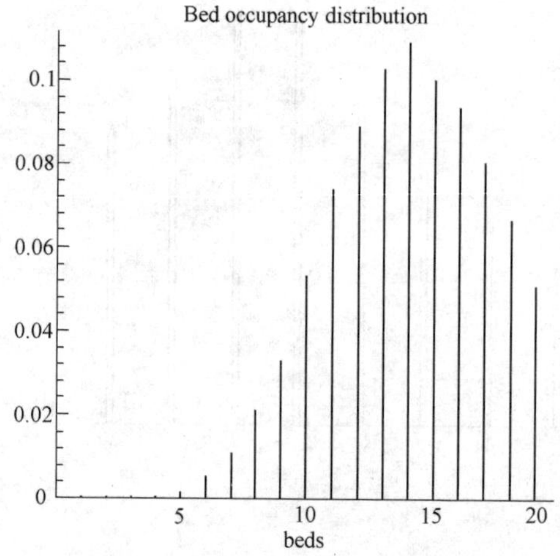

7.2.4 与附录 7.2.3 中其他设置相同但是允许提前离开且上限为 1 天

```
> seeda:=87341:seedb:=64287:
  n:=20:
  t0:=[3.3,1.4,5.7,3.3,0.1,1.2,2.1,5.6,3.2,2,6,7.1,3.3,
  4.5,5.3,2.5,4.4,2.5,infinity,infinity,infinity]:
  simtim:=10000:alpha:=1:lambda:=2.5:mu:=0.15: beta:=2.5:
  v:=hospital_ward(simtim,n,t0,alpha,lambda,mu,
  beta,seeda,seedb):
  u:=op(3,v):d:=seq([[j,0],op(j+1,u)],j=0..n):
  PLOT(CURVES(d),AXESLABELS("beds","proportion of simulated
  time"),AXESSTYLE(NORMAL),TITLE("Bed occupancy
  distribution"));
```

'______ INPUT DATA ______\
______'

'Arrival and service seeds' =87341,64287

'Run length in days' =10000

'Number of beds' =20, 'Poisson arrival rate per day' =2.5,

'Mean(non reduced) length of stay in days' =5.915092117,

'Std dev of(non reduced) length of stay in days' =2.531110333

'Early departure parameter in days' =1

'Bed state at time zero-Scheduled departure times are' =

[3.3,1.4,5.7,3.3,0.1,

1.2,2.1,5.6,3.2,2,6,7.1,3.3,4.5,5.3,2.5,4.4,2.5,∞;∞]

'______ OUTPUT STATISTICS ______\
______'

'Utilisation' =0.7254928095, 'Referral proportion' =0.01292465288,

"Early departure proportion" =0.09183305990,

"Avg reduced stay in days for early departures" =0.4384030484

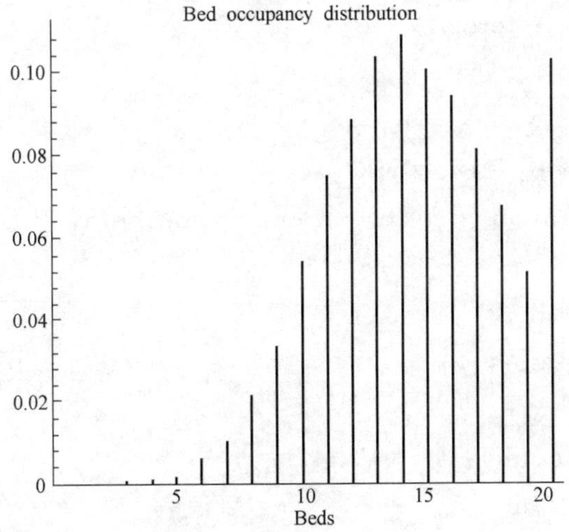

7.2.5 画出以提前离开参数 α 为自变量的函数图形

取 α 值在 0 和 2 天之间重复调用下列程序，画出每种情况下的床位利用率和病人转诊率的图形。附录 7.2.1 的程序 "hospital_ward" 中的输出语句应通过在语句前插入 "#" 来禁止输出。

```
> alphamax: =2:
  m: =floor(alphamax/0.1):
  simtim: =1000:lambda: = 4:mu: =0.15:beta: =2 .5:
  n: =25:
  beta1: =1/beta:
  beta2: =evalf(GAMMA(beta1 +1)):
  beta3: =evalf(GAMMA(2/beta +1)):
  t0: =[3 .3,1.4,5 .7,3 .3,0.1,1.2,2 .1,5 .6,3 .2,2,6,7.1,3.3,
  4.5,5.3, 2 .5,4.4,2 .5,4.8,3.5,infinity,infinity,infinity,
  infinity,infinity]:
  print("________________________________ INPUT
  DATA ________________________________");
  seeda: =87341:seedb: =64287:
  print("Arrival and service seeds"=seeda,seedb);
  print("Run length in days"=simtim);
  print("Number of beds"=n,"Poisson arrival rate per
  day"=lambda,"Mean (non reduced) length of stay in
  days"=beta2/mu,"Std dev of (non reduced) length of stay
  in days"=sqrt(beta3-beta2^2)/mu);
  for k from 0 to m do:
    alpha: =0.1*k:
    seeda: =87341:seedb: = 64287:
  v: =hospital_ward(simtim ,n,t0,alpha,lambda,mu,beta,
  seeda,seedb):
    p1[k]: =[alpha,op(1,v)]:
    p2[k]: =[alpha,2*op(2,v)]:
  end do:
  v1: =seq(p1[k],k =0..m):
  v2: =seq(p2[k],k =0..m):
```

```
PLOT(CURVES([v1],[v2]),VIEW(0..alphamax,0..1),AXESLABELS
("alpha","Utilization (upper) and proportion referred*2
(lower)"),AXESSTYLE(NORMAL),TITLE("Utilization and
Referral rates as a function of alpha"));
'______________________________ INPUT DATA ____________________/
                                                              '
            ______________________________
              'Arrival and service seeds'=87341,64287
        'Run length in days'=1000
'Number of beds'=25,'Poisson arrival rate per day'=4,
'Mean(non reduced)length of stay in days'=5.915092117,
'Std dev of(non reduced)length of stay in days'=2.531110333
```

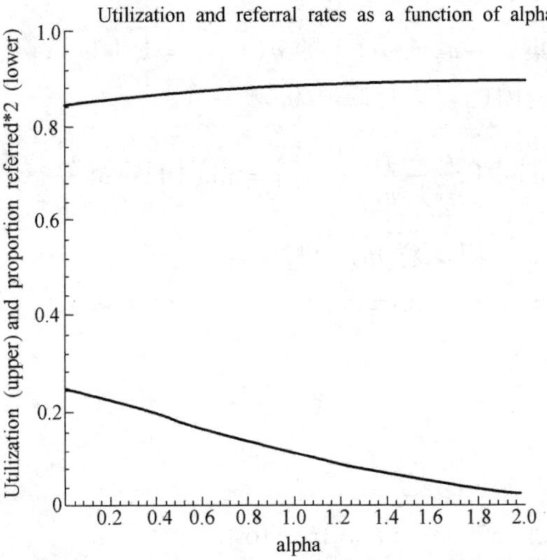

附录8

马尔可夫链蒙特卡罗方法

8.1 利用随机游走算法从 $N(0,1)$ 进行采样

取建议密度为支撑集 $(x-a,x+a)$ 上的 $q(y|x)=1/(2a)$，从密度函数 $f(x)\propto \exp(-x^2/2)$ 进行采样。因此，接受概率为

$$\alpha(x,y)=\min\left[1,\frac{f(y)q(x\mid y)}{f(x)q(y\mid x)}\right]=\min\left[1,\exp\left(\frac{x^2-y^2}{2}\right)\right]。$$

程序“mcmc”中给定了 x_0，共采样 *iter* 个样本。

```
> mcmc: =proc(x0,a,iter) local t,y,alpha,r,xold,xnew,b ,count;
  xold: =x0;
  count: =0;
  b[0]: =[0,xold];
  for t from 1 to iter do;
       y: =xold -a +2* a* evalf(rand()/10^12);
       alpha: =min(1,exp( -0.5* (y^2-xold^2)));
       r: =evalf(rand()/10^12);
       if r <=alpha then xnew: =y else xnew: =xold end if;
       b[t]: =[t,xnew];
       xold: =xnew;
  end do;
  [seq(b[t],t=0..iter)];
  end proc:

[ > with(stats[statplots]):
```

从 $x_0=-4$，$a=0.5$ 开始采样 500 个样本。注意到由于步长较小从而使得预烧期的时间较长且状态空间（状态缓慢混合）的探测较差。

```
> seed: =randomize(59274);
  x: =mcmc( -4,0.5,500):
  PLOT(CURVES(x),TITLE("x-value against iteration
  number:a=0.5"),AXESSTYLE(NORMAL));
```

seed: = 59274

x-value against iteration number: a=0.5

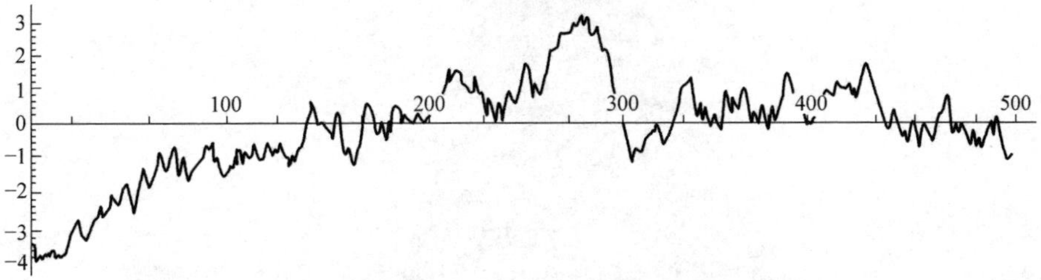

取 $a=3$ 重复上述步骤，则得到的情况是在两个方面均有很大改善。注意到由于候选样本被频繁地拒绝（图形中的水平部分）从而使得样本从一次迭代到下一次迭代不发生变化。

```
> seed: =randomize(59274);
  x: =mcmc( -4,3,500):
  PLOT(CURVES(x),TITLE("x-value against iteration
  number:a=3"),AXESSTYLE(NORMAL));
```

seed: = 59274

x-value against iteration number: a=3

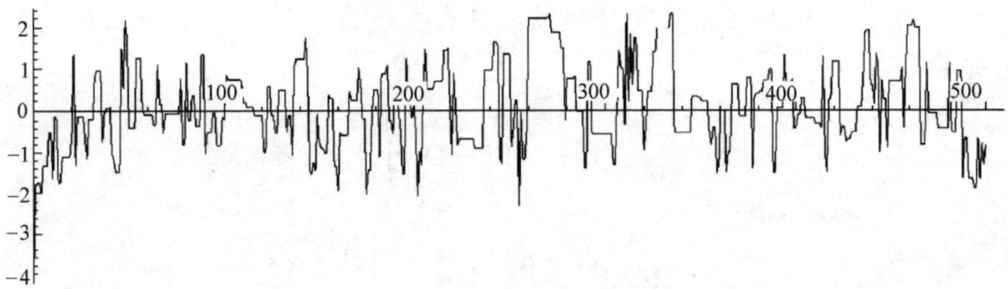

从初始值 0 开始，采样 100000 个样本，根据样本画出直方图以显示它们的分布及样本均值和方差。

```
> seed: =randomize(59274);
  x: =mcmc( -4,3,100000):
  res: =[seq(op(2,x[t]),t=1..100000)]:
  histogram(res,title="distribution of sampled x-
  values",labels=["x","density"],numbars=100);
  Mean=describe[mean](res);StdDev=describe[standarddeviation](res);
```

$seed := 59274$

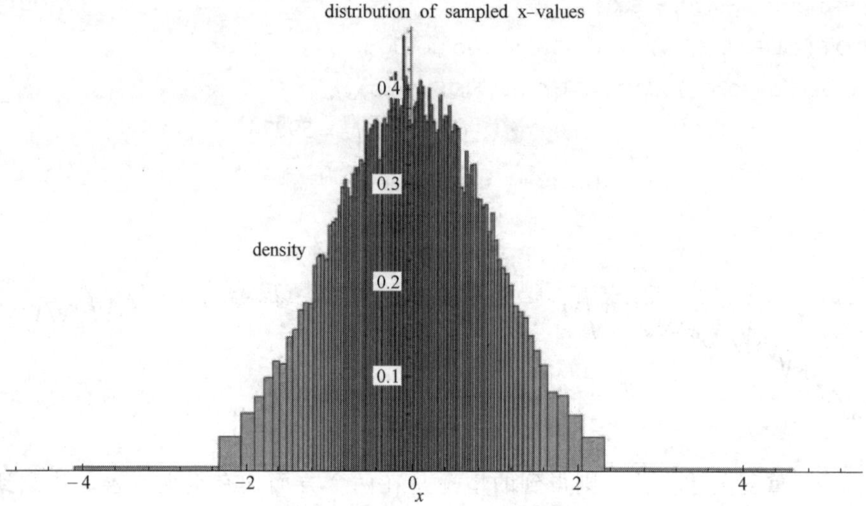

Mean = 0. 0001202304356

StdDev = 1. 006266364

8.2 可靠性推断

这里要解决的问题是确定部件的生存概率。第 i 个部件的失效年限为 X_i $(i = 1, 2, \cdots)$。它们是相互独立且同分布的。具有参数为 α 和 β 的韦布尔随机变量，其联合先验分布为

$$g(\alpha,\beta) = \begin{cases} \dfrac{4}{1000}(\alpha-1)\Gamma\left(\dfrac{1}{\alpha}+1\right), 1<\alpha<1.5, \\ \dfrac{4}{1000}(2-\alpha)\Gamma\left(\dfrac{1}{\alpha}+1\right), 1<\alpha<2, \end{cases}$$

且 $2000/\Gamma\left(\dfrac{1}{\alpha}+1\right)<\beta<3000/\Gamma\left(\dfrac{1}{\alpha}+1\right)$。则在给定数据 $\{x_i: i=1, \cdots, n\}$ 的条件下，联合后验密度为

$$\pi(\alpha,\beta) \propto \alpha^n \beta^{-n\alpha} \exp\left[-\sum_{i=1}^{n}\left(\frac{x_i}{\beta}\right)^{\alpha}\right](x_1 \cdots x_n)^{\alpha-1} g(\alpha,\beta)。$$

采用建议密度等于联合先验密度的独立采样，且给定当前点为 (α, β)，则候选点 (α_c, β_c) 的接受概率为

$$\min\left(1, \frac{\alpha_c^n \beta_c^{-n\alpha_c} \exp\left[-\sum_{i=1}^{n}\left(\frac{x_i}{\beta_c}\right)^{\alpha_c}\right](x_1 \cdots x_n)^{\alpha_c - 1}}{\alpha^n \beta^{-n\alpha} \exp\left[-\sum_{i=1}^{n}\left(\frac{x_i}{\beta}\right)^{\alpha}\right](x_1 \cdots x_n)^{\alpha - 1}}\right)。$$

注意到α_c的边缘先验为支撑集（1，2）上的对称三角密度，因此可以通过联合先验分布生成候选点。所以，给定两个均匀随机数R_1、R_2，设

$$\alpha_c = 1 + 0.5(R_1 + R_2)。$$

已知α_c，β_c的条件先验密度为

$$U\left(\frac{2000}{\Gamma\left(\frac{1}{\alpha_c}+1\right)}, \frac{3000}{\Gamma\left(\frac{1}{\alpha_c}+1\right)}\right),$$

因此设

$$\beta_c = \frac{1000(2 + R_3)}{\Gamma\left(\frac{1}{\alpha_c}+1\right)}。$$

程序“fail”完成了该独立采样的 k 次迭代，并返回一个 k 行、$q+2$ 列的矩阵 $\boldsymbol{C}$。该矩阵第 i 行的前 q 个元素给出了在指定年限 $y[1], y[2], \cdots, y[q]$下的采样生存概率。第 i 行的最后两个元素给出了第 i 次迭代（点）的采样的 α 和 β 值。图形显示预烧时间可以忽略不计，且状态混合也相当合理。同时，给出了年限分别为1000h、2000h 和 3000h 的生存概率的贝叶斯估计。当然，如果需要进行区间估计，那么只需重复上述运行即可。观察采样大小的减少（舍弃掉部分初始的 43 个失效年限）对问题求解所带来的影响是件有意义的事。此时接受概率变得更大且连续的 α 和 β 值与之前相比相关性更小的结果表明：后验密度应能更多地表达先验密度。这从减少估计量的方差的角度来看也是一个好的方面。

```
[ > restart;
```

这里 x 是一个存储 43 个失效年限（以 h 为单位）的列表。

```
> x: =[293, 1902, 1272, 2987, 469, 3185, 1711, 8277,356,
  822,2303, 317, 1066, 1181, 923,7756, 2656, 879, 1232,
  697, 3368, 486, 6767, 484, 438,1860, 113, 6062, 590,
  1633, 2425, 367, 712, 953, 1989, 768,600, 3041, 1814,
  141, 10511, 7796, 1462];
```

$x:=[293, 1902, 1272, 2987, 469, 3185, 1711, 8277, 356, 822, 2303, 317, 1066, 1181, 923, 7756, 2656, 879, 1232, 697, 3368, 486, 6767, 484, 438, 1860, 113, 6062, 590, 1633, 2425, 367, 712, 953, 1989, 768, 600, 3041, 1814, 141, 10511, 7796, 1462]$

程序“fail”返回从 MCMC 得到的仿真输出。

```
> fail: =proc(k,a,b ,n,x,q,y) local
  a1,b1,C,xp ,sp ,u,L1,i,r1,r2,r3,r4,r5,r6,mp,ap,rate,bp,L2,j;
  #k =# of iterations;
  #(a,b) =initial(alpha,beta);
  #x = failure data;
  #n =number of data items in x;
  #q =number of ages at which survivor probabilities are
  required;
  #y[i] =age at which a survivor probability is required for
  i =1..q
  a1: =a;b1: =b ;
  C: =Matrix(k,q +2);
  #Compute log likelihood ( L1) for current point (a1,b1);
  xp: =1;
  sp: =0;
  for u from 1 to n do;
    xp: =xp*x[u];
    sp: =sp +x[u]^a1;
  end do;
  xp: =ln(xp);
  L1: =evalf(n* ln(a1/b1^a1) +(a1 -1) * xp -sp/b1^a1);
  # Perform k iterations;
  for i from 1 to k do;
  r1: =evalf(rand()/10^12);r2: =evalf(rand()/10^12);r3: =evalf
  (rand()/10^12);r4: =evalf(rand()/10^12);
      # Sample candidate point (ap,bp) and compute likelihood
  (L2)for (ap,bp);
      ap: =1 +0.5* (r1 +r2);
      bp: =1000* (2 +r3)/GAMMA(1/ap +1);
      sp: =0;
      for u from 1 to n do;
          sp: =sp +x[u]^ap ;
      end do;
      L2: =evalf(n* ln(ap/bp^ap ) +(ap -1) * xp -sp/bp^ap);
```

```
        # Decide whether to accept or reject candidate point;
        if ln(r4) <L2 - L1 then a1: =ap ; b1: =bp ; L1: =L2; end if;
        # Enter survivor probs and alpha and beta values into
    ith row of C;
        for j from 1 to q do;
            C[i,j]: =evalf(exp( -(y[j]/b1)^a1));
        end do;
        C[i,q +1]: =evalf(a1);C[i,q +2]: =evalf(b1);
        end do;
        C;
        end proc:
```

设置参数值。初始 α 值的一个合理选择是先验边缘向量的模。初始 β 值设置为给定 α 时它的先验的模。

```
> n: =43;a: =1.5;b: =2500/GAMMA(1/a +1);k: =5000;q: =3;y: =Vector
  (q);y[1]: =1000;y[2]: =2000;y[3]: =3000;y;
```

$$n:=43$$
$$a:=1.5$$
$$b:=2769.330418$$
$$k:=5000$$
$$q:=3$$
$$y:=\begin{matrix}0\\0\\0\end{matrix}$$
$$y_1:=1000$$
$$y_2:=2000$$
$$y_3:=3000$$
$$\begin{matrix}1000\\2000\\3000\end{matrix}$$

完成5000次迭代。

```
> randomize(561293);d: =fail(k,a,b,n,x,q,y);
```

561293

d: = 5000 × 5Matrix
Data Type: anything
Storage: rectangular
Order: Fortran_order

```
> f: =Matrix(k,q +2);
```

f: = 5000 × 5Matrix
Data Type: anything
Storage: rectangular
Order: Fortran_order

```
> for i from 1 to k do:
  for j from 1 to q +2 do:
  f[i,j]: =[i,d[i,j]]:
  end do;
  end do:
```

画出生存概率的诊断图并计算点估计。

```
> f3: =[seq(f[i,3],i=1..k)]:PLOT(CURVES(f3),TITLE("survival
  probability at 3000 hours against iteration
  number:"),AXESSTYLE(NORMAL));
  with(stats[statplots]):dat3: =[seq(op(2,f3[i]),i=1..k)]:
  Estimate_Prob_survive_3000_hours =describe[mean](dat3);
```

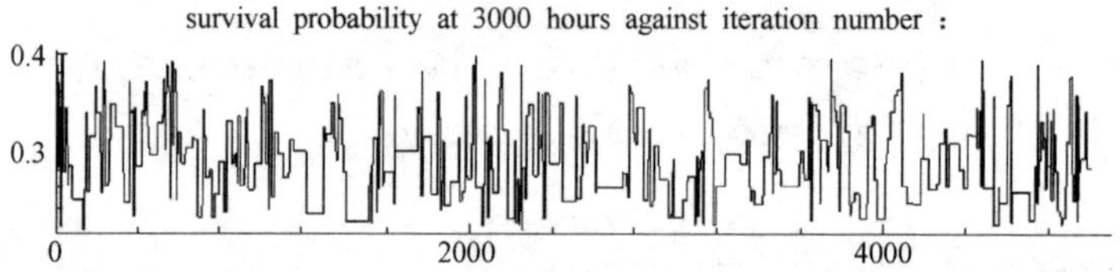

Estimate_Prob_survive_3000_hours = 0.2867886198

```
> f2: =[seq(f[i,2],i=1..k)]:PLOT(CURVES(f2),TITLE("survival
  probability at 2000 hours against iteration
  number:"),AXESSTYLE(NORMAL));
  dat2: =[seq(op(2,f2[i]),i=1..k)]:Estimate_Prob_
  survive_2000_hours =describe[mean](dat2);
```

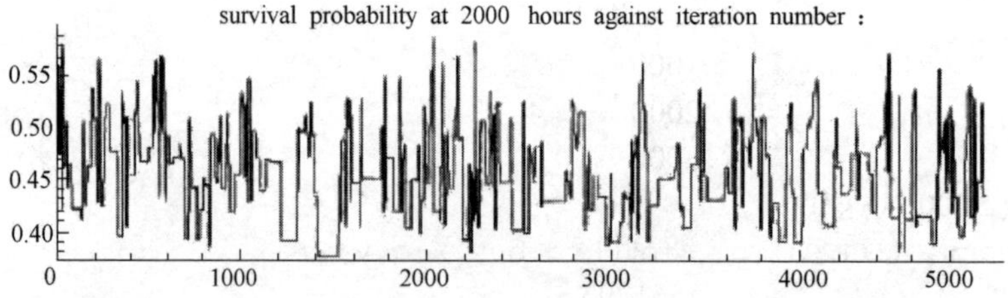

Estimate_Prob_survive_2000_hours =0.4529730938

```
> f1: =[seq(f[i,1],i=1..k)]:PLOT(CURVES(f1),TITLE("survival
  probability at 1000 hours against iteration
  number:"),AXESSTYLE(NORMAL));
  dat1: =[seq(op(2,f1[i]),i=1..k)]:Estimate_Prob_survive_1000
  _hours =describe[mean ](dat1);
```

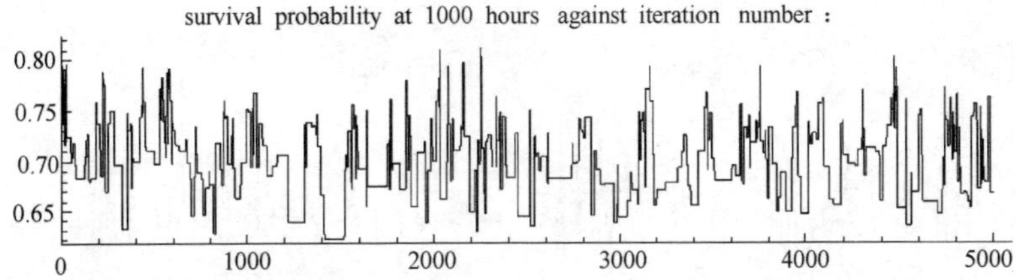

Estimate_Prob_survive_1000_hours = 0.6952910744

画出 α 和 β 及经验后验边缘密度的诊断图。

```
> f5: =[seq(f[i,5],i=1..k)]:PLOT(CURVES(f5),TITLE("beta
values against iteration number"),AXESSTYLE(NORMAL));
dat5: =[seq(op(2,f5[i]),i=1..k)]:histogram(dat5);Bayes_
estimate_beta =describe[mean](dat5);
```

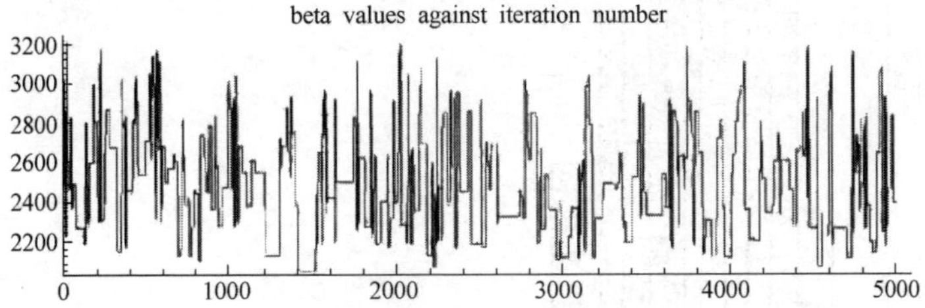

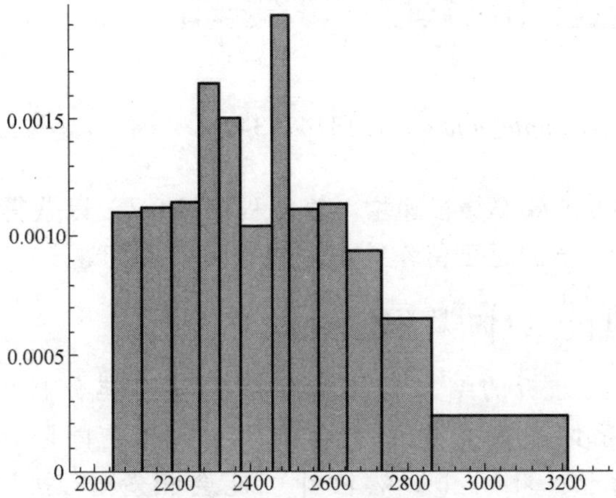

Bayes_estimate_beta = 2470.294876

```
> f4: =[seq(f[i,4],i=1..k)]:PLOT(CURVES(f4),TITLE("alpha
values against iteration number"),AXESSTYLE(NORMAL));
dat4: =[seq(op(2,f4[i]),i=1..k)]:histogram(dat4);
Bayes_estimate_alpha =describe[mean](dat4);
```

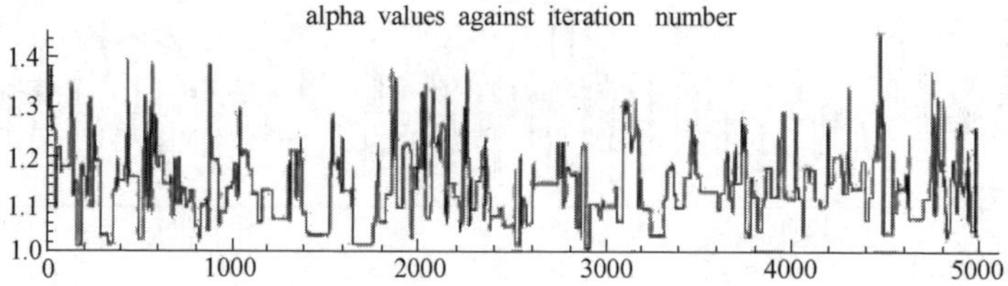

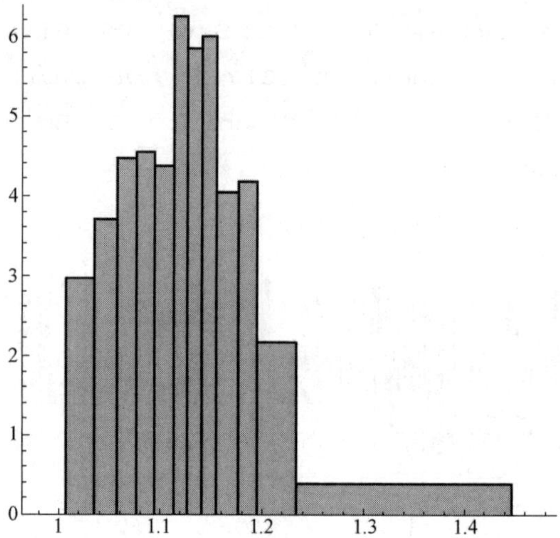

$Bayes\_estimate\_alpha = 1.131475342$

α 的估计表明部件的失效率缓慢递增。修改程序“fail”以获得部件将会失效的后验期望时间的估计。该问题已留作练习（见第 8 章的问题 3）。仅仅将 α 和 β 的贝叶斯估计替换到 $\beta\Gamma\left(\frac{1}{\alpha}+1\right)$ 中是不够的。

贝叶斯估计与经典分析的结果相比如何呢？在经典分析中所采用的方法是在满足 $1<\alpha$ 的条件下最大化似然函数。（参数空间限制在用于先验的空间，从而确保渐近贝叶斯和似然估计可能会相等。）接下来计算无约束的似然函数 L1 及它的等高线。该函数在 $\widehat{\alpha}=0.97$ 处取得全局最大值。利用最优化程序包中的 NLPSolve 求得在 $\widehat{\alpha}=1$，$\widehat{\beta}=2201$ 处取得受限极大值。该结果代表一个具有常量失效率（指数寿命）且失效的期望时间为 2201h 的部件。

```
[ >with(plots):
```

```
> xp:=1:
  sp:=0:
  for u from 1 to n do:
      xp:=xp*x[u]:
      sp:=sp+x[u]^a1:
  end do:
  xp:=ln(xp):
  L1:=evalf(n*ln(a1/b1^a1)+(a1-1)*xp-sp/b1^a1):
> contorplot(exp(L1),a1=0.5..2,b1=1300..4000,contours=30,
  grid=[100,100]);
```

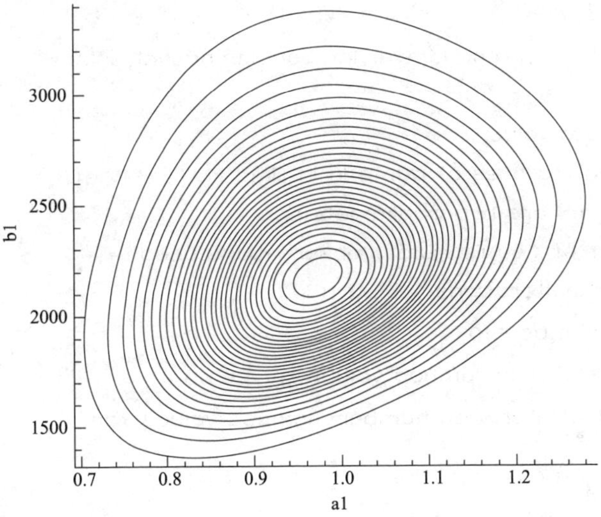


```
> with(Optimization);
```

[*ImportMPS*, *Interactive*, *LPSolve*, *LSSolve*, *Maximize*, *Minimize*, *NLPSolve*, *QPSolve*]

```
>NLPSolve(-L1,a1=1..2,b1=1000..3000);
```

[373.966224564945776, [*b1* = 2201.48837205595191, *a1* = 1.]]

8.3 抽水泵失效分析

这里的数据来自 D. P. Gaver 和 I. G. O′Muircheartaigh（1987）的论文“事件发生率的稳健经验贝叶斯分析，*Technometric* 29，1-15”。

假定第 i 个抽水泵在时间 t [i]（$i=1, 2, \cdots, 10$）内的失效数 x [i] 独立且服从分布 Poisson（$\lambda_i t_i$），其中λ_i独立同分布于 gamma [α, β] 且β为来自 gamma [δ, gam] 的一个实现。参数 α、β、gam 已根据文中所描述的方法得到估计。

程序“pump”返回了对每个抽水泵 i，λ_i，[i, λ_i]，$(\alpha+x_i)/(\beta+t_i)$ 值的

仿真列表。后者为λ_i的单个贝叶斯估计。

```
> restart:with(stats):with(plots):
  Warning, the name changecoords has been redefined .
> x: =[5,1,5,14,3,19,1,1,4,22];
      x: =[5,1,5,14,3,19,1,1,4,22]
> t: =[94.32,15 .72,62 .88,125.76,5 .24,31.44,1.048,1.048,2 .096,
  10.48]:
```

Gibbs 采样程序“pump”如下所示。

```
> pump: =proc(beta0,x,t,alpha,delta,gam ,replic,burn) local
  bayeslam ,bayeslambda,
  i,k,n,beta,a1,g1,j,jj,lam ,lamval,lambda,lambdaval,s,lam5,
  tot;
  # beta0 =initial beta value
  # x[i] =number of failures of pump in in time t[i],i =1..10
  # alpha, delta, gam are hyperparameters
  # replic = number of (equilibrium ) observations used
  # burn = number of iterations for burn in
  # n =number of pumps =10
  # lambdaval[k] =a list of lambda values for pump k
  # lam[k] = a list of[iteration number, lambda value] for
  pump k
  n: =10;
  beta: =beta0;
  tot: =burn +replic;
  a1: =n* alpha +gam ;
  for jj from 1 to tot do;
      j: =jj -burn;
      s: =0;
      for k from 1 to n do;
      g1: =random[gamma[x[k] +alpha,1/(t[k] +beta)]](1);
      s: =s +g1;
      if j >=1 then lambda[k,j]: =[j,g1];lambdaval[k,j]: =g1;
  bayeslam[k,j]: =(alpha +x[k])/(beta +t[k]);end if
      end do;
      s: =s +delta;
      beta: =random[gamma[a1,1/s]](1);
```

```
end do;
for k from 1 to n do;
lam[k]: =[seq(lambda[k,j],j=1..replic)];
lamval[k]: =[seq(lambdaval[k,j],j=1..replic)];
bayeslambda[k]: =[seq(bayeslam[k,j],j=1..replic)];
end do;
[[seq(lam[k],k=1..n)],[seq(lamval[k],k=1..n)],[seq(bayesla
mbda[k],k=1..n)]];
end proc:
> randomize(56342871);alpha: =0.54;delta: =1.11;gam: =2.20;beta
0: =0.25;replic: =2000;burn: =200;
```

$$56342871$$
$$\alpha := 0.54$$
$$\delta := 1.11$$
$$gam := 2.20$$
$$\beta 0 := 0.25$$
$$replic := 2000$$
$$burn := 200$$

输出贝叶斯失效率并画出它们的后验密度和先验密度的图形。注意到当失效率接近于0时先验变得无限，因此失效率坐标不能延伸至0。

```
> v: =pump(beta0,x,t,alpha,delta,gam ,replic,burn):
u: =evalf(lambda^(alpha -1)/(lambda +delta)^(alpha +gam )):
k: =int(u,lambda =0..infinity):
va: =op(1,v):vb: =op(2,v):vc: =op(3,v):
for kk from 1 to 10 do:
v1[kk]: =op(kk,va):
v2[kk]: =op(kk,vb):
v3[kk]: =op(kk,vc):
m[kk]: =max(seq(v2[kk][j],j=1..replic)):
ms[kk]: =min(seq(v2[kk][j],j=1..replic)):
failrate[kk]: =describe[mean](v3[kk]):
print(" Bayes estimate failure rate
pump ",kk," is ",failrate[kk]);
end do:
xa[1]: =" lambda[1]":xa[2]: =" lambda[2]":xa[3]: =" lambda[3]":x
a[4]: =" lambda[4]":xa[5]: =" lambda[5]":
```

```
xa[6]:="lambda[6]":xa[7]:="lambda[7]":xa[8]:="lambda[8]":x
a[9]:="lambda[9]":xa[10]:="lambda[10]":
A:=array(1..5,1..2):
for i from 1 to 5 do:
A[i,1]:=display({
statplots[histogram](v2[2*i-1]),plot(u/k,lambda=ms[2*i-1]*
0.9..m[2*i-1]*1.1,labels=[xa[2*i-1],"prior and posterior
densities"],labeldirections=[HORIZONTAL,VERTICAL])},
tickmarks=[4,2]):
A[i,2]:=display({
statplots[histogram](v2[2*i]),plot(u/k,lambda=ms[2*i]*0.9.
.m[2*i]*1.1,labels=[xa[2*i],"prior and posterior
densities"],labeldirections=[HORIZONTAL,VERTICAL])},tickma
rks=[2,2]):
end do:
display(A);
```

'Bayes estimate failure rate pump',1,'is',0.05809446755
'Bayes estimate failure rate pump',2,'is',0.09192159100
'Bayes estimate failure rate pump',3,'is',0.08666946370
'Bayes estimate failure rate pump',4,'is',0.1146666174
'Bayes estimate failure rate pump',5,'is',0.5657757990
'Bayes estimate failure rate pump',6,'is',0.6016311355
'Bayes estimate failure rate pump',7,'is',0.7643500150
'Bayes estimate failure rate pump',8,'is',0.7643500150
'Bayes estimate failure rate pump',9,'is',1.470380706
'Bayes estimate failure rate pump',10,'is',1.958497332

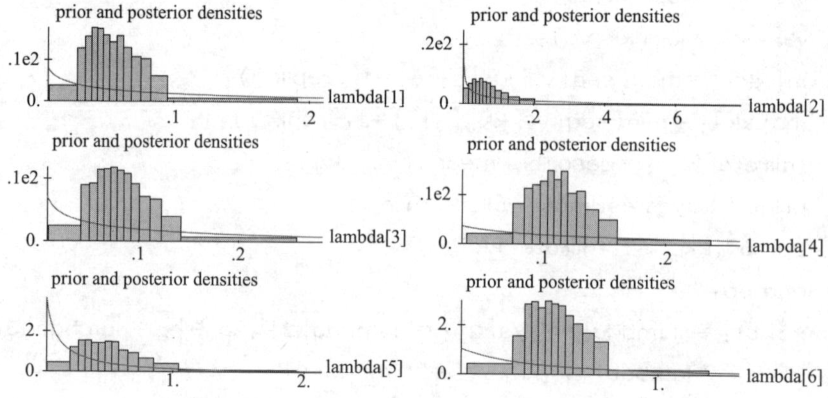

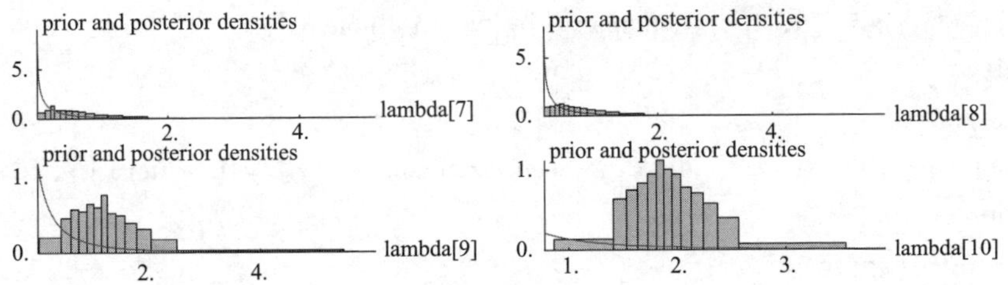

8.4 捕获-再捕获

这里要解决的问题是在一个含两阶段的捕获－再捕获实验中估计群体的规模。令N=未知的群体规模（假定在两个阶段中该值相同）。假定N的先验分布为Poisson(λ)。

令$n_{1,0}$、$n_{0,1}$、$n_{1,1}$分别表示仅在第一阶段捕获的动物数、仅在第二阶段捕获的动物数以及在两个阶段均被捕获的动物数。则所捕获的不同动物的数量为**nprime** $= n_{1,0} + n_{0,1} + n_{1,1}$，两个阶段总的捕获动物数为**ncap** $= n_{1,0} + n_{0,1} + 2\ n_{1,1}$。令**p**=一只动物在第一阶段被捕获的概率，**p**的先验分布假定为$U(0,1)$。

令**notcap** = N − **nprime**。它表示在任何阶段内群体中没有被捕获过的动物数。接下来采用Gibbs采样来估计**notcap**和**p**的后验分布及**notcap**的贝叶斯估计。

```
[ >restart;
[ > with(stats):with(stats[statplots]):
> gibbscapture:=proc(lambda,p0,notcap0,ncap,nprime,iter,
  burn)local i,ii,p,notcap ,pa,notcapa,tot;
  # burn =number of iterations for burn in
  # iter =number of(equilibrium ) iterations used
  # p0 =initial p-value
  # notcap0 =initial notcap-value
  p:=p0;
  notcap:=notcap0;
  pa[0]:=[0,p];
  notcapa[0]:=[0,notcap];
  tot:=iter+burn;
  for ii from 1 to tot do;
  i:=ii-burn;
  p:=stats[random ,beta[ncap +1,2* notcap -ncap +2* nprime +1]](1);
  notcap:=stats[random ,poisson[lambda* (1-p)^2]](1);
  if i>=1 then
```

```
    pa [i]: = [i, p]; notcapa [i]: = [i, notcap];
  end if;
  end do;
  [[seq (pa [i], i=0.. iter)], [seq (notcapa [i], i=0.. iter)]];
  end proc:
> randomize(73179):
  res:=gibbscapture(250,0.3,120,160,130,500,200):
  pa:=res[1]:notcapa:=res[2]:
  PLOT(CURVES(pa),TITLE("p-value against iteration
  number"),AXESLABELS("Iteration
  Number","p"),AXESSTYLE(NORMAL));
  PLOT(CURVES(notcapa),TITLE("population-nprime against
  iteration number"),AXESLABELS("Iteration
  number","notcaptured"),AXESSTYLE(NORMAL));
  l1:=[seq(op(2,pa[i]),i=1..500)]:# a list of p-values
  l2:=[seq(op(2,notcapa[i]),i=1..500)]:# a list of notcap
  values
  l3:=[seq((1-l1[i])^2,i=1..500)]:# a list of (1-p )^2
  values
  histogram(l1,title="distribution of sampled p
  values",labels=["p","density"]);
  Mean=evalf(describe[mean ](l1));
  StdDev=evalf(describe[standarddeviation ](l1));
  histogram(l2,title="distribution of sampled
  notcapvalues",labels=["notcap","density"]);
  Mean=evalf(describe[mean ](l2));
  StdDev=evalf(describe[standarddeviation ](l2));
  Bayes_estimate_of_number_not_captured=250*evalf(describe
  [mean ](l3));
```

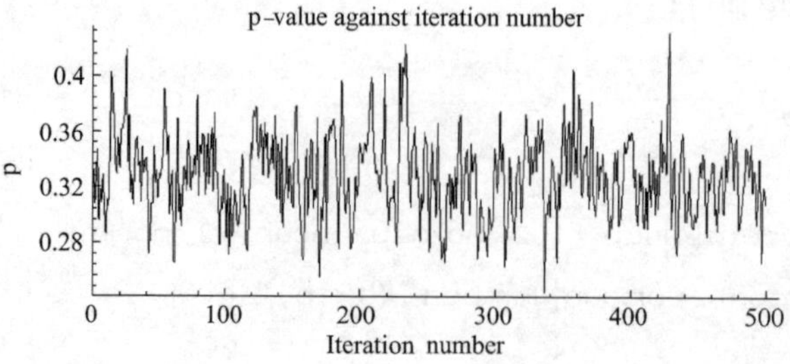

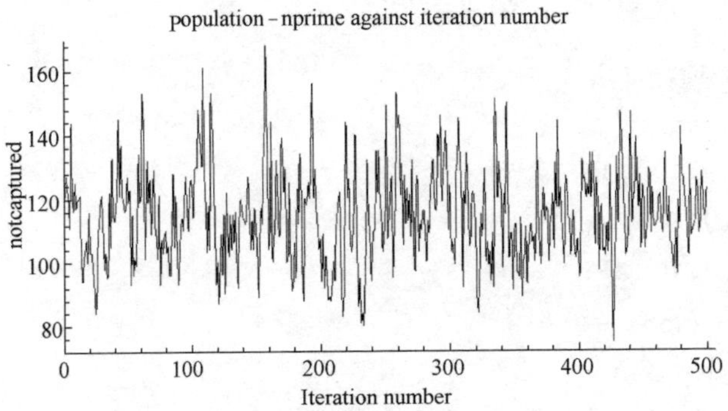

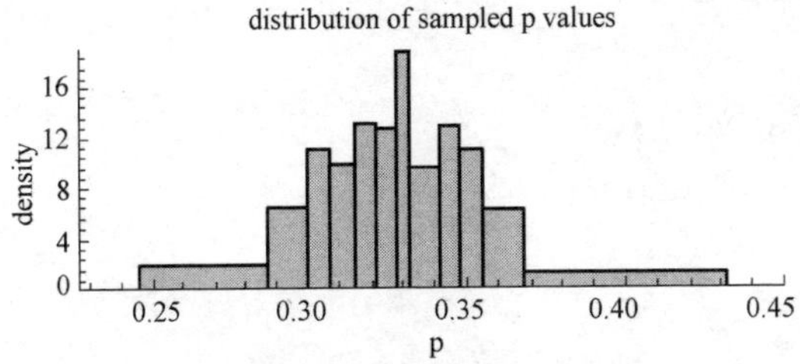

$$Mean = 0.3277568452$$

$$StdDev = 0.02987484843$$

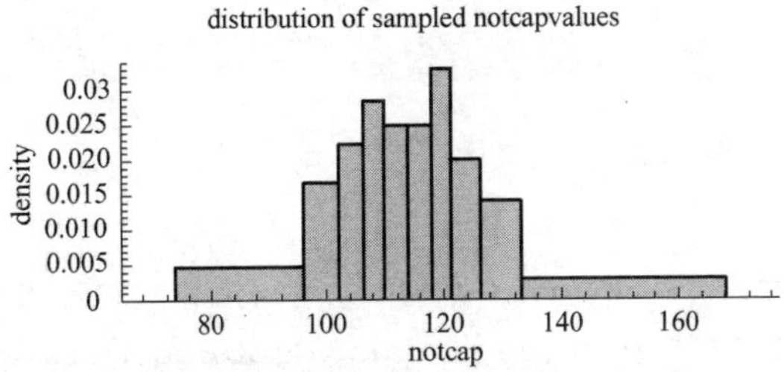

$$Mean = 114.5420000$$

$$StdDev = 14.69966789$$

$$Bayes\_estimate\_of\_number\_not\_captured = 113.2008414$$

8.5 截尾 gamma 密度的切片采样

这里探究了如何将切片采样用于生成截尾 gamma 分布的样本，该分布的密度函数在支撑集 $[a, \infty)$ 上成比例于 $x^{\alpha-1}e^{-x}$，其中 $a>0$。

```
[ >restart:with(stats):with(stats[statplots]):
> truncatedgamma: =proc(alpha,a,x0,iter,burn) local
  x,r1,r2,r3,u1,u2,u3,lower,upper,pa,i,ii,tot;
  x: =x0;pa[0]: =[0,x ];
```

```
tot: =iter +burn;
for ii from 1 to tot do;
  i: =ii - burn;
  r1: =evalf(rand()/10^12);
  r2: =evalf(rand()/10^12);
  r3: =evalf(rand()/10^12);
  u1: =evalf(r1 * x^(alpha -1));
  u2: =evalf(r2* exp( -x));
  lower: =max(a,u1^(1/(alpha -1)));
  upper: = -ln(u2);
  x: =lower +r3* (upper - lower);
  if i> =1 then pa[i]: =[i,x];end if;
end do;
[seq(pa[i],i=0..iter)];
end proc:
```

```
> randomize(53179):
burn: =100;
iter: =500;
alpha: =3;
a: =9;
x0: =10;
pa: =truncatedgamma(alpha,a,x0,iter,burn):
PLOT(CURVES(pa),TITLE("truncated gamma variate against
iteration number"),AXESLABELS("Iteration
number","variate"),AXESSTYLE(NORMAL));
11: =[seq(op(2,pa[i]),i=1..iter)]:
histogram(11,title =" distribution of sampled x
values",labels =["x","density"]);
Mean: =evalf(describe[mean](11));StdDev: =evalf
(describe[standarddeviation[1]](11));
```

$$burn := 100$$

$$iter := 500$$

$$\alpha := 3$$

$$a := 9$$

$$x0 := 10$$

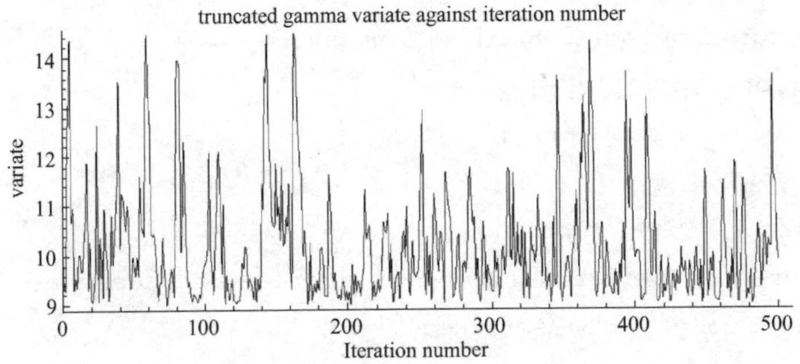

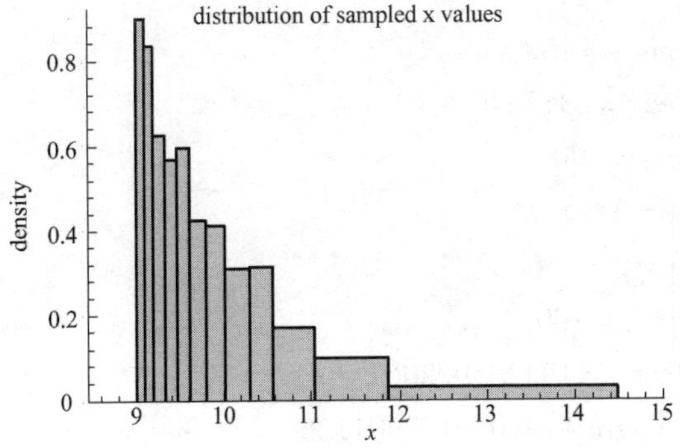

Mean：= 10. 16067140

StdDev：= 1. 147220533

为了获得估计截尾 gamma 分布均值的标准误差，计算了 100 次独立重复运行的样本标准差（采用不同的种子和起始状态），每次重复都包含了预烧期之后的 200 次观察，这里预烧期由 100 次观察构成。在下面的代码中，每次新的重复都改变种子值。这里仅通过选择某次重复的最后一个随机数来作为下一次重复的种子是不够的。这样做会诱导出两个样本均值之间存在正相关性。

```
> t1:=time();
  replic:=100;
  seed:=6318540;
  iter:=200;alpha:=3;a:=9;burn:=100;

  for j from 1 to replic do:
    seed:=seed+113751:
    randomize(seed):
    x0:=a-ln(evalf(rand()/10^12))/1.04; #an initial state is
    a random observation from an approximation to the
```

```
  truncated gamma-estimated from the histogram above
  pa:=truncatedgamma(alpha,a,x0,iter,burn):
  l2:=[seq(op(2,pa[i]),i=1..iter)]:
  rep[j]:=evalf(describe[mean](l2)):
end do:
l3:=[seq(rep[j],j=1..replic)]:
Mean:=evalf(describe[mean](l3));Std_error1:=evalf(describe
[standarddeviation[1]](l3)/sqrt(replic));
time1:=time()-t1;
```

$$t1:=3.266$$
$$replic:=100$$
$$seed:=6318540$$
$$iter:=200$$
$$\alpha:=3$$
$$a:=9$$
$$burn:=100$$
$$Mean:=10.205022061$$
$$Std\_error1:=0.0178901125$$
$$time1:=7.077$$

将上述计算得到的时间和标准误差与生成 100 个独立观察值所得到的结果进行比较。这些观察值是通过简单地从完整 gamma 分布进行采样并拒绝那些不超过 a（=9)的值来生成的。

```
> t1:=time():
j:=0;
randomize(6318540);
alpha:=3;
a:=9;
iter:=100;
while j<iter do:
y:=random[gamma[alpha]](1):
if y>a then
  j:=j+1:
  v[j]:=y:
  pb[j]:=[j,y]
end if:
```

```
end do:
l5:=[seq(pb[j],j=1..iter)]:
b:=[seq(v[j],j=1..iter)]:
Mean:=evalf(describe[mean](b));
StdDev:=evalf(describe[standarddeviation[1]](b)):
Std_error2:=evalf(StdDev/sqrt(iter));
time2:=time()-t1;
PLOT(CURVES(l5),TITLE("100 independent truncated gamma
variates"),AXESLABELS("Iteration
number","variate"),AXESSTYLE(NORMAL));
```

$j:=0$

6318540

$\alpha:=3$

$a:=9$

$iter:=100$

$Mean:=10.27322534$

$Std\_error2:=0.1155931003$

$time2:=5.750$

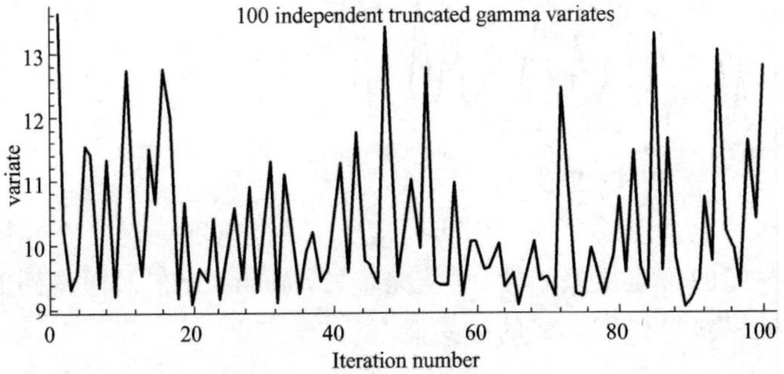


```
> efficiency:=(Std_error2/Std_error1)^2*time2/time1;
```

$efficiency:=33.92003894$

为了进行混合情况的对比，利用 Gibbs 采样得到 100 个连续的截尾样本显示如下。

```
> randomize(531577):
burn:=100;
iter:=100;
alpha:=3;
a:=9;
```

```
x0: =10;
pa: =truncatedgamma(alpha,a,x0,iter,burn):
PLOT(CURVES(pa),TITLE("truncated gamma variate against
iteration number"),AXESLABELS("Iteration
umber","variate"),AXESSTYLE(NORMAL));
l1: =[seq(op(2,pa[i]),i=1..iter)]:
histogram(l1,title="distribution of sampled x
values",labels=["x","density"]):
Mean: =evalf(describe[mean](l1)):StdDev: =evalf(describe[sta
ndarddeviation[1]](11)):
```

$$burn := 100$$

$$iter := 100$$

$$\alpha := 3$$

$$a := 9$$

$$x0 := 10$$

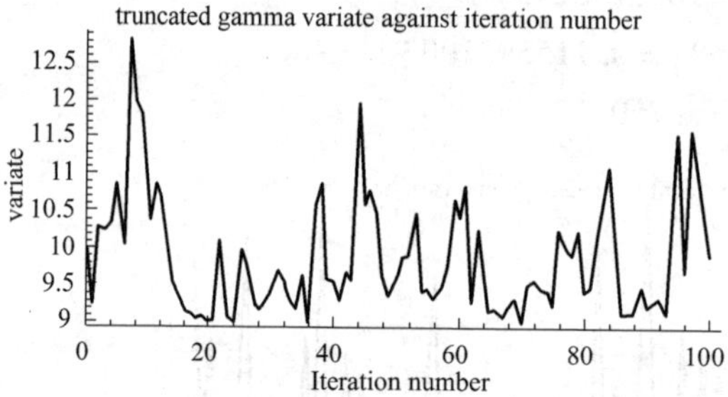

注意到独立样本的混合速度更快。Gibbs 方法的混合速度更慢且在相同样本数量的条件下对样本空间的覆盖更差。然而,从完整的 gamma 分布采样得到的独立截尾样本的朴素采样可以获得如下形式的接受概率。

```
>evalf(int(x^(alpha-1)*exp(-x),x=a..infinity)/GAMMA(alpha));
                    0.006232195107
```

从如上所示的效率计算结果可以看出，由于有那么多的候选样本均被拒绝，从而证明切片采样才是最好的方法。当然，更好的方法仍然是针对截尾 gamma 分布选择一个支撑集［a，$+\infty$）上的（指数）包围并采用包围取舍采样法。

8.6 切片采样的一个应用：抽水泵失效的再分析

```
> restart:with(stats):with(plots):
Warning,the name changecoords has been redefined
```

```
> x:=[5,1,5,14,3,19,1,1,4,22];
            x := [5,1,5,14,3,19,1,1,4,22]
> t:=[94.32,15.72,62.88,125.76,5.24,31.44,1.048,1.048,2.096,
  10.48]:
> slice:=proc(beta0,x,t,alpha,delta,gam ,replic,burn) local
  beta,j,jj,bayeslam ,bayeslambda,bmin,i,r,b,bmax,n,lam ,
  lambda,k,g,lambdaval,lamval,tot;
  n:=10;
  beta:=beta0;
  tot:=burn+replic;
  for jj from 1 to tot do;
    j:=jj-burn;
    bmax:=infinity;
    for i from 1 to 10 do;
        r:=evalf(rand()/10^12);
        b:=(t[i]+beta)/r^(1/(x[i]+alpha))-t[i];
        if b<bmax then bmax:=b end if;
    end do;
    r:=evalf(rand()/10^12);
    b:=beta-ln(r)/delta;
    if b<bmax then bmax:=b end if;
    r:=evalf(rand()/10^12);
    bmin:=beta*r^(1/(n*alpha+gam-1));
    r:=evalf(rand()/10^12);
    beta:=bmin+(bmax-bmin)*r;
    if j>=1 then
        for k from 1 to 10 do;
          g:=random[gamma[x[k]+alpha,1/(t[k]+beta)]](1);
          lambda[k,j]:=[j,g];
          lambdaval[k,j]:=g;
          bayeslam[k,j]:=(alpha+x[k])/(beta+t[k])
        end do;
      end if;
  end do;
  for k from 1 to n do;
```

```
        lam[k]:=[seq(lambda[k,j],j=1..replic)];
        lamval[k]:=[seq(lambdaval[k,j],j=1..replic)];
        bayeslambda[k]:=[seq(bayeslam[k,j],j=1..replic)];
    end do;
        end if;
    end do;
    for k from 1 to n do;
        lam[k]:=[seq (lambda [k,j]],j=1..replic)];
        lamval[k]:=[seq (lambdaval[k,j],j=1..replic)];
        bayeslambda[k]:=[seq (bayeslam[k,j],j=1..replic)];
    end do;
    [[seq (lam [k],k=1..n)],[seq (lamval[k],k=1..n)],[seq
    (bayeslambda[k],k=1..n)]];
    end proc:
> randomize(56342871);alpha:=0.54;delta:=1.11;gam:=2.20;beta
  0:=0.25;replic:=2000;burn:=200;
```

$$56342871$$

$$\alpha := 0.54$$

$$\delta := 1.11$$

$$gam := 2.20$$

$$\beta 0 := 0.25$$

$$replic := 2000$$

$$burn := 200$$

```
> v:=slice(beta0,x,t,alpha,delta,gam ,replic,burn):
  u:=evalf(lambda^(alpha-1)/(lambda+delta)^(alpha+gam )):
  k:=int(u,lambda=0..infinity):
  va:=op(1,v):vb:=op(2,v):vc:=op(3,v):
  for kk from 1 to 10 do:
  v1[kk]:=op(kk,va):
  v2[kk]:=op(kk,vb):
  v3[kk]:=op(kk,vc):
  m[kk]:=max(seq(v2[kk][j],j=1..replic)):
  ms[kk]:=min(seq(v2[kk][j],j=1..replic)):
  failrate[kk]:=describe[mean ](v3[kk]):
  print("Bayes estimate failure rate
  pump",kk,"is",failrate[kk]);
  end do:
  xa[1]:="lambda[1]":xa[2]:="lambda[2]":xa[3]:="lambda[3]":x
  a[4]:="lambda[4]":xa[5]:="lambda[5]":
```

```
xa[6]:="lambda[6]":xa[7]:="lambda[7]":xa[8]:="lambda[8]":x
a[9]:="lambda[9]":xa[10]:="lambda[10]":
A:=array(1..5,1..2):
for i from 1 to 5 do:
A[i,1]:=display({
statplots[histogram](v2[2*i-1]),plot(u/k,lambda=ms[2*i-1]*
0.9..m[2*i-1]*1.1,labels=[xa[2*i-1],"prior and posterior
densities"],labeldirections=[HORIZONTAL,VERTICAL])},
tickmarks=[4,2]):
A[i,2]:=display({
statplots[histogram](v2[2*i]),plot(u/k,lambda=ms[2*i]*0.9.
.m[2*i]*1.1,labels=[xa[2*i],"prior and posterior
densities"],labeldirections=[HORIZONTAL,VERTICAL])},
tickmarks=[4,2]):
end do:
display(A);
```

'Bayes estimate failure rate pump',1,'is',0.05815043965
'Bayes estimate failure rate pump',2,'is',0.09241283960
'Bayes estimate failure rate pump',3,'is',0.08679369040
'Bayes estimate failure rate pump',4,'is',0.1147498208
'Bayes estimate failure rate pump',5,'is',0.5734949755
'Bayes estimate failure rate pump',6,'is',0.6033146695
'Bayes estimate failure rate pump',7,'is',0.7929892845
'Bayes estimate failure rate pump',8,'is',0.7929892845
'Bayes estimate failure rate pump',9,'is',1.508423622
'Bayes estimate failure rate pump',10,'is',1.973528342

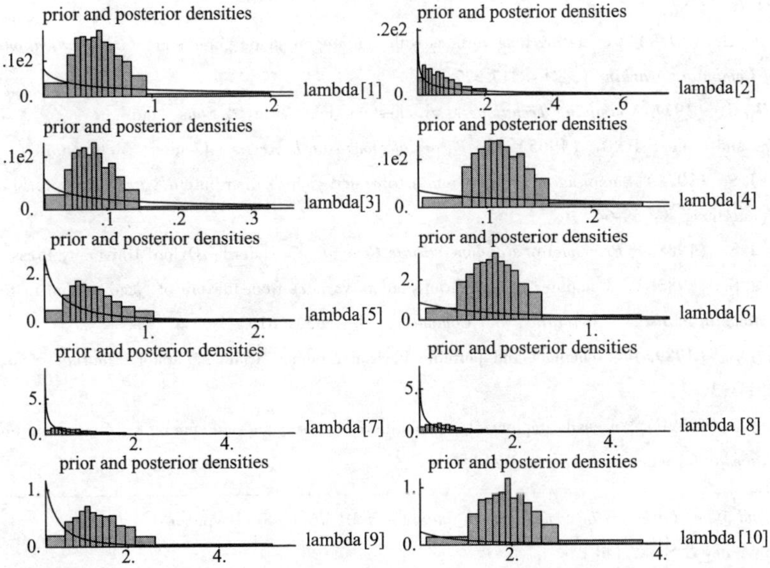

参考文献

Ahrens, J. H. and Dieter, U. (1980) Sampling from binomial and Poisson distributions: a method with bounded computation times. *Computing*, 25: 193-208.

Allen, L. J. S. (2003) *An Introduction to Stochastic Processes with Applications to Biology*. London: Pearson.

Anderson, S. L. (1990) Random number generators on vector supercomputers and other advanced architectures. *SIAM Review*, 32: 221-251.

Atkinson, A. C. (1979) The computer generation of Poisson random variables. *Applied Statistics*, 28: 29-35.

Atkinson, A. C. (1982) The simulation of generalised inverse Gaussian and hyperbolic random variables. *SIAM Journal of Scientific and Statistical Computing*, 3: 502-517.

Banks, J., Carson, J. S., Nelson, B. L. and Nicol, D. M. (2005) *Discrete Event System Simulation*, 4th edn. Upper Saddle River, New Jersey: Prentice Hall.

Barndorff-Nielson, O. (1977) Exponentially decreasing distributions for the logarithm of particle size. *Proceedings of the Royal Society*, A353: 401-419.

Beasley, J. D. and Springer, S. G. (1977) The percentage points of the normal distribution. *Applied Statistics*, 26: 118-121.

Besag, J. (1974) Spatial interaction and the statistical analysis of lattice systems (with discussion). *Journal of the Royal Statistical Society*, *Series B*, 36: 192-326.

Black, F. and Scholes, M. (1973) The pricing of options and corporate liabilities. *Journal of Political Economy*, 81: 637-654.

Borosh, I. and Niederreiter, H. (1983) Optimal multipliers for pseudo - random number generation by the linear congruential method. *BIT*, 23: 65-74.

Butcher, J. C. (1961) Random sampling from the normal distribution. *Computer Journal*, 3: 251-253.

Castledine, B. J. (1981) A Bayesian analysis of multiple-recapture sampling for a closed population. *Biometrika*, 67: 197-210.

Cheng, R. C. H. (1977) The generation of gamma variables with non-integral shape parameter. *Applied Statistics*, 26: 71-76.

Cheng, R. C. H. (1978) Generating beta variates with nonintegral shape parameters. *Communications of the Association of Computing Machinery*, 21: 317-322.

Cochran, W. G. (1977) *Sampling Techniques*. Chichester: John Wiley & Sons, Ltd.

Cox, D. R. and Miller, H. D. (1965) *The Theory of Stochastic Processes*. London: Methuen.

Dagpunar, J. S. (1978) Sampling of variates from a truncated gamma distribution. *Journal of Statistical Computation and Simulation*, 8: 59-64.

Dagpunar, J. S. (1988a) *Principles of Random Variate Generation*. Oxford: Oxford University Press.

Dagpunar, J. S. (1988b). Computer generation of random variates from the tail of t and normal distributions. *Communications in Statistics*, *Simulation and Computing*, 17: 653-661.

Dagpunar, J. S. (1989a) A compact and portable Poisson random variate generator. *Journal of Applied Statistics*, 16: 391-393.

Dagpunar, J. S. (1989b) An easily implemented generalised inverse Gaussian generator. *Communications in Statistics*, *Simulation and Computing*, 18: 703-710.

Simulation and Monte Carlo: With applications in finance and MCMC J. S. Dagpunar

Devroye, L. (1986). *Non-uniform Random Variate Generation*. Berlin: Springer-Verlag.

Devroye, L. (1996). Random variate generation in one line of code. In J. M. Charnes, D. J. Morrice, D. T. Brunner and J. J Swain (eds), *Proceedings of the* 1996 *Winter Simulation Conference*, pp. 265-272. ACM Press.

Eberlein, E. (2001) Application of generalized hyperbolic Lévy motions to finance. In O. E. Barndorff-Nielson, T. Mikosch and S. Resnick (eds), *Lévy Processes: Theory and Applications*, pp. 319-337. Birkhauser.

Entacher, K. (2000) A collection of classical pseudorandom number generators with linear structures-advanced version. In http://crypto. mat. sbg. ac. at/results/karl/server/.

Fishman, G. S. (1978) *Principles of Discrete Event Simulation*. Chichester: John Wiley & Sons, Ltd.

Fishman, G. S. (1979) Sampling from the binomial distribution on a computer. *Journal of the American Statistical Association*, 74: 418-423.

Fishman, G. S. and Moore, L. R. (1986) An exhaustive analysis of multiplicative congruential random number generators with modulus 2^31-1. *SIAM Journal on Scientific and Statistical Computing*, 7: 24-45.

Fouque, J.-P. and Tullie, T. A. (2002) Variance reduction for Monte Carlo simulation in a stochastic volatility environment. *Quantitative Finance*, 2: 24-30.

Gamerman, D. (1997) *Markov Chain Monte Carlo: Stochastic Simulation for Bayesian Inference*. London: Chapman and Hall.

Gaver, D. P. and O' Muircheartaigh, I. G. (1987) Robust empirical Bayes analyses of event rates. *Technometrics*, 29: 1-15.

Gelfand, A. E. and Smith, A. F. M. (1990) Sampling-based approaches to calculating marginal densities. *Journal of the American Statistical Association*, 85: 398-409.

Gentle, J. E. (2003) *Random Number Generation and Monte Carlo Methods*, 2nd edn. Berlin: Springer.

George, E. I. and Robert C. P. (1992) Capture-recapture estimation via Gibbs sampling. *Biometrika*, 79: 677-683.

Gilks, W. R. and Wild, P. (1992) Adaptive rejection sampling for Gibbs sampling. *Applied Statistics*, 41: 337-348.

Gilks, W. R., Best, N. G. and Tan, K. K. C. (1995) Adaptive rejection Metropolis sampling within Gibbs sampling. *Applied Statistics*, 44: 455-472.

Gilks, W. R., Richardson, S., Spiegelhalter, D. J. (1996) *Markov Chain Monte Carlo in Practice*. London: Chapman and Hall.

Glasserman, P. (2004) *Monte Carlo methods in Financial Engineering*. Berlin: Springer.

Glasserman, P., Heidelberger, P., Shahabuddin, P. (1999) Asymptotically optimal importance sampling and stratification for pricing path-dependent options. *Mathematical Finance*, 2: 117-152.

Hammersley, J. M. and Handscombe, D. C. (1964) *Monte Carlo Methods*. London: Methuen. Hastings, W. K. (1970) Monte Carlo sampling methods using Markov chains and their applications. *Biometrika*, 57: 97-109.

Hobson, D. G. (1998) Stochastic volatility. In D. J. Hand and S. D. Jacka (eds), *Statistics and Finance*, Applications of Statistics Series, pp. 283-306. London: Arnold.

Hull, J. C. (2006) *Options, Futures and Other Derivatives*, 6th edn. Upper Saddle River, New Jersey: Prentice Hall.

Hull, T. E. and Dobell, A. R. (1962) Random number generators. *SIAM Review*, 4: 230-254.

Jöhnk, M. D. (1964) Erzeugung von Betaverteilten und Gammaverteilten Zufallszahlen. *Metrika*, 8: 5-15.

Johnson, N. L., Kotz, S. and Balakrishnan, N. (1995) *Continuous Univariate Distributions*, Volume 2, 2nd edn. Chichester: John Wiley & Sons, Ltd.

Karian, Z. A. and Goyal, R. (1994) Random Number Generation and Testing, *Maple Technical Newsletter*, Volume

1, Number 1, 32-37, Spring 1994. Birkhauser.

Kemp, A. W. (1981) Efficient generation of logarithmically distributed pseudo-random variables. *Applied Statistics*, 30: 249-253.

Kinderman, A. J. and Monahan, J. F. (1977) Computer generation of random variables using the ratio of uniform deviates. *ACM Transactions on Mathematical Software*, 3: 257-260.

Knuth, D. E. (1998) *The art of computer programming*, *Volume* 2, *Seminumerical Algorithms*, 3rd edn. Reading, Massac husetts: Addison-Wesley.

Lavenberg, S. S., Moeller, T. L. and Sauer, C. H. (1979) Concomitant control variables applied to the regenerative simul ation of queueing systems. *Operations Research*, 27: 134-160.

Law, A. M. and Kelton, W. D. (2000) *Simulation Modeling and Analysis*, 3rd edn. London: McGraw-Hill.

L' Ecuyer, P. (1999) Tables of linear congruential generators of different sizes and good lattice structure. *Mathematics of Computation*, 68: 249-260.

Lewis, J. G. and Payne, W. H. (1973) Generalised feedback shift register pseudo-random number algorithm. *Journal of the Association of Computing Machinery*, 20: 456-458.

Lewis, P. A. W. and Shedler, G. S. (1976) Simulation of non-homogeneous Poisson Processes with log linear rate function. *Biometrika*, 63: 501-505.

Lewis, P. A. W. and Shedler, G. S. (1979a) Simulation of non-homogeneous Poisson Processes by thinning. *Naval Research Logistics Quarterly*, 26: 403-413.

Lewis, P. A. W. and Shedler, G. S. (1979b) Simulation of non-homogeneous processes with degree 2 exponential polynomial rate function. *Operations Research*, 27: 1026-1040.

Marsaglia, G. (1977) The squeeze method for generating gamma variates. *Computers and Mathematics with Applications*, 3: 321-325.

Marsaglia, G. (1972) The structure of linear congruential sequences. In S. K. Zaremba (ed.), *Applications of Number Theory to Numerical Analysis*, pp. 248-285. New York: Academic Press.

Marsaglia, G. and Zaman, A. (1993) Monkey tests for random number generators. *Computers and Mathematics with Applications*, 26: 1-10.

Marsaglia, G., Anathanarayanan, K. and Paul, N. (1972) *Random Number Generator Package - 'Super Duper'. Uniform, normal, and random number generator.* School of Computer Science, McGill University.

Merton, R. C. (1973) The theory of rational option pricing. *Bell Journal of Economics and Management Science*, 4: 141-183.

Metropolis, N., Rosenbluth, A. W., Rosenbluth, M. N., Teller, A. H. and Teller, E. (1953) Equation of state calculations by fast computing machine. *Journal of Chemical Physics*, 21: 1087-1091.

Morgan, B. J. T. (2000) *Applied stochastic modelling*. London: Arnold.

Moro, B. (1995) The full Monte. *Risk*, 8 (February): 57-58.

Neave, H. R. (1973) On using the Box-Müller transformation with multiplicative congruential pseudo-random number generators. *Applied Statistics*, 22: 92-97.

Percy, D. F. (2002) Bayesian enhanced strategic decision making for reliability. *European Journal of Operational Research*, 139: 133-145.

Pidd, M. (1998) *Computer Simulation in Management Science*, 4th edn. Chichester: John Wiley & Sons, Ltd.

Rand Corporation (1955) *A Million Random Digits with* 100 000 *Normal Deviates.* Glencoe: Free Press.

Ripley, B. D. (1983a) The lattice structure of pseudo-random generators. *Proceedings of the Royal Society*, A389: 197-204.

Ripley, B. D. (1983b) Computer generation of random variables: a tutorial. *International Statistical Review*, 51:

301-319.

Robert, C. P. (2001) *The Bayesian Choice: From decision theoretic foundations to computational implementation*, 2nd edn. New York and London: Springer-Verlag.

Robert, C. P. and Casella, G. (2004) *Monte Carlo Statistical Methods*, 2nd edn. New York: Springer-Verlag.

Ross, S. M. (2002) *Simulation*, 3rd edn. New York: Academic Press.

Rubinstein, R. Y. (1981) *Simulation and the Monte Carlo Method*. Chichester: John Wiley & Sons, Ltd.

Schrage, L. (1979) A more portable FORTRAN random number generator. *ACM Transactions on Mathematical Software*, 5: 132-138.

Shedler, G. S. (1993) *Regenerative Stochastic Simulation*. New York: Academic Press.

Tauseworthe, R. C. (1965) Random numbers generated by linear recurrence modulo two. *Mathematics of Computing*, 19: 201-209.

Tierney, L. (1994) Markov chains for exploring posterior distributions (with discussion). *Annals of Statistics*, 22: 1701-1728.

Tijms, H. C. (2003) *A first Course in Stochastic Models*. Chichester: John Wiley & Sons, Ltd. Tin, M. (1965) Comparison of some ratio estimators. *Journal of the American Statistical Association*, 60: 294-307.

Tocher, K. D. (1963) *The Art of Simulation*. London: Hodder and Stoughton.

Toothill, J. P. R., Robinson, W. D. and Adams, A. G. (1971) The runs up-and-down performance of Tauseworthe pseudo-random number generators. *Journal of Association of Computing Machinery*, 18: 381-399.

Toothill, J. P. R., Robinson, W. D. and Eagle, D. J. (1973) An asymptotically random Tauseworthe sequence. *Journal of Association of Computing Machinery*, 20: 469-481.

Ulrich, G. (1984) Computer generation of distributions on the *m-sphere*. *Applied Statistics*, 33: 158-163.

Wichmann, B. A. and Hill, I. D. (1982) Algorithm AS 183. An efficient and portable pseudo-random number generator. *Applied Statistics*, 31: 188-190.

Wichmann, B. A. and Hill, I. D. (1984) Correction to algorithm AS 183. *Applied Statistics*, 33: 123.

Wilmott, P. (1998) *Derivatives. The Theory and Practice of Financial Engineering*. Chichester: John Wiley & Sons, Ltd.